焦点人物丛书

汉武帝 和他的
文臣武将皇亲国戚

乔继堂 ◎ 主编

李晓丽 ◎ 编著

上海科学技术文献出版社
Shanghai Scientific and Technological Literature Press

汉武帝刘彻,与秦始皇并称的一代雄主。

 焦点人物丛书·汉武帝

汉匈关系是汉武帝一朝的大事件，战略上文武并举。这幅图描绘的是第三次漠北之战的情景，指挥者不是卫青、霍去病，而是贰师将军李广利。

霍去病陵的"马踏匈奴"石雕

　　对匈奴关系的另一面是"和亲"。武帝朝的"昭君出塞",已经传为千古佳话。仇英的这两幅画作,《明妃出塞》描写了王昭君远赴塞外的情景,而《汉宫春晓图》中的一个场景,描绘的则是毛延寿之流汉宫绘像的旖旎风情。

 焦点人物丛书·汉武帝

苏武出使匈奴被扣留,在北海(贝加尔湖)牧羊十九年,节操不改。"苏武牧羊"故事家喻户晓,也成为艺术家用笔较为集中的题材,角度不同,手秉汉节则一。

张骞出使西域,是武帝朝的又一大事,"丝绸之路"就是由此逐渐形成的。这里的壁画,描绘张骞出使西域,反映出不同于中原的西域生活图景。

出土于平阳公主墓附近的这尊鎏金马,是以汗血宝马为原型塑造的。

汉昭帝刘弗陵

汉武帝晚年，让人画了《周公辅成王朝诸侯图》，交给霍光，意在嘱托他像周公辅佐周成王那样，辅佐年幼的太子刘弗陵（即汉昭帝）。这里的画像石，反映的就是周公辅成王的情景。

目 录

千秋功过汉武帝

汉武帝刘彻……………………………………………（3）
《史记·孝武本纪》…………………………………（66）
《汉书·武帝纪》……………………………………（78）
古今名家评说………………………………………（97）

承前启后父与子

汉景帝刘启…………………………………………（111）
汉昭帝刘弗陵………………………………………（116）
戾太子刘据…………………………………………（121）
齐怀王刘闳…………………………………………（131）
燕剌王刘旦…………………………………………（133）
广陵厉王刘胥………………………………………（140）
昌邑哀王刘髆………………………………………（143）

影响和被影响的女人们

太皇太后窦氏………………………………………（147）
皇太后王娡…………………………………………（150）
皇后陈阿娇…………………………………………（152）
皇后卫子夫…………………………………………（154）
夫人李氏……………………………………………（158）

婕妤赵氏 …………………………………………………（160）

不省事的公主翁主

馆陶长公主刘嫖 ………………………………………（167）

平阳长公主 ……………………………………………（172）

卫长公主 ………………………………………………（174）

鄂邑公主 ………………………………………………（175）

淮南翁主刘陵 …………………………………………（177）

江都公主刘细君 ………………………………………（178）

明争暗斗的刘姓诸王

淮南王刘安 ……………………………………………（185）

衡山王刘赐 ……………………………………………（193）

梁孝王刘武 ……………………………………………（197）

临江王刘荣 ……………………………………………（201）

江都易王刘非 …………………………………………（204）

江都王刘建 ……………………………………………（205）

出身各异的近幸列侯

博望侯张骞 ……………………………………………（211）

魏其侯窦婴 ……………………………………………（219）

武安侯田蚡 ……………………………………………（225）

博陆侯霍光 ……………………………………………（231）

秺敬侯金日䃅 …………………………………………（242）

走马灯似的丞相

两朝丞相卫绾……………………………………（251）
武帝丞相许昌……………………………………（253）
武帝丞相薛泽……………………………………（253）
武帝丞相公孙弘…………………………………（254）
武帝丞相李蔡……………………………………（258）
武帝丞相庄青翟…………………………………（259）
武帝丞相赵周……………………………………（260）
武帝丞相石庆……………………………………（261）
武帝丞相公孙贺…………………………………（264）
武帝丞相刘屈牦…………………………………（267）
武帝丞相田千秋…………………………………（269）

忠诚敢谏的大臣们

御史大夫韩安国…………………………………（275）
大行令王恢………………………………………（280）
主爵都尉汲黯……………………………………（284）
大司农郑当时……………………………………（291）
侍中严助…………………………………………（293）
长史朱买臣………………………………………（296）
中大夫主父偃……………………………………（299）
大司农桑弘羊……………………………………（302）
典属国苏武………………………………………（305）
御史大夫兒宽……………………………………（309）

儒生、文士与近臣

博士辕固…………………………………………（315）
太中大夫申公……………………………………（316）
博士董仲舒………………………………………（318）
常侍郎东方朔……………………………………（323）
郎官司马相如……………………………………（332）
太中大夫吾丘寿王………………………………（338）
郎官枚皋…………………………………………（343）
待诏太史落下闳…………………………………（346）
太史公司马迁……………………………………（349）
北军使者任安……………………………………（358）
谏大夫终军………………………………………（360）
上大夫韩嫣………………………………………（363）
协律都尉李延年…………………………………（365）

御敌拓土众将军

飞将军李广………………………………………（369）
车骑将军程不识…………………………………（375）
中郎将灌夫………………………………………（376）
大将军卫青………………………………………（381）
骠骑将军霍去病…………………………………（388）
中将军公孙敖……………………………………（391）
右将军苏建………………………………………（393）
浞野侯赵破奴……………………………………（395）
关内侯李敢………………………………………（397）

骑都尉李陵……………………………………………（398）
贰师将军李广利…………………………………（399）
伏波将军路博德…………………………………（405）
中郎将赵充国……………………………………（407）
右将军常惠………………………………………（415）

执法严苛的酷吏

内史宁成…………………………………………（419）
都尉周阳由………………………………………（420）
少府赵禹…………………………………………（420）
廷尉张汤…………………………………………（424）
中尉王温舒………………………………………（430）
绣衣使者江充……………………………………（435）

门客与侠士的代表

淮南国中郎伍被…………………………………（441）
大侠剧孟…………………………………………（445）
大侠郭解…………………………………………（445）

敌国酋首与汉朝叛臣

军臣单于…………………………………………（451）
伊稚斜单于………………………………………（455）
浑邪王和休屠王…………………………………（459）
南越国相吕嘉……………………………………（460）
前将军赵信………………………………………（465）
中行说……………………………………………（467）

千秋功过汉武帝

　　"秦皇汉武",向来的说辞,大约是着重其雄武。其实,二帝在中国封建制度的建设上可谓功不可没,诸如秦皇之建立"百代皆沿"的"秦制度",汉武之"废黜百家,独尊儒术"。汉武帝之文治武功、雄才大略,方之于历代明君,不遑多让。尽管太史公之《孝武本纪》不传,但褚先生辑录于《封禅书》之文,应该不乏史公深意,与《汉书·武帝纪》并读,当不无裨益。

汉武帝刘彻

汉武帝刘彻（前156～前87），西汉第五个皇帝。乳名彘，谥号"孝武"。在位五十四年（前140～前87年），是我国历史上一位雄才大略、多有建树的封建帝王。他继承"文景之治"形成的富强国势和安定政局，一改旧制，放弃汉初黄老"无为"政治，推尊儒术，实行多欲进取政治。对内加强皇权，巩固统一；对外开疆拓土，宣扬国威，是完成封建专制主义中央集权大帝国的重要历史人物。汉武帝把西汉王朝推向了极盛时期，开创了中国历史上一个光辉的时代。但他的穷兵黩武及追求长生与秦始皇颇为相似，但晚年有所悔悟，身后事安排得也比较妥帖。

一、联姻立储　少年多才

刘彻乳名刘彘，他出生前，据传他的母亲王美人曾梦见太阳，父亲汉景帝刘启说这是个吉梦，是刘彘将来必然大福大贵的征兆。这个吉梦很快传遍宫中，刘彘身上也就增添了一层神奇色彩。但其母王娡身为美人，只是个妃子，他也只能算作庶子，按封建宗法是没有资格继承皇位的。刘彘四岁的时候，依照惯例，被封为胶东王；他的大哥刘荣被立为皇太子。没想到，后来刘彘却因一段姻缘成就了太子之位。

汉景帝有个姐姐叫刘嫖，称为长公主。长公主有女名唤陈阿娇，长公主想把她许配给皇太子刘荣，希望日后刘荣为皇帝，自己的女儿便做皇后。但刘荣的生母栗姬偏不答应，长公主让女儿做皇后的希望成为泡影，便与栗姬结下了仇。刘彘的母亲王美人为了长久之计，便趁机巴结长公主，两人慢慢成为闺中密友。一日两人叙谈,长公主提起为女议婚之事,王美人连忙接口道:"只可惜我没福分,不能有这样的好儿媳呀!"

长公主听王美人这样一说,心中很是高兴,加上她也喜欢聪慧的刘彘,便说愿将女儿许配给刘彘。王美人自是欢喜,但口里却说:"怎奈刘彘不是太子,不配您这样的高亲。"长公主恨恨地说:"废立也不过是常有之事,栗氏以为自己的儿子立了储,就可以目中无人,但福祸难料。"王美人遂与长公主定了婚约。不过,汉景帝因刘彘年幼,还未到谈婚之时,不太同意。

长公主不肯就此罢休,她深知夜长梦多,便略施小计,有一天当着汉景帝的面问刘彘愿不愿意娶阿娇为妻。刘彘年纪虽小,却很聪明,他回答说:"如果能娶阿娇为妻,我会造一所金屋子给她住。"这话引得大家都笑了起来。景帝深感刘彘是个伶俐的孩子,终于同意了这门亲事。从此长公主与王美人结成亲家,关系更加密切了。

梁王刘武是汉景帝的弟弟,他深受母亲窦太后宠爱,对皇帝的宝座垂涎三尺。他积极活动,希望取得王位继承权。大臣袁盎表示反对,景帝最后没有传位给刘武。

也许是王美人工于心计的遗传,刘彘也是早熟早慧。他虽然年龄不大,但很聪明壮实,做事也讲究谋略。不过,他的童年是无忧无虑的,尽管王美人和长公主为了他争夺皇储之位在和栗姬等明争暗斗,阴风肃杀。

刘彘每天和几个小兄弟一起玩耍,服侍他们的乳母和宫女有一大群。他们这些小皇子的一哭一笑都会使这些宫女们忧喜交加。可以说,他们分享了皇父的荣华富贵。刘彘并不以此而自傲,做事小心仔细,大人小孩都喜欢他。景帝看望他们时,刘彘恭敬地回答父皇的每一句话,好像小大人一样。景帝十分喜欢他。

刘彘三岁那年,景帝曾把他抱在膝上问他说:"儿乐意做天子吗?"小刘彘恭敬地回答说:"由天不由人,儿愿每天都居住在宫里,在父皇面前游戏。主要是不敢因为儿的逸豫而导致失去天子之道。"刘彘如此机警乖巧,当然讨得了景帝的欢心。

汉景帝的皇后薄氏是景帝母亲薄太后的娘家远亲。薄太后为了巩固维护薄氏外戚的势力,把小薄氏指配给景帝,并要求景帝立她为皇后。景帝尽管不喜欢薄氏,但迫于母命,只好立薄氏为皇后。薄皇后不为景帝所宠,常常独守空房,也没有生儿子。薄太后死后没多久,薄皇后便被废黜了,没几年便忧郁而死。一开始,景帝宠爱栗姬,想立她为皇后,但栗姬不识大体,惹恼了景帝。

长公主刘嫖颇有心计,在景帝一朝是个举足轻重的人物,能对弟弟景帝施加重要影响。经她的谋划,加上考虑到栗姬忌妒心过强,汉景帝终于在前元七年(前150)立王美人为皇后,立刘彘为太子。刘彘争得太子之位,景帝觉得"彘"这个名字用在未来的接班人身上似乎有些不雅。恰巧他看到《庄子·外物篇》里有一句"心知为彻"的话,"彘"和"知"又是一音之转,所以景帝就将刘彘改名为刘彻,他希望这个皇太子能聪明圣彻。就这样,七岁的刘彻取得了皇位继承权。

自此,景帝着意培养刘彻,请来德高望重、学识渊博的卫绾做他的老师。卫绾对刘彻培育了六七年之久,给刘彻以很大影响。后来卫绾调任御史大夫一职,他推荐另一名儒家学者王臧给汉景帝,景帝便拜王臧为太子少傅。王臧是当时有名的儒学大家申公的学生,有着深厚的儒学功底。

皇太子刘彻在宫中接受了多种学术思想的影响。在窦太后控制下的宫廷氛围里,他接受了黄老思想的熏陶;从父皇景帝那里,又受到刑名思想的影响;卫绾和王臧又教授给他儒学的精髓。这种思想大熔炉的方方面面,对少年刘彻都产生了或多或少的影响,这也是他思想倾向和政治措施呈现复杂多样性的主要根源所在。

少年的刘彻思维缜密,聪明过人。刘彻十四岁那年,有个人杀了继母,因为继母杀了他的父亲。对此事的处理,大臣们都感到棘手:替父报仇值得嘉许,弑母却又犯下违背伦常的死罪。廷尉把此案呈给景帝,等着景帝批下斩首令。景帝看了案子,觉得判斩首不妥,但又说不出道理来。于是,他让人把皇太子刘彻找来,问他对这一案件的看法。刘彻仔细看完卷宗,解释说:"继母本不是生母,只是因为父亲娶了她,才会有母子关系。但是现在她杀了父亲,和父亲的夫妻关系就不存在了,因此就不再是他的继母。母恩既绝,他杀的就只是个杀父仇人,并非有逆人伦。"一个孩子居然有这样周密的思路,大臣们听了无不称奇,景帝也微笑着点头赞许。

少年刘彻喜欢学习,对儒学经典、骑射、文学,都很有兴趣。他曾向出生在匈奴的韩王信的后代韩嫣学习骑射。相处期间,他一边学习骑射,一边听取有关匈奴的故事,增强了抗击外侮的信心。

皇宫是文化的集中地,丰富的皇家藏书和良好的文学气氛,使刘彻自幼便对文学艺术产生了浓厚的兴趣。他喜欢读儒家经书,也喜欢吟诵辞赋。辞赋是汉代最发达、最流行的一种文学体裁。它上承楚国大诗人屈原的《离骚》,是一种半文半诗的混合文体,有文采光华、结构宏伟和语汇丰富的特色。刘彻十分喜爱这种文体,他读到当时著名文学家枚乘的赋,十分佩服,一直想见到枚乘本人。后来,刘彻用这种文体写出了《悼李夫人赋》、《秋风辞》等具有一流文学水准的作品。

就这样,刘彻一边读书,一边练习骑射,几年后,他成长为一个文武兼备、有胆有识、思想活跃、心胸开阔的皇太子，为他未来的宏图大业打下了良好的基础。

二、贤良对策　信用仲舒

公元前140，十六岁的刘彻继位当了皇帝，即汉武帝，改元"建元"。此前的"文景之治"使汉朝经济得到了恢复和发展，到刘彻继位时期，国家无事，家给户足。但这种表面繁荣的背后却潜伏着尖锐的矛盾，如土地兼并严重、匈奴不断骚扰边境等等。当时，富人们的土地阡陌相连，而穷人却没有立锥之地，农民常处于衣食无着的悲惨境地，与地主阶级的矛盾十分尖锐，随时都有可能揭竿起义。

汉武帝从小胸怀壮志，希望成就一番伟业。当上皇帝，自然给他施展抱负提供了绝好的舞台。因此，即位伊始，他就准备锐意改革，崭露锋芒。他首先下诏全国荐举"贤良方正"之士，延揽人才。他亲自出题，围绕着古往今来治理天下的"道"进行考试。

当时，参加考试的有一百多人。董仲舒对于试题的回答很受武帝的赏识，他在文章中写道：

圣明的君主，有改变制度的名义，而没有改变治道的实际内容。然而，夏代推崇忠直，商代推崇恭敬，周代推崇礼仪，形成这种差别的原因，是因为它们要各自拯救前朝的缺失，必须使用各自不同的方法。孔子说："商代继承了夏代的制度，所废除的和增加的是可以知道的；周代继承了商代的制度，所废除的和增加的是可以知道的；若有人继承周代，就是过了一百代之后所实行的制度，也可以推测得出来。"这是说百代君主所用的治国之道，也就是使用夏、商、周这三种了。夏代继承了有虞氏的制度,而孔子唯独没有说到两者之间的增减,是因为两者的治国之道一致,而且所推崇的原则相同。道之所以精深博大,是因为它来源于天,只要天不变,道也就不会变;所以,夏禹继承虞舜,虞舜继承唐尧,三位圣王相互授受禅让天下,而遵循相同的治道,是因为其间不需要补救积弊,所以孔子不说他们之间的增减。由此看来,继承一个大治的朝代,继起者就要实行与原来相同的治国之道;继承一个政治昏乱的朝代,继起者则一定要改变治国之道。

现在汉朝是在大乱之后而建国的,似乎应该略为改变周代制度的过分强调礼仪,而提倡夏代的忠直之道。古代的天下,也就是现在的天下,同是这一个天下,为什么古代与现在相比,却会有那么大的差距?为什么败坏到如此程度?估计或许是因为没有遵循古代的治国之道,或许是因为违背了天理吧?

天对万物也有一定的分配赐予:赐给利齿的动物不让它再长犄角,赐给双翅的鸟类只让它有两只脚,这是让已得大利的,不能再取得小利。古代那些接受俸禄的官员,不许靠气力谋食,不得经营工商末业,这也是既得大利就不能再取小利,与天的旨意是相同的。那些已得大利又要夺取小利的人,连天都不能满足其贪欲,更何况人呢!这正是百姓纷纷怨叹困苦不足的原因。那些达官显贵,身受朝廷荣宠而居高位,家庭富裕又享受丰厚俸禄,于是凭借着既富又贵的资本和权势,在下面与平民百姓去争利,百姓哪比得上他们啊!百姓逐日逐月地被削弱,最后陷入穷困。富裕的人奢侈成风、挥金若土,穷困的人走投无路、苦不堪言;百姓没有感觉到活着有什么乐趣,怎么能避免犯罪呢!这正是刑罚繁多却不能制止犯罪的原因。天子的官员，是平民百姓观察仿效的对象，是远方各民族从四面八方向中央观察仿效的对象；远近的人都观察和仿效他们，怎么可以身居贤人的高位却去做平民百姓所做的事呢！急急忙忙地追求财利，经常害怕穷困，这是平民百姓的心理状态；急急忙忙地追求仁义，经常害怕不能用仁义去感化百姓，这是官员应有的意境。《易经》说："既背负着东西又乘车，招来了强盗抢劫。"乘坐车辆，这是君子的位置；身背肩担，这是小人的事。《易经》的这句话，是说居于君子尊位而去做平民百姓的事，这样的人，一定会招来祸患。如果身居君子的高位，而有君子的行为，那么，除了用当年公仪休在鲁国为相辅政的方法之外，就没有别的方法了。

《春秋》推崇的天下一统，这是天地之间的永久原则，是古往今来的一致道义。现在，每个经师传授的道不同，每个人的论点各异，百家学说旨趣不同，因此，君主没有办法实现统一，法令制度多次变化，臣下不知应该遵守什么。我认为，方向不同，所有不属于儒家"六艺"范围之内，不符合孔子学说的学派，都要禁绝其理论，不许它们与儒学并进，使邪恶不正的学说归于灭绝。这样做了，就能政令统一，法度明确，臣民就知道该遵循什么了！

于是汉武帝下令召见，董仲舒即以"贤良"的身份到长安对答皇帝的提问。

这一天，汉武帝兴奋异常。他问董仲舒："朕要继续先帝的清明政治，使民风淳朴，百姓乐业，仓廪殷实，泽被四海，你有什么对策吗？"

董仲舒不慌不忙，认真答道："皇上知道古代圣王虽已去世，但他们的子孙却能长久安宁的缘由吗?"

"你且说来我听。"武帝颇有些期待地说。

"《春秋》记载,天人相应,国家如有乱事出现,上天就会用灾害怪异进行警告。只要不是无道的时代,上天是愿意扶持天子的。古代圣王正是用仁义礼乐教化子民,才得以大行其道的。"董仲舒引经据点。

武帝听后点头称是,又迫不及待地问道:"那么,如何推行仁义礼乐,使民服从教化呢?"

董仲舒侃侃道来:"其一,罢黜百家,独尊儒术;其二,权归中央,上下完一;其三,弃无为而治,以法令治国;其四,实施仁政,天人合一。"

董仲舒的这些提议,当时被称为"贤良对策"。武帝听罢,茅塞大开。

汉武帝立即任用董仲舒为江都相。江都王刘非是汉武帝的哥哥,平时骄傲武断,不易对付。董仲舒晓以大义,用礼义纠正他的错误,获得了他的尊重。

汉武帝的老师卫绾是武帝朝第一任丞相,这是景帝有意安排的,景帝看到他很正派持重,提拔他做御史大夫、丞相,辅佐汉武帝。卫绾本来很喜欢儒术,听说董仲舒在对策中建议"罢黜百家,独尊儒术",非常高兴,请求汉武帝把那些专学"申、商、韩非、苏秦、张仪之言"的贤良罢免回家,免得他们日后搬弄是非,扰乱国政。汉武帝马上表示同意,没有任用儒家以外的贤良。这表明,汉武帝是倾向于儒家学说的,这也可以说是"罢黜百家,独尊儒术"政策的第一次实施。

"贤良对策"就好像一剂燥药,使汉武帝刘彻进行改革的心情更加迫切。于是,以此为理论基础,武帝开始施展拳脚,着手政治改革。

第一任丞相卫绾年事已高,政治上缺乏进取心,而且在景帝生病期间滥杀了一些官吏,引起许多人的不满,武帝感到很失望。卫绾有自知之明,借病请求退职,武帝马上批准了他的请求,让魏其侯窦婴接替了他的职务。汉武帝还叫母舅田蚡做太尉,掌管军队。窦婴和田蚡都喜欢儒术,他们又向汉武帝推荐了儒生出身的赵绾做御史大夫,王臧做郎中令。赵绾和王臧又推荐自己的老师、《诗经》博士申培,改革祭礼和研究明堂制度。接着,又设立明堂,要变更历法和服色。武帝派人用蒲车和礼物聘迎申培到长安做太中大夫。

　　汉武帝为了削弱王侯的权力,下令让他们迁回封地;同时要求大臣检举皇亲国戚的不法行为,然后予以处罚。为减轻百姓负担,武帝减省卫士一万人,停止喂养苑马,将苑地赐给无地的贫民,并废除关卡的税收制度。武帝还照顾老弱之人,对于年满八十的老人,免除家中两个人的口算钱;对于年满九十的人,免除家里的口赋钱,还免除一个儿子服役。另外,汉武帝对外则准备反击匈奴。

三、实权旁落　新政受阻

　　此时,武帝虽身为皇帝,但朝中大权仍操纵在祖母太皇太后窦氏手里。从立为皇后开始,窦氏干预朝政已有四十年之久,在宫中地位高、权势大,其家族亦恃宠怙势,为非作歹。列侯的夫人们多是公主,他们在京城的势力盘根错节,都不愿回到封地去。他们反对新政,因而不断到太皇太后窦氏那里去告状,加上太皇太后本人也"好黄帝、老子言",不喜欢儒家思想,因此在朝中以窦氏为核心形成了一个思想上和政治上的守旧集团。

　　建元二年(前139),御史大夫赵绾曾上书提议不再让太皇太后干预国政,这等于取消她的特权。窦氏听后大发雷霆,说:

"赵绾这不是想做第二个新垣平吗？"新垣平是汉文帝时期的一个方士，他靠骗术骗取汉文帝刘恒的信任。他叫人在一只玉杯上刻了"人主延寿"四个字，诡称是一位仙人送给汉文帝的。汉文帝想求长生，所以对这些鬼话竟一点也不怀疑。由此，新垣平靠骗术爬上了大夫的官位。他还请汉文帝做两件大事，一件是改换年号，一件是进行祭祀天地的封禅大礼。这两件事与汉武帝的这些儒生们的想法有一定相似之处，这样，窦氏就硬把赵绾和新垣平两人联系到一起了。

新垣平在汉文帝面前装神弄鬼，屡屡得逞。正在得意洋洋的时候，丞相张苍和廷尉张释之暗地里派人去监视他的行动，还真的查出了那个在玉杯上刻字的工匠。张苍和张释之让人上书，告发新垣平所说的话没有一句是实话。有凭有据的罪状不得不叫汉文帝相信，他仔细一想，才从迷梦中醒来。他后悔自己的糊涂，痛恨方士的可恶，立刻革去新垣平的职位，把他交送廷尉张释之审问。新垣平一见张释之的威严，早已吓得魂飞天外，只好把欺诈的前后经过和盘托出。张释之判新垣平大逆不道的重罪，新氏被灭门三族。

窦太皇太后把赵绾等人比成新垣平，意指赵绾也是想用一些鬼话来欺骗汉武帝。她迫使武帝废除新的政治措施，罢免丞相窦婴和太尉田蚡；她暗中搜集到赵绾、王臧贪赃的证据，以此责备武帝用人不当，还迫使武帝关押了赵绾和王臧，送走太中大夫申培。不久，赵绾和王臧在狱中被逼自杀。

窦太皇太后讨厌夸夸其谈的儒生，特别看重少说话、多做事的实干家。她对汉武帝说："儒生专门注重外表，写的文章天花乱坠，读起来好听，可是没有一个赶得上'万石君'一家子能够为朝廷实实在在做些事。"

"万石君"是河内人石奋的雅号。石奋的父亲原来是赵国人，赵国灭亡后，迁居到温县。汉高祖刘邦东进攻打项羽，途经河内郡，当时石奋年纪只有十五岁，做小官吏，侍奉汉高祖。高祖和他谈话，喜爱他恭敬谨慎的态度，问他说："你家中有些什么人？"回答说："我家里很穷，只有母亲和姐姐，母亲不幸失明，姐姐会弹琴。"高祖又说："你能跟随我吗？"石奋回答说："愿竭尽全力侍奉。"于是，高祖召他的姐姐入宫做了美人，让石奋做中涓，管理大臣进献的文书和谒见之事。因为他的姐姐做了美人的缘故，后来他的家迁徙到了长安的中戚里。他的官职到文帝时积功升至太中大夫。石奋虽然不通儒术，可是恭敬谨慎无人可比。文帝时，东阳侯张相如做太子太傅，后被免职。文帝选择可以做太傅的人，大家都推举石奋，于是石奋做了太子太傅。

等到景帝即位，石奋官居九卿之位，因为他过于恭敬谨慎，景帝让他做了诸侯丞相。石奋的长子石建、次子石甲、三子石乙、四子石庆，都因为性情驯顺，对长辈孝敬，办事谨慎，官位做到了二千石，于是景帝说："石君和四个儿子都官至二千石，作为人臣的尊贵荣耀竟然集中在他们一家了。"就称石奋为"万石君"。

景帝末年，万石君享受上大夫的俸禄告老回家。后来，在朝廷举行盛大典礼时，他作为大臣也来参加。在经过皇宫门楼时，万石君一定要下车急走，表示恭敬；见到皇帝的车驾，一定要手扶在车轼上表示致意。而他的子孙辈做小吏，回家看望他，万石君也一定要穿上朝服接见他们。如果子孙中有人犯了过错，他不斥责他们，而是坐到侧旁的座位上，对着餐桌不肯吃饭。这样一来，其他的子孙就纷纷责备那个犯了错误的人，再通过族中长辈求情，本人裸露上身表示认错，并表示坚决改正，石奋才答允他们的请求，才肯吃饭。已成年的子孙在他身边时，即使是闲居在家，石奋也一定要穿戴整齐，显示出严肃整齐的样子。他的仆人也都非常恭敬,特别谨慎。皇帝有时赏赐食物送到他家,石奋必定叩头跪拜之后才弯腰低头去吃,就像在皇帝面前一样。子孙后代都遵从石奋的教诲,也像他那样去做。

万石君一家因孝顺谨慎闻名于各郡县和各诸侯国,即使齐鲁二地品行朴实的儒生们,也都认为自己不如他们。在窦太皇太后的极力荐举下,汉武帝不得不让万石君的大儿子石建做了郎中令,小儿子石庆做了内史。

从此,汉武帝的新政被迫搁置。继任丞相、御史大夫、郎中令都是太皇太后窦氏的人,朝中政权基本上操纵在窦太皇太后手中。汉武帝无可奈何,终日和文人谈天喝酒,同时学习治国之术,耐心地等待时机。

四、废后立后　游猎上林

汉武帝即位后,就立了陈阿娇做皇后,长公主也被称为窦太主。窦太主自恃援立武帝有功,无休无止地请求赏赐、干预国政,武帝对她很不满。陈皇后骄横嫉妒,独占君宠,却迟迟没有生育孩子。为了能够生下儿子,陈皇后花费巨额钱财求医问卜,但是终究没有生育。武帝对陈皇后的宠爱渐渐衰退。皇太后王娡对武帝说:"你刚刚做上皇帝,大臣还没有归附你,就先兴建明堂,太皇太后已经很恼怒了,现在又得罪窦太主,必定会受到重责。妇人的性情是容易高兴也容易生出怨恨的,你应该慎之又慎!"武帝只好忍耐一时,对陈皇后又恢复了宠爱。

但好景不长。一天,武帝到霸上举行祓除仪式,返宫途中去看望他的姐姐平阳公主,看中了平阳公主府中的歌女卫子夫。平阳公主把卫子夫送入宫中,卫子夫日益受到武帝的宠幸。陈皇后得知,极为恼怒,对武帝大发脾气。此后,武帝对陈皇后越来越疏远,最终废黜了她。

卫子夫的同母异父弟弟卫青在平阳侯家中当骑奴。长公主刘嫖为了打击卫子夫，给女儿出气，抓住卫青囚禁起来，想杀了他，卫青的好友骑郎公孙敖率众把他给抢了回来。武帝得知此事，就召见卫青，并任命他为建章宫的宫监，还给他侍中的官衔，几天之内给卫青高达千金的赏赐。不久，武帝立卫子夫为夫人，任命卫青为太中大夫。卫子夫生下儿子刘据后，又被立为皇后。刘据七岁时，被立为皇太子。

早在汉景帝时，大臣晁错提出削藩之策，导致七国之乱，景帝被迫杀了晁错以平息叛乱。到汉武帝时，朝廷大臣多认为晁错被杀是冤枉的，所以大臣们一心摧残和抑制诸侯王，经常上疏揭露弹劾诸侯王的过失和罪恶，甚至达到吹毛求疵的程度，用笞刑逼诸侯王的臣子屈服，迫使他们证明诸侯王有过失和罪恶。为此，诸侯王没有一个不悲愁怨恨的。

建元三年（前138）十月，代王刘登、长沙王刘发、中山王刘胜、济川王刘明来京朝见武帝。武帝设酒宴款待，刘胜在席间听到音乐声就哭了起来。武帝问他为何哭泣，刘胜回答："悲伤的人听不得抽噎的声音，忧愁的人听不得叹息的声音。现在我心中积压了许多忧伤，每当听到幽妙精微的音乐，不知不觉地就会涕泪横流。我有幸得到朝廷重用，受封为东方的藩臣，从亲属关系说来，又是皇上的哥哥。现在朝廷群臣与皇上之间没有血缘亲情，没有承担国家的任何重任，却结成朋党发出偏私的议论，使宗室皇族受到打击和排斥，骨肉亲情冰雪般融化，我私下为此而悲伤！"接着，他把官吏侵夺欺凌诸侯王的事，一一向武帝奏报。于是，武帝就废止了有关官吏检举诸侯王不法行为的文书，增加对诸侯王的礼遇，并给予种种恩惠。

武帝也十分注重人才选拔和任用。从刚即位开始，他就在招徕、选拔博学有才智的人，予以破格重用。天下士人很多人向朝廷上书议论国家政事的得失,自我标榜和自我推荐的人数以千计,武帝从中选拔杰出的人才给以宠信重用。严助(后改名庄助)第一个被提拔,以后又招致了吴人朱买臣、赵人吾丘寿王、蜀人司马相如、平原人东方朔、吴人枚皋、济南人终军等。这些人都成了武帝的左右亲信,武帝经常命令他们与朝廷大臣辩论,中朝官与外朝官用义理文辞相互驳难,外朝大臣多次被驳得无法对答。

由于没有实权,为了排遣烦闷,武帝经常改换装束暗中离宫外出,到长安周边去游乐打猎。武帝与能骑马射箭的左右亲随相约在殿门前集合,在夜间出宫,自称平阳侯,以掩人耳目。黎明时,到达终南山脚下,射杀鹿、野猪、狐狸、野兔等动物。但他们不知爱惜庄稼,常常策马践踏农田,百姓都大声怒骂。鄠县和杜县的县令想要收捕武帝一帮人,武帝只得拿出了天子专用的物品为证,才得以脱身。

又有一次,武帝等人在深夜到达柏谷(在今河南灵宝境内),去旅店投宿,向旅店的主人要酒。店主见这帮人深更半夜到此,马嘶人喧,太傲慢无礼,十分生气地说:"没有酒,只有尿!"武帝的侍从们想动手打店主,被武帝制止了,暂时隐忍了下来。店主怀疑武帝一行人是强盗,召集了一些青年后生准备收拾他们。店主的妻子见到武帝的体态容貌,觉得不同寻常,就劝阻丈夫说:"来客不是普通人,而且他们已有准备,不能图谋收拾他们。"丈夫不听她的劝告,她就让丈夫喝酒,等他喝醉了之后就把他捆绑起来,又把丈夫召集来的青年后生都劝说走了。接着,便杀鸡做饭招待客人。

第二天,武帝返回宫中,召见了店主的妻子,赏赐千金,任命她的丈夫做羽林郎(宫廷禁卫官)。后来,武帝就为外出巡游设立了秘密的住宿的地方,从宣曲宫向南共设了十二处。夜间再出去游猎,不在民家客栈投宿,就投宿在长杨宫、五柞宫等宫殿。

武帝因为经常外出游猎,道路遥远,身体劳苦,又给百姓带来祸患,就派太中大夫吾丘寿王把阿城以南、盩厔以东、宜春以西这一区域的土地划归御苑,准备把它修建成上林苑,连接到终南山。武帝又下诏命令中尉、左右内史,上报所属各县的荒田数量,准备给鄠县和杜县的百姓作为补偿。

当时,东方朔正在武帝身边,他谏阻武帝说:

> 终南山是国家的天然屏障。汉朝建国,离开了老都城洛阳,在霸水之西、渭河之南建立都城,这就是所谓的天下富庶地,秦王朝凭借着它降服西戎,兼并崤山以东的地区。这一带山中出产玉、石、金、银、铜、铁、优质木材,各种手工业用它们做原料,百姓靠它们维持生活。又盛产粳(稻的一种)、稻、梨、栗、桑、麻、竹箭等物品,土地适宜于种植庄稼,水中有许多青蛙和鱼类,贫穷的人可以人人温饱、家家富足,不必担忧受饥寒之苦。所以酆水与镐水之间,号称肥沃之地,每亩土地价值一斤黄金。
>
> 现在将这片土地划为上林苑,断绝了池沼湖泽的财利来源,夺取了百姓的肥沃土地,对上减少了国家财政费用的来源,对下破坏了农桑生产,这是不应该这样做的第一个理由。荆棘之林得以蔓延,扩大狐狸、野兔、虎、狼的活动范围,破坏百姓的坟墓,拆毁百姓的房屋,使幼童怀恋故土而忧愁,老人痛哭流涕而悲伤,这是不应该这样做的第二个理由。开拓并营建上林苑,周围筑墙以作为禁苑,策马东西奔驰,驱车南北追逐,其中有深沟大河。为追求一天射猎的乐趣,不值得尊贵无比的天子去涉险犯难,这是不应该这样做

的第三个理由。

　　当年商纣王兴建了内有九市的宫殿导致诸侯背叛,楚灵王筑起章华台而导致楚国百姓四散逃走,秦始皇兴造阿房宫而导致天下大乱。我只是卑贱愚笨的臣仆,竟然冒犯陛下的旨意,真是罪该万死!

武帝觉得东方朔言之有理,就任命他为太中大夫,并授以给事中的官衔,赐给他一百斤黄金以示奖励。

　　但是,武帝年轻好胜,常我行我素,最终仍然按照吾丘寿王所奏报的规模兴建了上林苑。上林苑修建工程开始于建元三年(前138),没用多长时间便完工了。

　　上林苑修成后,武帝喜欢亲自在那里击杀熊和野猪,策马追捕野兽。司马相如上疏劝谏说:

　　我听说,有的东西类型相同而才能不同,所以力量大数得着乌获,行动敏捷要说庆忌,勇猛无敌应归于孟贲和夏育。依我的愚见,人确实有这样的情形,野兽也是这样。现在陛下喜爱攀登险要的地方,射杀猛兽,万一突然遇到力大凶猛的野兽,它在无路可逃的绝境,拼死冒犯陛下的随从车辆,陛下的车辆来不及调转方向,侍从来不及施展应变的巧计,即便是有乌获、逄蒙的超群技艺,也来不及使用,那么枯树朽木也会成为祸害了。这种情况,相当于胡人和越人突然出现在京城,而羌人和夷人接近了陛下的车辆,怎么能不危险万分呢!即便是万无一失而没有祸害,那这种环境本来就不是陛下应该接近的啊。更何况陛下出入都要在清道戒严之后才出发,车辆要在道路的正中间奔驰,即便如此谨慎,还经常遇到控驭马匹的铁勒折断,或是车轮脱出等意外变故,更何况穿过茂密的荒草,驰过丘陵废墟,前面有即将捕获猎物的诱惑,而心中没有预防意外的准备,野兽要对陛下形成危害恐怕是不可避免的了。

看轻皇帝的万乘尊位,不注意自身的安全,反而乐于行进在潜伏着危险的道路上寻求刺激和娱乐,我私下觉得陛下不该如此。大概聪明的人能预见到尚未萌芽的问题,有智慧的人能提前避开还没有完全形成的灾祸。灾祸本来大多隐藏在不易被察觉的细微之处,而发生在容易被人忽略的环节上。所以俗语说:"家中积累有千金的家产,就不能坐在堂屋的边缘。"这句话虽然说的是小事,却可以比喻大事。

汉武帝认为司马相如说得很好,嘉奖了他,但自己还是经常游猎于上林苑。

五、讨伐闽越　刘安谏阻

七国叛乱失败时,吴王刘濞逃到东越(在今福建北、浙江南一带),被东越王杀死,将其头颅献给了汉廷。后来吴王的儿子刘驹逃亡到闽越,怨恨东越王诱杀了自己的父亲,经常怂恿闽越进攻东越。闽越王听从了刘驹的意见,发兵包围了东越都城,东越王派人向天子告急求援。武帝派严助前往援救东越,平定了闽越叛乱。但三年后,闽越王郢又发兵进攻南越国的边境城邑,南越王遵守武帝的约定,不敢擅自发兵,派人向武帝上书告急。武帝很赞赏南越王的忠义,调集大批军队去准备援救南越,派大行令王恢率军从豫章郡出发,派大农令韩安国率军从会稽郡出发,合力进攻闽越。

淮南王刘安上书劝阻说:

陛下统治天下，推行德政，普施恩惠，天下太平，每个人都专心地从事自己的产业，自认为一生不会见到战争。现在听说有关官员将要率兵去进攻闽越，我刘安私下替陛下感到担忧。……

最近，连续几年收成不好，百姓要靠出卖爵位、让儿子充当赘婿换回钱财维持生活。仰赖陛下的恩德救济百姓，百姓才得以不饿死在流亡途中；前年歉收，去年又闹蝗灾，百姓的生活没有恢复正常。现在调兵远征数千里之外，应征的人自带衣物粮食，进入越人居住地区，抬着轿子翻越山岭，拉着船在水中跋涉，远行数百里甚至上千里，河两岸是繁密的树林和丛生的乱竹，船在河中上下行走，经常撞在石头上；树林中有许多蝮蛇、猛兽，夏季炎热之时，上吐下泻以及霍乱等瘟疫接连不断，不必等到交战，死伤的人必定就很多了。年迈的父母流泪，幼小的孤儿哭号，变卖所有家财产业，到千里之外，去迎接亲人的尸体，肉体已不存，只好包裹骸骨返乡。那种悲痛哀伤的气氛，持续几年都不会消失。

陛下的仁德如同天地一样广大，英明如同日月高照，恩惠施加到禽兽和草木，如果有一个人身受饥寒没有安享天年而死，陛下就会为此而心中凄惨悲伤。现在境内没有任何不安的现象，连犬吠的惊吓都没有，却使陛下的士兵丧生，尸身暴露原野，鲜血浸染山谷。边境的百姓因此在下午早早关闭城门，上午很晚才敢打开城门，这样每天早上还要为晚上能否平安无事而担忧，我刘安私下替陛下觉得此事应该三思而行。……

我听说天子的军队只有征伐而没有真正的战争，这是说没有人敢于较量。假若越人怀着侥幸心理迎战领兵将领的先锋部队，哪怕是只有一个砍柴驾车之类的卑贱士兵乘着不备逃走了，即便是汉军得到了越王的头颅，我还是要私下为大汉朝廷而感到羞耻。

陛下把四海之内广大区域作为疆域，所有生活在其中的百姓，都是陛下的男女奴仆。陛下降下德政恩惠，用来养育百姓，使他们安居乐业，就会使陛下的恩惠德泽普盖于万世，把它传给子孙后代，推行到永无终止的将来，国家的安宁就如同泰山而又增加了四面维系的绳索一样稳定；野蛮人的土地，还不够天子用来作一天的游乐使用，怎么值得为它而兴师动众呢！《诗经》说："大王仁德满天下，远方部族自归顺。"这是说王道光明正大，远方的部族都很仰慕。我刘安私下认为，恐怕将官们的率军伐越，是用十万大军去做一个使臣就足以胜任的事啊！

汉武帝看了刘安的上疏，颇不以为然。

这时，汉军已经出发，尚未越过阳山岭，闽越王郢发兵据守险要进行抵御。就在此时，闽越王的弟弟馀善和相、宗族贵族商量说："国王因为擅自发兵攻打南越，没有向天子请示，所以天子派军队来征伐问罪。汉军人多，而且实力强大，即使一时侥幸战胜他们，后面来的军队会更多，直到我们的国家被灭亡才会罢休。现在我们杀了国王而向天子请罪，如果天子同意我们的要求而撤回汉军，自然会保全我们闽越全境；如果天子拒绝我们，我们就拼死与汉军作战；不能取胜，就逃亡到海上。"

众人听了馀善所说，一致赞成说："好！"当即用短矛刺杀了闽越王，派使臣带着他的头颅送给了大行令王恢。大行令王恢说："汉军到来的目的，就是要杀闽越王。现在你们送来了闽越王的头，又向朝廷请罪，不经过战争闽越王就死了，没有比这更好的事了！"王恢当即随机应变，停止进兵，把此事告知大农令韩安国所率领的军队,并派使者带着闽越王的头颅迅速入京报告天子。

面对新形势,武帝下诏撤回两位将军统率的军队,派中郎将封立无诸的孙子繇君丑做越繇王,主持对闽越祖先的祭祀。馀善杀了郢之后,在闽越国内很有威望,国中民众大多拥护他,他就自行称王,繇王丑无力制止他。武帝得知,认为为了馀善不值得再次出动大军,就说:"馀善多次和郢策划叛乱,但后来能带头杀了郢,使朝廷大军免受劳苦。"于是,武帝就封馀善为东越王,与繇王并存。

武帝又派严助向南越王说明朝廷的意旨。南越王赵胡磕头说:"天子竟为了我而兴兵讨伐闽越,我纵然身死也无法报答朝廷的大恩大德!"他派遣太子婴齐入京充当皇帝的警卫,还对严助说:"我的封国刚刚受到进犯,请使臣先行一步,我赵胡正日夜收拾行装,很快就入京朝见天子。"严助返京途中,路过淮南国,武帝又让他向淮南王刘安说明讨伐闽越的用意,赞许刘安上书朝廷的好意,刘安表示自己没有皇帝那样的远见,表示谢罪。

严助离开南越之后,南越国的大臣们都劝止他们的国王说:"朝廷发兵远征,杀闽越王郢,也是以此震惊南越国。况且,先王当初说:'侍奉天子只求不失大礼就成了。'总之,不能因为喜欢朝廷使臣的甜言蜜语,就进京去朝见天子。您真的去了,就不能返回来了,这是亡国的情势啊!"因此,赵胡就自称有病,终于没有来朝见武帝。

六、罢黜百家　独尊儒术

建元六年(前135),太皇太后窦氏病逝。汉武帝终于摆脱了束缚,立即下令罢免丞相许昌和御史大夫庄青翟,清除了太皇太后安插在朝内的所有亲信党羽,任命田蚡为丞相,韩安国为御史大夫。此后,他大刀阔斧地进行了一系列改革,终止了黄老思想指导下的"无为"政治,采纳了董仲舒的新儒家学说,推行多欲进取政治,开创了一个辉煌的时代。

汉初六七十年间,以"清静无为"为特点的黄老之说盛行全国,这对安定政局、约法省刑、休养生息、发展生产都起了有益的作用。但由于无为、放任,却给诸侯王和富贾豪强留下了扩张势力、为非作恶的机会,从而加剧了社会的两极分化,激化了阶级矛盾。到汉武帝继位,地主阶级的统治已经巩固,社会经济有了新的发展,无为而治的黄老思想已不能适应地主阶级的要求。汉武帝需要有一种进取精神较强的统治思想来代替黄老"无为"思想,而儒家学说恰恰适应了这种要求。就在此时,董仲舒应运而出,提出"罢黜百家,独尊儒术"。董仲舒的主张,是从封建统治的长远利益出发而提出的治国方案,为汉武帝集权中央、统一思想、一统天下提供了理论依据,而且有利于封建统治的长治久安,也符合武帝想有一番作为的志向。因而,武帝实行"罢黜百家,独尊儒术"是很自然的。

独尊儒术的首要举措,是大规模开始重用儒生,并且广泛听取他们的施政建议。

河间王刘德因喜好儒学,便受到武帝的信用。刘德努力钻研学问,喜好古代典籍,治学注重实事求是。他还用黄金丝帛购买各地的好书,购得的书,数量与朝廷的存书一样多。当时,淮南王刘安也喜爱书籍,他所征集到的大多是浮滑论辩的书;而刘德所征集的书,都是用古代文字书写的先秦时期的旧书。他搜集礼乐制度的古事,稍加增订,编辑成书,长达五百余篇。他的思想和言谈举止,都务求符合儒家学说,崤山以东的儒生大多追随他,与他交往。

元光五年(前130)十月,河间王刘德来京朝见,进献用于郊庙朝会的正乐,回答了有关三雍宫的典章制度及皇帝拟定的三十多个问题。他的回答,都是依据并阐发儒学思想,抓住了问题的关键,文字简洁,观点明确。武帝下令让掌管宫廷音乐的太乐官经常练习河间王所献的雅乐,作为年节典礼中的项目,平常很少演奏。

同年,武帝又征召官吏百姓中明晓当世政务、熟知古代圣王治国之术的人到朝廷任职,命令应征者与各地进京的"上计吏"同行,由沿途各县供应饭食。

菑川人公孙弘在考试时答道:

> 我听说上古尧舜那个时期,没有尊贵的官爵和丰厚的奖赏,但百姓却相互勉励行善;不重刑罚,但百姓却不犯法。这是因为君主为臣民做出了正直的表率,而且对待百姓很讲信用。到了末代,有尊贵的官爵和丰厚的赏赐,但百姓却得不到劝勉,设立了严酷的刑罚却不能禁止违法犯罪。这是因为当时的君主本身不正,对待百姓又不讲信用。用丰厚的奖赏和严酷的刑罚,还不足以鼓励行善、禁止作恶,只有靠讲信用,才能达到这一目的。
>
> 所以,根据人的才能而委任官职,他们就能各司其职,做好工作;抛弃无用的虚言,就能了解事情的真相;不制作无用的器物,就可以减少对百姓的赋税;不在农忙季节征发役夫,不妨害民力,百姓就会富裕;有德的人受到重用,无德的人被罢免,朝廷就尊贵威严;有功的人升职,无功的人降级,群臣就会明白退让的道理;判处刑罚与罪过相应,就能制止犯罪;给予奖赏与贤能相符,就能劝勉臣子。这八项,是治理国家的根本。天下百姓,让他们各自从事生产就不会发生争斗,事情得到合理的解决就不会怨恨,让他们接

受教育知道礼义就不会使用暴力,君主爱护他们,他们就会亲近君主。这是统治天下的当务之急。礼义,是百姓甘愿服从的;再用奖赏和刑罚来推行礼义,百姓就不会违犯禁令了。

当时参加对策考试的有一百多人,太常奏报考试成绩,把公孙弘列为下等。对策上呈武帝,武帝把公孙弘的对策成绩提升为第一名,任命他为博士,在金马门伺应召对。

元朔元年(前128)十一月,武帝下诏书说:"朕殷切嘱告官吏,奖励廉吏,举荐孝子,希望能养成风气,继承和光大古代圣人的事业。有十户人家居住的小村落,其中必定有忠信之士;三人共同行走,其中必定有可做我老师的贤人。现在有的郡甚至不向朝廷举荐一个贤人,这说明政令未能贯彻下去,从而使那些积累了善行的贤人君子被埋没,使天子无法得知。况且,推荐贤人的人给以上等的奖赏,埋没贤人的人给以公开的杀戮,这是古代的治世原则。应该议定二千石官员不向朝廷举荐人才的罪名!"有关官吏奏报:"凡是不举荐孝子的,属于不遵守诏令的行为,应当按'不敬'的罪名论处;凡是不察举廉吏的,就是不胜任职务,应当免官。"武帝批准了这一建议。

临菑人主父偃、严安,无终县人徐乐,也都向武帝上书议论政事。

主父偃上书谈了九项事情,其中八项是关于律令问题,另外一项是谏止征伐匈奴,他写道:

从前,秦始皇吞并列国后,求胜的欲望没有休止,就想攻打匈奴。……派蒙恬率军进攻匈奴,开辟疆土千里,与匈奴以黄河河套划界。这一带本来就是湖泊和盐碱地,不能种植五谷。后来，秦始皇又调集全国成年男子去戍守北河，军队暴露在外十多年，死者多得无法统计，但终究不能越过黄河，占领北部地区。这难道是因为兵力不足、装备不齐吗？是形势不允许啊！又使天下百姓用车船运输粮草，从琅邪等沿海郡县开始，运输到北河，大约起运时的三十钟粮食，运到目的地仅存一石。男子拼命耕作，收获不够缴纳军粮，女子纺线绩麻，织出的布帛满足不了军营帐篷的需要，百姓倾家荡产，无法养活孤寡老弱，路上死去的人一个接一个，天下人从此就开始反叛秦朝了。

等到高皇帝平定天下，到边境巡行，听说匈奴人集中在代谷的外面，就想去进攻他们。有位名叫成的御史进言劝阻说："不能这样做。匈奴人的习性，忽而如同野兽聚集，忽而如同鸟类分飞，追赶他们就好像与影子搏斗一样，无从下手。现在，凭陛下这样的盛大功德，却要去攻击匈奴，我私下认为很危险。"高皇帝不听从他的意见，于是就向北进军到达代谷，果然发生了被围困在平城的事变。高皇帝大概非常后悔，才派遣刘敬前往匈奴，缔结和亲的盟约。从此之后，全国上下就忘记战争的事情了。匈奴难以制服，不是这一代才如此。侵犯城邑、劫掳人畜，这是他们的谋生手段，天性本来就是这样。远到虞、夏、殷、周统治时期，本来就不对匈奴征收贡赋、实施监督。不向上回顾虞、夏、殷、周的传统，却向下沿用近代的失误，这是我所最忧虑的事，也是天下百姓所反对的事。

严安上书说："现在，朝廷要征服西夷地区，诱使夜郎人朝称臣，降服羌人和僰人，建筑城邑，进军匈奴腹地，烧毁匈奴的龙城，议事的大臣们都赞成这些行动和计划，但这只能让主持其事的大臣得到好处，对于国家来说不是好计策。"

徐乐上书武帝，说："我听说天下的最大祸害，在于土崩，不在于瓦解，古今都是如此。……近来，函谷关以东地区粮食连年歉收，年景没有恢复正常，百姓大多穷困，再加上还要承担边境战争的负担，按照规律和常理来看，百姓之中应该出现不安分守己的人了。不安分守己，就容易动乱；百姓容易动乱，这就是土崩的局势。所以贤明的君主只注意观察万物变化的根本原因，明了安危的关键，治理于朝廷之上，就能消除尚未完全形成的祸患，其要领不过是设法使天下没有土崩的局势罢了。"

奏书上呈武帝，武帝召见了他们三人，对他们说："诸位原来都在何处，我们为什么相见得这样晚！"武帝把他们都任命为郎中。主父偃更受武帝宠信，一年之内共升了四次官，担任了中大夫。

元朔五年（前124），汉武帝为了培养官吏，统一人们的思想，根据董仲舒的建议，在长安兴办太学。规定太学生员为博士弟子，太学的学习科目设五经，一律由儒家五经博士教授。定《诗》《书》《礼》《易》《春秋》为"五经"。其中《诗》就是《诗经》，是我国上古第一部诗歌总集；《书》就是《尚书》，是我国上古历史文献资料汇编；《礼》就是《周礼》，是周代的典章制度、道德规范；《易》就是《易经》，是我国古代一部具有一定哲学思想的著作；《春秋》，则是孔子以鲁国历史为主线所编写的一部编年体史书。学生可任选一经学习（相当于今天大学的专科），以自学为主，老师定期讲经，每年考试一次。学完经考试合格后即可以做官，根据成绩高下补郎中、文学掌故等职务。太学是中国历史上第一所大学，也是世界上最古老的正规大学。太学是官办的最高学府。起初，太学有经学博士七人和博士子弟五十人，后来太学生发展到了三千人。

太学的兴办，打破了以往由贵族官僚世代为官的规矩，使非贵族家庭子弟也可以凭太学资格入仕。至此，儒学的地位大大提高。与之对应的是，春秋战国以来风云一时的诸子百家学说渐渐沉寂无闻。此后，公卿、大夫、士吏都为文学之士，通晓儒家经典已成为做官食俸的主要条件。

与此同时，汉武帝下令在全国郡县设置学校。这一措施真正使儒学在民间光大，处于独尊地位。汉武帝还鼓励学者从事私家的儒学教育，为弘扬儒学打下了坚实的社会基础。这样，把教育体制与用人制度和统一思想协调起来，儒学成为士人进身的阶梯，天下士人为进入仕途，纷纷统一到儒家思想上来。西汉后期，儒学之士在中国文化舞台上逐渐成为主角。

汉武帝"独尊儒术"有其时代特点。他推崇的儒术，已吸收了法家、道家、阴阳家等各种不同学派的一些思想，与孔孟为代表的先秦儒家思想有所不同。汉武帝把儒术与刑名法术相糅合，形成了"霸王道杂之"的统治手段，对后世有着深远的影响。

七、政治改革　削弱诸侯

思想的统一是不会让汉武帝刘彻满足的。为了独揽一切大权，他在继承汉初以来的专制制度的基础上，对中央和地方的政治体制进行了改革。

首先，削弱丞相的权力，形成"中朝"决策机构。汉初以来，由于历史的原因，丞相多由功臣列侯充任，权力极大，他们既能参与制定国家重要政令、辅佐皇帝总管全国政务，又能督察中央百官和地方二千石郡守、王国相，其权力甚至超过了皇权。对此，汉武帝很是不满。

为了加强皇权，限制相权，汉武帝提拔了一批中下层官员，作为自己的高级侍从和助手，替自己出谋划策、发号施令。这样,在朝官中就有了"中朝"(或称内朝)和外朝之分。由侍中、常侍等组成的"中朝"成为实际的决策机关,而以丞相为首的"外朝"官,逐渐成为执行一般政务的机关。武帝还打破列侯拜相的旧制,任命出身贫苦的儒生公孙弘为丞相。这样,公孙弘既没什么特殊权势可炫耀,又能用诗书礼乐的词句来文饰政事,成为武帝的得力助手。

其次,削弱诸侯王的势力,加强中央集权。汉景帝时期,由于诸侯势力强大,曾出现吴楚七国之乱,叛乱平定后,诸侯势力得到抑制。汉武帝时期,诸侯王虽然不像以前那样强大难制,但是有的王国仍然连城数十、地方千里,威胁着西汉中央政权。元朔二年(前127),汉武帝采纳主父偃的建议,颁布"推恩令":诸侯王除了由嫡长子继承王位之外,可以推"私恩"把王国土地的一部分分给子弟为列侯,由皇帝制定这些侯国的名号。按照汉制,侯国隶属于郡,地位与县相当。因此王国转为侯国,就等于王国的缩小和朝廷直辖土地的扩大。推恩令下后,王国纷纷请分邑子弟,于是诸侯王的支庶许多得以受封为列侯,朝廷不用削废的办法而使王国的辖地缩小。武帝以后,每一王国辖地不过数县,其地位相当于郡。这样,诸侯王强大难制的问题,就进一步解决了。

汉初贵族养士的风气很盛,强大的诸侯王都大量招致宾客游士,扈从左右,其中有文学之士,有儒生、方士,还有纵横论辩之士。诸侯王策划反汉时,宾客游士往往是他们的重要助手,所以武帝对之力加压制。淮南王刘安和衡山王刘赐被告谋反,武帝于元狩元年(前122)下令尽捕他们的宾客党羽,牵连致死的据说达数万人。接着,武帝颁布《左官律》和《附益法》,前者规定王国官为"左官",以示歧视,后者限制士人与诸王交游。从此以后,诸侯王唯得衣食租税,不能参与政事,其中支脉疏远的人,就与一般富室无异了。

诸侯王问题解决后,全国还有列侯百余。汉制每年八月,举行饮酎大典,诸侯王和列侯献"酎金"助祭。元鼎五年(前112),武帝以列侯酎金斤两成色不足为名,削夺一百多个列侯的爵位。还有一些列侯,也因其他各种原因而陆续被削爵。不过,此后仍不断有功臣侯、恩泽侯之封,列侯的数量还是不少。

再次,打击地方豪强势力,加强对地方官吏的控制。汉初禁网疏漏,刑罚减轻,地方豪强势力得到很大发展,各地出现了一批以强凌弱、以众暴寡、横行乡里的土豪劣绅和地方官僚。豪强大族同封建王朝之间,除了上下依恃以统治人民的关系以外,显然还存在着一定的矛盾。为加强对他们的控制,汉武帝一方面继续推行汉初以来迁徙豪强的办法,把他们迁到关中,置于中央政府的控制之下;另一方面,任用酷吏诛杀豪强。张汤为御史大夫,诛锄豪强并兼之家。周阳由为郡守,所居郡必夷其豪。酷吏打击豪强的活动,对于压抑豪强气焰、提高专制皇权,起了显著作用。

最后,改革官僚制度,多方网罗人才。这主要表现在完善察举制度、实行征召和公车上书制。汉初,官吏主要有两个来源:一是按军功爵位的高低,选任各级官吏,故景帝以前,有"吏多军功"之说。二是选自郎官,即郎中令属下的中郎、侍郎、郎中、议郎等。郎官的职责是守卫宫殿和做皇帝随从,经过一段时间,中央或地方官有缺额,即可从郎官中选用,所以董仲舒说"夫长吏多出于郎中、中郎"。到武帝时,军功地主已经没落,而郎官多出自"任子"或"赀选",难于选拔到真正的人才。因此,董仲舒提出正式建立察举制度的主张。他建议由列侯、二千石郡守,每年推举茂才、孝廉各一人。

武帝采纳董仲舒的建议,于元光元年(前134)冬,初令郡国每年举孝廉各一人。从此之后，郡国每年推举孝廉的察举制度正式确立。除孝廉一科为察举取士的主要科目外，武帝还不定期设立茂才、贤良方正、文学等科察举取士，以广泛地吸收优秀人才。这些被察举到中央的人员，一般都在郎署供职，由郎官再逐渐升迁。

为了更直接地招徕、拔擢有识之士、能干之才，武帝还实行了更为快捷的征召和公车上书制。征召即招徕那些学识才干突出的人，委以重任。汲黯世为卿士，赫赫有名。武帝听到他的大名，便将他征召为主爵都尉，名列九卿。公车上书则是允许吏民直接向朝廷上书言事，有才能的人可以毛遂自荐。东方朔就是通过公车上书制而做官的。

通过上述用人制度的改革，汉武帝直接或间接地把选拔官吏的权力掌握在自己手中，形成了以皇权为中心的官僚制度，使中下层知识分子踏上了仕途，扩大了汉王朝的统治基础，在其周围聚集了一大批政治、经济、军事、外交、文化等方面的人才。

此外，汉武帝还改革了汉初的监察制度。汉武帝时，中央统辖郡国数达百余，比汉初大为增加。为了加强对二千石国守相的督察，武帝于元封五年（前106），将全国地区分为十三个监察区域，叫十三州部，每州部派刺史一人。刺史没有固定治所，不处理一般行政事务，专门检查各地豪强的违法乱纪行为及地方长官郡守、国相等人的营私舞弊行为。每年秋天巡视所部郡国，考察吏治，惩奖官员，断治冤狱。

征和四年（前89），武帝又于首都长安设立司隶校尉，率兵捕捉巫蛊，监督大奸大猾。后罢兵，负责纠察京师百官和三辅（京兆、冯翊、扶风）、三河（河东、河内、河南）、弘农七郡，职权和部刺史相似。刺史和司隶校尉的设立，加强了专制皇权对地方官吏的控制，起了强干弱枝的显著作用。

八、经济改革　统一钱币

汉初经过六七十年的恢复和发展，经过"文景之治"的休养生息，至武帝时，经济出现繁荣的景象。但是，没过多久，国家财政经济却发生了很大的困难，出现了国库空虚的局面。

造成这种情况的几个主要原因是：第一，伴随着封建经济的发展，经济结构和阶级关系逐渐发生变化。地主阶级中占优势的军功地主逐渐让位于以经学起家的官僚地主和以田农起家的素封地主，他们和贵族、商人阶层竞相兼并土地，使自耕农民日益减少，以致国家税收日趋减少。第二，长期的战争消耗了大量人力和物力，每次出兵打仗，往往调用数万、十余万乃至数十万人，而用于战争的钱财、器械、粮食、马匹更无法估计。除了在战争中的直接消耗外，其他辅助的花费消耗也十分惊人，如在边境上修筑工事、开凿道路、给养降卒、犒赏将士等。第三，汉武帝本人的奢靡挥霍和官僚集团的膨胀，也大大增加了国家的开支。如大兴土木营建宫殿园池、离宫别馆，以及巡狩、封禅、郊祀等活动。另外，各地自然灾害时有发生，如黄河泛滥，水灾使百姓贫困，衣食均仰仗官府发放。

崤山以东地区发大水，很多百姓陷入饥饿、困苦境地。汉武帝派出使臣，将当地各郡县封国仓库中的粮食全部拿出来赈济灾民，仍然不够；又征集富豪、官吏、百姓，凡借钱粮给贫苦灾民的，将其姓名上报朝廷，但还是不能解救；于是将贫苦灾民迁徙到函谷关以西及朔方郡以南的新秦中地区，总共七十多万人，所需衣服、食物全部由官府供给。数年之中，由官府借给生产资料，朝廷派出使者分区进行管理，使者的车一辆接一辆，费用以亿计，多得数不清。

汉王朝得到匈奴浑邪王辖地后，陇西、北地、上郡一带外族入侵日益减少。因此,汉武帝下诏将上述三郡的屯戍部队裁减一半,以减轻百姓的徭役负担。

汉武帝计划征讨昆明地区,因该地有方圆三百里的滇池,所以特地开挖"昆明池"以练习水战。此时,法令越发严苛,官吏被免职的很多。由于战事频繁,百姓多买爵到五大夫以免除劳役,所以官府能够征调服役的人越来越少。于是,朝廷任命具有千夫、五大夫爵位的人充当低级官吏,不想当的人必须向官府交纳马匹。凡官吏玩忽法令的,都被发配到上林御苑去砍伐荆棘,挖昆明池。

为了缓解财政危机,汉武帝采取了一系列经济改革措施。

第一,实行盐铁官营。元狩四年(前119),汉武帝任用大盐商东郭咸阳和大冶铁商孔仅为大农丞,专门负责管理盐铁事宜,从此盐铁由政府专卖。在盐业方面,由政府招募煮盐工从事生产,在各地设立盐官进行管理,当时在二十八郡国设立了三十五处盐官。在铁业方面,一是强制刑徒到产铁区开采铁矿,铸造铁器,一是征发丁男定期参加开采铸铁工作,在产铁区设立铁官进行管理,当时在四十郡国设立四十八处铁官。这些盐铁官吏大都由盐铁商人充当,他们精通盐铁业务,在盐铁专卖中起了重要作用,使盐铁之利为国家所垄断。

第二,颁布算缗令。算缗就是向工商业主征收财产税。元狩四年(前119),武帝颁布算缗令,规定商人、手工业者、高利贷者向政府自报资产,并按值按物纳税。凡财产二千钱纳税一算(一百二十钱);凡手工业产品每四千钱纳税一算;轺车一辆纳税一算,商人加倍;船五丈以上纳税一算。同时又规定凡隐瞒不报或报而不实者,一经查出,处罚戍边一年,没收全部财产。并鼓励知情者检举揭发,规定凡揭发者,奖给所没收财产的一半,叫做"告缗"。

元鼎三年（前114），武帝令杨可主持告缗，结果中等以上商人大都被告发，说明隐匿财产者很多。由于隐匿财产者一经揭发即没收其全部财产，因此，通过"算缗"、"告缗"，朝廷没收的财物数以亿计，奴婢数以千万计，田地大县数百顷、小县百余顷，还有很多宅第，大大打击了工商业主。

第三，实行均输法和平准法。这是在大司农桑弘羊的建议下，颁行的一项经济政策。所谓均输法，就是在中央主管国家财政的大司农之下设立均输官，由均输官到各郡国收购物资，把各地应当运交中央的物资运到售价较高的地区出卖，再买该地物产易地出售，辗转交换，最后把中央所需货物运回长安。所谓平准法，就是在大司农之下设立平准官，总管全国由均输官转来的货物，除去供给皇帝需要的一部分外，余下的作为平抑物价之用，用官物在市场上随物价涨落贵卖贱买以营利。实行均输和平准的结果，京师所掌握的物资大大增加，平抑了市场的物价，抑制了投机商人的投机牟利行为。

改革币制是诸多经济改革中最为重要、也最为后人瞩目的。

西汉初年，国家财力不足，铸币时轻时重：汉高祖刘邦时用重一铢的荚钱，文帝时又用四铢钱，武帝初用三铢钱，后又改用半两钱。由于货币的大小、轻重、规格不一样，造成了币制的混乱。加上民间地主、商人和各郡国私自铸钱，更加剧了币制的不稳。鉴于此，建元元年（前140），汉武帝决定从统一货币种类、统一货币发行权着手改革币制。他下诏废除文、景两帝时的"四铢"、"半两"，改铸"外形无郭"的"三铢"币，收回封国的铸币权，并严禁民间私铸。

罢废"三铢"，改铸"半两"，为稳定社会经济秩序起了一定作用。但因大量用兵，加上皇室用度庞大，另外各地自然灾害时有发生，使略有好转的国家财力储备又出现了入不敷出的枯竭状态。于是,汉武帝又采取大量铸行"半两"币投入流通,以解燃眉之急。但此举不仅收效甚微,反而引发民间私铸、盗铸货币风潮再起。武帝虽对私铸、盗铸者重治严惩,但因重利驱使,铤而走险者仍大有人在。流通货币中官铸、私铸、盗铸混杂,真假难辨,社会上出现了"钱益多而轻"的局面,货币贬值,物价腾涨,社会经济再度陷入混乱,西汉中央财政危机依然。

汉武帝决心进行币制的再次改革,以便借改制后的铸币之利,填补国家财力储备的亏空;借新币铸行、旧币废止之机,清除豪商巨贾利用货币不一、居奇牟利的弊端;铸行稳定新币,尽量减轻或消除私铸、盗铸货币给社会经济带来的极大危害。

元狩四年(前119),朝廷始造币值昂贵的白金三品币和以白鹿皮为质的皮币;罢铸"半两"币,新铸"重如其文"的"三铢"投入流通,收缴熔毁在此之前的各种铸币,并再次严令禁止私铸。这次改制,由于白金三品币币值昂贵,流通不便,新铸"三铢"盗铸十分方便,前述弊端难以消除。为此,元狩五年再行币量改制,改"三铢"为"五铢"。"五铢"币整体郭圆方正,币量轻重适宜,外郭相应加宽,防止盗铸者磨损而取铜料。这种新铸"五铢"的币形,为稳定币值起了积极的作用。

"五铢"币铸行之后,其币形、称量虽已定制,但除中央王朝铸行外,各地郡国官署亦可铸行,称之为"郡国五铢"。各地郡国官署铸"五铢"币时,时有减重、掺杂而牟利的现象发生。为防止此类弊病,元鼎二年(前115)又改铸"赤仄五铢"。新铸的"赤仄五铢"料精工细,一枚等同郡国五铢五枚的价值,以前所铸行的白金三品币及"重如其文"的三铢币随之罢废。由于"赤仄五铢"比价高于"郡国五铢"五倍,流通中十分不便,因为拒收"赤仄五铢"而获罪者时而有之;另外,因"赤仄五铢"价高,盗铸获利更厚,私铸、盗铸者不乏其人。因此,"赤仄五铢"铸行二年时，因不便使用，又废除了。

汉武帝鉴于数度币制改制所暴露出来的弊症，已看到铸币权的分散是产生诸多弊症的主要根源。为消除弊症之源，武帝委重任于桑弘羊主持币制的彻底改革。元鼎四年（前113），武帝下令改由上林三官（钟官、技巧、辨铜）铸造五铢钱，史称"上林三官钱"，规定全国通行，旧时的货币一律作废。这种钱由专职部门负责铸造，式样划一，币重如其文，质量较好，而且不易被盗磨。故"上林三官钱"铸行后，私铸无利可图。这样汉兴以来私铸、盗铸钱币之弊一时衰竭，铸币权分散的积弊也同时根除。武帝统一币制的数度改革，至此才终获成功。

汉武帝进行的这些经济改革，都是在重农抑商的原则下进行的。这些措施在一定程度上限制和打击了富商大贾、豪强和贵族的经济势力，增加了汉廷的财政收入，从经济上加强了中央集权，巩固了地主阶级的专政。但同时，这种重农抑商的经济政策也抑制了民间工商业，阻碍了商品经济的发展。

九、兴修水利　不徇私情

汉武帝统治期间还是我国历史上水利事业得到较快发展的时期之一，水利建设为这一时期的经济繁荣、政治稳定奠定了基础。

汉朝定都长安，国家政治、经济重心在关中和西北地区。关中号称"八百里秦川"，位于黄河中游，泾、渭、洛诸水纵横其中。为发展农业生产和航运交通，武帝时期先后修建了漕渠、龙首渠、六辅渠、白渠等工程。

西汉初年，每年从关东地区经黄河、渭水向长安（今西安）漕运粮食仅数十万石。汉武帝统治时期，由于外事边防、内多兴作，政府对粮食需求大大增加，对漕运的依赖也日益严重，漕运量猛增到上百万石。而渭水迂曲宽浅，险阻甚多，长度达九百余里，要花六个月时间才能到达。武帝接受大司农郑当时的建议，发动数万人，经过三年的艰苦施工，开凿了一条三百余里的漕渠，引渭水沿终南山（秦岭）北麓东至黄河，漕运三个月就能抵达长安，不但节省时间和运费，还可以利用余水灌溉民田万余顷。这条人工运河一直延续使用到唐代，成为京师长安给养运输的生命线。

大约在元狩至元鼎年间（前122～前111），汉武帝接受庄熊罴的建议，开凿了龙首渠。当时，长安附近临晋县（今大荔县）的百姓，希望引来洛水灌溉重泉（今蒲城县东南）以东一千多顷产量不高的盐碱地。如果引水成功，每亩可增产十石。汉武帝批准了这项计划，发动军卒上万人开凿渠道。当挖到临晋上游的澄县（今澄城县西南）附近时，遇上了横亘东西的商颜山（今铁镰山），给施工带来了困难。起初曾采用明挖办法，但由于山势较高，开挖太深，黄土覆盖，开好的渠岸常常滑坡塌方。于是采用井渠法施工，在山坡上打若干个竖井，最深的达四十余丈，使"井下相通行水"。经过十多年的施工，这项工程基本建成。由于开挖渠道时挖到了"龙骨"，因此命名为龙首渠。不过，由于渠道未加衬砌，坍塌严重，因此没有发挥多大效益就报废了。但它开创了后代隧洞竖井施工方法的先河，司马迁说："井渠之生自此始。"十余里长的隧洞能够准确确定渠线的方向和竖井的位置，说明这项工程的测量和施工技术水平都是很高的。

元鼎六年（前111），汉武帝令左内史儿宽主持兴修了六辅渠，从冶峪、清峪、浊峪等几条小河引水，开挖六条小水渠，灌溉郑国渠旁边地势较高的田地。太始二年（前95），武帝又在赵中大夫白公的建议下兴修了白渠。从靠近郑国渠渠首的谷口引取泾水，在乐阳（今高陵县东北）注入渭水，渠长二百里，灌溉四千五百余顷的土地，取得显著效益。因发起人白公而命名为白渠。当时有民歌唱道："田于何所，池阳（泾阳）谷口。郑国在前，白渠起后。举锸为云，决渠为雨。泾水一石，其泥数斗。且溉且粪，长我禾黍。衣食京师，亿万之口。"汉武帝时所修白渠与秦始皇时所修郑国渠齐名，因此人们习惯上把两渠合称为郑白渠。

水利建设促进了关中地区经济的快速发展。当时关中"于天下三分之一，而人众不过什三，然量其富，什居其六"。水利使这里迅速发展成为当时全国著名的基本经济区。

汉武帝还专门颁发诏令，要求各地注意兴修水利。诏令说："农，天下之本也。泉流灌浸，所以育五谷也。左、右内史地，名山川原甚众，细民未知其利，故为通沟渎，蓄陂泽，所以备旱也。"意思是说，农业是国家的根本。有水源灌溉才能保证各种农作物的生长。关中平原地区，名山河川很多，应当充分加以利用。老百姓没有充分认识其巨大效益，因此组织他们开挖沟渠，修建陂塘蓄水，可以备水防旱。这个诏令表明了汉武帝对水利和农业的重视，有力地推动了全国水利建设的开展。

汉武帝还亲自指挥了一次工程艰巨的黄河堵口工程。元光三年（前132），黄河在南岸濮阳瓠子决口，河水汹涌南流，夺淮河、泗水入海，使梁、楚之地十六个郡（今豫东、鲁西南、皖北和苏北一带）受灾。武帝接到灾情报告之后，即命大臣汲黯和郑当时主持堵口。由于水势汹涌，势不可挡，决口刚刚堵好就被冲毁了。当时汉武帝的舅父田蚡做丞相，他的封地在黄河北岸，黄河决口南流，北岸避免了水患的威胁，因此他竭力反对堵口，主张听天由命，顺其自然。他说："长江、黄河的决口都是天意的安排，用人力强行堵塞很费力气，堵住了未必符合天意。"那些候云气和使法术的方士们也都如此说法。武帝不了解真相，并为迷信所惑，就此作罢，致使黄河泛滥长达二十多年。

元封二年（前109），汉武帝登泰山封禅，亲临黄河，见洪水滔滔，黄河南岸人口众多，百姓田地被淹，老百姓流离失所，惨不忍睹。黄河北岸除了贵戚田蚡田地有五六千顷外，武帝的母亲王太后也有一千多顷田地。是要天下苍生，还是维护亲戚的切身利益？何去何从，汉武帝犹豫了。但是他最终还是以百姓为重，扒堤泄洪，洪水淹没了北岸土地，南岸百姓得以保命。

后来，武帝又决定派汲仁、郭昌征发数万军民堵塞决口。武帝亲临堵口现场指挥，并"沉白马玉璧于河"，表示治河的决心。命令随行官员自将军以下都要参加施工劳动。经过艰苦奋战，终于堵口成功，制服了洪水，梁楚之地（今河南、安徽一带地方）从水患中解脱出来。为纪念这次规模浩大的堵口行动，汉武帝命人在新修的黄河大堤上修建了一座宣防宫，并亲自写了著名的《瓠子歌》二首，记述这次堵口的经过，既发出"我谓河伯兮何不仁，泛滥不止兮愁吾人"的慨叹，又表达了"宣防塞兮万福来"的心愿，希望防范洪水，祈求幸福平安。一时间，这两首歌被广为传颂。司马迁曾亲身经历瓠子堵口，并身背柴草参加堵口劳动。他"悲《瓠子》之诗而作《河渠书》"，慨叹道："甚哉，水之为利害也！"他感到水利和水害对于人类发展的影响太大了，于是在所著《史记》的"十书"中加入《河渠书》，成为我国第一部水利通史。

汉武帝对这次由他亲自指挥的堵口工程颇为得意，从此更加注重水利建设。这次堵口成功也给全国树立了兴水利、除水害的典范。"自是以后，用事者争言水利。"水利受到各级政府官员的普遍重视，因此很快在全国掀起了兴修水利的热潮。朔方、西河、河西、酒泉各郡"皆引河及川谷以溉田"；关中地区新修了灵轵渠、成国渠；汝南郡（治今河南汝南东北）、九江郡（治今安徽寿县）引淮河水灌溉；东海郡（治今山东郯城附近）引巨定泽（今山东清水泊）灌溉；泰山郡（治今山东泰安东）引汶水灌溉。各处兴修水渠，灌溉农田"各万余顷"。其他小型水利工程更是不可胜数。汉武帝统治期间成为我国历史上一个重要的水利大发展时期。

十、巩固边疆　威震匈奴

汉武帝刘彻的雄才大略，也表现在他开疆拓土、威震四方上。自汉建立至武帝以来，边疆问题一直没有得到很好的解决。吕后征讨匈奴无功而返，文景时期的"无为"政治又滋长了匈奴贵族的贪婪性和掠夺性，使西汉边疆的吏民饱受其害。

建元六年（前135），匈奴派人来请求和亲，汉武帝召百官廷议。大行令王恢是燕地人，他说："汉匈和亲大抵都过不了几年匈奴就又背弃盟约。不如不答应，而发兵攻打他们。"韩安国则极力主张和亲。群臣的议论多数附和韩安国，于是汉武帝便同意与匈奴和亲。

第二年，王恢终于说服了汉武帝用武力反击匈奴。于是，武帝调兵遣将，积极准备。元光二年（前133），汉军在马邑诱伏匈奴，结果被匈奴识破，退兵逃走。此后，汉武帝下令积极备战，开始了长达几十年的对匈奴的战争。在此期间，汉军曾对匈奴展开三次重大反击作战（也有人称之为五大战役），并取得决定性的胜利，从根本上解决了匈奴南下骚扰的问题。这三次战略反击，分别是河南、漠南之战、河西之战和漠北之战。

元朔二年（前127），匈奴骑兵进犯上谷（今河北怀来东南）、渔阳（今北京密云西南）等地。汉武帝避实就虚，实施反击，派遣年轻将领卫青率大军进攻为匈奴所盘踞的河南地。

卫青引兵北上，出云中，沿黄河西进，对占据河套及其以南地区的匈奴楼烦王、白羊王所部进行突袭，全部收复了河南地。武帝采纳主父偃的建议，在河南地设置朔方、五原两郡，并筑朔方城，移内地民众十多万在朔方屯田戍边。汉军收复河南地，具有重要的战略意义：抽掉了匈奴进犯中原的跳板，解除了其对长安的威胁，并为汉军建立了一个战略进攻的基地。

匈奴贵族不甘心失去河南这一战略要地，数次出兵袭扰朔方，企图夺回河南地区。汉武帝于是决定反击，发起了漠南之战。元朔五年（前124）春，车骑将军卫青率军出朔方，进入漠南，反击匈奴右贤王；李息等人出兵右北平（今内蒙古宁城西南），牵制单于、左贤王，策应卫青主力军的行动。卫青出塞二三百公里，长途奔袭，突袭右贤王的王庭，打得右贤王措手不及，狼狈北逃。汉军俘敌一万多人凯旋。漠南之战的胜利，进一步巩固了朔方要地，彻底消除了匈奴对京师长安的直接威胁，并将匈奴左右两部切断，以便分而制之。

元朔六年（前123）二月和四月，新任大将军卫青两度率骑兵出定襄（今内蒙古和林格尔西北），前后歼灭匈奴军队一万多人，扩大了对匈奴作战的战果，迫使匈奴主力退却漠北一带，远离汉境。这就为汉武帝下一步实施河西之役并取胜提供了必要条件。

河西即现在甘肃的武威、张掖、酒泉等地，因位于黄河以西，自古称为河西，又称河西走廊。它是内地至西域的通路，具有重要的战略地位。当时它在匈奴的控制之下，对汉朝的侧翼构成威胁。汉廷为了打通通西域的道路和巩固西部地区，遂决定展开河西之役，组织强大的骑兵部队，委派青年将领霍去病出征河西匈奴军。

元狩二年（前121）春，武帝拜霍去病为骠骑将军，带兵一万由陇西出击匈奴。霍去病带兵转战六天，打过焉支山（今甘肃山丹县东南）一千里，经过激战，杀掉匈奴两个王，俘虏了王子、相国都尉，把休屠王的祭天金人也夺了过来，斩获匈奴首级近九千，沉重地打击了匈奴。到了夏季，霍去病与合骑侯公孙敖率兵数万，再次出击匈奴。此外还有张骞、李广同时出击。另外几路人马都不如霍去病的部下精锐，故而霍去病带领众部将渡居延泽，过小月氏，至祁连山，一路顺风，势如破竹，消灭匈奴三万多人，杀死折兰王、卢胡王，又俘虏了匈奴浑邪王的王母、王子、相国、将军等百余人，收降匈奴浑邪王部众四万，全部占领河西走廊地区。汉朝在那里设置武威、酒泉、张掖、敦煌四郡，移民守边生产。匈奴为此作歌谣说："失我祁连山，使我六畜不蕃息！失我焉支山，使我妇女无颜色。"

元狩四年（前119），汉朝赋税增加、财用充盈，足以支付军饷，于是汉武帝又召群臣商讨出师北征。这年春天，武帝派遣大将军卫青、骠骑将军霍去病，各率军队出击匈奴。这次出塞，除卫、霍各领骑兵十万外，尚有步兵数十万人，随后继进，可谓倾国远征。

大将军卫青连日进军，并不见有大股敌人，派出探马侦察，得知单于移居漠北，便率军深入，直捣匈奴老巢。又走了好几百里，才遇到匈奴大营。卫青下令扎住营盘，用武刚车将匈奴四面围住——武刚车有巾有盖，格外坚固，可作营垒，然后派五千精骑前去挑战。这时天已傍晚，大风忽起，走石飞沙，卫青乘势指挥大部人马分作两翼，左右并进，包围匈奴大营。匈奴伊稚斜单于在营中听得外面喊杀连天，气势汹汹，一时寻思终究难敌，就率数百劲骑，突出营帐之后，向西北逃去。这时匈奴兵与汉军仍在力战，直杀到半夜。后来捕获单于亲信，才知单于已经逃跑；卫青急忙派轻骑追赶，已经来不及了。等到天明，匈奴兵自行散去，卫青率大军继续前进，进到窴颜山赵信城，歼敌一千九百人，取得大胜。

霍去病率军出代郡和右北平，出塞两千余里，与匈奴左贤王相遇，交战数次，都打了胜仗，还抓住了屯头王、韩王等三人，缴获了不计其数的兵器、马匹等等，班师回朝。经过这次打击，匈奴一蹶不振，再也无力骚扰中原，只好迁往北方很远的地方。

汉武帝对匈奴的反击，制止了匈奴贵族的野蛮掠夺，维护了汉朝边郡的先进农业生产。

十一、通西南夷　平南越乱

汉武帝刘彻在位期间，还完成了对东南和南方的统一以及对西南地区的开发。

当初，王恢率军讨伐东越的时候，派番阳县令唐蒙去向南越王说明进军意图。南越人让唐蒙吃蜀地所产的枸酱，唐蒙问是从什么地方来的。南越人说："是从西北方向的牂牁江运来的。"唐蒙回到长安，又问蜀地的商人。商人说："只有蜀地出产枸酱，许多人私自带着它出境去卖给夜郎。夜郎靠近牂牁江，牂牁江宽几里地，行船毫无问题。南越国利用财物引诱和支配夜郎，向西一直影响到桐师（在今云南沾益县）人的居住地，但也不能征服他们。"唐蒙就向武帝上书说："南越王（指赵胡）使用只有皇帝才能用的黄盖车、御用旗，盘踞东西长达万余里的地区，名义上臣服朝廷，实际上是一州之主。现在如果从长沙国、豫章郡出兵征讨南越，水路大多淤塞断绝，难以通行。我听说夜郎的精兵总计可有十余万人，我军乘船顺牂牁江而下，出其不意，这是制服南越的一条奇计。凭着汉朝的强威，再加上巴、蜀两地的富饶，打通夜郎的道路，在那儿设置官吏实施统治，是轻而易举的事。"武帝批准了唐蒙的建议。

于是，武帝任命唐蒙为中郎将，率领士兵一千人和运输粮食衣物的民夫一万多人，经过巴蜀两郡，进入夜郎境内，拜见了夜郎侯多同。唐蒙带来了厚重的赏赐，告知汉朝的严威圣德，约定由朝廷在当地任命官吏，并让多同的儿子担任县令一级官员。夜郎附近的小城邑都贪图得到汉朝的丝绸，他们以为从汉朝到当地来，道路艰险，终究不可能占有这片地区，于是就暂且表示服从唐蒙的约定。唐蒙返京奏报，武帝就在这一地区设立了犍为郡，征发巴、蜀两郡的士卒修筑道路，修路的人有数万人，许多士卒死亡，有的士卒就逃跑了。唐蒙等人用"军兴法"诛杀逃亡士卒的头目，巴、蜀百姓极度惊恐。武帝得知此事，就派司马相如前去责备唐蒙等人，并公开告知巴蜀一带的百姓，唐蒙等人的做法并不是皇帝的本意。

这时，邛人（今四川西昌东）和筰（在今四川汉源东北）人的部落酋长听说南夷与汉朝结交，得到很多的赏赐，大多甘愿做汉朝统治下的臣民，请朝廷仿照统治南夷的模式，在他们的居住地任命官吏。武帝询问司马相如的意见，相如说："邛、筰、冉（今四川茂汶一带）、駹（今四川茂汶一带）都靠近蜀郡，道路也容易开通；秦朝时曾经开通，设置过郡县，到汉朝建国才罢废。现在如果真能再次开通，在那儿设置郡县，将胜过南夷地区。"武帝认为司马相如说得对，就任命他为中郎将，持皇帝的符节出使西夷。司马相如和副使王然于等人乘坐驿车，利用巴蜀两郡的官府财物收买西夷；邛、筰、冉、駹各部族的酋长，都请求做汉朝直接统治下的臣民。汉廷废除了原有的边关，新设立的边关向外扩展，西部到达沬水（今四川大金川江）、若水（今四川雅砻江），南至牂牁江为界；开通了零关道（在今四川峨边南），在孙水（今四川安宁河）上架起了桥，用来接连邛都；在这一地区设立了一个都尉、十多个县，隶属于蜀郡。汉武帝对于开通西南夷非常满意。

元鼎四年（前113），南越王赵兴（赵胡之孙）和王太后向汉武帝请求取消独立，比照内地诸侯王，每三年入朝一次，取消两国边界上的关卡。武帝欣然接受请求，颁赐银印给南越丞相吕嘉，正式任命他为南越封国丞相，又颁发印信给内史、中尉、太傅；其余官员由南越王任免。宣布废除南越国原来施行的黥刑和劓刑，改行汉朝法律，一切比照内地诸侯国。又命汉朝的使节留下进行震慑安抚。

元鼎五年（前112）十一月，南越王和王太后整理行装，携带贵重礼物，准备进京朝见。南越王的丞相吕嘉资历最老，历任三代南越王的丞相，家族中担任重要官职的多达七十余人，男儿都娶公主，女儿都嫁王家子弟，与封在苍梧（今广西梧州市）地区的秦王赵光关系密切。他在南越国中处在举足轻重的地位，深得民心，甚至超过国王。南越王上书请求内附汉朝，吕嘉一再极力劝阻，赵兴概不听从。于是，吕嘉产生了背叛国王的想法，逃出王宫，住在他弟弟的军营里，声称病重，不肯再朝见国王，也不肯接见汉使，暗中与大臣们谋求叛乱。

汉武帝接到南越王丞相吕嘉不肯听从内附的命令，国王和王太后势力孤弱不能控制，以及汉使胆怯不能当机决断的报告，认为南越王和王太后已经归附朝廷，只有吕嘉作乱，不值得出动大军，准备派庄参带领两千人前往。庄参说："为了友好前往，带领几个人就足够了；为了动武前往，两千人无能为力。"不肯接受使命。武帝罢免了庄参。郏地壮士、原济北国丞相韩千秋奋起说："小小的南越一隅之地，又有国王和王太后做内应，只有丞相吕嘉作乱，请交给我三百人，我一定斩杀吕嘉，回报陛下！"武帝于是派遣韩千秋与南越王太后的弟弟樛乐，率领两千人出使南越。

韩千秋等进入越国国境后，吕嘉立即发动了反叛，与他的弟弟率兵攻杀了南越王赵兴和王太后以及汉朝的使节，派人通告苍梧秦王赵光以及各郡县，拥立南越明王（赵婴齐）与越人妻子生的长子术阳侯赵建德为南越王。韩千秋的两千汉军进入越地，接连攻下了几座小城镇。不久，南越人主动让开大道，又供给食物，引诱汉军深入。在离番禺四十里处，南越出动大军围攻韩千秋，全歼了汉军。随后，吕嘉派人把封起的汉使符节和一封书信放在边境上，编造谎言表示请罪，同时发兵把守各地战略要地。汉武帝接到南越国叛乱的报告，认为韩千秋虽然没有成功，但勇冠全军，精神可嘉，便封他的儿子韩延年为成安侯。

这年秋天，汉武帝大举发兵，征伐南越，派伏波将军路博德出桂阳（今广东连县）进军；派楼船将军杨仆出豫章（今江西南昌市）进军；任命南越降将归义侯严为戈船将军，出零陵（在今湖南兴安东北）进军；任命南越降将甲为下濑将军，率兵直攻苍梧；命令各路大军分进合击，会师番禺城（今广东广州市）。

元鼎六年（前111）冬季，楼船将军杨仆先期攻进南越，首先攻陷了寻狭（在今广东清远东），突破了石门要塞（在今广东广州市西北），挫败了南越的兵锋，数万大军暂驻等待伏波将军路博德大军到来，联合进攻番禺城。两军会师后发起了猛攻，杨仆军迅速推进到番禺城下，南越王赵建德和丞相吕嘉据城固守。杨仆军部署在城东、南两面，路博德军部署在城西、北两面。在将近黄昏时，杨仆军发动攻势，击败越军，放火烧城。路博德军按兵不动，设立营寨，派出使者招降南越军兵，当即赐给印信，又放他们回城招降其他人。杨仆军全力攻破了城池，纵火焚烧，驱赶敌军逃向西北，被路博德军截获。天亮之后，番禺城全城投降。此时，南越王赵建德和丞相吕嘉已经趁黑夜逃进了大海，路博德派兵追击。校尉司马苏弘俘获了赵建德，南越郎官都稽擒住了吕嘉。就这样，戈船将军、下濑将军率领的两路大军以及归义侯调动的夜郎兵还没有赶到，南越国就已经平定了。

南越平定后，汉朝在其范围内建置了南海郡（郡治在番禺，今广州市）、苍梧郡（郡治在广信，今广西梧州市）、郁林郡（郡治在布山，今广西桂平西）、合浦郡（郡治在合浦，今广西合浦东北）、九真郡（郡治在胥浦，今越南清化西北）、日南郡（郡治在西捲，今越南广治西北）、珠崖郡（郡治在今海南省海口市东南）、儋耳郡（郡治在今海南省儋耳县）等九个郡。南征大军班师回朝，汉武帝增封伏波将军路博德采邑，封楼船将军杨仆为将梁侯、苏弘为海常侯、都稽为临蔡侯，又封南越降将苍梧王赵光等四人为侯爵。

十二、平定朝鲜　设立四郡

远在战国时代燕国强盛时，势力向东北方扩展，占取了真番（在今朝鲜黄海北道大部、黄海南道及京畿道北部）、朝鲜的土地为属地，在那里设置官吏管辖，并修筑长城要塞。秦始皇灭亡燕国之后，真番和朝鲜属于辽东郡边界以外。

汉朝兴起，鉴于距离遥远、难以守卫，没有全部收复，只是修复了辽东郡原有的边塞，以浿水（今朝鲜清川江）作为东方的边界，将这里划归封国之一的燕国。后来燕王卢绾叛逃匈奴，燕国人卫满也随之逃亡。卫满聚集了一千多亲信，改换成东夷人的服饰装束，逃出东方的边塞，渡过浿水，占据了秦朝原来放弃的空地，逐渐地役使真番、朝鲜的夷族人以及从燕国逃亡来到这里的人，把他们变为臣属，自立为王，建都在王城（今朝鲜平壤）。

汉惠帝、吕后时代，天下刚刚平定，辽东郡太守与卫满约定，让他做汉朝的藩臣，保证塞外的夷人不侵掠边境，各夷人君长前来朝见天子不得从中阻挡。因为这个缘故，卫满得到不少汉朝赏赐的武器财物，并用来征服周围的小国，真番、临屯（今朝鲜咸镜南道北部）都被征服，领土扩展到数千里。传位到孙子卫右渠的时候，招诱汉朝逃亡的人员越来越多，而他又未曾朝见过汉天子，辰国（在今朝鲜半岛南部）国王上书想要进见天子，又被他阻止不许通过。

这一年，汉朝派涉何出使朝鲜，责问、劝告朝鲜王卫右渠，可是他始终不肯接受汉朝皇帝的诏令。涉何只得离开朝鲜回国，当他到达边界渡过浿水之前，派人刺杀了护送他的朝鲜副王长，然后立即渡过浿水进入边塞。他回报汉武帝说："朝鲜不肯接受诏命，我杀了他们的部将。"因为涉何有杀朝鲜大将的名声，汉武帝也就不追查详情，任命他为辽东郡东部都尉。朝鲜王怨恨涉何，发兵袭击辽东，攻杀了涉何。

元封二年（前109）秋天，汉武帝招募全国被判处死刑的罪犯出征，派楼船将军杨仆率领大军从齐国出发渡过渤海，从海路进击朝鲜；又派左将军荀彘率大军从辽东郡出发，从陆路进击朝鲜。

元封三年（前108），汉军攻进朝鲜国境，朝鲜王卫右渠发兵据守险要。楼船将军杨仆率领七千齐国的汉军先期进至王城。卫右渠据城防守，他探知汉军数量不多，就率军出城发动猛攻。杨仆的军队被击溃，四处逃散，躲避到深山之中，十几天后才重新集结起来。左将军荀彘率兵进攻朝鲜的浿水守军，也未能取胜。

汉武帝因为两将军作战失利，便指派卫山前往朝鲜，依靠军事压力劝说卫右渠归顺。朝鲜王卫右渠接见汉使卫山，叩头道歉说："我愿意投降，但害怕两位将军欺骗杀害我。今天见到了汉使的符节，我请求降服。"于是派出太子到长安向汉武帝请罪，献上五千匹马，又供给汉军军粮。赴长安的太子有一万多兵众护卫，人人都带着兵器。当他们到达边界正准备渡过浿水时，卫山和荀彘怀疑他们蓄谋发动袭击，就对朝鲜王太子说："既然已经降服，就应当命令你的护卫放下武器。"王太子也怀疑汉使和左将军是想骗他解除武装，然后杀害他，便不肯渡过浿水，带领护卫返回了王城。卫山回报汉武帝，武帝一气之下，诛杀了卫山。

不久，左将军荀彘发动进攻，击溃了朝鲜守军，渡过浿水，推进到王城下，围住了城西、城北两面。楼船将军杨仆也带兵赶来会合，占据了王城南面。朝鲜王卫右渠据城坚守，汉军进攻数月，未能攻下。荀彘率领的燕国和代国的士兵强劲剽悍，军锋正盛；而杨仆率领的齐国士兵曾被朝鲜兵击败，遭受过困辱，心中仍存有恐惧，他们围攻王城常常带着议和的符节，随时准备议和。荀彘一直猛烈进攻，朝鲜大臣却暗中寻找机会，派人私下磋商投降杨仆。葛彘屡次与杨仆约定会战的日期，杨仆想赶快达成降服的协议，因此不参加会战；荀彘也派人找机会招降朝鲜，朝鲜王不肯投降，而希望降附杨仆。因为这个缘故，两位将军不能合作。荀彘觉得杨仆前不久曾被朝鲜军击溃，现在又私下交结朝鲜大臣，而朝鲜并不投降，因而怀疑他有投敌叛国的阴谋，只是还没敢发动。

汉武帝仔细审读了军报，感到两将军的围城情形有些异常，久攻不下，便派济南郡太守公孙遂前去调查纠正，授权他遇有紧急情形，可以相机决定。公孙遂到了朝鲜前线，左将军荀彘报告说："朝鲜早就该平定了，现在长久没有平定，是因为楼船将军屡次失期不参加会战。"又把疑惧杨仆投敌的猜想告诉了公孙遂，并提醒说："现在不早下手，恐怕会惹来大祸害。"公孙遂认为有道理，便利用符节征召杨仆到左将军营中计议大事，当即命令部下拘捕了他，合并了他的军队，回报了汉武帝。但武帝认为这样处理严重失策，下令诛杀了公孙遂。

左将军荀彘合并两军之后，立即发动紧急攻势，王城朝不保夕。朝鲜丞相路人、韩阴、尼溪参，与将军王唊一同商议说："起初我们想投降楼船将军杨仆，现在他已经被拘捕，只有左将军荀彘统率两军，攻击越来越猛烈，恐怕我们抵挡不住。国王不肯投降，我们只好逃了。"韩阴、路人逃奔了汉军。不久，尼溪参派人刺杀了朝鲜王卫右渠，也来投降。但朝鲜王卫右渠的大臣成己平定了城内的混乱，坚持守城。左将军荀彘派朝鲜王卫右渠的长子卫长、丞相路人之子路最劝告城里的军民说守城没有活路，城里的民众群起击杀了成己。

这样，汉军终于平定了朝鲜。汉武帝在朝鲜国故地建置了乐浪郡（郡治在今朝鲜平壤）、临屯郡（郡治在今朝鲜江陵）、玄菟郡（郡治在今朝鲜咸兴市）、真番郡（郡治在今朝鲜瑞兴东南）等四郡。

十三、公主和亲 乌孙加盟

秦汉时期，在我国祁连、敦煌之间生活着一个今天已罕为人知的部族，即乌孙。西汉前期，乌孙国王被居住在当地的另一个部族月氏人（自称为大月氏国）攻杀。汉文帝后元三年（前161）初，乌孙国王之子昆莫得到匈奴的支持，恢复国土。月氏在匈奴的进攻面前，被迫西徙。乌孙昆莫趁机率军追击，于是举国西迁至今伊犁河和伊塞克湖一带，建都赤谷城。乌孙国当时拥有人口63万，主要从事游牧，成为西域的一个大国。

当时，在外交上，汉朝奉行"断匈奴右臂"，即切断匈奴同西域联系的战略方针。乌孙作为西域大国，当然是汉朝争取的重要对象。汉武帝刘彻于其即位次年，即建元三年（前138），派张骞出使西域，联合大月氏国夹击匈奴，从而开辟了汉与西域的通道。元朔三年（前126）张骞归来后，上书武帝，分析西域形势，认为在西域诸国中，只有乌孙是可以同匈奴抗衡的力量。乌孙如能同汉朝合作，葱岭以西的大宛、康居、月氏和大夏等定会望风归顺。基于此，张骞建议武帝与乌孙建立外交关系，进一步密切同西域其他国家的联系，孤立匈奴。

汉武帝接受了张骞的建议，任命他为中郎将，派遣他第二次出使西域。张骞于元狩四年（前119）出发，率领一个由三百人组成的庞大使团，携带大量的黄金、钱币和丝织品，沿着新辟的"丝绸之路"到达乌孙。

张骞携带礼物去见乌孙国国王昆莫，向国王转达汉武帝的旨意说："乌孙国如能东归故地，汉朝愿意嫁公主为夫人，结成婚姻之好，共同抗击匈奴。"乌孙因西徙不久，不熟悉汉朝的国情，国王昆莫已经年迈，大臣们因服属匈奴，都不愿东归，于是昆莫拒绝了张骞东归和结亲的要求，但同意派使节随张骞去长安。

元鼎二年（前115），张骞返回长安。乌孙国国王昆莫派数十人组成的使团，携带良马数十匹随同来汉，表示答谢。乌孙使者来到长安，深受礼遇，但却很少出席筵宴，而是尽心竭力不辞辛苦地"徜徉于长安城、郊，察访汉室之国力、民情，以不负国王私下委以重托"。当他们见汉朝政府"都鄙廪庾尽满，而府库余财"；在民间，"非遇水旱，则民给家足"，"众庶街巷有马，阡陌之间成群，乘牸牝者摈而不得聚会，守闾阎者食粱肉"，深感大开眼界，不虚此行。拜服之余，不敢久留，向武帝及文武百官告辞后，快马加鞭赶回乌孙，向国王报告说，汉朝人口众多，物产富饶，国力强大。听了使节们的汇报，乌孙国王和大臣们对汉朝的情况有了更多的了解，自然也对汉朝中央政府产生了倾慕之心。

这时，与汉为敌的匈奴听说乌孙同汉朝建立了外交关系，就要发兵讨伐乌孙。乌孙国王害怕，于是又派使节到长安，表示愿意娶汉公主为妻，同汉结为昆弟之国。汉武帝召集群臣讨论，大臣们都以为可以准许。武帝顺水推舟，答应了乌孙的请求。乌孙国王于是派人送来了一千匹马，作为聘礼。

这时，正值元封六年（前105）。虽说早在数十年前，汉武帝即已派中郎将张骞率庞大的使团，去乌孙国与国王昆莫会商和亲以及共抗匈奴之事，及至乌孙聘礼将到，他才认真考虑起由谁下嫁乌孙国王一事。武帝早已从张骞的历次出使归来后得知，乌孙地处西域一隅，游牧为生，虽名为大国，只不过是想靠汉朝与其结为联盟，以便与匈奴抗衡而已。在他的眼里，乌孙乃藩夷小国，距汉之遥以千里计，当然不忍心将自己的亲生女儿远嫁其邦；更何况张骞也早已向其陈述，乌孙国国王昆莫已属垂暮之年。武帝暗自思忖，若将自己视作掌上明珠的公主嫁给昆莫，岂不误了女儿终身？

就这样，汉武帝考虑了许久，直到乌孙国王作为聘礼的千匹骏马的蹄声渐近，他才思谋出一个解决的良策，即从众多的宗室之女中选一貌美且性情温和者冒充公主，下嫁乌孙国王。

最后，武帝挑中了原江都王刘建之女刘细君。江都王刘建是江都易王刘非之子，而刘非为汉景帝与程姬所生，与武帝是同父异母的兄弟，刘细君算起来也是武帝的孙女辈了。

元封六年（前105），一个由几百人组成的庞大的皇家使团，簇拥着一行华丽的车队离开了京城长安，向遥远的西域进发。使团的任务是护送细君"公主"出嫁西域大国乌孙。皇帝嫁"女"是极其隆重的事，而细君"公主"远嫁乌孙更肩负着重大的政治、外交和军事使命，所以规格愈益隆盛。大臣们及其属吏在大鸿胪的引导下，整齐地排列在驰道两旁，目送着车队经过，直到车队消失在遥远的天际。

当细君的车队离开长安行进在河西走廊时，沿途都有地方官员接送。西出阳关后，扑面而来的只是盐湖的卤气、戈壁的风沙、荒无人迹的草原和白雪皑皑的天山。

经历长途跋涉,细君一行人到了乌孙的首都赤谷城。国王昆莫举行盛大的婚礼,迎娶细君为右夫人。细君看到自己面前的新郎已是白发苍苍的老人,感到十分悲怆。加上语言不通,更不习惯乌孙那游牧民族的生活方式,于是新婚不久,就请求昆莫为她按汉朝的房屋式样营建了一所居室,带着侍女独自住了进去,以后每年只和昆莫见一两次面而已。在孤独和凄凉中,细君思念故乡,思念亲友。为排遣孤寂思乡之情,她作歌倾诉心怀:

> 吾家嫁我兮天一方,远托异国兮乌孙王。
> 穹庐为室兮旃为墙,以肉为食兮酪为浆。
> 居常土思兮心内伤,愿为黄鹄兮归故乡。

她的歌声一遍又一遍地打动了东归的使节和商旅的心。他们学唱后,又将其带回了京城长安,在向汉武帝禀报的同时,挥泪吟唱给他听。武帝听了也非常伤感,怜悯细君,于是每隔两年就派使者为细君送去一批帷帐锦绣及其他日用品,表示慰问。

两年之后,乌孙国国王昆莫愈加衰老。他在安排继嗣的同时,也安排了细君"新的"生活:按乌孙的风俗,将细君嫁给自己的孙子、未来的国王岑陬。显然,这同汉族的风俗习惯、道德伦理相距太远了。细君当即断然拒绝,并上书武帝,请求汉廷为她做主。然而,对于最高统治者来讲,政治的考虑是放在首位的。武帝回信给细君,要她千万依乌孙的风俗嫁给岑陬,说这样做是为了继续和乌孙结成巩固的联盟,共同对付匈奴。细君求告无门,只得含泪做了昆莫孙子岑陬的妻子。不久,昆莫去世,岑陬继位为乌孙国国王。细君和岑陬生有一女,起名为少夫。不久以后,细君由于过度哀愁和虚弱,与世长辞。

远嫁异域，对细君而言当然是个悲剧。然而历史的进步往往是以个人的牺牲为代价的。自细君"公主"到乌孙后，乌孙就成为汉朝向大宛、月氏、安息等地扩展的前哨据点，使节、商人以此作为向中亚进发的中转驿站。汉朝的丝织品、铁器、冶铁技术等通过这里传入了大宛、安息等国，而中亚、西亚等地的特产如毛织物、汗血马、石榴、葡萄、苜蓿等也相继传入中国。

十四、希冀长生　笃信方术

汉武帝雄才大略，英武非常，却又重视鬼神，笃信方术，与秦始皇如出一辙。

元光二年（前133），汉武帝初次来到雍县（今陕西凤翔南），在祭祀五位天帝的五畤举行郊祀仪式。以后经常是每隔三年郊祀一次。

有一次，武帝到雍县举行郊祀时，猎获了一只独角兽，样子像麋。主管官员说："陛下恭恭敬敬地举行郊祀，上帝感动了，为了报答陛下对他的供奉，赐给陛下这只独角兽，这大概就是麒麟。"于是武帝用这独角兽祭祀五畤，每畤的祭品外加一头牛，举行焚柴祭天的燎祭。同时赐给诸侯白金币，向他们暗示这种吉祥的征兆是与天地之意相符合的。

亳县人薄谬忌见武帝重视祭祀，就把祭祀泰一神的仪节上奏了朝廷。他说："天神中最尊贵的是泰一神，泰一的辅佐神叫五帝，就是五天帝。古时候天子于春秋两季在东南郊祭拜泰一神，用牛、羊、猪三牲祭祀达七日之久，并修筑祭坛，祭坛八面开有通道，供神鬼来往。"于是武帝命令太祝在长安东南郊设立泰一神祠，经常按照薄谬忌所说的方法供奉和祭祀。

那以后，又有人上书说："古时天子每三年一次，用牛、羊、猪三牲祭祀三一之神，即：天一神、地一神和泰一神。"武帝准其所奏,命令太祝在泰一神坛上祭祀,依照上书人所说的方式进行。后来又有人上书,说:"古时候天子经常在春秋二季举行除灾求福的祭祀,用食其母的恶鸟枭鸟、食其父的恶兽破镜各一只祭祀黄帝;用羊祭祀冥羊神;用一匹青色雄马祭祀马行神;用牛祭祀泰一神、皋山山君和地长神;用干鱼祭祀武夷山神;用一头牛祭祀阴阳使者神。"武帝也命祠官负责此事,按照上书人所说的方式,在泰一神坛旁边修建了一座神祠,举行祭祀。

汉武帝重视神仙方术,真正的目的是希冀长生,延年益寿。因此,他十分相信那些神乎其神的方士,对他们所说的仙药仙境更是心向往之。方士李少君隐瞒了自己的年龄和出身经历等,经常自称已经七十岁了,能驱使鬼物,使人长生不老。他靠方术遍游了诸侯各国,结交了许多诸侯。人们听说他能驱使鬼物,还能使人长生不老,就争相赠送财物给他,因此他常常有充裕的金钱、丝织品、衣服和食物。人们都因为他不经营产业却很富有,又不知道他是什么地方的人、多大岁数,所以对他越发迷信,争着去为他效力。

李少君天生喜好方术,善于用巧言说中事情。他曾经到武安侯田蚡家中宴饮,在座的有一位九十多岁的老人,李少君就谈起从前与老人的祖父是朋友,并说出曾经在一起游玩射猎的地方;这位老人孩童时曾经跟着祖父玩耍,还能记得那些地方,跟李少君说的一样,这让满座宾客都惊讶不已。又一次,李少君拜见武帝。武帝有一件古铜器,拿出来问他,他一看,说:"这件铜器是齐桓公十年时,陈列在柏寝台的器物。"过后查验铜器上的铭文,果真是齐桓公时的器物。宫中的人听说此事,都大为吃惊,以为李少君就是神,已经有几百岁了。

李少君对武帝说道:"祭祀灶神就能招来鬼神,招来鬼神后用朱砂就可以炼成黄金,黄金炼成了用它打造饮食器具,使用后就能延年益寿。寿命长了就可以见到东海里的蓬莱岛仙人,见到仙人后再举行封禅典礼就可以长生不老了,黄帝就是最好的例子。我曾经在海上游历,见到过安期生,他还给我枣吃,那枣儿像瓜那么大。安期生是仙人,来往于蓬莱岛的山中,跟他投合的,他就出来相见,不投合的就隐居不见。"于是武帝开始亲自祭祀灶神,并派遣方术之士到东海访求安期生之类的仙人,同时开始热衷用丹砂等各种药剂提炼黄金的事情了。

过了许久,李少君病逝了。武帝以为他是成仙升天而并不是死掉了,就命令黄锤县的佐吏宽舒继续学习他的方术。他还派人访求蓬莱仙人安期生,虽然没有人能找到,但却引得燕、齐沿海一带的许多荒唐迂腐的方士争相仿效李少君,纷纷前来谈论神仙之类的事。

齐人少翁以招引鬼神的方术来进见汉武帝。武帝宠妃李夫人死了,武帝十分思念。于是,齐少翁用方术使李夫人在夜里出现,偿了武帝一见的愿望。随之,武帝封齐少翁为文成将军,给了他很多赏赐,并以宾客之礼对待他。齐少翁说:"皇帝如果想要跟神交往,而宫室、被服等用具却不像神用的,神就不会降临。"武帝命他制造了画有各种云气的车子,按照五行相克的原则,在不同的日子里分别驾着不同颜色的车子来驱赶恶鬼。又营建甘泉宫,在宫中建起高台宫室,室内画着天、地和泰一等神,而且摆上祭祀用具,想借此招来天神。

过了一年多,齐少翁的方术从未灵验,神仙总也不来。于是他又设法欺骗武帝等人:在一块帛上写了一些字,让牛吞到肚子里,自己装作不知道,说这头牛的肚子里有怪异。把牛杀了一看,发现有一块帛上写着字,上面的话很是奇怪。武帝对此事颇为怀疑,有人认出是齐少翁的笔迹,于是武帝杀了齐少翁,并把这件事隐瞒起来。

此后，汉武帝又建造了柏梁台、铜柱和承露仙人掌之类。据说承露仙人掌中和着玉石粉末的露水，经常饮用可以长生不老。

随着岁月的流逝，汉武帝刘彻日渐衰老，也越来越迷信鬼神，千方百计地寻求长生不老仙药。元鼎五年（前112），方士栾大来到长安，说自己往来海上，见到过仙人，找到了长生不老的仙药。武帝信以为真，不过几个月，便陆续封他为五利将军、天士将军、地士将军、大通将军、天道将军、乐通侯，赐黄金万斤，并把自己的女儿也就是卫皇后所生的长公主嫁给了他。后来，武帝命令刻玉印一方，上写"天道将军"四字，并用待宾客的礼仪加封。栾大不过是一介平民，只因投武帝所好，便得了如此奇遇，出有华舆，入有仆役，一呼百应，颐指气使，又有貌美如花的金枝玉叶相伴左右，朝中趋炎附势之徒也争相巴结。

过了半年，栾大既未招来神仙，也没弄来仙药。武帝着急，不免去催促，叫他径迎神仙。神仙本不存在，栾大哪里去找？可又不能推托，只好硬着头皮整顿行装，别了娇妻，亲自到海上寻仙。武帝恐栾大有欺，便暗地里派了一个内侍扮作平民，一路跟去。但见栾大到了海边，并没有什么仙师与他相会，他只是游玩数日，便返回长安。内侍一回到京城，便报知武帝。武帝大怒，遂将栾大腰斩于市。

可汉武帝并没有从这一件件事情中吸取教训，他只是认为栾大等人法术不高，如果真有得道的术士，定会招来神仙与自己相会。征和四年（前89），武帝最后一次出巡到山东海边，想到海岛上寻找神仙。在海边等了十多天，但见云水茫茫、大浪淘天，而神仙却踪影全无。即使如此，他还不死心，要亲自航海访仙。群臣们极力劝谏，他也不听，只一心要去寻仙。幸亏东方朔在旁，急忙说道："心诚神仙自然而至，像陛下这样心急，恐怕神仙以为心地不纯，不来相见。陛下不要急躁，慢慢祷告，神仙就会来的。还请陛下回朝,机缘一到,神仙们定会显身。"武帝听东方朔这么一说,也无可奈何,只好打道回府。

十五、尊奉宝鼎　封禅泰山

元鼎四年(前113)六月,一个叫锦的汾阴巫师在魏脽后土祠旁为民众祭祀,发掘出一只大铜鼎。这只鼎跟其他所有的鼎大不相同,上面只有花纹,而没有铸刻文字。当地官吏报告给河东(治今山西夏县西北)太守,太守又报告了朝廷。武帝派人验证,确认其中没有诈伪之后,就按礼仪举行祭祀,把鼎请到了甘泉宫。

到长安以后,公卿大夫们都议论请求尊奉宝鼎。武帝说:"近来黄河泛滥,一连几年收成不好,所以我才出巡郡县祭祀后土,祈求它为百姓滋育庄稼。今年五谷丰茂,还没有举行祭礼酬谢地神,这鼎为什么会出现呢?"主管官员们都说:"听说从前太昊伏羲氏造了一只神鼎,表示一统,就是说天地万物都归统于神鼎。黄帝造了三只宝鼎,象征着天、地、人。夏禹收集了九州的铜,铸成九只宝鼎,都曾用来烹煮牲畜祭祀上帝和鬼神。遇到圣主鼎就会出现,宝鼎就这样传了下来。经历了夏朝、商朝,到周末世德衰败,宋国祭祀土神的社坛也被毁掉,鼎就沦没隐伏而不再出现了。《诗经·周颂》说:'从堂到阶来回走,从羊到牛已齐备,大鼎小鼎全查过;不哗不傲极恭敬,健康长寿又多福。'如今鼎已经迎到甘泉宫,它外表光彩夺目,变化神奇莫测,这意味着我们国家必将获得无穷无尽的吉祥。这全是您在太庙合祭远近祖先神主得到的回报。只有受天命做皇帝的人才能知道天意,从而与天德相合。这宝鼎应该进献祖先,珍藏在天帝宫廷,这样才符合种种吉祥之兆。"听了臣子们的一番说词,武帝即下诏尊奉宝鼎。

自从得了宝鼎，汉武帝就跟公卿大臣及众儒生们商议起封禅的事情来。由于封禅大典很少举行，时间隔久了，很少有人了解它的礼仪，众儒生主张采用《尚书》、《周官·王制》中记载的天子射牛、望祀的仪式来进行。齐人丁公已经九十多岁，他说："登泰山祭天的'封'应该是不死的意思。秦始皇没能登上泰山行封礼。陛下如果一定要上去，就应该坚持；只要稍微登得高一些就没有风雨阻挡了，最终也就可以登上泰山行封礼了。"武帝便命令儒生们反复练习射牛，草拟封禅的礼仪。

元鼎六年（前111），武帝认为一切准备妥当，要进行封禅了。武帝听了公孙卿和方士的话，说是黄帝以前的帝王举行封禅，都招来了怪异之物而与神仙相通，就想仿效黄帝那时迎接仙人蓬莱士的做法，借此以超乎世俗，上比三皇五帝，而且还在很大程度上采用儒术加以修饰。

这年三月，武帝一行登上中岳的太室山祭祀。随从官员在山下三次听到好像有人喊"万岁"。问山上的人，说是没喊；问山下的人，也说没喊。武帝命祭祀官扩建太室山的祠堂，封给太室山三百户以供祭祀，命名叫崇高邑。接着，武帝继续往东登上泰山，并叫人把石碑运上山，立在泰山顶峰。

接着武帝又东巡海上，祭祀了八位神主。齐地人上书谈神仙精灵和奇异方术的数以万计，但没有一个灵验。武帝增派船只，命令那些谈论海上神山的人去访求蓬莱仙人。方士公孙卿经常手持符节，到各山等候神仙。到东莱（今山东掖县）回报时，说夜间看见一个人，身高数丈，等靠近去却不见了。那个人留下的足迹很大，类似禽兽的脚印。群臣中有人说看见一位牵着狗的老翁，说"我想见天子"，一会儿又忽然不见了。武帝见到那个大脚印时还不相信，等到群臣中有人说起老翁的事，便认为那老翁就是仙人了。于是，武帝留住在海上，等待会见仙人。他允许方士们使用官府的驿车,并秘密派出了数以千计的使者去寻求神仙。

四月,武帝在泰山下的东方筑坛祭天。祭天的坛宽一丈二、高九尺,坛下放有封禅的文书,文书内容隐秘,无人知晓。祭礼完毕,武帝单独带着侍中奉车都尉霍子侯(霍去病的儿子)登上泰山,再次举行了祭天仪式。第二天,武帝顺着泰山山北的道路下山。在泰山脚下东北方的肃然山辟场祭祀地神。武帝参加了整个封禅仪式,亲自祭拜天神、地神,十分虔诚恭谨。

武帝封禅归来,坐在明堂上,群臣轮流上前祝寿。武帝下诏令给御史,表白了自己此次封禅的感想,并与群臣共勉:"朕以渺小之身继承了皇帝的至尊之位,一直谨言慎行,唯恐不能胜任。朕德行微薄,不懂礼乐,所以敬请八神指教。蒙受天地之神施与的祥瑞,不仅景象分明,而且声音也很清楚,朕被这奇异景象深深震撼,想要停止却不能,终于登上泰山筑坛祭天,然后在肃然山辟场祭地。朕虔诚叩拜,认真反省,勉力与士大夫们一起重新开始。"

接着,武帝宣布了因封禅而给百姓的赏赐、减少赋役以及大赦天下:"赐给百姓每百户一头牛、十石酒,八十岁以上的老人和孤儿寡妇,再另加赐布帛二匹。免除这次出行经过的博县、奉高、蛇丘和历城等地的赋税。大赦天下,凡是巡行所经过的地方都不再追究轻罪徒,两年以前犯的罪一律不再追究。"不久,武帝又下诏说:"古时天子每五年出巡一次,在泰山举行祭祀,诸侯们来朝拜都有住所。应该让诸侯在泰山下各自修建官邸。"

泰山封禅完毕之后,方士们说蓬莱等神山就要找到了,应该前去。武帝很高兴,觉得或许自己能够见到神山,遇到仙人,于是就又东行到海边眺望。这时,奉车都尉霍子侯突然生病,一天的工夫就去世了。见此征兆,武帝这才离开,沿海北上,到达碣石。又从辽西开始巡行,经北方边境到达九原县。

汉武帝这次封禅访仙,行程共计一万八千里。五月,武帝回到甘泉宫。主管官员说,宝鼎出现那年的年号为"元鼎",今年天子到泰山举行封禅大典,年号应为"元封",武帝自然照准。这样改来改去,汉武帝也就成了历代帝王中使用年号最多的一个(共十五个)。

十六、巫蛊冤案　轮台悔过

汉武帝刘彻迷信方术与秦始皇如出一辙。不仅如此,在巡游、大兴土木、穷兵黩武、任用酷吏方面,也与秦始皇不相上下。到了武帝晚年,汉朝"海内虚耗",国库空虚。这样一来,百姓对武帝文治武功的赞美少了,朝廷重臣大多不敢直谏,讲话模棱两可,对于国家大事有时不置可否。汉武帝越来越不高兴,国事家事都觉得不顺心。

汉武帝晚年多病,疑神疑鬼。有一次白日梦见数千木人打他,醒后病倒,便认为是臣下吏民诅咒造成的,于是出现了"巫蛊之祸"。

武帝晚年设置了一种特殊的近臣——绣衣使者。绣衣使者是负责京都治安的官员,多由武帝的亲信充任。邯郸人江充担任此职时,因执法严明,深受武帝宠信。汉法规定:无军情重事,任何人不得在驰道上奔驰。一次,太子刘据的侍仆犯了禁,江充就毫不客气地捉住了侍仆,没收了车马。太子闻讯,忙派人前来谢罪说:"我并非舍不得车马,实在是怕父皇责怪我训导无方啊,万望江君见谅。"江充不但不听,还奏闻了武帝,又一次得到了武帝的夸赞。

征和二年(前91)闰五月,武帝在长安西北的甘泉宫避暑时,忽然生了病。当时武帝已六十六岁了。江充生怕武帝死后,太子即位，自己会遭报复，于是心生一计，对武帝说：陛下的病根，还是因为有人暗埋小木人诅咒。要想病愈，只有挖尽小木人，杀光诅咒者。原来，一年前有人告发丞相公孙贺埋小木人诅咒皇上，武帝素来迷信，就将公孙贺灭了族，后宫嫔妃及朝中大臣因牵入此案而被杀的有数百人，连武帝的两个女儿诸邑公主、阳石公主也未能幸免。这种埋木人诅咒的方法被称为巫蛊。此时听了江充的话，武帝信以为真，就派江充专门治理巫蛊之狱。

江充得了圣旨，立即带上一个胡地巫婆，在长安城内四处巡游。到了人家屋内，胡巫含酒往地上一喷，见有祭祀的痕迹，就说此人诅咒皇上，江充则马上命令侍吏将其拿下，施以种种酷刑，定要犯人诬服，并且再诬攀他人。巫蛊之狱从京师波及各地，因卷入此案被杀的官绅百姓前后达数万人。

江充发现，但凡被牵上此案的，不管真假，必死无疑，根本没有人敢替他们辩白，于是让胡巫奏道："宫中有蛊气，如不除灭，陛下的病终难痊愈。"武帝又命江充入宫搜查，并派宦官苏文与宠臣韩说、章赣做江充的助手。

江充来到后宫，颐指气使，不可一世。他先从失宠妃嫔处挖起，渐渐地延及皇后、太子的宫殿，大肆挖掘，弄得皇后与太子连搁床的地方也没有了。若干年前，巫婆、方士们声称：在居处埋置小木人，定时祭祀，可以消灾免祸。于是不少宫女信以为真，如法而为。江充此时却声称：在太子宫中挖出的桐木人特别多，并且附有写着谋逆事端的帛书，矛头直指太子刘据。

此时，太子刘据又惊又怕，情急之下，出于自卫，在征和二年（前91）七月，被迫假传圣旨捕斩江充，发兵攻占长安各要害部门。武帝大怒，令丞相刘屈牦发兵逮捕太子。两军在长安大战数日，刘据兵败自杀，卫皇后也自杀了。这一案件到第二年被发现是冤狱，太子之冤得以昭雪。

但是，巫蛊之事并未就此结束。后来，丞相刘屈氂和贰师将军李广利也被指控从事巫蛊活动诅咒皇帝，刘屈氂被杀，李广利投降匈奴，所统帅的七万大军全军覆灭。武帝一生多次大胜匈奴，最后却由于非军事原因而遭此惨败，引起他思想上巨大的震动。后来他觉察到所谓巫蛊多无实证，纯属江充等人制造的冤案，便诛灭了江充全家，终止了这一惨祸的继续。

这场巫蛊之祸吞噬了数十万人的生命，朝野上下、宫廷内外一片血腥，上自皇后、太子、公主、丞相、御史大夫、将军，下至吏士平民，生灵惨遭涂炭，长乐宫外血流成河，多少人被严刑逼供屈打成招，多少人被屠灭家族，多少人被流放敦煌边地，一时间天昏地暗，人心惶惶不可终日。可以说，巫蛊惨祸是汉武帝迷惑神怪的一颗毒果，也是汉武帝年老昏聩、疑神疑鬼的恶果。

巫蛊之祸后，汉武帝刘彻开始反思自己一生的所作所为。不久，大鸿胪田千秋请求斥退方士，武帝听从建议，遣散了所有的方士。六月，搜粟都尉桑弘羊又请求武帝派人到轮台修筑堡垒，驻扎军队，武帝下轮台罪己之诏，诏书中说：此前有人请求按人口增加三十钱的赋税作为边用，这是加重老弱孤独者的痛苦，现在又请求到轮台驻军开田，这是"扰劳天下"的行为，"朕不忍闻"，宣布"当今务在禁苛暴，止擅赋，力本农"，与民休息。

汉武帝是历史上第一个用书面形式公开承认自己错误的皇帝，"轮台悔过"说明汉武帝刘彻毕竟是一位具有远见卓识的政治家，在自己统治的最后时期，能看到自己过去政策中的失误，也标志着他一生政策的一大转折。以后他戒绝自己的种种嗜好，采取了与民休息、思富养民的政策；任命田千秋为丞相，并封为"富民侯"；任命大农学家赵过为搜粟都尉，让他在全国范围内推广先进的"代田法"和先进农具。经过两年的努力，社会又趋于安定，开启了后来的"昭宣中兴"，媲美"文景"的西汉盛世。

十七、筹谋多方　后事井然

后元元年（前88），钩弋夫人生的皇子刘弗陵，年仅几岁已经长得十分壮实高大，懂得了很多事情。汉武帝非常惊奇，想要立他为皇太子。因为他年纪幼小，生母又年纪轻轻，所以一直在犹豫。武帝打算物色德高望重的大臣来辅佐他，经过精心观察选择，认定奉车都尉、光禄大夫霍光忠诚敦厚，可以担负这项重任。于是让黄门官画了一幅周公怀抱成王接受封国诸侯朝见图，赏赐给霍光。过了几天，武帝找个借口故意责难钩弋夫人，夫人吓得摘下头上的装饰，叩头请求宽恕。武帝不由分说，下令："拉出去，押进宫廷监狱。"钩弋夫人被拖到殿门口，挣扎着回头求饶，武帝大喊："快拉走，你不能活下去！"就这样，钩弋夫人被赐死在诏狱中。

过了不久，武帝闲坐，询问身边的侍从："外面都说些什么？"侍从们回答说："人们颇感迷惑不解的是，'既然准备立她的儿子为皇太子，为何要除掉皇太子的母亲呢？'"武帝说："必须这样做。这不是你们这些晚辈愚人所能懂得的。有史以来国家所以发生混乱，大多由于君主幼小而生母年轻。年轻的母后一旦独揽朝政，往往骄横不驯，荒淫无度，做出秽乱的事来，没有人能制止得了。你们没听说过吕后的事吗？所以不得不先除掉她。"

后元二年（前87），汉武帝刘彻在五柞宫一病不起。武帝病重，霍光哭着问道："万一陛下不幸离去，应当由谁继承皇位呢？"武帝说："你难道没有理解先前赐给你的那幅画的含意吗？立我最小的儿子，由你担任周公的角色！"霍光叩头推辞说："我不如金日磾！"金日磾原本是匈奴的王子，后被俘虏到了汉朝，为人勤谨，亦深受武帝宠信。但对此事，他说："我是外国人，不如霍光。况且由我辅政，会使匈奴轻视我大汉！"

不久，汉武帝颁布诏书，立刘弗陵为皇太子，刘弗陵时年八岁。第二天，汉武帝任命霍光为大司马、大将军，金日磾为车骑将军，太仆上官桀为左将军，由他们三人接受遗诏，辅佐幼主。又任命搜粟都尉桑弘羊为御史大夫。这些人随即在武帝卧室床前叩拜受职。

霍光、金日磾、上官桀三人都是汉武帝平时宠爱信任的人，所以特意将自己身后之事托付给他们。

霍光出入宫廷二十余年，出外则陪同武帝乘车，入宫则侍奉在武帝的左右，小心谨慎，从未有过什么过失。他为人沉静仔细，每次出入宫廷、下殿门，止步和前进都有一定的地方，郎官、仆射们在暗中观察、默记，发现尺寸分毫不差。

金日磾诚笃谨慎，在汉武帝身边几十年，从不看他不该看的东西，赐给他宫女，他也不敢亲近；汉武帝想将他的女儿纳为后宫嫔妃，他也不肯。金日磾的长子是汉武帝的嬖童，很受宠爱，长大后行为不检点，在殿下与宫女调情，正好被金日磾看到。金日磾对儿子的淫乱行为非常厌恶，便将他杀死了。汉武帝听说后勃然大怒。金日磾叩头请罪，陈述了杀死其子的缘由。汉武帝深感悲哀，而为此落泪，对金日磾更为由衷敬重。

上官桀开始因膂力过人而得到武帝的赏识，被任命为未央厩令。有一次，武帝感到身体不适，等到痊愈后检查御马，发现马匹大多瘦弱，于是大发雷霆，说："未央厩令认为我再也看不到这些马了吗？"便要将上官桀逮捕下狱。上官桀叩头说："我听说皇上圣体欠安，日夜忧愁害怕，实在没心思照料马匹。"话未说完，已经流下几行眼泪。武帝认为上官桀爱自己，因此与他亲近，任命他为侍中，逐渐升到太仆。

在安排完后事的第二天，汉武帝去世，终年七十岁。葬茂陵（今长安西北），其陵东北有霍去病、卫青墓，东南有霍光墓。

《史记·孝武本纪》

孝武皇帝者,孝景中子也。母曰王太后。孝景四年,以皇子为胶东王。孝景七年,栗太子废为临江王,以胶东王为太子。孝景十六年崩,太子即位,为孝武皇帝。孝武皇帝初即位,尤敬鬼神之祀。

元年,汉兴已六十馀岁矣,天下乂安,荐绅之属皆望天子封禅改正度也。而上乡儒术,招贤良,赵绾、王臧等以文学为公卿,欲议古立明堂城南,以朝诸侯。草巡狩封禅改历服色事未就。会窦太后治黄老言,不好儒术,使人微得赵绾等奸利事,召案绾、臧,绾、臧自杀,诸所兴为者皆废。

后六年,窦太后崩。其明年,上征文学之士公孙弘等。

明年,上初至雍,郊见五畤。后常三岁一郊。是时上求神君,舍之上林中蹄氏观。神君者,长陵女子,以子死悲哀,故见神于先后宛若。宛若祠之其室,民多往祠。平原君往祠,其后子孙以尊显。及武帝即位,则厚礼置祠之内中,闻其言,不见其人云。

是时而李少君亦以祠灶、谷道、却老方见上,上尊之。少君者,故深泽侯入以主方。匿其年及所生长,常自谓七十,能使物,却老。其游以方遍诸侯。无妻子。人闻其能使物及不死,更馈遗之,常馀金钱帛衣食。人皆以为不治产业而饶给,又不知其何所人,愈信,争事之。少君资好方,善为巧发奇中。尝从武安侯饮,坐中有年九十馀老人,少君乃言与其大父游射处,老人为儿时从其大父行,识其处,一坐尽惊。少君见上,上有故铜器,问少君。少君曰:"此器齐桓公十年陈于柏寝。"已而案其刻,果齐桓公器。一宫尽骇,以少君为神,数百岁人也。

少君言于上曰:"祠灶则致物,致物而丹沙可化为黄金,黄金成以为饮食器则益寿,益寿而海中蓬莱仙者可见,见之以封禅则不死,黄帝是也。臣尝游海上,见安期生,食臣枣,大如瓜。安期生仙者,通蓬莱中,合则见人,不合则隐。"于是天子始亲祠灶,而遣方士入海求蓬莱安期生之属,而事化丹沙诸药齐为黄金矣。

居久之,李少君病死。天子以为化去不死也,而使黄锤史宽舒受其方。求蓬莱安期生莫能得,而海上燕齐怪迂之方士多相效,更言神事矣。

亳人薄诱忌奏祠泰一方,曰:"天神贵者泰一,泰一佐曰五帝。古者天子以春秋祭泰一东南郊,用太牢具,七日,为坛开八通之鬼道。"于是天子令太祝立其祠长安东南郊,常奉祠如忌方。其后人有上书,言"古者天子三年一用太牢具祠神三一:天一,地一,泰一"。天子许之,令太祝领祠之忌泰一坛上,如其方。后人复有上书,言"古者天子常以春秋解祠,祠黄帝用一枭破镜;冥羊用羊;祠马行用一青牡马;泰一、皋山山君、地长用牛;武夷君用干鱼;阴阳使者以一牛"。令祠官领之如其方,而祠于忌泰一坛旁。

其后,天子苑有白鹿,以其皮为币,以发瑞应,造白金焉。

其明年,郊雍,获一角兽,若麃然。有司曰:"陛下肃祇郊祀,上帝报享,锡一角兽,盖麟云。"于是以荐五畤,畤加一牛以燎。赐诸侯白金,以风符应合于天地。

于是济北王以为天子且封禅,乃上书献泰山及其旁邑。天子受之,更以他县偿之。常山王有罪,迁,天子封其弟于真定,以续先王祀，而以常山为郡。然后五岳皆在天子之郡。

其明年，齐人少翁以鬼神方见上。上有所幸王夫人，夫人卒，少翁以方术盖夜致王夫人及灶鬼之貌云，天子自帷中望见焉。于是乃拜少翁为文成将军，赏赐甚多，以客礼礼之。文成言曰："上即欲与神通，宫室被服不象神，神物不至。"乃作画云气车，及各以胜日驾车辟恶鬼。又作甘泉宫，中为台室，画天、地、泰一诸神，而置祭具以致天神。居岁馀，其方益衰，神不至。乃为帛书以饭牛，详弗知也，言此牛腹中有奇。杀而视之，得书，书言甚怪，天子疑之。有识其手书，问之人，果书。于是诛文成将军而隐之。

其后则又作柏梁、铜柱、承露仙人掌之属矣。

文成死明年，天子病鼎湖甚，巫医无所不致，不愈。游水发根乃言曰："上郡有巫，病而鬼下之。"上召置祠之甘泉。及病，使人问神君。神君言曰："天子毋忧病。病少愈，强与我会甘泉。"于是病愈，遂幸甘泉，病良已。大赦天下，置寿宫神君。神君最贵者太一，其佐曰大禁、司命之属，皆从之。非可得见，闻其音，与人言等。时去时来，来则风肃然也。居室帷中。时昼言，然常以夜。天子祓，然后入。因巫为主人，关饮食。所欲者言行下。又置寿宫、北宫，张羽旗，设供具，以礼神君。神君所言，上使人受书其言，命之曰"画法"。其所语，世俗之所知也，毋绝殊者，而天子独喜。其事秘，世莫知也。

其后三年，有司言元宜以天瑞命，不宜以一二数。一元曰建元，二元以长星曰元光，三元以郊得一角兽曰元狩云。

其明年冬，天子郊雍，议曰："今上帝朕亲郊，而后土毋祀，则礼不答也。"有司与太史公、祠官宽舒等议:"天地牲角茧栗。今陛下亲祀后土,后土宜于泽中圜丘为五坛,坛一黄犊太牢具,已祠尽瘗,而从祠衣上黄。"于是天子遂东,始立后土祠汾阴脽上,如宽舒等议。上亲望拜,如上帝礼。礼毕,天子遂至荥阳而还。过雒阳,下诏曰:"三代邈绝,远矣难存。其以三十里地封周后为周子南君,以奉先王祀焉。"是岁,天子始巡郡县,侵寻于泰山矣。

其春,乐成侯上书言栾大。栾大,胶东宫人,故尝与文成将军同师,已而为胶东王尚方。而乐成侯姊为康王后,毋子。康王死,他姬子立为王。而康后有淫行,与王不相中,相危以法。康后闻文成已死,而欲自媚于上,乃遣栾大因乐成侯求见言方。天子既诛文成,后悔恨其早死,惜其方不尽,及见栾大,大悦。大为人长美,言多方略,而敢为大言,处之不疑。大言曰:"臣尝往来海中,见安期、羡门之属。顾以为臣贱,不信臣。又以为康王诸侯耳,不足予方。臣数言康王,康王又不用臣。臣之师曰:'黄金可成,而河决可塞,不死之药可得,仙人可致也。'臣恐效文成,则方士皆掩口,恶敢言方哉!"上曰:"文成食马肝死耳。子诚能修其方,我何爱乎!"大曰:"臣师非有求人,人者求之。陛下必欲致之,则贵其使者,令有亲属,以客礼待之,勿卑,使各佩其信印,乃可使通言于神人。神人尚肯邪不邪。致尊其使,然后可致也。"于是上使先验小方,斗旗,旗自相触击。

是时上方忧河决,而黄金不就,乃拜大为五利将军。居月余,得四金印,佩天士将军、地士将军、大通将军、天道将军印。制诏御史:"昔禹疏九江,决四渎。间者河溢皋陆,堤繇不息。朕临天下二十有八年,天若遗朕士而大通焉。干称'蜚龙','鸿渐于般',意庶几与焉。其以二千户封地士将军大为乐通侯。"

赐列侯甲第,僮千人。乘舆斥车马帷帐器物以充其家。又以卫长公主妻之,赍金万斤,更名其邑曰当利公主。天子亲如五利之第。使者存问所给,连属于道。自大主将相以下,皆置酒其家,献遗之。于是天子又刻玉印曰"天道将军",使使衣羽衣,夜立白茅上,五利将军亦衣羽衣,立白茅上受印,以示弗臣也。而佩"天道"者,且为天子道天神也。于是五利常夜祠其家,欲以下神。神未至而百鬼集矣,然颇能使之。其后治装行,东入海,求其师云。大见数月,佩六印,贵振天下,而海上燕齐之间,莫不搤捥而自言有禁方,能神仙矣。

其夏六月中,汾阴巫锦为民祠魏脽后土营旁,见地如钩状,掊视得鼎。鼎大异于众鼎,文镂毋款识,怪之,言吏。吏告河东太守胜,胜以闻。天子使使验问巫锦得鼎无奸诈,乃以礼祠,迎鼎至甘泉,从行,上荐之。至中山,晏温,有黄云盖焉。有麃过,上自射之,因以祭云。至长安,公卿大夫皆议请尊宝鼎。天子曰:"间者河溢,岁数不登,故巡祭后土,祈为百姓育谷。今年丰庑未有报,鼎曷为出哉?"有司皆曰:"闻昔大帝兴神鼎一,一者一统,天地万物所系终也。黄帝作宝鼎三,象天地人也。禹收九牧之金,铸九鼎,皆尝鬺烹上帝鬼神。遭圣则兴,迁于夏商。周德衰,宋之社亡,鼎乃沦伏而不见。颂云'自堂徂基,自羊徂牛;鼐鼎及鼒,不虞不骜,胡考之休'。今鼎至甘泉,光润龙变,承休无疆。合兹中山,有黄白云降盖,若兽为符,路弓乘矢,集获坛下,报祠大飨。惟受命而帝者心知其意而合德焉。鼎宜见于祖祢,藏于帝廷,以合明应。"制曰:"可。"

入海求蓬莱者,言蓬莱不远,而不能至者,殆不见其气。上乃遣望气佐候其气云。

其秋,上幸雍,且郊。或曰"五帝,泰一之佐也。宜立泰一而上亲郊之"。上疑未定。齐人公孙卿曰:"今年得宝鼎,其冬辛巳朔旦冬至,与黄帝时等。"卿有札书曰:"黄帝得宝鼎宛朐,问于鬼臾区。区对曰:'帝得宝鼎神策,是岁己酉朔旦冬至,得天之纪,终而复始。'于是黄帝迎日推策,后率二十岁得朔旦冬至,凡二十推,三百八十年。黄帝仙登于天。"卿因所忠欲奏之。所忠视其书不经,疑其妄书,谢曰:"宝鼎事已决矣,尚何以为!"卿因嬖人奏之。上大说,召问卿。对曰:"受此书申功,申功已死。"上曰:"申功何人也?"卿曰:"申功,齐人也。与安期生通,受黄帝言,无书,独有此鼎书。曰'汉兴复当黄帝之时。汉之圣者在高祖之孙且曾孙也。宝鼎出而与神通,封禅。封禅七十二王,唯黄帝得上泰山封'。申功曰:'汉主亦当上封,上封则能仙登天矣。黄帝时万诸侯,而神灵之封居七千。天下名山八,而三在蛮夷,五在中国。中国华山、首山、太室、泰山、东莱,此五山黄帝之所常游,与神会。黄帝且战且学仙。患百姓非其道,乃断斩非鬼神者。百馀岁然后得与神通。黄帝郊雍上帝,宿三月。鬼臾区号大鸿,死葬雍,故鸿冢是也。其后于黄帝接万灵明廷。明廷者,甘泉也。所谓寒门者,谷口也。黄帝采首山铜,铸鼎荆山下。鼎既成,有龙垂胡须下迎黄帝。黄帝上骑,群臣后宫从上龙七十馀人,龙乃上去。馀小臣不得上,乃悉持龙须,龙须拔,堕黄帝之弓。百姓仰望黄帝既上天,乃抱其弓与龙胡须号。故后世因名其处曰鼎湖,其弓曰乌号。'"于是天子曰:"嗟乎!吾诚得如黄帝,吾视去妻子如脱躧耳。"乃拜卿为郎,东使候神于太室。

上遂郊雍,至陇西,西登空桐,幸甘泉。令祠官宽舒等具泰一祠坛,坛放薄忌泰一坛,坛三垓。五帝坛环居其下,各如其方,黄帝西南,除八通鬼道。泰一所用,如雍一畤物,而加醴枣脯之属,杀一牦牛以为俎豆牢具。而五帝独有俎豆醴进。其下四方地，为啜食群神从者及北斗云。已祠，胙馀皆燎之。其牛色白，鹿居其中，彘在鹿中，水而洎之。祭日以牛，祭月以羊彘特。泰一祝宰则衣紫及绣。五帝各如其色，日赤，月白。

十一月辛巳朔旦冬至，昧爽，天子始郊拜泰一。朝朝日，夕夕月，则揖；而见泰一如雍礼。其赞飨曰："天始以宝鼎神策授皇帝，朔而又朔，终而复始，皇帝敬拜见焉。"而衣上黄。其祠列火满坛，坛旁烹炊具。有司云"祠上有光焉"。公卿言"皇帝始郊见泰一云阳，有司奉瑄玉嘉牲荐飨。是夜有美光，及昼，黄气上属天"。太史公、祠官宽舒等曰："神灵之休，佑福兆祥，宜因此地光域立泰畤坛以明应。令太祝领，秋及腊间祠。三岁天子一郊见。"

其秋，为伐南越，告祷泰一，以牡荆画幡日月北斗登龙，以象天一三星，为泰一锋，名曰"灵旗"。为兵祷，则太史奉以指所伐国。而五利将军使不敢入海，之泰山祠。上使人微随验，实无所见。五利妄言见其师，其方尽，多不雠。上乃诛五利。

其冬，公孙卿候神河南，见仙人迹缑氏城上，有物若雉，往来城上。天子亲幸缑氏城视迹。问卿："得毋效文成、五利乎？"卿曰："仙者非有求人主，人主求之。其道非少宽假，神不来。言神事，事如迂诞，积以岁乃可致。"于是郡国各除道，缮治宫观名山神祠所，以望幸矣。

其年，既灭南越，上有嬖臣李延年以好音见。上善之，下公卿议，曰："民间祠尚有鼓舞之乐，今郊祠而无乐，岂称乎？"公卿曰："古者祀天地皆有乐，而神祇可得而礼。"或曰："泰帝使素女鼓五十弦瑟，悲，帝禁不止，故破其瑟为二十五弦。"于是塞南越，祷祠泰一、后土，始用乐舞，益召歌儿，作二十五弦及箜篌瑟自此起。

其来年冬,上议曰:"古者先振兵泽旅,然后封禅。"乃遂北巡朔方,勒兵十餘万,还祭黄帝冢桥山,泽兵须如。上曰:"吾闻黄帝不死,今有冢,何也?"或对曰:"黄帝已仙上天,群臣葬其衣冠。"即至甘泉,为且用事泰山,先类祠泰一。

自得宝鼎,上与公卿诸生议封禅。封禅用希旷绝,莫知其仪礼,而群儒采封禅尚书、周官、王制之望祀射牛事。齐人丁公年九十餘,曰:"封者,合不死之名也。秦皇帝不得上封。陛下必欲上,稍上即无风雨,遂上封矣。"上于是乃令诸儒习射牛,草封禅仪。数年,至且行。天子既闻公孙卿及方士之言,黄帝以上封禅,皆致怪物与神通,欲放黄帝以尝接神仙人蓬莱士,高世比德于九皇,而颇采儒术以文之。群儒既以不能辩明封禅事,又牵拘于诗书古文而不敢骋。上为封祠器示群儒,群儒或曰"不与古同",徐偃又曰"太常诸生行礼不如鲁善",周霸属图封事,于是上绌偃、霸,尽罢诸儒弗用。

三月,遂东幸缑氏,礼登中岳太室。从官在山下闻若有言"万岁"云。问上,上不言;问下,下不言。于是以三百户封太室奉祠,命曰崇高邑。东上泰山,山之草木叶未生,乃令人上石立之泰山颠。

上遂东巡海上,行礼祠八神。齐人之上疏言神怪奇方者以万数,然无验者。乃益发船,令言海中神山者数千人求蓬莱神人。公孙卿持节常先行候名山,至东莱,言夜见一人,长数丈,就之则不见,见其迹甚大,类禽兽云。群臣有言见一老父牵狗,言"吾欲见巨公",已忽不见。上既见大迹,未信,及群臣有言老父,则大以为仙人也。宿留海上,与方士传车及间使求仙人以千数。

四月,还至奉高。上念诸儒及方士言封禅人人殊,不经,难施行。天子至梁父，礼祠地主。乙卯，令侍中儒者皮弁荐绅，射牛行事。封泰山下东方，如郊祠泰一之礼。封广丈二尺，高九尺，其下则有玉牒书，书秘。礼毕，天子独与侍中奉车子侯上泰山，亦有封。其事皆禁。明日，下阴道。丙辰，禅泰山下址东北肃然山，如祭后土礼。天子皆亲拜见，衣上黄而尽用乐焉。江淮间一茅三脊为神藉。五色土益杂封。纵远方奇兽蜚禽及白雉诸物，颇以加祠。兕旄牛犀象之属弗用。皆至泰山然后去。封禅祠，其夜若有光，昼有白云起封中。

天子从封禅还，坐明堂，群臣更上寿。于是制诏御史："朕以眇眇之身承至尊，兢兢焉惧弗任。维德菲薄，不明于礼乐。修祀泰一，若有象景光，如有望，依依震于怪物，欲止不敢，遂登封泰山，至于梁父，而后禅肃然。自新，嘉与士大夫更始，赐民百户牛一酒十石，加年八十孤寡布帛二匹。复博、奉高、蛇丘、历城，毋出今年租税。其赦天下，如乙卯赦令。行所过毋有复作。事在二年前，皆勿听治。"又下诏曰："古者天子五载一巡狩，用事泰山，诸侯有朝宿地。其令诸侯各治邸泰山下。"

天子既已封禅泰山，无风雨灾，而方士更言蓬莱诸神山若将可得，于是上欣然庶几遇之，乃复东至海上望，冀遇蓬莱焉。奉车子侯暴病，一日死。上乃遂去，并海上，北至碣石，巡自辽西，历北边至九原。五月，返至甘泉。有司言宝鼎出为元鼎，以今年为元封元年。

其秋，有星茀于东井。后十馀日，有星茀于三能。望气王朔言："候独见其星出如瓠，食顷复入焉。"有司言曰："陛下建汉家封禅，天其报德星云。"

其来年冬，郊雍五帝，还，拜祝祠泰一。赞飨曰："德星昭衍，厥维休祥。寿星仍出，渊耀光明。信星昭见，皇帝敬拜泰祝之飨。"

其春，公孙卿言见神人东莱山，若云"见天子"。天子于是幸缑氏城，拜卿为中大夫。遂至东莱，宿留之数日，毋所见，见大人迹。复遣方士求神怪采芝药以千数。是岁旱。于是天子既出毋名，乃祷万里沙，过祠泰山。还至瓠子，自临塞决河，留二日，沈祠而去。使二卿将卒塞决河，河徙二渠，复禹之故迹焉。

是时既灭南越，越人勇之乃言"越人俗信鬼，而其祠皆见鬼，数有效。昔东瓯王敬鬼，寿至百六十岁。后世谩怠，故衰耗"。乃令越巫立越祝祠，安台无坛，亦祠天神上帝百鬼，而以鸡卜。上信之，越祠鸡卜始用焉。

公孙卿曰："仙人可见，而上往常遽，以故不见。今陛下可为观，如缑氏城，置脯枣，神人宜可致。且仙人好楼居。"于是上令长安则作蜚廉桂观，甘泉则作益延寿观，使卿持节设具而候神人，乃作通天台，置祠具其下，将招来神仙之属。于是甘泉更置前殿，始广诸宫室。夏，有芝生殿防内中。天子为塞河，兴通天台，若有光云，乃下诏曰："甘泉防生芝九茎，赦天下，毋有复作。"

其明年，伐朝鲜。夏，旱。公孙卿曰："黄帝时封则天旱，乾封三年。"上乃下诏曰："天旱，意乾封乎？其令天下尊祠灵星焉。"

其明年，上郊雍，通回中道，巡之。春，至鸣泽，从西河归。

其明年冬，上巡南郡，至江陵而东。登礼潜之天柱山，号曰南岳。浮江，自寻阳出枞阳，过彭蠡，祀其名山川。北至琅邪，并海上。四月中，至奉高修封焉。

初，天子封泰山，泰山东北址古时有明堂处，处险不敞。上欲治明堂奉高旁，未晓其制度。济南人公王带上黄帝时明堂图。明堂图中有一殿，四面无壁，以茅盖，通水，圜宫垣为复道，上有楼，从西南入，命曰昆仑，天子从之入，以拜祠上帝焉。于是上令奉高作明堂汶上，如带图。及五年修封，则祠泰一、五帝于明堂上坐，令高皇帝祠坐对之。祠后土于下房，以二十太牢。天子从昆仑道入，始拜明堂如郊礼。礼毕，燎堂下。而上又上泰山，有秘祠其颠。而泰山下祠五帝，各如其方，黄帝并赤帝，而有司侍祠焉。泰山上举火，下悉应之。

其后二岁，十一月甲子朔旦冬至，推历者以本统。天子亲至泰山，以十一月甲子朔旦冬至日祠上帝明堂，毋修封禅。其赞飨曰："天增授皇帝泰元神策，周而复始。皇帝敬拜泰一。"东至海上，考入海及方士求神者，莫验，然益遣，冀遇之。

十一月乙酉，柏梁灾。十二月甲午朔，上亲禅高里，祠后土。临渤海，将以望祠蓬莱之属，冀至殊庭焉。

上还，以柏梁灾故，朝受计甘泉。公孙卿曰："黄帝就青灵台，十二日烧，黄帝乃治明庭。明庭，甘泉也。"方士多言古帝王有都甘泉者。其后天子又朝诸侯甘泉，甘泉作诸侯邸。勇之乃曰："越俗有火灾，复起屋必以大，用胜服之。"于是作建章宫，度为千门万户。前殿度高未央，其东则凤阙，高二十馀丈。其西则唐中，数十里虎圈。其北治大池，渐台高二十馀丈，名曰泰液池，中有蓬莱、方丈、瀛洲、壶梁，象海中神山龟鱼之属。其南有玉堂、璧门、大鸟之属。乃立神明台、井干楼，度五十馀丈，辇道相属焉。

夏，汉改历，以正月为岁首，而色上黄，官名更印章以五字。因为太初元年。是岁，西伐大宛。蝗大起。丁夫人、雒阳虞初等以方祠诅匈奴、大宛焉。其明年，有司言雍五畤无牢熟具，芬芳不备。乃命祠官进畤犊牢具，五色食所胜，而以木禺马代驹焉。独五帝用驹，行亲郊用驹。及诸名山川用驹者，悉以木禺马代。行过，乃用驹。他礼如故。

其明年，东巡海上，考神仙之属，未有验者。方士有言"黄帝时为五城十二楼，以候神人于执期，命曰迎年"。上许作之如方，名曰明年。上亲礼祠上帝，衣上黄焉。

公玉带曰："黄帝时虽封泰山，然风后、封钜、岐伯令黄帝封东泰山，禅凡山合符，然后不死焉。"天子既令设祠具，至东泰山，东泰山卑小，不称其声，乃令祠官礼之，而不封禅焉。其后令带奉祠候神物。夏，遂还泰山，修五年之礼如前，而加禅祠石闾。石闾者，在泰山下址南方，方士多言此仙人之闾也，故上亲禅焉。

其后五年，复至泰山修封，还过祭常山。

今天子所兴祠，泰一、后土，三年亲郊祠，建汉家封禅，五年一修封。薄忌泰一及三一、冥羊、马行、赤星，五，宽舒之祠官以岁时致礼。凡六祠，皆太祝领之。至如八神诸神，明年、凡山他名祠，行过则祀，去则已。方士所兴祠，各自主，其人终则已，祠官弗主。他祠皆如其故。今上封禅，其后十二岁而还，遍于五岳、四渎矣。而方士之候祠神人，入海求蓬莱，终无有验。而公孙卿之候神者，犹以大人迹为解，无其效。天子益怠厌方士之怪迂语矣，然终羁縻弗绝，冀遇其真。自此之后，方士言祠神者弥众，然其效可睹矣。

太史公曰：余从巡祭天地诸神名山川而封禅焉。入寿宫侍祠神语，究观方士祠官之言，于是退而论次自古以来用事于鬼神者，具见其表里。后有君子，得以览焉。至若俎豆圭币之详，献酬之礼，则有司存焉。

《汉书·武帝纪》

孝武皇帝，景帝中子也。母曰王美人。年四岁，立为胶东王。七岁为皇太子，母为皇后。十六岁，后三年正月，景帝崩。甲子，太子即皇帝位，尊皇太后窦氏曰太皇太后，皇后曰皇太后。三月，封皇太后同母弟田蚡、胜皆为列侯。

建元元年冬十月，诏丞相、御史、列侯、中二千石、二千石、诸侯相举贤良方正直言极谏之士。丞相绾奏："所举贤良，或治申、商、韩非、苏秦、张仪之言，乱国政，请皆罢。"奏可。

夏四月己巳，诏曰："古之立教，乡里以齿，朝廷以爵，扶世导民，莫善于德。然即于乡里先耆艾，奉高年，古之道也。今天下孝子顺孙愿自竭尽以承其亲，外迫公事，内乏资财，是以孝心阙焉。朕甚哀之。民年九十以上，有受鬻法，为复子若孙，令得身师妻妾遂其供养之事。"

赦吴楚七国帑输在官者。

秋七月，诏曰："卫士转置送迎二万人，其省万人。罢苑马，以赐贫民。"

议立明堂。遣使者安车蒲轮，束帛加璧，征鲁申公。

二年冬十月，御史大夫赵绾坐请毋奏事太皇太后，及郎中令王臧皆下狱，自杀。丞相婴、太尉蚡免。

春二月丙戌朔，日有蚀之。夏四月戊申，有如日夜出。

初置茂陵邑。

三年春，河水溢于平原，大饥，人相食。赐徙茂陵者户钱二十万，田二顷。初作便门桥。

九月丙子晦，日有蚀之。

四年夏，有风赤如血。六月，旱。秋九月，有星孛于东北。

五年春，罢三铢钱，行半两钱。

置五经博士。

夏四月，平原君薨。

五月，大蝗。

秋八月，广川王越、清河王乘皆薨。

六年春二月乙未，辽东高庙灾。

夏四月壬子，高园便殿火。上素服五日。

五月丁亥，太皇太后崩。

秋八月，有星孛于东方，长竟天。

闽越王郢攻南越。遣大行王恢将兵出豫章，大司农韩安国出会稽，击之。未至，越人杀郢降，兵还。

元光元年冬十一月，初令郡国举孝廉各一人。

卫尉李广为骁骑将军，屯云中；中尉程不识为车骑将军，屯雁门。六月罢。

夏四月，赦天下，赐民长子爵一级。复七国宗室前绝属者。

五月，诏贤良曰："朕闻昔在唐虞，画像而民不犯，日月所烛，莫不率俾。周之成康，刑错不用，德及鸟兽，教通四海。海外肃慎，北发渠搜，氐羌徕服。星辰不孛，日月不蚀，山陵不崩，川谷不塞。麟凤在郊薮，河洛出图书。呜虖，何而臻此与！今朕获奉宗庙，夙兴以求，夜寐以思，若涉渊水，未知所济。猗与伟与！何行而可以章先帝之洪业休德，上参尧舜，下配三王！朕之不敏，不能远德，此子大夫之所睹闻也。贤良明于古今王事之体，受策察问，咸以书对，著之于篇，朕亲览焉。"于是董仲舒、公孙弘等出焉。

二年冬十月，行幸雍，祠五畤。

春，诏问公卿曰："朕饰子女以配单于，金币文绣赂之甚厚，单于待命加嫚，侵盗亡已。边境被害，朕甚闵之。今欲举兵攻之，何如？"大行王恢建议宜击。夏六月，御史大夫韩安国为护军将军，卫尉李广为骁骑将军，太仆公孙贺为轻车将军，大行王恢为将屯将军，太中大夫李息为材官将军，将三十万众屯马邑谷中，诱致单于，欲袭击之。单于入塞，觉之，走出。六月，军罢。将军王恢坐首谋不进，下狱死。

秋九月，令民大酺五日。

三年春，河水徙，从顿丘东南流入勃海。

夏五月，封高祖功臣五人后为列侯。

河水决濮阳，泛郡十六。发卒十万救决河。起龙渊宫。

四年冬，魏其侯窦婴有罪，弃市。

春三月乙卯,丞相蚡薨。
夏四月,陨霜杀草。五月,地震。赦天下。

五年春正月,河间王德薨。
夏,发巴蜀治南夷道,又发卒万人治雁门阻险。
秋七月,大风拔木。乙巳,皇后陈氏废。捕为巫蛊者,皆枭首。八月,螟。
征吏民有明当时之务、习先圣之术者,县次续食,令与计偕。

六年冬,初算商车。
春,穿漕渠通渭。
匈奴入上谷,杀略吏民。遣车骑将军卫青出上谷,骑将军公孙敖出代,轻车将军公孙贺出云中,骁骑将军李广出雁门。青至龙城,获首虏七百级。广、敖失师而还。诏曰:"夷狄无义,所从来久。间者匈奴数寇边境,故遣将抚师。古者治兵振旅,因遭虏之方入,将吏新会,上下未辑,代郡将军敖、雁门将军广所任不肖,校尉又背义妄行,弃军而北,少吏犯禁。用兵之法:不勤不教,将率之过也;教令宣明,不能尽力,士卒之罪也。将军已下廷尉,使理正之,而又加法于士卒,二者并行,非仁圣之心。朕闵众庶陷害,欲刷耻改行,复奉正义,厥路亡繇。其赦雁门、代郡军士不循法者。"
夏,大旱,蝗。
六月,行幸雍。
秋,匈奴盗边。遣将军韩安国屯渔阳。

元朔元年冬十一月,诏曰:"公卿大夫,所使总方略,壹统类，广教化，美风俗也。夫本仁祖义，褒德禄贤，劝善刑暴，五帝三王所繇昌也。朕夙兴夜寐，嘉与宇内之士臻于斯路。故旅耆老，复孝敬，选豪俊，讲文学，稽参政事，祈进民心，深诏执事，兴廉举孝，庶几成风，绍休圣绪。夫十室之邑，必有忠信；三人并行，厥有我师。今或至阖郡而不荐一人，是化不下究，而积行之君子雍于上闻也。二千石官长纪纲人伦，将何以佐朕烛幽隐，劝元元，厉蒸庶，崇乡党之训哉？且进贤受上赏，蔽贤蒙显戮，古之道也。其与中二千石、礼官、博士议不举者罪。"有司奏议曰："古者，诸侯贡士，壹适谓之好德，再适谓之贤贤，三适谓之有功，乃加九锡；不贡士，壹则黜爵，再则黜地，三而黜爵地毕矣。夫附下罔上者死，附上罔下者刑，与闻国政而无益于民者斥，在上位而不能进贤者退，此所以劝善黜恶也。今诏书昭先帝圣绪，令二千石举孝廉，所以化元元，移风易俗也。不举孝，不奉诏，当以不敬论；不察廉，不胜任也，当免。"奏可。

十二月，江都王非薨。

春三月甲子，立皇后卫氏。诏曰："朕闻天地不变，不成施化；阴阳不变，物不畅茂。《易》曰：'通其变，使民不倦。'《诗》云：'九变复贯，知言之选。'朕嘉唐虞而乐殷周，据旧以鉴新。其赦天下，与民更始。诸逋贷及辞讼在孝景后三年以前，皆勿听治。"

东夷君薉南闾等口二十八万人降，为苍海郡。

鲁王馀、长沙王发皆薨。

二年冬，赐淮南王、菑川王几杖，毋朝。

春正月，诏曰："梁王、城阳王亲慈同生，愿以邑分弟，其许之。诸侯王请与子弟邑者，朕将亲览，使有列位焉。"于是藩国始分，而子弟毕侯矣。

匈奴入上谷、渔阳，杀略吏民千余人。遣将军卫青、李息出云中，至高阙，遂西至符离，获首虏数千级。收河南地，置朔方、五原郡。

三月乙亥晦，日有蚀之。

夏，募民徙朔方十万口。又徙郡国豪杰及訾三百万以上于茂陵。

秋，燕王定国有罪，自杀。

三年春，罢苍海郡。三月，诏曰："夫刑罚所以防奸也，内长文所以见爱也。以百姓之未洽于教化，朕嘉与士大夫日新厥业，祗而不解。其赦天下。"

夏，匈奴入代，杀太守；入雁门，杀略千余人。

六月庚午，皇太后崩。

秋，罢西南夷，城朔方城。令民大酺五日。

四年冬，行幸甘泉。

夏，匈奴入代、定襄、上郡，杀略数千人。

五年春，大旱。大将军卫青将六将军兵十余万人出朔方、高阙，获首虏万五千级。

夏六月，诏曰："盖闻导民以礼，风之以乐，今礼坏乐崩，朕甚闵焉。故详延天下方闻之士，咸荐诸朝。其令礼官劝学，讲议洽闻，举遗兴礼，以为天下先。太常其议予博士弟子，崇乡党之化，以厉贤材焉。"丞相弘请为博士置弟子员，学者益广。

秋，匈奴入代，杀都尉。

六年春二月，大将军卫青将六将军兵十余万骑出定襄，斩首三千余级。还，休士马于定襄、云中、雁门。赦天下。

夏四月，卫青复将六将军绝幕，大克获。前将军赵信军败，降匈奴。右将军苏建亡军，独身脱还，赎为庶人。

六月，诏曰："朕闻五帝不相复礼，三代不同法，所繇殊路而建德一也。盖孔子对定公以徕远，哀公以论臣，景公以节用，非期不同，所急异务也。今中国一统而北边未安，朕甚悼之。日者大将军巡朔方，征匈奴，斩首虏万八千级，诸禁锢及有过者咸蒙厚赏，得免减罪。今大将军仍复克获，斩首虏万九千级，受爵赏而欲移卖者，无所流迆。其议为令。"有司奏请置武功赏官，以宠战士。

元狩元年冬十月，行幸雍，祠五畤。获白麟，作《白麟之歌》。

十一月，淮南王安、衡山王赐谋反，诛。党与死者数万人。

十二月，大雨雪，民冻死。

夏四月，赦天下。丁卯，立皇太子。赐中二千石爵右庶长，民为父后者一级。诏曰："朕闻咎繇对禹，曰在知人，知人则哲，惟帝难之。盖君者心也，民犹支体，支体伤则心憯怛。日者淮南、衡山修文学，流货赂，两国接壤，怵于邪说，而造篡弑，此朕之不德。《诗》云：'忧心惨惨，念国之为虐。'已赦天下，涤除与之更始。朕嘉孝弟力田，哀夫老眊孤寡鳏独或匮于衣食，甚怜愍焉。其遣谒者巡行天下，存问致赐。曰：'皇帝使谒者赐县三老、孝者帛，人五匹；乡三老、弟者、力田帛，人三匹；年九十以上及鳏寡孤独帛，人二匹，絮三斤；八十以上米，人三石。有冤失职，使者以闻。县乡即赐，毋赘聚。'"

五月乙巳晦，日有蚀之。匈奴入上谷，杀数百人。

二年冬十月，行幸雍，祠五畤。

春三月戊寅，丞相弘薨。遣骠骑将军霍去病出陇西，至皋兰，斩首八千余级。

夏，马生余吾水中。南越献驯象、能言鸟。

将军去病、公孙敖出北地二千余里，过居延，斩首虏三万余级。匈奴入雁门，杀略数百人。遣卫尉张骞、郎中令李广皆出右北平。广杀匈奴三千余人，尽亡其军四千人，独身脱还，及公孙敖、张骞皆后期，当斩，赎为庶人。

江都王建有罪，自杀。胶东王寄薨。

秋，匈奴昆邪王杀休屠王，并将其众合四万余人来降，置五属国以处之。以其地为武威、酒泉郡。

三年春，有星孛于东方。

夏五月，赦天下。立胶东康王少子庆为六安王。封故相国萧何曾孙庆为列侯。

秋，匈奴入右北平、定襄，杀略千余人。

遣谒者劝有水灾郡种宿麦。举吏民能假贷贫民者以名闻。

减陇西、北地、上郡戍卒半。发谪吏穿昆池。

四年冬，有司言关东贫民徙陇西、北地、西河、上郡、会稽凡七十二万五千口，县官衣食振业，用度不足，请收银锡造白金及皮币以足用。初算缗钱。

春，有星孛于东北。夏，有长星出于西北。

大将军卫青将四将军出定襄，将军去病出代，各将五万骑。步兵踵军后数十万人。青至幕北，围单于，斩首万九千级，至阗颜山乃还。去病与左贤王战，斩获首虏七万余级，封狼居胥山乃还。两军士死者数万人。前将军广、后将军食其皆后期。广自杀，食其赎死。

五年春三月甲午，丞相李蔡有罪，自杀。

天下马少，平牡马匹二十万。

罢半两钱，行五铢钱。

徙天下奸猾吏民于边。

六年冬十月，赐丞相以下至吏二千石金，千石以下至乘从者帛，蛮夷锦各有差。

雨水，亡冰。

夏四月乙巳，庙立皇子闳为齐王，旦为燕王，胥为广陵王。初作诰。

六月，诏曰："日者有司以币轻多奸，农伤而末众，又禁兼并之涂，故改币以约之。稽诸往古，制宜于今。废期有月，而山泽之民未谕。夫仁行而从善，义立则俗易，意奉宪者所以导之未明与？将百姓所安殊路，而挢虔吏因乘势以侵蒸庶邪？何纷然其扰也！今遣博士大等六人分循行天下，存问鳏寡废疾，无以自振业者贷与之。谕三老孝弟以为民师，举独行之君子，征诣行在所。朕嘉贤者，乐知其人。广宣厥道，士有特招，使者之任也。详问隐处亡位，及冤失职，奸猾为害，野荒治苛者，举奏。郡国有所以为便者，上丞相、御史以闻。"

秋九月，大司马骠骑将军去病薨。

元鼎元年夏五月，赦天下，大酺五日。得鼎汾水上。

济东王彭离有罪，废徙上庸。

二年冬十一月，御史大夫张汤有罪，自杀。十二月，丞相青翟下狱死。

春，起柏梁台。

三月，大雨雪。夏，大水，关东饿死者以千数。

秋九月，诏曰："仁不异远，义不辞难。今京师虽未为丰年，山林池泽之饶与民共之，今水潦移于江南，迫隆冬至，朕惧其饥寒不活。江南之地，火耕水耨，方下巴蜀之粟致之江陵，遣博士中等分循行，谕告所抵，无令重困。吏民有振救饥民免其厄者，具举以闻。"

三年冬，徙函谷关于新安。以故关为弘农县。

十一月，令民告缗者以其半与之。

正月戊子，阳陵园火。

夏四月，雨雹。关东郡国十余饥，人相食。

常山王舜薨。子勃嗣立，有罪，废徙房陵。

四年冬十月，行幸雍，祠五畤。赐民爵一级，女子百户牛酒。行自夏阳，东幸汾阴。十一月甲子，立后土祠于汾脽上。礼毕，行幸荥阳。还至洛阳，诏曰："祭地冀州，瞻望河洛，巡省豫州，观于周室，邈而无祀。询问耆老，乃得孽子嘉。绍其封嘉为周子南君，以奉周祀。"

春二月，中山王胜薨。

夏，封方士栾大为乐通侯，位上将军。

六月，得宝鼎后土祠旁。秋，马生渥洼水中。作《宝鼎》、《天马之歌》。

立常山宪王子商为泗水王。

五年冬十月，行幸雍，祠五畤。遂逾陇，登空同，西临祖厉河而还。

十一月辛巳朔旦，冬至。立泰畤于甘泉。天子亲郊见，朝日夕月。诏曰："朕以眇身托于王侯之上，德未能绥民，民或饥寒，故巡祭后土以祈丰年。冀州脽壤乃显文鼎，获荐于庙。渥洼水出马，朕其御焉。战战兢兢，惧不克任，思昭天地，内惟自新。《诗》云：'四牡翼翼，以征不服。'亲省边垂，用事所极。望见泰一，修天文禮。辛卯夜，若景光十有二明。《易》曰：'先甲三日，后甲三日。'朕甚念年岁未咸登，饬躬斋戒，丁酉，拜况于郊。"

夏四月，南越王相吕嘉反，杀汉使者及其王、王太后。赦天下。丁丑晦，日有蚀之。

秋，蛙、虾蟆斗。

遣伏波将军路博德出桂阳，下湟水；楼船将军杨仆出豫章，下浈水；归义越侯严为戈船将军，出零陵，下离水；甲为下濑将军，下苍梧。皆将罪人，江淮以南楼船十万人。越驰义侯遗别将巴蜀罪人，发夜郎兵，下牂柯江，咸会番禺。

九月，列侯坐献黄金酎祭宗庙不如法夺爵者百六人，丞相赵周下狱死。乐通侯栾大坐诬罔要斩。

西羌众十万人反，与匈奴通使，攻故安，围枹罕。匈奴入五原，杀太守。

六年冬十月，发陇西、天水、安定骑士及中尉，河南、河内卒十万人，遣将军李息、郎中令徐自为征西羌，平之。

行东，将幸缑氏，至左邑桐乡，闻南越破，以为闻喜县。春，至汲新中乡，得吕嘉首，以为获嘉县。驰义侯遗兵未及下，上便令征西南夷，平之。遂定越地，以为南海、苍梧、郁林、合浦、交阯、九真、日南、珠崖、儋耳郡。定西南夷，以为武都、牂柯、越巂、沈黎、文山郡。

秋，东越王馀善反，攻杀汉将吏。遣横海将军韩说、中尉王温舒出会稽，楼船将军杨仆出豫章，击之。又遣浮沮将军公孙贺出九原，匈河将军赵破奴出令居，皆二千余里，不见虏而还。乃分武威、酒泉地置张掖、敦煌郡，徙民以实之。

元封元年冬十月，诏曰："南越、东瓯咸伏其辜，西蛮北夷颇未辑睦，朕将巡边垂，择兵振旅，躬秉武节，置十二部将军，亲帅师焉。"行自云阳，北历上郡、西河、五原，出长城，北登单于台，至朔方，临北河，勒兵十八万骑，旌旗径千余里，威震匈奴。遣使者告单于曰："南越王头已县于汉北阙矣。单于能战，天子自将待边；不能，亟来臣服。何但亡匿幕北寒苦之地为！"匈奴詟焉。还，祠黄帝于桥山，乃归甘泉。

东越杀王馀善降。诏曰："东越险阻反覆，为后世患，迁其民于江淮间。"遂虚其地。

春正月，行幸缑氏。诏曰："朕用事华山，至于中岳，获驳麃，见夏后启母石。翌日亲登嵩高，御史乘属、在庙旁吏卒咸闻呼'万岁'者三。登礼罔不答。其令祠官加增太室祠，禁无伐其草木。以山下户三百为之奉邑，名曰崇高，独给祠，复亡所与。"遂东巡海上。

夏四月癸卯，上还，登封泰山，降坐明堂。诏曰："朕以眇身承至尊，兢兢焉惟德菲薄，不明于礼乐，故用事八神。遭天地况施，著见景象，屑然如有闻。震于怪物，欲止不敢，遂登封泰山，至于梁父，然后升禅肃然。自新，嘉与士大夫更始，其以十月为元封元年。行所巡至，博、奉高、蛇丘、历城、梁父，民田租逋赋贷，已除。加年七十以上孤寡帛，人二匹。四县无出今年算。赐天下民爵一级，女子百户牛酒。"

行自泰山，复东巡海上，至碣石。自辽西历北边九原，归于甘泉。

秋，有星孛于东井，又孛于三台。

齐王闳薨。

二年冬十月，行幸雍，祠五畤。春，幸缑氏，遂至东莱。夏四月，还祠泰山。至瓠子，临决河，命从臣将军以下皆负薪塞河堤，作《瓠子之歌》。赦所过徙，赐孤独高年米，人四石。还，作甘泉通天台、长安飞廉馆。

朝鲜王攻杀辽东都尉，乃募天下死罪击朝鲜。

六月，诏曰："甘泉宫内中产芝，九茎连叶。上帝博临，不异下房，赐朕弘休。其赦天下，赐云阳都百户牛酒。"作《芝房之歌》。

秋，作明堂于泰山下。

遣楼船将军杨仆、左将军荀彘将应募罪人击朝鲜。又遣将军郭昌、中郎将卫广发巴蜀兵平西南夷未服者，以为益州郡。

三年春，作角抵戏，三百里内皆观。

夏，朝鲜斩其王右渠降，以其地为乐浪、临屯、玄菟、真番郡。

楼船将军杨仆坐失亡多免为庶民，左将军荀彘坐争功弃市。

秋七月，胶西王端薨。

武都氐人反，分徙酒泉郡。

四年冬十月，行幸雍，祠五畤。通回中道，遂北出萧关，历独鹿、鸣泽，自代而还，幸河东。春三月，祠后土。诏曰："朕躬祭后土地祇，见光集于灵坛，一夜三烛。幸中都宫，殿上见光。其赦汾阴、夏阳、中都死罪以下，赐三县及杨氏皆无出今年租赋。"

夏,大旱,民多渴死。

秋,以匈奴弱,可遂臣服,乃遣使说之。单于使来,死京师。匈奴寇边,遣拔胡将军郭昌屯朔方。

五年冬,行南巡狩,至于盛唐,望祀虞舜于九嶷。登灊天柱山,自寻阳浮江,亲射蛟江中,获之。舳舻千里,薄枞阳而出,作《盛唐枞阳之歌》。遂北至琅邪,并海,所过礼祠其名山大川。春三月,还至泰山,增封。甲子,祠高祖于明堂,以配上帝,因朝诸侯王列侯,受郡国计。夏四月,诏曰:"朕巡荆扬,辑江淮物,会大海气,以合泰山。上天见象,增修封禅。其赦天下。所幸县毋出今年租赋,赐鳏寡孤独帛,贫穷者粟。"还,幸甘泉,郊泰畤。

大司马大将军青薨。

初置刺史部十三州。名臣文武欲尽,诏曰:"盖有非常之功,必待非常之人,故马或奔踶而致千里,士或有负俗之累而立功名。夫泛驾之马,跅弛之士,亦在御之而已。其令州郡察吏民有茂材异等可为将相及使绝国者。"

六年冬,行幸回中。

春,作首山宫。

三月,行幸河东,祠后土。诏曰:"朕礼首山,昆田出珍物,化或为黄金。祭后土,神光三烛。其赦汾阴殊死以下,赐天下贫民布帛,人一匹。"

益州、昆明反,赦京师亡命令从军,遣拔胡将军郭昌将以击之。

夏,京师民观角抵于上林平乐馆。

秋，大旱，蝗。

太初元年冬十月，行幸泰山。十一月甲子朔旦，冬至，祀上帝于明堂。乙酉，柏梁台灾。

十二月，禅高里，祠后土。东临勃海，望祠蓬莱。春还，受计于甘泉。

二月，起建章宫。

夏五月，正历，以正月为岁首。色上黄，数用五，定官名，协音律。遣因杅将军公孙敖筑塞外受降城。

二年春正月戊申，丞相庆薨。三月，行幸河东，祠后土。令天下大酺五日，膢五日，祠门户，比腊。

夏四月，诏曰："朕用事介山，祭后土，皆有光应。其赦汾阴、安邑殊死以下。"

五月，籍吏民马，补车骑马。

秋，蝗。遣浚稽将军赵破奴二万骑出朔方，击匈奴，不还。

冬十二月，御史大夫兒宽卒。

三年春正月，行东巡海上。夏四月，还，修封泰山，禅石闾。

遣光禄勋徐自为筑五原塞外列城，西北至卢朐，游击将军韩说将兵屯之。强弩都尉路博德筑居延。

秋，匈奴入定襄、云中，杀略数千人，行坏光禄诸亭障；又入张掖、酒泉，杀都尉。

四年春，贰师将军广利斩大宛王首，获汗血马来。作《西极天马之歌》。

秋，起明光宫。

冬，行幸回中。

徙弘农都尉治武关，税出入者以给关吏卒食。

天汉元年春正月，行幸甘泉，郊泰畤。三月，行幸河东，祠后土。匈奴归汉使者，使使来献。

夏五月，赦天下。

秋，闭城门大搜。发谪戍屯五原。

二年春，行幸东海。还幸回中。

夏五月，贰师将军三万骑出酒泉，与右贤王战于天山，斩首虏万余级。又遣因杅将军出西河，骑都尉李陵将步兵五千人出居延北，与单于战，斩首虏万余级。陵兵败，降匈奴。

秋，止禁巫祠道中者。大搜。

渠黎六国使使来献。

泰山、琅邪群盗徐勃等阻山攻城，道路不通。遣直指使者暴胜之等衣绣衣杖斧分部逐捕。刺史郡守以下皆伏诛。

冬十一月，诏关都尉曰："今豪桀多远交，依东方群盗。其谨察出入者。"

三年春二月，御史大夫王卿有罪，自杀。

初榷酒酤。

三月，行幸泰山，修封，祀明堂，因受计。还幸北地，祠常山，瘗玄玉。

夏四月，赦天下。行所过毋出田租。

秋，匈奴入雁门，太守坐畏懦弃市。

四年春正月，朝诸侯王于甘泉宫。发天下七科谪及勇敢士，遣贰师将军李广利将六万骑、步兵七万人出朔方，因杅将军公孙敖万骑、步兵三万人出雁门，游击将军韩说步兵三万人出五原，强弩都尉路博德步兵万余人与贰师会。广利与单于战余吾水上连日，敖与左贤王战，不利，皆引还。

夏四月，立皇子髆为昌邑王。

秋九月，令死罪人赎钱五十万减死一等。

太始元年春正月，因杅将军敖有罪，要斩。徙郡国吏民豪桀于茂陵、云陵。

夏六月，赦天下。

二年春正月，行幸回中。

三月，诏曰："有司议曰：往者朕郊见上帝，西登陇首，获白麟以馈宗庙，渥洼水出天马，泰山见黄金，宜改故名。今更黄金为麟趾褭蹄，以协瑞焉。"因以班赐诸侯王。

秋，旱。九月，募死罪入赎钱五十万减死一等。

御史大夫杜周卒。

三年春正月，行幸甘泉宫，飨外国客。

二月，令天下大酺五日。行幸东海，获赤雁，作《朱雁之歌》。幸琅邪，礼日成山。登之罘，浮大海。山称万岁。冬，赐行所过户五千钱，鳏寡孤独帛，人一匹。

四年春三月，行幸泰山。壬午，祀高祖于明堂，以配上帝，因受计。癸未，祀孝景皇帝于明堂。甲申，修封。丙戌，禅石闾。夏四月，幸不其，祠神人于交门宫，若有乡坐拜者。作《交门之歌》。夏五月，还幸建章宫，大置酒，赦天下。

秋七月，赵有蛇从郭外入邑，与邑中蛇群斗孝文庙下，邑中蛇死。

冬十月甲寅晦，日有蚀之。

十二月，行幸雍，祠五畤，西至安定、北地。

征和元年春正月，还，行幸建章宫。

三月，赵王彭祖薨。

冬十一月，发三辅骑士大搜上林，闭长安城门索，十一日乃解。巫蛊起。

二年春正月，丞相贺下狱死。

夏四月，大风发屋折木。

闰月，诸邑公主、阳石公主皆坐巫蛊死。

夏，行幸甘泉。

秋七月，按道侯韩说、使者江充等掘蛊太子宫。壬午，太子与皇后谋斩充，以节发兵，与丞相刘屈氂大战长安，死者数万人。庚寅，太子亡，皇后自杀。初置城门屯兵。更节加黄旄。御史大夫暴胜之、司直田仁坐失纵，胜之自杀，仁要斩。八月辛亥，太子自杀于湖。癸亥，地震。

九月，立赵敬肃王子偃为平干王。

匈奴入上谷、五原，杀略吏民。

三年春正月，行幸雍，至安定、北地。

匈奴入五原、酒泉，杀两都尉。三月，遣贰师将军广利将七万人出五原，御史大夫商丘成二万人出西河，重合侯马通四万骑出酒泉。成至浚稽山，与虏战，多斩首。通至天山，虏引去，因降车师。皆引兵还。广利败,降匈奴。

夏五月,赦天下。六月,丞相屈牦下狱要斩,妻枭首。

秋,蝗。九月,反者公孙勇、胡倩发觉,皆伏辜。

四年春正月,行幸东莱,临大海。

二月丁酉,陨石于雍,二,声闻四百里。

三月,上耕于钜定。还幸泰山,修封。庚寅,祀于明堂。癸巳,禅石闾。夏六月,还幸甘泉。

秋八月辛酉晦,日有蚀之。

后元元年春正月,行幸甘泉,郊泰畤,遂幸安定。昌邑王髆薨。

二月,诏曰:"朕郊见上帝,巡于北边,见群鹤留止,以不罗罔,靡所获献。荐于泰畤,光景并见。其赦天下。"

夏六月,御史大夫商丘成有罪自杀。侍中仆射莽何罗与弟重合侯通谋反,侍中驸马都尉金日䃅、奉车都尉霍光、骑都尉上官桀讨之。

秋七月,地震,往往涌泉出。

二年春正月,朝诸侯王于甘泉宫,赐宗室。

二月,行幸盩厔五柞宫。乙丑,立皇子弗陵为皇太子。丁卯,帝崩于五柞宫,入殡于未央宫前殿。三月甲申,葬茂陵。

赞曰:汉承百王之弊,高祖拨乱反正,文景务在养民,至于稽古礼文之事,犹多阙焉。孝武初立,卓然罢黜百家,表章六经。遂畴咨海内,举其俊茂,与之立功。兴太学,修郊祀,改正朔,定历数,协音律,作诗乐,建封禅,礼百神,绍周后,号令文章,焕焉可述。后嗣得遵洪业，而有三代之风。如武帝之雄材大略，不改文景之恭俭以济斯民，虽《诗》、《书》所称何有加焉！

古今名家评说

孝武皇帝愍中国罢劳无安宁之时，乃遣大将军、骠骑、伏波、楼船之属，南灭百粤，起七郡；北攘匈奴，降昆邪十万之众，置五属国，起朔方，以夺其肥饶之地；东伐朝鲜，起玄菟、乐浪，以断匈奴之左臂；西伐大宛，并三十六国，结乌孙，起敦煌、酒泉、张掖，以鬲婼羌，裂匈奴之右肩。单于孤特，远遁于幕北。四垂无事，斥地远境，起十余郡。功业既定，乃封丞相为富民侯，以大安天下，富实百姓，其规橅可见。又招集天下贤俊，与协心同谋，兴制度，改正朔，易服色，立天地之祠，建封禅，殊官号，存周后，定诸侯之制，永无逆争之心，至今累世赖之。单于守藩，百蛮服从，万世之基也，中兴之功未有高焉者也。

——（汉）刘歆等，《汉书·韦贤传》

孝武皇帝，规矩万世之业，固后世之基地。内修文学，外耀武威，以延天下之士，先王之风粲然可考者矣。然犹好其文，未尽其实；发其始，不克其终。奢侈而无限，穷兵极武，百姓空竭，万民罢弊。当此之时，天下骚然，海内无聊，而孝文之业衰焉。

——（汉）荀悦：《汉纪》

夫定国之术，在于强兵足食。秦人以急农兼并天下，孝武以屯田定西域，此先代之良式也。

——（三国）曹操，《三国志·魏书·武帝纪》

孝武帝承累世之遗业，遇中国之殷阜，府库馀金钱，仓廪畜腐粟，因此有意乎灭匈奴而廓清边境矣。故即位之初，从王恢之画，设马邑之谋，自元光以迄征和四五十载之间，征匈奴四十馀：举盛馀，逾广汉，绝梓岭，封狼居胥，禅姑幕，梁北河，观兵瀚海，刘单于之旗，剿阏氏之首，探符离之窟，扫五王之庭。纳休屠昆邪之附，获祭天金人之宝。斩名王以千数，馘酋虏以万计。既穷追其散亡，又摧破其积聚，虏不暇于救死扶伤，疲困于孕重堕殰。元封初，躬秉武节，告以天子自将，惧以两越之诛，彼时号为威震匈奴矣。

——（三国）曹丕，《三国志·魏书·文帝纪》

世宗光光，文武是攘。威震百蛮，恢拓土疆。简定律历，辨修旧章。封天禅土，功越百王。

——（三国）曹植：《武帝赞》

昔我太祖高皇帝以神武应期，廓开大业。太宗孝文皇帝重以明德，升平汉道。世宗孝武皇帝拓土攘夷，地过唐日。中宗孝宣皇帝搜扬俊乂，多士盈朝。是我祖宗道迈三王，功高五帝，故卜年倍于夏商，卜世过于姬氏。

——（汉赵）刘渊，《晋书·刘元海载记》

孝武皇帝虽然穷奢极侈，但承文、景遗德，故人心不动。向使高祖之后，即有武帝，则天下必不能全。

——（唐）马周，《新唐书·马周传》

孝武纂极，四海承平。志尚奢丽，尤敬神明。坛开八道，接通五城。朝亲五利，夕拜文成。祭非祀典，巡乖卜征。登嵩勒岱，望景传声。迎年祀日，改历定正。疲秏中土，事彼边兵。日不暇给，人无聊生。俯观嬴政，几欲齐衡。

——（唐）司马贞：《史记索隐》

汉武承六世之业，海内殷富，又有高人之资，故能总揽英雄，驾御豪杰，内兴礼乐，外开边境，制度宪章，焕然可述。方於始皇，则为优矣。至於骄奢暴虐，可以相亚，并功有馀而德不足。

——（唐）虞世南：《论略》（见《唐文拾遗》）

孝武穷奢极欲，刑罚繁重，横征暴敛，内侈宫室，外事四夷，信惑神怪，巡游无度，使百姓疲敝，起为盗贼，其所以异于秦始皇者无几矣。然秦以之亡，汉以之兴者，孝武能尊先王之道，知所统守，受忠直之言，恶人欺之弊，好贤不倦，诛赏严明，晚而改过，顾托得人，此所以有亡秦之失而无亡秦之祸乎！

——（宋）司马光：《资治通鉴》卷二二

武帝天资高，志向大，足以有为。末年海内虚耗，去秦始皇无几。轮台之悔，亦是天资高，方能如此。

——（宋）朱熹：《朱子语类》

陵仙客，算真是，天与雄才宏略。猎取天骄驰卫霍，如使鹰鹯驱雀。战皋兰，犁庭龙碛，饮至行勋爵。中华疆盛，坐令夷狄衰弱。追想当日巡行，勒兵十万骑，横临边朔。亲总貔貅谈笑看，黠虏心惊胆落。寄语单于，两君相见，何苦逃沙漠。英风如在，卓然千古高著。

——（宋）李纲：《念奴娇·茂林仙客》

孝武帝以雄才大略,承三世涵育之泽,知夫天下之势将就弱而不振,所当济之以威强而抗武节之时也。方是时也,内无奸变之臣,外无强逼之国,而世为汉患者独匈奴耳。夫匈奴自楚、汉之起,乘秦之乱,复践河南之地,而其势始强。高帝曾以三十万之众困于白登之围,盖士不食者七日,已解而归,不思有以复之,而和亲始议矣。高后被其书之辱,临朝而震怒矣,终之以婉辞顺礼慰适其桀骜之情。凡此者,皆欲与民息肩,姑置外之而不校也。孝文之立,其所以顺悦输遗者甚,至饰遣宗女以固其欢。盖送车未返,而彼已大举深入,候骑达于甘泉、雍梁矣。其后乍亲乍绝,盖为寇患至于近,严霸上、棘门、细柳之屯以卫京都。以孝文之宽仁镇静,摄衣发奋,亲驾而驱之者再,乃至乎辍饭搏髀而思颇、牧之良能也。孝景之世,其所以悦奉之情与夫遗给之数又加至矣。然其寇侵之暴,纷然其不止也。由是观之,汉之于匈奴,非深惩而大治之,则其为后患也,可胜备哉?是以孝武抗其英特之气,选待习骑,择命将帅,先发而昌诛之。盖师行十年,斩刈殆尽,名王贵人俘获百数,单于捧首穷遁漠北,遂收两河之地而郡属之。刷四世之侵辱,遗后嗣之安强。至于宣、元、成、哀之世,单于顿颡臣顺,谒期听令以朝,位次比内诸侯。虽曰劳师匮财,而功烈之被远矣。使微孝武,则汉之所以世被边患,其戍役转饷以忧累县官者,可得而预计哉?甚矣!昧者之议,不知求夫天下之势、强弱之任所当然者,而猥曰:"文、景为是慈俭爱民,而武帝黩于兵师祈祀。"至与秦皇同日而非诋之,岂不痛哉!使孝武不溺于文成、五利之奸以重耗天下,攘敌之役止于卫、霍之既死,而不穷贰师之兵,则其功烈与周宣比隆矣。

——(宋)何去非:《何博士备论》

三王、五帝之书不尽传于世，故后世鲜知其行事。汉武帝购求遗书，《六经》始出，唐、虞、三代之治，可得而见。武帝雄才大略，后世罕及，至表章《六经》，阐明圣贤之学，尤有功于后世。

——（明）朱元璋，《明史纪事本末》

情之所发，才之所利，皆于理有当焉。而特有所止以戒其流，则才情皆以广道之用。止才情之流者，性之贞也。故先王之情深矣，其才大矣，以通天下之志、成天下之务，而一顺乎道。武帝曰："朕不变更制度，后世无法；不出师征伐，天下不安；为此者不得不劳民。若后世又如朕所焉，是袭亡秦之迹也。"有是心，为是言，而岂不贤乎？

——（清）王夫之：《读通鉴论》

武帝雄才大略，非不深知征伐之劳民也，盖欲复三代之境土。削平四夷，尽去后患，而量力度德，慨然有舍我其谁之想。于是承累朝之培养，既庶且富，相时而动，战以为守，攻以为御，匈奴远道，日以削弱。至于宣、元、成、哀，单于称臣，稽玄而朝，两汉之生灵，并受其福，庙号"世宗"，宜哉！

武帝生平，虽不无过举，而凡所作用，有迥出人意表者。始尚文学以收士心，继尚武功以开边城，而犹以为未足牢笼一世。于是用鸡卜于越祠，收金人于休屠，得神马于渥洼，取天马于大宛，以及白麟赤雀，芝房宝鼎之瑞，皆假神道以设教也。

至于泛舟海上，其意有五，而求仙不与焉。盖舳舻千里，往来海岛，楼船戈船，教习水战，扬帆而北，慑展朝鲜，一也。扬帆而南，威振闽越，二也。朝鲜降，则匈奴之左臂自断，三也。闽越平，则南越之东陲自定，四也。且西域既通，南收滇国，北报乌孙,扩地数千里,而东则限于巨壑,欲跨海外而有之,不求蓬莱,将焉取之?东使方士求仙,一犹西使博望凿空之意耳。既肆其西封,又欲肆其东封,五也。惟方士不能得其要领如博望,故屡事尊宠,而不授以将相之权,又屡假不验以诛之。人谓武帝为方士所欺,而不知方士亦为武帝所欺也!

宋人竭中国之财力,纳币赂寇,偷安旦夕;致使生民左袒,肝脑涂地。退而渡江航海,竟以议和误国。则武帝所为,又岂宋人所能议乎?

——(清)吴裕垂:《历朝史案》

(班固《汉书·武帝纪赞》)专赞武帝之文事,而武功则不置一词。仰思帝之雄才大略,正在武功。

——(清)赵翼:《廿二史札记》

自古英哲非常之君,往往得人鼎盛。若汉之武帝,唐之文皇,宋之仁宗,元之世祖,明之孝宗。其时皆异材勃起,俊彦云屯,焜耀简编。

——(清)曾国藩:《〈国朝先正事略〉序》

秦皇汉武、元世祖、拿破仑,或数百年、数十年而斩,亦可谓有志之士矣。拿破仑兴法典,汉武帝纪赞,不言武功,又有千年之志者。

——孙中山:《建国方略》

故中国之教,得孔子而后立。中国之政,得秦皇而后行。中国之境,得汉武而后定。三者皆中国之所以为中国也。自秦以来,垂二千年,虽百王代兴,时有改革,然观其大义,不甚悬殊。譬如建屋，孔子奠其基，秦、汉二君营其室。

有为汉一朝之皇帝者，高祖是也；有为中国二十四朝之皇帝者，秦皇汉武是也。

汉武帝以后独尊儒术之动机，非有契于仁义恭俭，实视儒术为最便于专制之教耳。

——夏曾佑：《中国古代史》

高祖之后，史家誉为文景之治，其实，文、景二帝乃守旧之君、无能之辈……倒是汉武帝雄才大略，开拓刘邦的业绩，晚年自知奢侈、黩武、方士之弊，下了罪己诏，不失为鼎盛之世。

——毛泽东，1957年6月13日同
《人民日报》负责人吴冷西等的谈话
（见吴冷西《新闻的阶级性及其他
——毛泽东几次谈话的回忆》）

吾人揽史时，恒赞战国之时、刘项相争之时、汉武与匈奴竞争之时，事态百变，人才辈出，令人喜读。

——毛泽东，张贻玖：《毛泽东读史》

秦始皇的统一思想是不要人民读书，他的手段是刑罚的制裁；汉武帝的统一思想是要人民只读一种书，他的手段是利禄的引诱。

——顾颉刚：《秦汉的方士与儒生》

汉武帝凭借前期所积累的财富与汉景帝所完成的全国统一，再加上本人雄才大略的特征与在位五十四年的长久时间，对外用兵，扩张疆土，对内兴作，多所创建（主要是水利），把道家思想的无为政治,改变为以儒家学说为装饰的多欲政治。通过汉武帝,农民付出"海内虚耗,人口减半"的代价,造成军事、文化的极盛时期。西汉一朝各方面的代表人物如大经学家大政论家董仲舒,大史学家司马迁,大文学家司马相如,大军事家卫青、霍去病,大天文学家唐都、落下闳,大农学家赵过,大探险家张骞,以及民间诗人所创作经大音乐家李延年协律的乐府歌诗,集中出现在汉武帝时期。这是历史上非常灿烂的一个时期,汉武帝就是这个灿烂时期的总代表。

——范文澜:《中国通史》

说到汉武帝,会令人想到他是生长得怎样一副严肃的面孔?实际上,汉武帝是一位较活泼、较天真、重感情的人物。他除了喜欢穷兵黩武以外,还喜欢游历,喜欢音乐,喜欢文学,喜欢神仙。

汉武帝,是军队最英明的统帅,又是海上最经常的游客,皇家乐队最初的创立人,文学家最亲切的朋友,方士们最忠实的信使,特别是他的李夫人最好的丈夫。他决不是除了好战以外,一无所知的一个莽汉。

我认为,汉武帝是一位承前启后而又开天辟地的真正伟大的君王。在他前古的历史上,他所建树的文治武功无人可及。他的风流倜傥超群绝伦。他的想象力使政治成为艺术。他的权变和机谋令同时代的智者形同愚人。他胸怀宽广,既有容人之量又有鉴人之明。

他开创制度,树立规模,推崇学术,酷爱文学艺术。他倡导以德立国,以法治国。平生知过而改,从善如流,为百代帝王树立了楷模。

在后来的魏武帝、唐太宗、明太祖、努尔哈赤、康熙皇帝的行藏中，多少似乎都可以看到他的影子。

汉武帝具有超越历史的雄才大略，是一位战略和外交设计的奇才。这种天才使他能运筹帷幄而决胜万里，处庙堂之上，而其武功成就，则足以使西方汉尼拔、亚历山大、拿破仑等驰骋于疆场的将帅黯然失色。

但是，汉武帝绝不是一个超俗绝世的圣者。他好色、骄傲、虚荣、自私、迷信、奢侈享受、行事偏执；普通人性所具有的一切弱点他几乎都具有。但是，尽管如此，即使他不是作为一个君王，而仅仅是作为一个普通凡人，那么以他一生的心智和行为，他仍然应被认为是一个顶天立地的男子汉，一个机智超群的智者，一个勇武刚毅的战士，一个文采焕然的诗人，一个想象力浪漫奇异的艺术家，以及一个令无数妙女伤魂断魄的荡子，最坏又最好的情人。

他不仅开创了制度，塑造了时代，他的业绩和作为也深深地熔铸进了我们这个民族的历史与传统中。汉民族之名，即来源于被他以银河作为命名的一个年代——"天汉"。在他那个时代所开拓的疆土，从闽、粤、琼崖，直到川、黔、滇，从于阗、阿尔泰，到黑吉辽，勾勒了日后两千年间中华帝国的基本轮廓。而这个帝国影响力所辐射的范围，由咸海、葱岭、兴都库什山脉直到朝鲜半岛；由贝加尔湖到印度支那，则扩展成了汉文化影响所覆盖的一个大文化圈。

伟人和天才是无法描画的，是不可思议的，是难以用通常标准衡量的，也是无法用世俗尺度去衡量评估的。

——翦伯赞：《中国史纲要》

汉武帝是两汉时期雄才大略的皇帝，他建立了封建专制主义多方面的制度，旧史往往以他与秦始皇并举，称为"秦皇汉武"。

武帝时采纳主父偃的献策，制定推恩令，……推恩法不断加强了朝廷的统治，也不断削弱了地方的力量，这对于封建专制主义政治体制的发展有深刻的影响。

在经济方面，汉武帝也建立了一些重要的制度，以削弱地方割据势力和富商大贾的经济势力，加强朝廷对全国经济命脉的控制，增加朝廷的财政收入。

在思想文化方面，汉武帝树立了儒学的统治权。他在大学立五经博士，独尊儒术而罢黜百家，作为一代大儒的董仲舒受到尊重。他的"天人感应"说，成为神化皇权的理论依据，他的"三纲"说，即"父为子纲，君为臣纲，夫为妻纲"的说法，成为普遍性的道德规范。

对人主在政治上的成就，贤能的辅佐是决不可少的。刘邦深明这一点，他在称帝后，同群臣议论刘、项得失。他说他有萧何、张良、韩信等人，能各用其材，因而获得胜利；项羽有一范增而不能用，因而灭亡。文帝也是个重视人才的人，他尊重细柳营的严肃军纪，称赞周亚夫是"真将军"。武帝继承先帝这个传统，在继位后，多次下诏求贤。武帝和董仲舒"天人三策"的问答，已成为著名的政治文献。他读了司马相如的赋，极想见其人。他见汲黯，衣冠不整齐不见。主父偃、徐乐、严安被诏见，武帝说："公皆安在？何相见之晚也！"

体制之建树，人才的登用，是治国的两件大事。武帝在这两方面的成就，是他雄才大略的重要标志。

武帝在位时期，汉的强大是空前的。但在强盛的同时，也伴随着奢侈、腐化，潜伏着衰落的因素。

武帝从元鼎二年（前115年）起，大兴土木，修宫室，凿池籞，先后修建了建章宫、明光宫、柏梁台。长安周围还建有长杨宫、五柞宫等六宫。为了便于他巡游，各地尚建有行宫。园囿中兴修最早、规模最大的是上林苑，池沼最大者为昆池。修筑这些宫室园池，消耗了大量的人力和物力。

此外，武帝巡游无度，从元光二年（前133年）以后，多次携带文武百官和侍卫巡游全国各地，见诸于记载的巡游达二十余次之多，足迹遍于长江以北各郡县，次数之多，范围之广超过了秦始皇。每次"巡狩郡县，所过赏赐，用帛百万匹，钱金以巨万计"。

武帝还宠信方士，迷信神怪，惑于方士们所谓神仙长生不老之说，希望通过方士求得不死之药。他多次派人入海求仙，还想亲自入海求神仙，后被东方朔固谏乃止。

武帝这些活动，不仅靡费了大量的人力物力，增加了人民的负担，而且上行下效，使整个统治集团日趋腐化，公卿大夫以下争于奢侈，室庐车服僭上无限，加之繁重的赋税、兵役和御役，造成了"民力屈，财用竭"的恶果。武帝末年，出现了"天下虚耗，人复相食"的局面。广大农民穷困破产，无以为生，流亡农民越来越多，终于导致了天下的动乱。

——**白寿彝：《中国通史》**

……李陵被俘，皇帝刘彻大怒，在专制帝王眼中，只有自己的生命值钱，别人的命都不值钱，所以他认为李陵应该自杀。大臣们谄媚刘彻，也一直认为李陵应该自杀。刘彻询问司马迁的意见，司马迁于是灾难来临，他回答的恰恰是刘彻所不愿意听的话，……

刘彻决心屠戮李陵全族，对司马迁赞扬李陵的话，当然使他大为光火，就把司马迁囚入诏狱。……

司马迁所遭遇的酷刑，不是孤立事件或偶发事件，它普遍的存在，而且已经长久存在。中国司法制度，很早就分两个系统，一个是普通法庭——司法系统，另一个是司马迁所碰到的诏狱系统——军法系统。

——柏杨：《中国人史纲》

在中国历史书内"秦皇汉武"经常互相衔接。而且一提到汉武帝，又离不开"好大喜功"的评价。今天我们看他的纪录，不能否定他是一个特出的人物；但他的功业，仍要在长期的历史上评判。最重要的一点，则是他所开创的局面，后人无法继续。

——［美］黄仁宇：《赫逊河畔谈中国历史》

在中国古代君王中，最负国际声誉的当推汉武帝。在西方人看来，他是古代中国巅峰状态的万世一君，是中国最有作为的帝王。他敬奉儒学为官方学说，强化了中央集权体制。他扩疆开土，征服长江以南大片土地与朝鲜一部分，并打开了在中西交流上具有深远意义的"丝绸之路"。他使中华帝国达到了同期罗马帝国的强盛程度。一些西方学者认为，他堪称中国的凯撒、亚历山大或屋大维。

——［美］赖洪毅：《中国外交的国内起源》

承前启后父与子

汉武帝一朝之所以能够对内对外都有重大举措,端赖乃祖乃父所创"文景之治"打下的家底。景帝刘启留给儿子丰厚的国力和稳定的局面,但也留下了"无为而治"的消极政策和未能尽削的藩王势力。武帝六子,长子刘据、少子刘弗陵被立为太子,只是一个中道自戕、一个继承帝位,其余则不无觊觎帝位者——三代父父子子之间,恩情有,怨望也不是没有……

汉景帝刘启

汉景帝刘启（前188～前141），汉武帝之父，西汉第四个皇帝。前157～前141年在位，谥号"孝景"。汉景帝刘启继文帝刘恒之后，继续保持政治的清明和稳定，削藩减租，轻刑安边，无为而治，使西汉进入了一个经济繁荣、国泰民安的时期。这种国富民安的局面，也正为汉武帝的开疆拓土、穷兵黩武奠定了物质的和政治的基础。

一、错杀忠臣　削藩平叛

西汉开国之初，分封了一些同姓诸侯王，这些诸侯王的封地和权力都很大，他们拥有军队，自置官职，政治力量和经济力量不断增长。到文帝时，济北、淮南二王相继谋反，汉室的诸侯王已经成为中央朝廷的严重威胁。当时，贾谊等曾尖锐指出藩王势力是汉朝的一大祸患，必须设法割除。但文帝没有彻底推行他们的主张。

景帝刘启即位之初，被分封的诸王当中，以吴王刘濞势力最为强大。吴国拥有三郡五十三城，境内有豫章的铜矿可以开采铸钱，东临大海又可以煮海水为盐，因而资财富足。刘濞是刘邦兄长刘仲的儿子，刘邦封他为吴王，驻守吴地。到了刘启时，在汉朝诸宗室中只有刘濞年长，他便日渐骄横起来。加之刘启做太子时曾失手打死了刘濞的儿子，所以，刘濞对刘启继承皇位颇不以为然。平日在吴国，刘濞对百姓广施恩惠，并招揽各地犯法的亡命之徒，使吴国逐渐成为对朝廷的威胁。

对于这种威胁中央朝廷的情况，景帝的御史大夫晁错主张先削吴王的封地。他对景帝说:"过去吴王因儿子死于陛下之手,对朝廷深怀怨恨,诈称有病,不来京朝拜天子,按照古法应当诛杀。先皇不忍加刑,还赏赐几杖,允许他不来朝拜,恩德可谓宏厚。吴王不改过自新,反而越发放肆,开山铸钱,煮海制盐,招诱天下逃犯,谋图叛乱。现在削夺他的封地他会造反,不削夺也会造反。削夺,他仓促早反,祸会小些;不削,他准备充分再反,祸患更大。"

晁错的主张遭到了外戚窦婴的反对,削吴的事只好暂时搁了下来。不过,楚、赵、胶西三国分别以罪被削。楚王削了东海郡,赵王削了常山郡,胶西王削了六县,晁错又修改有关律令三十章,一时诸侯哗然,反响强烈。各藩王自然把晁错视为眼中钉,恨不能食肉寝皮。

吴王刘濞见朝廷削藩,就开始发动叛乱。他首先派人勾通了楚王刘戊,随后又扮成使者亲自前往楚国面见刘戊,达成叛乱盟约;接着,又以诛晁错、安社稷的名义,联合各地诸侯王起兵。

景帝前元三年(前154)正月,削吴诏书一到,刘濞首先在广陵(今扬州)起兵,国内十四岁至六十二岁的男子统统征发,共二十余万人,西渡淮水,与楚兵合一,奔梁地而来;接着胶东、胶西、济南、淄川四国起兵,包围齐都临淄;赵国则把队伍集结在封地西界,拟与吴兵汇合西进。如此以吴王为首,卷入叛乱的共有七个藩王,史称"吴楚七国之乱"。

当此之时,曾任吴相、与晁错有隙的袁盎在窦婴的引见之下,乘机以七国之乱"诛晁错、安社稷"为幌子,说动景帝杀晁错以息叛乱,声称如此则可以兵不血刃、叛乱自平。景帝为人仁慈,听后沉默未语。他想到晁错与自己交情深厚,又是朝廷的栋梁大臣,感到于心不忍;但又想到兵戈一起,将会杀人盈野,血流成河。权来衡去,最后说:"真的是这样,为了天下安定,我也就不好爱惜一位大臣。"于是一面调兵遣将，一面诛杀晁错，并任袁盎为太常，派他与刘通整装东行，去宣谕吴王息兵。

景帝杀晁错，自然让诸藩王快心如意，但他的诏谕却受到了吴王刘濞的嘲笑："我已经是东方的皇帝了。还有谁配给我下诏？"此时，景帝方才明白了事情的真相，意识到了问题的严重。他一方面后悔杀了晁错，一方面派郦寄率领一支队伍攻赵，派栾布率领一支队伍入齐，派太尉周亚夫率三十六位将军讨伐吴楚叛军，又召窦婴拜为大将军，屯兵荥阳，监视战局。

周亚夫率兵坚守昌邑，并派出一支奇兵出淮泗口，截断了叛军的粮道。叛军粮道断绝，士卒饥饿溃散。最后楚王自杀，吴王逃奔东越，后被东越人杀死。吴楚叛乱，三个月就被平定了。栾布率军至齐，很快就打破了胶东、胶西、济南、淄川四国的联兵，四王全部伏诛。接着栾布回兵助郦寄攻赵，引水灌城，赵王自杀。至此，七国之乱全部平定。

七国之乱平定后，景帝把叛王封地作了一番调整，又乘平叛的余威，于中元五年（前145）把王国的行政权和官吏任免权收归中央，并裁减王国官吏，降黜他们的职位，王国的独立地位被取消。从此，诸侯王只能衣食王国的租税，不能过问行政，成为只有爵位而无实权的贵族，藩王对朝廷的威胁基本上得以解除。

二、安居乐业　和亲匈奴

景帝刘启即位后，继续奉行父亲文帝的治国方针，保持安定局面，发展生产，休养生息。为了达到这一目的，他对内采取重农、薄敛、轻刑和教化的措施，对外则采取了继续和亲匈奴的措施。

景帝即位的次年，许多平民百姓就享受到了新天子带来的福祉。景帝前元元年（前156）的春节刚过，人们还沉浸在节日的喜庆里，景帝就下诏允许缺乏农牧条件的郡县的百姓可以迁到利于农牧的郡县。此前，政府是不许人民自由迁徙的。景帝的这一政策有利于各地资源的充分利用。随后，景帝又下诏减免一半田租，由原来的"十五税一"改为"三十税一"。由于景帝一直注重与民休息和发展生产，百姓的生产积极性得到了极大提高。

轻刑也是景帝比较重视的一项安民措施。景帝看到笞刑常把犯人打成残废甚至打死，所以一即位就开始继续减轻刑罚。他还数次大赦天下，并废除了磔刑。磔刑是一种分裂尸体的酷刑，景帝把磔刑改为弃市。为了避免枉屈无辜，景帝三令五申，强调决狱务必先宽，即使不当，也不为过，并提醒法官不可"以苛为察，以刻为明"，要求判案时尽管依据律文应该治罪，但若罪犯不服，必须重新评议，一切都要体现宽厚仁慈。

景帝继续采取汉初以来与匈奴和亲的政策。前元元年（前156），他派御史大夫陶青到代郡边塞与匈奴商谈和亲之事。次年秋天，又与匈奴举行和谈。到前元五年（前152），汉朝遣送公主嫁与匈奴单于。对于匈奴的入侵掠夺，景帝从维护汉匈和好的大局出发，从未进行出兵反击，最多只是增调部分骑步兵屯守防御。为了维护汉匈和睦关系，景帝还在汉匈边界设置关市，互通有无，大大促进和便利了汉匈之间的经济文化交流。这种宽厚的对匈政策，保证了汉朝社会的安定局面，对人民的休养生息起了很大作用。

景帝在位期间，奉行文帝的治国方针，维护安定，与民休息，使当时社会经济稳定地向前发展。这段时期与文帝时期在历史上合称为"文景之治"，是西汉王朝的升平时代。

三、择贤任能　是非分明

汉景帝刘启所以能创下"文景之治"的政绩，除了推行一系列的政治、经济、文化、司法、外交政策以外，也和他的知人善任、是非分明有关。

对于一位君主来说,能够识才择贤,固然不易;而能够不以好恶决策,是非分明,就更不容易了。在这两方面,景帝刘启做得都很是不错。

郅都虽以严酷著称,执法不避权贵,汉景帝却认为他是个刚正的官吏。济南有家大豪强氏族,历任郡守,无人敢制。景帝拜郅都为济南太守,郅都上任后,即刻诛杀该族首恶,一年之后,济南郡成了路不拾遗的清明境界。后来景帝又任郅都为雁门太守,匈奴畏惮郅都,引兵远避,不敢靠近雁门。

长安居住着许多宗室权贵,胡作非为,京官无人敢管。景帝调刚直不阿的宁成为中尉,一举就镇住了犯法的宗室权贵。程不识敢于直谏,景帝任他为评议朝政的太中大夫。石奋有震主之威,景帝调他为诸侯相。周仁守口如瓶,景帝任命他为郎中令,作为贴身近臣。景帝用人,均力图做到择贤而任,用其所长。

外戚是汉室从高祖时起就很敏感的问题。景帝对此颇能分清彼此,不以偏概全,既不让外戚专权,又能任用确有才能的外戚以适当的官职。窦婴是外戚,吴楚之乱时,景帝经过考察后发现,论军事才能,没人超过窦婴,就拜他为大将军,率兵镇守荥阳,窦婴未负重任。后来窦太后几次让景帝拜窦婴为丞相,景帝没有听取,窦太后颇有埋怨情绪。景帝说:"难道您老人家以为我舍不得把丞相这个职位给他吗?他这个人沾沾自喜,行为轻薄,丞相须老成持重。他难以胜任。"经过慎重考虑,还是拜卫绾当了丞相。

公车令张释之是文帝时的直臣,景帝做太子时与胞弟梁王刘武共乘一车入朝,行至司马门没有下车,受到张释之追阻,并告了他们一状。事情惊动了薄太后,文帝向薄太后免冠谢罪,自责"教子不谨",搞得太子刘启相当难堪。景帝即位后,没有怪罪张释之,仍然让他官居廷尉原职。张释之后来转为淮南相，以老善终。

景帝做太子时，他的宠妃栗姬为他生了一个儿子，取名刘荣。景帝即位以后，王美人生下刘彻。王美人怀刘彻时，梦见太阳钻入怀中，她把这梦告诉了景帝。景帝说："这是高贵的征兆。"由于刘荣年长，景帝把刘荣立为太子，把刘彻立为胶东王。

栗姬是个妒妇，景帝仅有几位姬妾美人、十多个宫女，但她仍是醋意大发，不时地想着法子整治众人。开始，景帝想立栗姬为皇后，曾试探她说："我死之后，后宫诸姬和她们所生的孩子，你要好好照料，不要忘在脑后。"一面说，一面瞧着栗姬的容颜。栗姬脸色陡然改变，又紫又青，半天不说一句话，还背过脸不理景帝。景帝忍耐不住，起身就走。刚出宫门，便听到了里面的叫骂声。由此，景帝心恨栗姬，便不想再册封她。他又觉得既然刘荣为太子，日后刘荣即位，栗姬仍会得势，为了铲除祸根，保住大群子女，应该废掉刘荣的太子地位。

景帝正在考虑是否废太子期间，长公主又来向他夸奖刘彻。景帝自己也认为刘彻的才智高于刘荣，况且当年王美人还有一梦，于是决定废刘荣，立刘彻。此时恰巧有位小朝官受王美人之计劝景帝立栗姬为后，说什么"子以母贵，母以子贵"。景帝乘机诛杀此人，把太子刘荣废为临江王。不久，立王美人为皇后，刘彻为太子。

汉昭帝刘弗陵

汉昭帝刘弗陵（前94～前74），西汉第六个皇帝。前86～前74年在位，谥号"孝昭"。汉武帝刘彻与钩弋夫人所生，八岁继帝位，十八岁亲政，二十一岁去世。虽说享年有限，在位时间却也不短，在位期间多由大臣辅政，却也有些政绩。

一、得父宠爱 幼年继位

汉昭帝刘弗陵的母亲是位奇女子，她是在刘彻出巡时被选中的。那年，武帝车驾驰赴河间国（今河北献县东南），有个专门以望气为事的侍从奏告武帝：河间上空有祥云，此地必有奇女。武帝立即命令随行官员去寻找。一位妙龄少女被找来了。她姿色佳丽，两手握成拳状，不能伸开。可是武帝伸出手轻轻一掰，少女的两手立即分开了。武帝命人把她扶进随行的一辆辎车，带回皇宫，号为"拳夫人"。

武帝很宠爱"拳夫人"，不久便封她为婕妤。婕妤是武帝创设的嫔妃称号，位次皇后。她搬进了未央宫中的一处宫馆——钩弋宫，武帝因而叫她"钩弋"。太始二年（前95），赵婕妤怀孕，十四个月后分娩，是个男婴。别人都是怀胎十月而生，赵婕妤怎会十四个月？宫人议论纷纷，武帝听说后，说道："听说当年尧也是十四个月而生，想不到钩弋也是如此。"遂命名钩弋宫门为"尧母门"，婴儿号曰"钩弋子"，名曰弗陵，字曰不。

武帝立的皇太子刘据因被逼造反，兵败自杀；另外两个儿子燕王刘旦、广陵王刘胥，行为不轨，多有不法；宠姬王夫人、李夫人生的儿子都年纪轻轻便病死。钩弋子身体发育很好，十分健壮，更兼聪明伶俐，武帝很是喜爱，常对人说："此儿像朕。"钩弋子出生的怪诞也使武帝甚感奇异，武帝有心立其为继承人。但他害怕自己驾崩以后，少子年幼，母后临朝，出现当年吕后时的光景，遂犹疑不决。后来，拳夫人因事触怒武帝受责，武帝趁机逼其自杀而死。于是，武帝立刘弗陵为太子。

太子年幼，需有大臣辅佐。武帝检视朝野百官，最后选中了奉车都尉、光禄大夫霍光。他让宫中的画师画了一幅"周公相成王"的画赐给霍光。

后元二年（前87），正在长安西南五柞宫游玩的武帝突然病倒，病势急剧恶化。在他身边侍奉的霍光涕泣叩问："如果陛下有个三长两短，谁应当嗣位？"武帝说："君未晓先前赐画之意？立我的小儿子弗陵，君行周公之事。"霍光推辞说自己不如金日磾。金日磾是匈奴人，被俘为养马官奴，后得武帝赏识，官至驸马都尉、光禄大夫，也是武帝亲信的大臣。于是，武帝任命霍光为大司马大将军，金日磾为车骑大将军，又任命陇西上邽（今甘肃天水）人上官桀为左将军，洛阳人桑弘羊为御史大夫，共同辅佐钩弋子。翌日，武帝驾崩，钩弋子即帝位，是为昭帝。

二、忠臣辅政　改制图新

昭帝刘弗陵即位时，年仅八岁。其姊鄂邑长公主入住皇宫，抚养昭帝。霍光以大司马大将军领尚书事，政事无论大小，一律决于霍光。

武帝时代对外用兵，内兴土木，国库耗空，民赋加重，社会矛盾激化。武帝晚年，下"罪己诏"，表示要改变内外政策，禁苛暴，止擅赋，力本农。但他一年后就病逝，给昭帝君臣留下了一个千疮百孔的破烂摊子。霍光匡失救弊，重整江山。他奏准昭帝，接连下了几道诏令：遣故廷尉王平等五人，持节巡行郡国，举贤良，问民所疾苦、冤恨，查办失职官吏；遣使者赈济贫民，发给他们粮种，豁免一年租税；武帝时代的案件，皆赦免不究。这些措施对于缓解武帝以来的社会危机，起了一定作用。

霍光推行的治国方针，本来是武帝"罪己诏"所厘定的，他只不过是把汉武帝的改革方针付诸实施，推动治国方针的转变。但是，他的行动却遭到了一些人的反对，为首的正是御史大夫桑弘羊。

桑弘羊是武帝朝盐、铁、酒官营政策的策划者，他热衷于武帝前期那种好大喜功的政策，反对转变治国方针。于是，朝臣之间发生严重分歧。始元六年（前81）二月，政府举行了一场"盐铁会议"，就治国方针问题进行辩论。经过辩论，霍光所代表的一方占了上风，经过这次会议，进一步促进、坚定了治国方针的转变。正是由于实行了转变，才能使濒临崩溃的西汉王朝又焕发出一些生机。

但是，朝臣内部的斗争却在进一步激化，"盐铁会议"后的第二年，便发生了上官桀、桑弘羊等人密谋策划的宫廷政变。

三、粉碎政变　加冠亲政

昭帝即位的第三年，车骑将军金日磾病逝，剩下辅政的三位大臣霍光、桑弘羊、上官桀则展开了殊死的斗争。

御史大夫桑弘羊是前朝权臣，论资格、功劳、才能，他都认为自己在霍光之上。他名义上也是辅政大臣，但权势不仅低于霍光，也不如上官桀。"盐铁会议"上，又遭失败。他曾替子弟谋官，遭到霍光的拒绝。故此，他对霍光甚为怨恨。

霍、上官两家是儿女亲家，上官桀的儿子上官安娶霍光的女儿为妻。由于这层关系，在三巨头中，上官桀的权势仅次于霍光。霍光不在朝时，上官桀便替他裁决政事。但是上官一家并不以此为满足。他们讨好昭帝的姐姐鄂邑长公主，取得她的信任，并乘其为弟弟选妃之机，把上官安六岁的女儿上官凤儿送入后宫，使年仅十二岁的昭帝册立其为皇后。父以女贵，上官安当上骠骑将军，封桑乐侯。他骄奢淫逸，恃势专横，整日饮酒作乐，与后母、侍婢淫乱。由于当初霍光不肯答应上官安之女入宫，也未答应给鄂邑长公主的情夫封官，他们对霍光积怨颇深。

在反对、驱除霍光的行动中，上官一家还与皇亲结成了联盟。在朝中是鄂邑长公主，此外，他们还联合了武帝三子燕王刘旦。刘旦因武帝太子自杀、次子早死，满以为帝位非他莫属，不想却传给了少子，故对昭帝不无怨恨。如此一来，四方一拍即合，着手行动。

上官桀和桑弘羊暗中收集霍光的过失，假托刘旦之名遣人上疏弹劾霍光："霍光出京去长安东的广明亭检阅御林军，道上称跸，太官供备饮食，僭用天子仪仗；任人唯亲，他的长吏杨敞无功无才却当上了搜粟都尉；他还擅自调动校尉。霍光专权自恣，臣怀疑他图谋不轨，愿归王玺，宿卫京师，保卫皇上。"

上官桀和桑弘羊乘霍光休沐回家之际，劝昭帝把燕王的奏疏下发百官，罢免霍光。不料，昭帝把燕王的奏疏留下，不肯下发。翌日清晨，霍光上朝，听说燕王奏劾之事，便停在一处叫"画室"的殿中，未敢入朝。

昭帝宣召霍光入朝。霍光入，免冠顿首。昭帝说："大将军戴上冠，朕知道燕王奏疏有诈，大将军无罪。"霍光顿首谢恩，问道："皇上怎知燕王奏疏有诈？"年仅十四岁的昭帝振振有词地分析说："大将军去广明亭检阅御林军，广明亭近在咫尺，何须准备饮食？调动校尉一事不出十日，燕王怎能得知？若大将军图谋不轨，根本不需要校尉。"

上官桀等人不甘心失败，决定铤而走险。他们定计让鄂邑长公主出面请霍光吃酒，伏兵格杀霍光；除掉燕王，废除昭帝，拥立上官桀为帝。不料，他们的阴谋被稻田使者燕仓侦知，燕仓密报大司农杨敞，杨敞转告谏大夫杜延年，杜延年又奏告昭帝和霍光。昭帝与霍光发兵逮杀上官桀父子、桑弘羊和丁外人，诛灭三族；鄂邑长公主和燕王畏罪自杀。上官皇后年少，仅八岁，未参与谋反，再加上她是霍光的外孙女，故没有废黜，仍做她的皇后。这场政变粉碎后，朝政渐趋安定。

元凤四年（前77），昭帝年满十八岁，举行加冠礼。按旧制，加冠之后，昭帝亲政，但军权大事仍委诸霍光。霍光执掌大权不专权跋扈，君臣相安无事。"成王不疑周公，昭帝委任霍光"，成为历史美谈。

在昭帝和霍光的治理下，汉帝国政局稳定，社会经济有较大的发展，出现了"中兴"局面。

昭帝在亲政后的第三年夏四月，暴病而亡于未央宫，年仅二十一岁。他的遗体被安葬在平陵（今陕西咸阳西北）。他的谥号曰"昭"，意思是"圣闻周达"。

戾太子刘据

刘据（前128～前91），汉武帝长子，为卫皇后所生。得此子时，武帝已年二十九岁。刘据先被立为太子，却因性格温谨而不为武帝所喜，后来被巫蛊之事陷害，性急之下奋起自卫，兵败自杀。他的一生，可以说是宫廷风云的典型反映。虽然他是无辜的，武帝后来也颇思念，但他的谥号还是被加了一个"戾"（有过失）字。

一、子不类父　誉少毁多

在封建王朝，几乎每一位太子的废立，都与母亲是否受宠有着极大的关系。

刘据的生母卫子夫原为平阳公主家的"讴者"，即合唱团的歌手。一次在平阳公主的家宴上被武帝看中，后随汉武帝入宫。入宫后，卫子夫渐得宠幸，先是一连生了三个女儿。入宫直到十一年后，元朔元年（前128）卫子夫生了一个男孩，武帝取名刘据。于是卫子夫被尊为皇后。

刘据七岁那年,即元狩元年(前122),被立为太子。当年刘据出生后,汉武帝因喜添贵子,群臣也高兴,武帝故令枚乘之子枚皋与东方朔作《皇太子生赋》及《立皇子褆祝》。

等到刘据渐渐长大,诏受《公羊春秋》。又随从当时的著名学者瑕丘江公学《穀梁》。等到刘据二十岁及冠就宫,汉武帝给他建了一座博望苑,让他接交宾客。宾客投其所好,所以刘据交接的都以异端者进。

刘据长大后,性格仁恕温谨,武帝嫌他才能少、不类己,而此时他所宠幸的王夫人生子刘闳,李姬又生子刘旦、刘胥,李夫人生子刘髆,因而皇后卫子夫和太子刘据渐渐失去宠爱。

由此,刘据和母亲卫皇后常有不自安之意。武帝也察觉了,就对大将军卫青说:"汉王朝百业待兴,一切都在草创,四方的夷人又不断地侵犯欺凌中国,朕假如不变更制度,后世就没有行动的准则;如果不兴师出征,天下就不会安定。因为这些缘故,不得不劳苦天下的民众!后世人假如也像朕这样做,便是重蹈秦朝灭亡的覆辙。皇太子敦厚安静,相信他一定能安定天下,不会使朕感到忧虑。所以想要寻求守成的国君,谁能比太子更贤明呢?听说皇后和太子有不安的心情,岂有这种道理?请转告朕的心意。"大将军叩头道谢。皇后卫子夫听说后为自己的疑心而惶恐不安,就摘下装饰向武帝请罪。刘据每次劝谏皇上发动征伐四夷的战争,武帝就笑着说:"我来担当劳苦,给你留下安逸,不是更好吗?"

汉武帝每次出游,常常把后事交付给皇太子刘据,宫中的事都托付给皇后卫子夫。凡有要决断的大事,等汉武帝回京,刘据便拣主要的向他禀报,汉武帝也没有不同意见,有时根本不检查。汉武帝用法严苛,多任用苛薄的官吏。刘据仁义宽厚,对一些冤案予以平反，这样做虽然深得民心，而朝廷当权大臣却都不满意。皇后卫子夫担心这样下去可能被权臣陷害，常常告诫刘据："应当留心皇上的心意，不可擅自取舍。"汉武帝听说后称赞太子的做法而责备皇后的担心。朝廷中宽厚的官员都依附刘据，而那些残酷的官员却都诋毁刘据。邪恶的权臣们多结成同党，所以刘据被称誉少而遭毁谤多。在刘据的舅父——大将军卫青去世后，正邪的交锋便白热化了。

汉武帝与诸子疏远，皇后卫子夫也很少见到他。一次刘据进宫拜见母后，过了半天才出宫。黄门（宦官）苏文禀告皇上说："太子与宫女嬉戏。"汉武帝立即增加太子宫的宫女，多至二百人。后来刘据知道细情，痛恨苏文。苏文与小黄门常融、王弼等人常常暗中探察刘据的过失，动不动就添枝加叶地报告皇上。皇后因此切齿痛恨，让刘据奏请皇上杀掉这三个小人。刘据说："只要我没有过失，为什么害怕苏文？父皇明智，不会听信邪恶的谗言，不值得忧虑。"

有一次汉武帝身体不舒服，派宦官常融去召太子，常融回来说"太子面带笑容"，汉武帝听了默不作声。等刘据来到，汉武帝观察他的面容带有哭泣的神情而强装笑容，感到奇怪，就仔细深问，知道真情后立即诛杀了常融。这时皇后卫子夫也特别小心翼翼，处处提防闲话，避开嫌疑，虽然久已失去宠爱，仍然受到礼遇。

二、巫蛊风靡　身遭诬陷

当时，方术之士以及神巫之辈大多聚集在京城，都利用邪门歪道迷惑众人，变换着手法进行欺骗。一些女巫们甚至出入后宫，教宫女们如何避开灾害，差不多每个房间里都埋有木偶人。宫女们胡乱地举行祭礼，因为妒忌而互相怨恨责骂，就相互告发对方诅咒皇上，大逆不道。汉武帝大怒，大肆屠杀后宫，牵连朝廷大臣多达数万人。汉武帝从此心生疑惑，一次，他白天睡着了，梦见有几千个木偶人手举木杖正要劈头盖脸地打来，忽然间惊醒，因此觉得身体不舒服，精神变得恍恍惚惚，失眠健忘。这一切，都为后来的巫蛊之祸和太子蒙难埋下了祸根。

刘据之祸，是被一次偶然事件引发的。当时的宰相公孙贺，娶的是卫君孺，就是皇后卫子夫的姐姐，公孙贺因此得宠。公孙贺封为丞相时，还是自知自己武将出身，才能不足，不肯受封，后来是在不得已的情况下才受封的。但他的儿子公孙敬声就不同了。公孙敬声代父亲担任太仆之职，父子并居公卿之位。公孙敬声以皇后姐姐的儿子身份，骄奢不法，在武帝征战年中擅用北军钱一千九百万，事情败露，被下了狱。

正是在这个时候，有诏命捕阳陵朱安世。但有司一时未能捕得，上面又追得很紧急。于是公孙贺请求，亲自出马追逐逮捕朱安世，用来赎公孙敬声的罪行。武帝也同意了。后来，公孙贺果然捕得了朱安世。

朱安世并非寻常之辈，他是京师中的著名大侠。耳目众多，广有人缘。他听说公孙贺费尽心机逮捕自己，是想为儿子赎罪，于是笑着说："丞相祸及宗族了。南山之竹不足以书写我要告丞相的状词，斜谷之木不足以做成捕捉丞相家人的桎梏。"

朱安世在狱中上书，一告公孙敬声与阳石公主（卫皇后所生之女）私通，二告公孙氏派巫蛊在祠中祭祀诅咒皇帝，三告公孙家人在北山甘泉宫驰道当中埋偶人，偶人身刻祝诅恶言，恶言针对当今皇帝。

有司接案，查证属实。汉武帝很重刑法，同时又信术士之技，当然不能放过这些对自己有巫诅之词的犯上作乱行为，于是穷治所犯，不仅公孙贺父子皆死在狱中、诛其三族，而且祸水不断蔓延，成为宫廷内外互相进行政治倾轧的一场运动，就连太子也未能幸免。

在诬陷刘据的这场政治风云中，江充起了重要作用。江充有一定才干，人又生得身躯伟岸，容貌鲜丽，而且喜着蝉翼纱衣，风度翩然，很得汉武帝的欣赏。汉武帝任命他做绣衣使者，让他纠察贵戚的不法事端。但江充为人阴鸷，善于用奸，为汉武帝所始料不及。

有一次，江充跟随汉武帝帝去北山甘泉，不久，江充碰上太子刘据的家使也上甘泉，替太子刘据向汉武帝请安。家使的车马行驶在只有皇帝车驾才能走的驰道中，有违汉禁。江充要把这些人送给所属的官吏查办。刘据听说了，派人向江充请罪，并解释说："我不是珍爱车马，确实是不想让皇父听到了，批评我平素对下属管教不严。我只有盼望江君宽赦一下。"江充不听，报告了汉武帝。汉武帝夸奖江充说："作为人臣就应如此忠诚。"于是江充大见信用，以不给太子刘据一点面子而受汉武帝赏识，威震京师。

此时汉武帝称制已近五十年，因年老多病，力不从心，意气用事，心多怨恨，故常迁怒于人。武帝至甘泉宫后不久染病，而且病势较重。江充宣称汉武帝的病是因巫蛊事起，汉武帝就派他担任使者，专门治理巫蛊之事，自京师、三辅连及郡、国，受到株连前后坐死者多达数万人。

由于驰道一事没给太子面子，江充深信得罪了太子，担心太子即位后于己不利，于是就将巫蛊的矛头指向了宫中。他对汉武帝说宫中有蛊气，武帝就派他入宫查蛊。江充先从后宫希望得宠幸的夫人那里挖掘、治案；渐渐转移，接着到了卫皇后所居之宫，入宫左右寻查。江充甚至掘坏御座寻找偶人。

汉武帝又派按道侯韩说、御史章赣、黄门苏文等官员前来帮助江充捕巫蛊。江充于是威风大振，在太子宫中掘蛊，得一桐木人。

其实，宫中虽有偶人，但用意并非诅咒，而且皇后、太子宫中的偶人根本就是江充等人带进来栽赃的。太子刘据想自辩，然而父皇正在甘泉宫。如果坐等，一旦系捕，必然死于冤狱——江充用意在此，也不会给刘据上书的机会。

刘据召问少傅石德（即万石君石庆之子），石德也害怕一旦落入他人之手，必死无疑，于是就说："不久前丞相父子、两公主及卫氏皆株连于此事。现在胡巫和使者掘地得到诅咒皇上的证据，皇上不会知道这是胡巫等人用邪术事先安排好的，将会认为确实如此，您也没有办法证明自己无罪。您只可以矫皇帝诏，用符节收捕江充等系狱，穷追他的奸诈行为，来替自己申冤。而且现在皇帝在北山甘泉宫，病情不知怎样，前几次皇后和家吏去请安，都没有被皇上亲自召见。皇上现在存亡未知。现在奸臣如此凶恶，太子您难道不记得秦太子扶苏的故事了吗？"刘据说："我身为人子，怎么能够擅权诛杀江充！不如前往甘泉宫向父皇谢罪，或许能侥幸免。"刘据想赶往甘泉宫，但江充逼迫甚急。刘据不得已，就听从了石德的建议。

三、矫诏自卫　对阵丞相

征和二年（前91）七月，太子刘据派门客诈为使者收捕缉拿江充等人。按道侯韩说怀疑使者诏书有诈，不肯受诏，于是门客格杀韩说。在这次战斗中，御史章赣受创突围。

太子刘据又派舍人无且，持节夜入未央宫，进入长秋殿殿门，通过后宫女官长御（侍卫）倚华，把当时的情况都报告了卫皇后。此时失宠的卫皇后身家性命已处于风雨飘摇中，也没什么好办法救太子，便同意了儿子刘据的主意。

于是刘据就把皇后的中厩车马射手等卫队都调集过来，取出武库的兵器，告令百官，说江充谋反了。接着，刘据亲自斩江充，骂道："赵虏（江充是赵国邯郸人）！先前你害了赵王父子，还不知足，又来祸害我父子！"刘据又从胡巫口中得知实情，就把胡巫在上林苑里用火烧死了。刘据将自己的宾客都封为将帅，起兵自卫。

多次诬陷刘据的苏文，在长安城大乱中逃归甘泉。苏文向汉武帝述说太子的罪行。汉武帝说："太子一定是心里害怕，又忿恨江充，才有这等事变的。"便派使者征召太子。使者不敢进长安，回去报告说："太子已经反叛，要杀臣下，臣下是逃回来的。"汉武帝听了勃然大怒，一下子断了对刘据的父子之情。

当时丞相刘屈牦听到事变的风声，拔腿逃走，连丞相的印信都丢掉了，他派长史乘驿站的快马赶到甘泉宫报告汉武帝。汉武帝问："丞相干什么呢？"回答说："丞相封锁消息，不敢发兵。"汉武帝大怒道："事变已经纷乱到这种样子，还说什么封锁消息。丞相没有周公的风度，周公不是诛杀了管叔和蔡叔吗？"原来，周公姬旦帮助周武王灭商后，不久周武王去世，周公辅佐年幼的成王当政，他的兄弟管叔（姬鲜）、蔡叔（姬度）不满，联合武庚和东方夷人反叛，周公出师东征，平定叛乱，诛杀管叔，放逐蔡叔。汉武帝颁布诏书命令丞相刘屈牦："捕杀反叛，自有赏罚，利用牛车堵住道路，不要与叛兵短兵相接，以免杀伤太多。关闭所有城门，不许放走一个叛逆。"

这时，太子刘据也发布宣言，通告百官说："皇上在甘泉宫病重，病情可能有变化，奸臣们想乘机作乱。"汉武帝也在这时从甘泉宫赶回长安，住在城西的建章宫，下诏征调三辅附近县区的驻军，部属中二千石级以下的官员都由丞相统领。刘据也派遣使者假传圣旨赦免长安城中各级官府的囚犯，命令少傅石德和宾客张光分别统领。又派长安的囚犯如侯持节征调长水、宣曲两地的胡人骑兵，都全副武装会集长安。汉武帝派侍郎马通进长安，马通追捕如侯，通告胡人骑兵说："符节有诈，不可轻信。"于是击斩了如侯，带领胡人骑兵进入长安，又征调运船船夫交由大鸿胪商丘成。原先汉朝的符节是纯红色，因为太子刘据使用这种符节，所以改变成加黄旄缨的符节，加以区别。

太子刘据召当时监阵北军的使者任安发北军兵，任安接受了太子的符节，进入军营后，却紧闭军营门不肯响应太子。无奈之下，刘据只好驱赶四市人共有数万多应战。到长安西阙下，正碰上领受汉武帝诏命的刘屈牦的军队，两军混战了五天，死者数万，血流成渠。此时，汉武帝的舆论宣传起了作用，民间都说"太子反"，再没有人跟随太子。

就这样，丞相的人越来越多，太子的人越来越少。最后，太子刘据兵败，向南奔到覆盎城门，正遇上夜司直（监守城门）田仁。田仁认为，太子与武帝是父子之亲，不能逼之太急，便打开城门，放走了太子。太子因此逃出了城。

丞相刘屈牦赶到，罪责田仁，要杀了他，御史大夫暴胜之对丞相说："司直，官品是二千石，应当事先请示皇帝该当何罪，怎能擅自斩杀呢？"于是刘屈牦释放了田仁。汉武帝听了暴胜之的话大怒，下诏责问说："司直放跑了造反叛逆的人，丞相杀他，是执行法律，大夫为什么私自擅令制止？"暴胜之惶恐，遂自杀。连北军使者任安，因为接受了太子刘据的使节，也受到株连，与监守城门的司直田仁皆被腰斩。

汉武帝此时的怒火，早已超越了理智的范畴，他首先命人废黜逼杀皇后卫子夫，然后遣将加兵，追杀太子刘据。

四、自绝泉鸠　武帝思子

在这次对太子刘据的大战中，汉武帝腰斩两位朝廷命官，还提升了几位平叛有功的人,如马通、商丘成等。

同时,太子刘据的诸位宾客,和那些曾经经常出入过太子宫宫门的,皆牵连受诛。凡是跟随太子刘据发兵作战的,以逆反罪屠灭全族,京师诸官府给太子帮过忙的官吏士卒,都徙往敦煌郡。因为太子刘据逃亡在外,所以京师自此设置屯兵,长安各城门都驻扎重兵。

汉武帝对太子刘据这次举兵盛怒不息,群臣忧虑,不知该怎么办才好。这时,壶关三老令狐茂上书说:"臣听说父亲好像青天,母亲好像大地,儿子好比天地之间的万物。所以青天平,大地安,万物才能生长茂盛,父亲慈、母亲爱,儿子才能孝顺。当今皇太子刘据是大汉王朝的合法嗣君,将承继万世的基业,体现祖宗的重托,又是皇上的嫡长子。江充不过一介平民,街头上的无赖之徒,陛下提拔他担当重任,奉行至尊的诏命,他竟然逼迫皇太子。他们伪装修饰,用尽奸诈术,是一群邪恶谬误的小人,因为他们的缘故才使亲情被隔绝,不能沟通。皇太子是进也见不到皇上,退则陷入乱臣之中。独自含冤结恨而哀告无门,无法忍受心中的愤愤不平,奋起击杀了江充,心怀恐惧,逃亡在外。不过是儿子盗用了父亲的军兵,以解救自身的危难罢了,臣下认为皇太子根本没有邪恶之心……希望陛下放宽心怀,安慰圣意,少苛察亲人,不要再追究太子的过失,尽快撤回追捕的军兵,不使太子长久流亡在外。臣一片忠心诚意,愿献出生命,在建章宫前待罪。"

壶关三老的分析十分中肯,汉武帝读后有所感悟,但当时并未真正意识到太子刘据的冤屈,以及太子刘据本人对于朝廷的重要性。武帝当时只是息怒而已,因此就没有下诏令阻止杀伤太子刘据,停止追捕太子刘据。

刘据出城后,领着两个儿子一直逃到湖县,藏在县东南十五里的泉鸠里。刘据藏身的主人家很贫穷，常上市场卖屦（古代的一种鞋）来养活刘据父子三人。

刘据有位旧相识在湖县，刘据听说此人现在过得很富有，就派人去叫他来，结果被官吏发觉了住处。当地官吏们围住刘据居住的地方，太子无法逃脱，就回到屋子里吊在门上自尽了。山阳那里的男子张富昌这时正是捕卒之一，就踢开门，新安地区的令史李寿跑过去抱着解开太子，但为时已晚，刘据已死。卖鞋养活太子一家三口的主人在与捕吏的格斗中战死，刘据的两个儿子也都被杀死。

汉武帝既捕杀了刘据，对捕杀有功之人论功行赏，下诏封李寿为邘侯，张福昌为题侯。

与所谓平太子叛乱和捕杀太子者论功行赏相对，太子一系的人不仅无一逃得性命，死后也颇为凄惨。太子刘据的母亲卫皇后死后被装入小棺材，和太子妃史良娣葬在长安城南。刘据长子史皇孙（随其母史良娣，因号。）刘进、皇孙妃王夫人及皇孙女葬在广明苑。两位随着太子逃亡的皇孙与太子刘据并葬在湖县，泉鸠里至今有戾太子冢，冢在涧东。

时间长了，众人对太子刘据参与巫蛊之事都不怎么相信。汉武帝也明白刘据别无他意，为形势所迫，恐不能自保，才发兵举事，心中的苦辣酸甜，来回翻滚。

这时有位身居卑职的小官，知道吏民互相告发巫蛊事者，经有司案验大多不实，于是便为太子刘据申辩。此人便是田千秋，他本是高庙卫寝之郎。太子之事的第二年秋天（前90），他上书为太子讼冤："儿子作弄父亲的军兵，论罪应当鞭打。天子误杀了人，该当何罪？臣下梦见一位白发老翁教导，才上书说这番话的。"

这时，汉武帝才对太子刘据的冤屈彻底醒悟了，于是召见了田千秋。汉武帝见田千秋身长八尺余,体貌甚丽,十分喜欢,对他说:"父子之间的情感与矛盾人们都很难讲清。只有君公讲得明白。这是高庙的神灵派君公教我,君公当为吾辅佐。"后来,汉武帝把田千秋由大鸿胪拜为丞相。

于是汉武帝族灭江充全家,又在横门渭桥上焚死了苏文。当初在泉鸠里加兵刃围攻太子刘据的当地官员,起初"因功"升为北地太守,此时又都被族诛了。

汉武帝此时的深深哀痛,可与当时追杀太子刘据空前的震怒相比,一样深广。痛定思痛,汉武帝转眼望身边诸子,竟无一人可以成材者,礼节、修养、才华均在太子刘据之下。随着时光的流逝和自己的来日无多,汉武帝越加思念太子刘据。于是修建了"思子宫",又在湖县修建了"归来望思之台"。天下人听说了,无不悲痛。

当时太子刘据一家几乎被族,就连几个月的史皇孙之子刘病已,在狱中也几乎被杀。原因是有人向汉武帝汇报,视其狱中有天子气。多亏当时监管监狱的丙吉挺身阻拦,才未被杀;丙吉又雇请品性敦厚的奶妈,精心抚养刘病已,总算保留了太子刘据的一根独苗;加之后来张贺等人对刘病已又认真保护和教育,于是昭帝之后就有了刘据之孙汉宣帝刘询即位。

齐怀王刘闳

刘闳(约前123~前110),汉武帝次子,戾太子刘据弟,母王夫人。元狩六年(前117)四月,封齐王,八年后去世。

刘闳的母亲王娡是汉武帝"夫人"一级的妃嫔,故称"王夫人"。王夫人颇得汉武帝的宠爱,她为武帝生了两个儿子,老大是刘据,一度被立为太子;老二就是刘闳。因母亲得宠,刘闳也很受武帝的爱幸。

元狩元年(前122),刘据七岁,被立为太子。第二年,王夫人便因病去世了。

王夫人生病的时候,汉武帝曾经问她:"你儿子(指刘闳)应当封王,你想把他封在哪里?"王夫人说:"有陛下在,我又有什么可说的呢。"武帝说:"虽然如此,就你的愿望来说,想封他到什么地方为王?"王夫人说:"希望封在洛阳。"武帝说:"洛阳有武库敖仓,是天下要冲之地,是汉朝的大都城。从先帝以来,没有一个皇子封在洛阳为王的。除了洛阳,其他地方都可以。"

王夫人听了,没有作声。武帝说:"关东的国家,没有比齐国更大的。齐国东边靠海,而且城郭大,古时只临淄城就有十万户,天下肥沃的土地没有比齐国更多的了。"王夫人因卧病在床,不能起身谢恩,便以手击头,表示感谢说:"幸甚。"

元狩六年(前117),武帝的三位皇子刘闳、刘旦、刘胥(当时刘髆、刘弗陵尚未出生)已能行趋拜之礼,但尚无封号爵位,也未设师傅官。这年三月,由大司马霍去病带头,御史兼尚书令霍光等众臣上疏,请武帝封皇子刘闳、刘旦、刘胥三人为诸侯王,且诸侯王必须"就国"。

夏四月乙巳日,汉武帝立次子刘闳为齐王,立三子刘旦为燕王,四子刘胥为广陵王。齐国本来在元朔二年(前127)已经废为郡,元狩五年(前118),武帝将之复置为国——这也许正是要兑现对王夫人的承诺,为刘闳事先准备的。

策立刘闳为齐王的策文说:"元狩六年四月乙巳日,皇帝使御史大夫张汤告庙立皇子刘闳为齐王。圣旨道:呜呼,儿子刘闳,接受这包青色社土!我继承祖先之帝业,根据先王之制,封你国家,封在东方,世代为汉藩篱辅臣。呜呼,你要念此勿忘!

要敬受我的诏令，要想到天命不是固定不变的。人能爱好善德，才能昭显光明。若不图德义，就会使辅臣懈怠。竭尽你的心力，真心实意地执持中正之道，就能永保天禄。如有邪曲不善，就会伤害你的国家，伤害你自身。呜呼，保护国家，养护人民，能不敬慎吗！齐王你一定要戒慎。"

元封元年（前110），即封王第八年，刘闳去世，谥曰"怀"，史称齐怀王。因其年少没有子嗣，去世后封国废绝，复变为郡。天下人都说齐地不宜封王。

燕剌王刘旦

刘旦（？～前80），汉武帝第三子，昭帝刘弗陵异母兄，母李姬。元狩六年（前117）封燕王。在太子及齐王去世后，武帝立少子刘弗陵为太子，他忿忿不平，整饬武备，联络豪杰，训练军兵，与盖长公主及上官桀等密谋陷害霍光、废除昭帝，然后自立为帝。结果阴谋泄露，身死国除，谥号"剌"。

一、受封燕王　觊觎帝位

刘旦是汉武帝妃子李姬所生，李姬后来还生了刘胥。

元狩六年（前117）四月，刘旦与异母兄刘闳、同母弟刘胥同时被立为王，刘旦为燕王。策立燕王的册文说："小子旦，授予你这块黑色土壤，为你建立国家，封在北部，世代为汉皇室的藩篱辅佐。匈奴虐待老人，毫无人性，残暴对待我边境居民。朕命将帅前往征讨他们的罪行，俘获万夫长、千夫长三十二个将领，昆邪王偃旗息鼓，率众投降。匈奴迁往远方，北部州郡安宁。你要竭尽心智，不要树怨仇，不要干不合道义的事，不要废弃边防军备，没有受过专门教育的士不得应召，燕王要谨慎啊！"

长大成人后，刘旦前往封国。他为人爱好学习、兴趣广泛，又能言善辩、足智多谋。他曾广泛学习儒家经典及各家学说，又喜好星相、历算、术数、倡优、田猎等事。在封国，他广招游士，身边聚集了一些能文善武的人。

征和二年（前91），武帝悉心培养的太子刘据因巫蛊之事被逼自杀，太子之位虚悬。而此时武帝次子齐怀王刘闳也已经病逝。按长幼次序，刘旦以为自己应立为太子，便上书请求入宫值宿警卫。武帝览书大怒，曾把刘旦关进监狱。

刘旦、刘胥兄弟平日骄横不法，做了不少不法之事。后来，刘旦因窝藏逃犯，被削去良乡、安次、文安三个县的封地。

刘旦的种种品行，惹得汉武帝非常生气，也觉得他成不了大器。而钩弋夫人所生第五子刘弗陵，最像自己，就立了这位时年七岁的小儿子为太子。

汉武帝驾崩，太子刘弗陵继位，即汉昭帝。昭帝赐诸侯王御书，刘旦接到御书，不肯哭，说："御书的信封小，怀疑京师有变故。"接着以询问礼仪为幌子，派其宠幸的臣子寿西长、孙纵之、王孺等到长安。王孺见到执金吾郭广意，询问武帝驾崩时得了什么病，立的太子是谁的儿子，年龄几岁等。郭广意说当时他在五柞宫听候诏命，宫中纷纷传说武帝驾崩，各位将军共同立太子为帝，年龄八九岁，举行葬礼时没有去。

王孺等回到燕国，把情况汇报了燕王刘旦。刘旦说："皇上去世时没有遗嘱，盖主又不能见皇上，很奇怪。"又派遣中大夫到京师上书说："我私下见孝武皇帝亲自实行圣人大道，孝顺祖宗，疼爱亲人，安宁万民，德行与天地等同，睿智与日月同辉，威武无比。远方蛮夷携带宝物前来朝贡，新增了几十个郡，开拓的疆域又比这多一倍。封泰山，禅梁父，祭拜天地，巡狩天下，远方的珍奇宝物都陈列在太庙,德行非常盛美,请求在郡国为武帝立庙。"

奏章上报,当时大将军霍光执掌朝政,表扬了燕王,赐给他三千万钱,增加封土一万三千户。

二、整军备武　图谋起兵

刘旦对立刘弗陵为太子十分不满,早在汉武帝去世前就表现了出来。刘弗陵继位,他似乎根本没把这位小弟当做皇帝,所以搞了不少花样。对于朝廷的赏赐、增封,他毫不领情,反倒发怒说:"我应当做皇帝,赏赐什么!"

于是,刘旦与刘氏宗族中山哀王的儿子刘长、齐孝王的孙子刘泽等合谋,假称武帝在世时曾接受过诏命,可以掌管官府事务,训练军队,防备特殊事变。

刘长替刘旦命令燕国群臣说:"我托先帝美德,奉命做汉室的北部藩篱,亲自接受诏命,掌管官府事务,掌管武器装备,整顿训练军队,职责重大,日夜小心谨慎,各位大夫打算怎样规劝辅佐我?再说燕国虽小,也是从周朝时就建国了,远自邵公,下到燕昭王、燕襄王,到现在已经千年历史,怎能说没有贤人呢?我谨慎治国三十多年,竟没有名声,莫非是我真的比不上别人?还是有各位大夫没有想到的地方呢?这个过错在哪里?现在我想矫正邪恶,传播名声,安抚百姓,移风易俗,路在哪里?各位大夫尽心回答,我将仔细察看。"群臣都摘下帽子表示谢罪。

郎中成轸劝刘旦说:"大王当不成汉室继承人,只可挺身求取,不能坐着等待。大王如起事,国中即使是女子,都会振臂跟随大王。"刘旦说:"以前高后时,欺骗天下立刘弘为皇帝,诸侯拱手侍奉他八年。吕太后驾崩,大臣诛杀诸吕,迎立文帝,天下才知刘弘不是孝惠帝的儿子。我是武帝亲生的大儿子,反而不能立；上书请求立庙，又不同意。立做皇帝的人，我怀疑不是刘姓子弟。"

接着，刘旦与刘泽谋划，编造了一篇邪恶的传单，说小皇帝并非武帝之子，而是大臣们拥立的，天下人应该一起讨伐他。他们派人到各郡国去散发传单，蛊惑民心。刘泽又策划返回临淄（山东省淄博东部），调动军队，约定与燕王一起起兵。

始元元年（前86年），刘旦招来各郡国的地痞，收集铜铁，打造铠甲兵器。他还多次大规模检阅军队，按天子规格设置旌旗、鼓车、先驱骑兵，郎中、侍从戴着用貂尾为羽的礼帽，帽子前面附着金蝉，都称为侍中。

刘旦还带着封国丞相与中尉以下的官员，统率车马，调集百姓，在文安县大规模狩猎，训练军队，等待约定起兵的日子。郎中韩义等人多次剀切谏阻，刘旦不仅不听，还杀了韩义等十五人。

刘泽等人在准备临淄发动兵变，鲖侯刘成获得消息，告诉了青州刺史隽不疑。隽不疑逮捕了刘泽，上报朝廷。昭帝派遣大鸿胪丞审理此案，追查涉及燕王。昭帝诏令停止审讯，刘泽等人都伏法受诛，刘旦却没有受到处理。

三、内外合流　谋陷霍光

汉武帝立少子刘弗陵为太子，去世前安排霍光、金日䃅、上官桀、桑弘羊辅政。刘弗陵继位不久，金日䃅就去世了，其他几位辅臣在权力、人事安排上出现矛盾，且日益激化。

霍光忠心辅佐幼主，不肯迁就，得罪了上官桀父子、桑弘羊，还有刘旦的姐姐鄂邑盖长公主。这伙人都知道刘旦因帝位之事怨恨霍光，就暗中与他勾结。朝廷和郡国内外两股势力合谋，策划先扳倒霍光，发动政变，再废除昭帝、拥立燕王为帝。

刘旦派手下孙纵之等人，带着许多黄金、珍宝、快马到京城，送给盖长公主、上官桀、桑弘羊等人，前后有十多批。他还安排驿车传信，来来往往互相通报。他许诺立上官桀为王，外部又联络了各郡国数以千计的豪杰。

刘旦恨不得马上当皇帝，就催上官桀等人早点想办法动手。上官桀与桑弘羊等多次记下霍光的过失，再加以捏造，告诉刘旦，让他上书告发；而且上官桀打算把奏章交给自己的下属审理，这样就能让霍光无可逃脱。

刘旦听说后，很高兴，于是上疏昭帝说："从前秦朝统治天下，控制一代权力，靠威势逼服四方蛮夷，但是却使宗室子弟势力薄弱，使外族显赫强大，废弃大道，专用刑法，对宗室没有恩德。以后尉赵佗攻入南夷，陈涉在楚泽振臂一呼，近臣作乱，内外都发生事变，赵氏断绝祭祀。高皇帝考察历史，总结教训，发现秦朝建国的基础不对，所以改变秦朝的做法，划分土地城池，把子孙分封为王，因此枝叶茂盛，异姓不能插足。现在陛下继承先王大业，委任公卿，群臣结党营私、诽谤宗室，近臣的逸言每天都在朝廷传播，那些邪恶的官吏废弃法律、作威作福，君主的恩德不能下到民众。我听说武帝派中郎将苏武出使匈奴，被拘禁二十年不投降，回国后只当典属国。现在大将军（指霍光）幕府的长史杨敞没有功劳，却当搜粟都尉。另外霍光又把郎官和羽林军集中起来操练，道上戒严，为皇上准备饮食的太官先到目的地为他作安排。我刘旦请求归还符节玺印，回京入宫侍卫，提防奸臣的意外之变。"

这一年是始元六年（前81），昭帝十四岁。尽管年少，昭帝还是察觉刘旦上疏有诈，遂下令追查冒名伪造信件的人。上官桀等人怕查下去暴露自己的阴谋，就劝昭帝不再追查，但昭帝没有松口，也更加亲近信任霍光，疏远怀疑上官桀等人了。

四、密谋泄露　身死国除

陷害霍光不成，上官桀一伙又准备发动政变，暗杀霍光，然后夺取帝位。他们计划，由盖长公主宴请霍光，埋伏兵士杀掉霍光，然后废除汉昭帝，拥立刘旦为帝。

刘旦把计划告诉了燕国丞相平。平说："大王从前与刘泽合谋，事情未成却被发觉，是因为刘泽一贯夸耀，喜好侵凌欺压别人。我听说左将军（指上官桀）平素很瞧不起人，车骑将军（指上官桀之子上官安）年轻又傲慢，我担心他们像刘泽那样不能成事，又担心成事以后反对大王。"刘旦说："前天有一男子到官府门前，自称是前太子，长安中的居民涌向他，正喧闹得不可开交，大将军（霍光）害怕，派兵列阵，来保护自己。我是武帝的大儿子，天下人都信任的人，为什么要担心被反对呢？"这之后，他又对群臣说："盖主传信说，只担忧大将军与右将军。现在右将军已死，丞相生病，天幸事情一定能成。不需多久，就要征召入京。"并命令群臣整装待发。

盖长公主手下一个舍人的父亲燕仓，获知上官桀等人的阴谋，告发到官府。昭帝、霍光遂先发制人，将上官桀、桑弘羊等主谋政变的大臣统统逮捕、处死，并诛灭了全族。

正当此时，燕国一片乱象。史书记载了这些反常现象，诸如：长虹下注宫中水井，井水枯竭；圈中猪成群冲出，毁坏了王府的大灶；乌鸦与喜鹊打架而死；老鼠在宫殿正门中乱窜；宫殿的小门自动关闭，没法打开；雷火烧燃城门，大风毁坏宫殿和城楼，折断或拔起树木；流星下坠。王府的后妃们都很害怕，燕王刘旦也因惊吓病倒，派人到葭水、台水祭祀。

燕王门客吕广等懂得星象，他对刘旦说："当有军队包围城市，时间在九月至十月，汉朝当有大臣被杀死。"刘旦越发忧虑害怕，对吕广等人说："谋事不成，凶兆屡次出现，大军将到，怎么办？"

京城传来了上官桀等人获诛的消息，刘旦得知，召来丞相平说："事情败露，马上发兵吗？"平说："左将军已死，百姓都知道这事，不能发兵了。"

刘旦忧闷异常，在万载宫设置酒宴，召集宾客、群臣、姬妾共饮。刘旦自己作歌唱道："归空城啊，狗不吠，鸡不鸣；大路多宽广啊，确知燕国无人才！"华容夫人随声起舞唱道："云鬓纷乱啊，将填沟渠；尸骨纵横啊，没有葬所。母亲希望为儿子而死啊，妻子希望为丈夫而死。徘徊两渠间啊，君子独安居！"一座人听着都泣不成声。

接着赦令传到，刘旦读后说："唉！只赦免官吏百姓，不赦免我。"于是请后妃们到明光殿，对她们说："老糊涂干了错事，罪当灭族！"打算自杀。身边人说："假如能削去封国，也许不会死。"

正好昭帝派使者赐燕王玺书，说："从前高皇帝统治天下，分封子弟，来辅助汉皇室。后来诸吕阴谋，大逆不道，刘氏天下像头发丝一样延续着，靠绛侯（周勃）等人诛讨乱臣贼子，尊立孝文帝，安定国家，难道不是因为朝中、侯国有支持者，里外相呼应的缘故吗？樊哙、郦商、曹参、灌婴浴血奋战，跟随高皇帝铲除灾害，扫平海内，在那时，头发如乱草丛生，辛苦劳累到了极点，但是对他们的赏赐也不过是封侯。现在宗室子孙无举手投足之劳，却划出土地封他们为王，分出财富赐给他们。父亲死后，儿子继承；哥哥去世，弟弟接替。而今燕王，是朕最亲的骨肉兄弟，犹如我肢体的一部分，竟与外姓阴谋危害国家，亲近那些应当疏远的外姓人，疏远应当亲近的亲兄弟，有叛逆之心，无忠爱之义。如果先人有知，你又有什么脸面再奉醇酒祭祀高祖的神庙呢?"

刘旦得信,把符节、玺印托付给医工长,向燕相及二千石官员告辞说:"谋事不谨慎,我只有一死。"就用绶带自缢而死。后宫随刘旦自杀的有二十多人。

刘旦受封燕王三十八年,身死国除,朝廷赐谥号为"刺"。赦免燕王太子刘建,贬为庶人。

广陵厉王刘胥

刘胥(?~前54年),汉武帝刘彻第四子,昭帝刘弗陵异母弟,燕刺王刘旦同母弟,母李姬。汉昭帝时,刘胥觊觎帝位,使女巫诅咒。宣帝即位,刘胥复与楚王刘延寿私通书信。五凤四年(前54年),因诅咒宣帝事发,刘胥自杀,封国废除,赐谥曰"厉"。

一、觊觎帝位 屡用巫诅

刘胥是汉武帝的第四个儿子,母亲是武帝的妃子李姬;此前,李姬已经为武帝生了一子,就是燕王刘旦。

元狩六年(前117年),刘胥与刘闳、刘旦同日册封为王,刘胥为广陵王。赐给广陵王刘胥的策命说:"小子胥,授予你这块红色的土壤,建立你的国家,封在南部,世代为汉皇室的藩篱辅佐。古人说过:'大江之南,五湖之间,那里人心轻率。扬州恃强,夏商周三代远离京畿,天子政令达不到那里。'竭尽你的心智,兢兢业业,就会仁爱和顺,不要沉溺游乐之事,不要亲近小人,言论行事当依法则。《书》云'臣不作福,不作威',以后才会没有耻辱。广陵王你要谨慎啊!"

刘胥身材高大，体魄壮健，喜好游乐，力能扛鼎，空手与熊、野猪等猛兽搏斗。但他行为没有法度，最终未能成为皇位继承人。（班固《汉书·武五子传》曰："胥壮大，好倡乐逸游，力扛鼎，空手搏熊彘猛兽。动作无法度，故终不得为汉嗣。"）

武帝后元二年（前87年），汉武帝去世，刘胥的幼弟刘弗陵即位，是为汉昭帝。第二年（始元元年，前86）二月，汉昭帝加封刘胥食邑一万三千户。元凤五年（前76）正月，刘胥进京朝拜昭帝，昭帝又加封其食邑一万户，赐钱二千万、黄金二千斤（《汉书·昭帝纪》作黄金二百斤），赐给宝剑两柄、安车一辆、乘马八匹。

昭帝刘弗陵是汉武帝最小的儿子，他被立为太子、继承帝位，刘旦、刘胥兄弟都很不服气。昭帝年少无子，刘胥便生了觊觎帝位之心。

楚地崇巫信鬼，刘胥请来楚地女巫李女须，让她下神诅咒。李女须哭泣着说汉武帝的灵魂附在她的身上，周围的人都匍匐在地。李女须声称自己一定要让刘胥当天子。刘胥赐给她很多钱，让她到巫山祈祷。正巧不久昭帝去世，刘胥误认为是李女须祈祷灵验，说她是位了不起的巫师，并杀牛庆祝。

元平元年（前74）六月，昌邑王刘贺被征召入京，立为皇帝。于是刘胥又让巫师诅咒。凑巧的是，昌邑王刘贺在位二十七天就被废掉了。这样，刘胥越来越信任李女须等人，屡次赐给钱物。

二、事泄灭口　悲歌自尽

汉宣帝刘询即位，刘胥仍旧是满腹牢骚，说："太子的孙子为什么反而能够被立为帝呢？"所谓"太子"，就是武帝长子戾太子刘据，而宣帝刘询正是刘据的孙子。心生怨气的刘胥，于是又令李女须像以前那样诅咒起来。

刘胥的女儿是楚王刘延寿王后的弟媳妇,他们之间私下通信联系,还屡次互相馈赠礼物。宣帝地节元年(前69)十一月,刘延寿因谋反自杀,审讯牵连到刘胥。宣帝下令不要治刘胥的罪,还赐给他黄金前后共五千斤,其他器物也赏赐很多。又听说宣帝立了太子,刘胥对他的姬妾南等人说:"我终究不能立为天子。"这才停止了诅咒。

后来,刘胥的儿子南利侯刘宝,因杀人被剥夺爵位,回到广陵(今江苏扬州),与刘胥的姬妾左修通奸。事情发觉后,刘宝被判处弃市。同时,刘胥的国相暴胜之上疏朝廷,要求削夺刘胥的射陂草田,分给贫民。刘胥因此二事怀恨,又让女巫像以前一样诅咒起来。

过了几个月,刘胥祝诅之事泄漏,有关官吏追查,刘胥非常害怕,为了灭口,药死了女巫和宫人二十多个。

广陵王肆意杀人,公卿们请求将其诛杀。汉宣帝派廷尉、大鸿胪前往讯问,刘胥谢罪说:"罪该万死,这些罪状,确实都有。不过事情已经很久了,请允许我回去仔细想想,再全部交招供。"

刘胥见过使者,回到府邸,在显阳殿设置酒宴,与太子刘霸及女儿董訾、胡生等夜饮,让宠幸的姬妾郭昭君、赵左君等鼓瑟歌舞。刘胥自作歌唱道:"想长生啊,却不得善终,长期不安乐啊,年寿何时穷!遵天子期限啊,不能稍延,不能雇人代己去死啊,我将自动远去。"身边的人流着泪轮流为他斟酒,酒宴直到鸡鸣时才散。

刘胥对太子刘霸说:"皇上待我很重,而我太辜负皇上了。我死后,尸骨应当暴露在外。如果天幸允许安葬,也应薄葬,不要厚葬。"随即用绶带自缢而死。他宠幸的姬妾郭昭君等二人也都自尽了。

汉宣帝加恩，赦免广陵王刘胥的几个儿子为庶人，赐刘胥谥号为"厉"，史称广陵厉王。

昌邑哀王刘髆

刘髆（？～前88），汉武帝第五子，昭帝刘弗陵异母兄，母李夫人。天汉四年（前97），封为昌邑王，在位十年去世。其子刘贺继承王位，并曾即皇帝位，但因淫戏无度，在位二十七天即被废黜，降爵为海昏侯。

一、在位十年　安然故世

刘髆是汉武帝的第五个儿子，母亲是武帝的宠妃李夫人，贰师将军李广利是他的舅舅。

李夫人是汉武帝最为宠幸的妃子之一，她出身平凡却美貌绝伦、能歌善舞。入宫之后，很快被封为夫人，地位仅次于皇后。不久，李夫人就为武帝生下了第五个儿子刘髆。

天汉四年（前97），刘髆受封为昌邑王，建都昌邑（今山东菏泽市巨野县昌邑镇）。

刘髆的舅舅贰师将军李广利，与丞相刘屈氂是儿女亲家。李广利野心勃勃，他与刘屈氂密谋策划，想立刘髆为太子，以便自己在把持大权、操纵朝政。但这一阴谋很快就被汉武帝察觉，事情败露后，丞相刘屈氂被腰斩，领兵在外的李广利投降了匈奴。不过，没过多久，李广利也在匈奴的权力斗争中被杀了。

对于舅舅李广利等人的阴谋，刘髆毫不知情，所以也没有受到什么牵连。本分的刘髆没有野心，也因此成为汉武帝诸子中寿终正寝的一个。

后元元年（前88）正月，也就是汉武帝去世的前一年，刘髆因病去世，在位十年；谥号"哀"，史称"昌邑哀王"。而他已经是汉武帝生前去世的第三个儿子了。

二、子曾登极　荒淫被废

刘髆去世后，其子刘贺继承王位，成为第二任昌邑王。这一年，刘贺年仅五岁。

元平元年（前74），汉昭帝刘弗陵病逝。因为昭帝无子，霍光等大臣于同年六月迎立十九岁的昌邑王刘贺即皇帝位。

刘贺是个纨绔子弟，不学无术。他带着二百多人进京即位后，天天跟这班人饮酒作乐，淫戏无度，即位二十七天之内，竟然干了一千一百二十七件荒唐事，把皇宫闹得乌烟瘴气。

霍光看到刘贺实在不堪大任，和大臣们商量后，奏请上官皇太后（上官凤儿，上官桀之女）下诏，于同月废黜了刘贺。并亲自送他回到封地昌邑，给他食邑二千户，仍旧做他的昌邑王。

汉宣帝即位后，元康三年（前63），改封刘贺为海昏侯，移居豫章（今江西南昌）。四年后去世。

刘贺可以算是汉朝的第九任皇帝，也是在位时间最短的皇帝。他是在登上帝位后被废黜的，因此史称"汉废帝"；又因为在位时间很短，有的史书干脆只称他为昌邑王或者海昏侯。

2016年3月，江西南昌新建县海昏侯墓出土"刘贺"玉印，这位先是昌邑王、后为汉废帝、再为海昏侯的汉武帝之孙，算是又一次知名于世。

影响和被影响的女人们

一般来说，对于女人们，皇帝大多是影响者；但也不乏例外，雄武的汉武帝就是一位。由于祖奶奶窦太皇太后的存在，武帝即位之初的数年间，无论行政、人事几乎难以有所施为，甚至干脆做起了甩手掌柜，这在历史上也并不多见。当然，除此之外的女人们，大多是受他影响了：她们起于闾巷、荣宠后宫是因着武帝，她们凄凉后宫、无端殒命也是因着武帝……

太皇太后窦氏

窦氏（？～前135），汉文帝刘恒皇后，汉景帝刘启母亲，汉武帝祖母。清河（今属河北省）人。历朝历代的后妃只有参与朝政，才能成为被人们关注的人物，窦氏也不例外。文帝刘恒死后，窦氏干预朝政，推崇黄老思想，影响了景帝一朝，也左右了武帝朝初期的朝政。她在世时，汉武帝刘彻想有所作为而屡被掣肘，只是在她过世后才得以大展拳脚。

一、终成皇后　人老珠黄

汉高祖刘邦驾崩（前195）后，皇后吕雉以皇太后的身份操纵国政。她把皇宫中皇帝未曾御幸过的宫女分赐给诸侯王，每王五人。有个窦姓的宫女也在遣送之列。

窦氏一行五人到了代国的王宫，做了代王刘恒的嫔妃。窦氏年轻貌美，虽居后宫未得高祖临幸，但依然妩媚动人，而且聪明伶俐。在新来的五个嫔妃中，刘恒特别喜欢窦氏。经常与窦氏同欢。过了几年，窦氏生了一个女孩，取名刘嫖。后又生下了第二个孩子，是个男婴，取名刘启；之后又生一子，取名刘武。

汉惠帝七年（前188），汉惠帝病逝。

惠帝死后，皇太后吕雉立惠帝的太子为帝。其实少帝不是惠帝皇后张氏所生，而是另一个妃子生的。过了四年，小皇帝知道了自己的身世，口出怨言，皇太后大惊，废黜了他，另立恒山王刘弘为帝。

又过了四年（前180），吕太后去世。她死后，汉高祖老臣周勃等人发动宫廷政变，杀掉了当权的吕氏子弟，废黜刘弘，迎立代王刘恒为帝,是为汉文帝。

在刘恒称帝之前,他的结发之妻王氏便病逝了,而且她生的四个儿子在刘恒君临天下后不久,也相继病亡。文帝即位不久,群臣上书,奏请立皇太子。这时,在文帝诸子中,数窦氏所生的刘启年龄最大,刘启被立为太子。母以子贵,窦氏随之也就成了皇后,入主后宫。她所生的女儿刘嫖,被封为"馆陶长公主"。

窦皇后追封早死的父母为安成侯、安成夫人。她有兄弟二人,兄叫窦长君,弟叫窦少君。弟少君被人贩子掠卖,不知去向。

窦氏头顶皇后桂冠不久,有人上书,称自己是窦皇后的弟弟窦少君。文帝派人召那个自称是窦少君的人入京审查。这个人说出了窦氏的家庭住址和父母的姓氏,而且回忆了他被掠卖前与姐姐相处的日子。他满怀深情地望着窦氏说道:"姐姐应选入宫时,她替我洗了个澡,又喂我饭吃,和我在驿站诀别,然后才走。"他的话刚完,窦皇后就抱着他痛哭起来。这人果真是窦少君。

文帝重重地赏赐了窦长君、窦少君。窦氏兄弟谦逊退让,不敢以富贵骄人。

第二年,窦皇后小儿子刘武被封为代王。过了两年,改封为淮阳王。

汉文帝沿用惠帝以来"无为而治"的黄老思想治国理民,这对于恢复、发展战乱后的社会经济、文化是极为有利的。窦皇后也十分热衷这一思想,她的儿子刘启和窦氏子弟都学习黄老学说。

过了几年,窦氏年老色衰,在一场大病中失明。从此,她逐渐失宠,文帝另结新欢。对此,窦皇后自然是无可奈何,只能暗自悲叹而已。使她欣慰的是,最喜爱的小儿子刘武在文帝十二年(前168)改封为梁王。

二、母以子贵　掌控实权

文帝后元七年（前157），汉文帝刘恒病逝。皇太子刘启即位，是为景帝。这样，景帝母亲窦氏由皇后变成了皇太后。

景帝即位的第四年，梁王刘武入朝，景帝款待他的皇弟。当时景帝还没立太子，喝到高兴的时候，兴奋之极的景帝对皇太后窦氏说："朕千秋万岁后，把帝位传给皇弟。"太后听罢，十分高兴，因为她非常宠爱小儿子刘武。谁知，她的侄子窦婴端着一杯酒，敬献给景帝，直言极谏道："父子相传，是汉家的祖制，皇上怎么能传位给梁王！"这下可气坏了窦太后。过了几天，愤懑难平的窦太后下令把窦婴从皇戚的名簿上除了名。

到汉景帝时，在秦代遭到禁锢的儒学已有很大的恢复、发展，开始与黄老思想抗衡。景帝对儒学和黄老思想都不置可否，这实际上是怂恿了儒学与黄老思想的争权夺利。在这种局面下，窦太后坚决维护黄老思想的统治地位，打击儒学。有一次，齐儒、《诗》博士辕固生，当着窦皇后的面轻辱黄老思想的代表作《老子》，结果太后大怒，下令把辕固生扔进猪圈，让他和野猪搏斗，幸亏景帝暗中送给他一把利剑，刺死野猪，方幸免于难。事后不久，景帝便打发辕固生离开京师，去做清河王太傅。

窦太后想让景帝立刘武为皇位继承人。尽管景帝曾在酒酣之时说要让刘武做太子，但这不过是一时戏言，其实他是不愿意传位给弟弟的。但不这样做，又违背母后的意愿。正左右为难之际，公卿大臣以古制、祖训为由，坚决反对兄终弟及。景帝乘机立了儿子刘荣为皇太子。但不到一年，景帝便瞧着刘荣不顺眼，又把他废除了。窦太后见状，乘机再次进言，让景帝立刘武为嗣。

有个叫袁盎的大臣，听说窦太后要景帝传位刘武，便上书景帝，说此事不妥。景帝乘机立刘彻为太子，窦太后的愿望再次落空。梁王刘武听说袁盎从中作梗，气急败坏地派刺客去刺杀袁盎。景帝龙颜大怒，敕令缉捕凶手，刘武怕事情暴露，他迫令参与刺杀的刺客自杀，又托姐姐馆陶长公主刘嫖去求母后为他说情。在窦太后的干预下，梁王无罪开释。从此以后，景帝越来越疏远梁王刘武。

三年后，景帝病逝，太子刘彻即位，是为武帝，尊窦氏为太皇太后。

有个叫田蚡的人，是武帝的舅舅，颇受信用。田蚡便通过太皇太后，推荐窦婴出任丞相。武帝听从了，以窦婴为相，拜田蚡为太尉。

窦婴、田蚡举荐以传《诗》闻名的儒学大师申公的学生赵绾、王臧为御史大夫、郎中令。为弘扬儒学，还打算在长安建一座太学，推举申公来主持太学。武帝派人携带厚礼，用安车驷马把申公接到了长安。

太皇太后窦氏听说此事，一向崇奉黄老思想的她怒不可遏，把武帝责备一通，罢了窦婴、田蚡的官，迫令赵绾、王臧自杀。

其实到此时，黄老无为而治已经不适应封建统治的需要了，改弦更张，用儒家思想来治国理民，是历史发展的趋势。太皇太后扮演的是逆历史潮流的角色。

建元六年（前135），太皇太后窦氏病逝，与文帝合葬霸陵。

皇太后王娡

王娡（？～前126），汉景帝刘启皇后，汉武帝刘彻生母。槐里（治今陕西兴平东南）人。一场"宫廷风波"使王娡做了皇后，其子刘彻做了皇太子。王娡做梦都没想到，她这个宫廷风波的旁观者，轻而易举地做了母仪天下的皇后，儿子刘彻名正言顺地成了帝位继承人。王皇后心满意足地度过了晚年。

王娡的母亲叫臧儿，她早年间曾求神问卜，卜筮的结果说她的女儿皆当富贵，臧儿十分高兴。可是长女王娡早已嫁给平民金王孙，并生有一女。万般无奈，臧儿偷偷把王娡姐妹送进了皇宫。

王氏姐妹进了皇宫，被派去侍奉皇太子刘启。刘启一见王家长女王娡便很是钟情，封她为王夫人。

刘启宫中还有一个佳丽，叫栗姬，也很受宠爱。栗姬生了一个儿子，取名刘荣。王夫人则生了两个女儿。

汉文帝病逝后，太子刘启即位（前157），是为景帝。景帝极不情愿地顺从薄太后之意封薄妃为皇后。而在这一年，王夫人喜得贵子，取名刘彘。

景帝登基六年后，群臣上书，请立太子。皇后薄氏无子。景帝的两个儿子中，栗姬所生的刘荣年长，便立刘荣为皇太子；同时，封王夫人生的刘彘为胶东王。

栗姬的儿子刘荣被立为皇太子，母以子贵，栗姬身价倍增，得意之极。景帝的姐姐——馆陶长公主刘嫖嫁给堂邑侯陈午，生有一女，馆陶长公主想许给皇太子刘荣为妃，谁知竟被栗姬一口回绝。馆陶长公主心中十分不快，转而请与王夫人联姻，把女儿嫁给胶东王刘彘，王夫人欣然应允。

不久，薄太后病逝，薄皇后随之被废黜。栗姬十分高兴，她想：吾儿是皇太子，皇后非我莫属，她已幻想当皇后的荣耀。

在栗姬忘乎所以的时候，馆陶长公主正在伺机报复她。在栗姬面前碰壁而与王夫人联姻的馆陶长公主绝对不会让凤冠落在栗姬头上的，一有机会便在弟弟景帝面前诋毁栗姬。

但此时景帝仍意欲立栗姬为皇后。他曾对栗姬说："我百岁后,你要好好照顾诸妃所生的皇子皇女。"心胸狭窄的栗姬却不肯答应,景帝大失所望。

为了阻止栗妃当上皇后,王夫人又心生一计:唆使人催促负责礼仪的大行官员上书景帝:"子以母贵,母以子贵。现皇后位空,国家不能没有国母,今后皇太子母应正位为皇后。"景帝对栗妃的气还没消,听完大行官员的奏疏,龙颜大怒,说:"这事岂是你辈所应当进言!"诏令诛杀那个上书的官员,废黜皇太子刘荣为临江王,立王夫人为皇后,刘彘为皇太子,并改名叫刘彻。

一场"宫廷风波"最终使王娡成了母仪天下的皇后,儿子刘彻成了帝位继承人。公元前141年,景帝病逝,太子刘彻即位,是为武帝,立陈妃为皇后,尊王皇后为皇太后,迁居长乐宫。

王太后当初与金王孙所生的女儿仍然留在金家,太后不愿提起这件事,金家也不敢前去认亲。后来有人禀告武帝,武帝命人备好车驾,亲去金家迎接那个同母异父的姐姐。然后直奔母后下榻的长乐宫,拜谒母后。王太后母女相对而泣。武帝摆酒宴祝贺家人团圆并赐给姐姐钱千万、奴婢三百人、田百顷、府第一座,号为"修成君"。武帝这个姐姐修成君此时已出嫁,生一女一男。武帝把外甥女许配给诸侯王,封外甥为"修成子仲"。

皇太后王娡在长乐宫度过了她的晚年。元朔三年(前126),皇太后寿终正寝,与景帝合葬阳陵。

皇后陈阿娇

陈阿娇(生卒不详),汉武帝刘彻皇后,馆陶长公主刘嫖与堂邑侯陈午所生之女。汉景帝的姐姐馆陶长公主刘嫖原本想将女儿许配给皇太子刘荣做妃子,岂料遭到刘荣母亲栗姬的拒绝。一场"宫廷风波"过后,陈阿娇又嫁给了刘荣的同父异母弟弟胶东王刘彻,也就是后来的汉武帝。也许陈阿娇天生就有皇后命,然而,她虽然做了皇后,最终却被武帝刘彻废为庶人,退居长门宫。

文帝后元七年(前157),君临天下二十三年的汉文帝刘恒驾崩,太子刘启即位,是为景帝。薄皇后侍奉景帝多年,却无子嗣,景帝便立栗姬所生的刘荣为皇太子。母以子贵,栗姬得意洋洋,以为薄皇后不为景帝宠爱,她头上的桂冠说不定哪一天就会戴到自己的头上来。

当朝天子汉景帝的姐姐馆陶长公主刘嫖登门求婚,想把女儿许配给刘荣做妃子。谁知被栗姬一口回绝。

馆陶长公主愤懑不已,一心想报复栗姬。虽说她的丈夫陈午只是个堂邑侯,可她是当朝天子的姐姐,长公主的地位是极高的,仪服与诸侯王等同。

馆陶长公主先去找景帝夫人王娡,向王夫人的儿子胶东王刘彻求婚,王夫人欣然应允。接着,馆陶长公主便开始诋毁栗姬和她的儿子刘荣,盛赞王夫人和她的儿子刘彻。

不久,薄太后去世,薄皇后被废黜。景帝想立栗姬为皇后,十分信任地对她说:"我百岁后,诸嫔妃生的皇子就靠你照顾了。"谁知栗姬竟不肯答应,而且还出言不逊。

景帝开始相信姐姐馆陶长公主的话了。最终废黜皇太子刘荣为临江王,立胶东王刘彻为皇太子,王夫人为皇后。

刘彻被立为皇太子后,便娶陈阿娇为妃。公元前141年,景帝驾崩,刘彻即皇帝位,是为武帝。立陈妃为皇后。

陈皇后自恃其母有恩于武帝,骄横擅宠,激起武帝的反感,原本就不喜欢陈皇后的武帝越来越疏远、冷落她,另寻新欢。

一天,武帝去灞水岸边祭神,在回京的路上,他去了姐姐平阳公主家。在平阳公主家里,他见到了一个有倾城之貌的歌伎,此人姓卫名子夫,武帝为之倾倒。皇姐见状,就把卫子夫送给了武帝。

武帝十分宠爱卫子夫,陈皇后妒火中烧,几次对卫子夫暗下毒手,想置她于死地,但都没有得手。卫子夫和嫔妃觉察到皇后的阴谋,奏告了武帝。武帝龙颜大怒,但想起馆陶长公主的恩德,他只得把怒火压下去,没有处置陈皇后,只是再也不到她那里去了。

陈皇后暗害卫子夫不成,又惹得武帝更加厌弃。她无计可施了,闷闷不乐。这时,她听说有一种叫做"巫蛊"的巫术能咒死人,决定铤而走险。她让手下的宫女楚服等用"巫蛊"诅咒卫子夫和那些得宠的嫔妃。可事与愿违,不但没有达到目的,阴谋却又败露了。

武帝闻讯,遂命人查办陈皇后诅咒一事,楚服等宫女以"大逆不道"的罪名枭首示众,牵扯此案而被杀的,达三百余人。武帝遣人赐给陈皇后一道诏书:皇后违失妇德,巫术咒人,不可再为天下母。命皇后交出玺绶,退居长门宫。

陈氏偷鸡不成,反蚀一把米。数年后,废后陈氏病亡,埋在她外祖父汉文帝的霸陵附近。

皇后卫子夫

卫子夫(?~前95),汉武帝刘彻皇后,大将军卫青的姐姐。平阳(今山西临汾)人。一个偶然的机会,血气方刚的汉武帝刘彻见到了歌伎卫子夫,并为其美色所倾倒,迫不及待地在回宫的车中御幸。十分受宠的卫子夫在武帝二十九岁那年又为武帝生了他生平中第一个儿子,武帝欣喜若狂。母以子贵,令多少嫔妃羡慕的皇后桂冠戴在了卫子夫头顶。但谁又会料到,这么一个宠儿最终会绝望自杀,死后没有仪式、没有陪葬,而被装进又薄又小的棺材里,埋在长安南郊。

一、天姿国色　入宫受宠

卫子夫出身卑贱,她的母亲卫媪是平阳侯曹寿家的婢女。父亲郑季,在平阳侯府供职,与卫媪私通,生了三男三女。卫媪是奴隶,她生的子女也是奴隶,在平阳侯府做事。三女卫子夫生得漂亮,而且身段窈窕。后来,卫子夫被平阳公主带到长安的公主府,教她歌舞,成了公主府的一名歌伎。

一天,汉武帝去灞水岸边祭神。礼毕回京的路上,路过姐姐平阳公主的府第。皇上驾临,平阳公主置办酒席,热情款待。武帝边饮边观赏公主府伎女们的歌舞。突然,他眼睛豁然一亮,目光停留在了歌伎卫子夫身上。酒宴结束后,平阳公主便把卫子夫敬献给皇上,武帝十分欢喜。在回宫的路上,武帝迫不及待地在车中便御幸了卫子夫。卫子夫随武帝进了庄严、豪华的皇宫。

后宫佳丽成群,卫子夫入宫后,武帝便把她忘记了。一年多了,卫子夫未能见上武帝一面。适逢遣散无用的宫女,心灰意冷的卫子夫便请武帝把她遣散出宫。武帝这才想起卫子夫,觉得对不住她,便把她留在身边侍奉。卫子夫从此得宠。而且她的兄弟卫长君、卫青被授予侍中官职,成为武帝的近臣。

卫子夫一连为武帝生了三个女孩。元朔三年(前128),她又生下一个男婴,取名刘据。汉武帝二十九岁才得了这个儿子,甚是喜爱。母以子贵,卫子夫生下刘据不久,便被立为皇后,入主后宫。

卫皇后的弟弟卫青、外甥霍去病统兵出击匈奴,屡建奇功,被封为长平侯、冠军侯。甚至卫青三个襁褓中的儿子,也皆封列侯。卫氏外戚,声势显赫。

刘据七岁那年,武帝下诏,定他为继承人。

汉武帝雄才大略,好大喜功,而皇太子却秉性仁慈、温厚恭谨,父子性格、志趣相悖。随着皇太子渐渐长大,武帝对太子越瞧越不顺眼,嫌他的继承人缺少自己的那种气魄。

之后,武帝的妃子接连给他生了几个儿子。在诸子中,武帝特别喜欢赵婕妤所生的刘弗陵。刘弗陵年方五六岁,长得又高又壮,聪睿多智。武帝常对人说:"此儿像我。"有心让他继承帝位。皇太子刘据开始失宠,他的母后也被冷落了。

二、人老珠黄　绝望自杀

容貌是嫔妃们的本钱,人老珠黄的卫皇后渐渐被冷落深宫,曾经对她百般宠爱的汉武帝早已另求新欢。最终,一场灾难落到了失宠的卫氏母子身上。

征和二年(前95)的一天,皇太子派一个使臣去甘泉宫,向武帝请示一件事。使臣乘车奔驰在驰道上,而驰道只有皇帝可以行走,臣子走驰道是犯上。碰巧,这事让奉皇帝之命缉捕奸宄、察举不法的绣衣使者江充瞧见了,他立即下令逮捕那个使臣,投入监狱,车马没收。

皇太子听说后,大惊,马上派人去找江充求情。江充不买账,上奏武帝。武帝龙颜大悦,赞道:"为人臣者,就应当这样忠诚!"江充与太子从此发生龃龉。

这时,汉武帝年已六十八岁,衰老多病。江充害怕武帝死后,太子即位报复,想先下手除掉太子。于是他便上书,说武帝染疾乃巫蛊为祟,而且煞有介事地奏告武帝:"臣看皇宫之中,弥漫着巫蛊之气。"想把祸水引入宫中,再设法引到皇太子身上。

武帝于生死之事本来就很迷信，听江充一说，便信以为真，敕令江充到他的后宫中查处，命韩说、章赣等协助江充。

江充首先查办那些被武帝冷落的不幸女子，贵为皇后的卫氏也不得不接受江充的盘查。接着，江充派人到太子宫中东刨西掘。他们拿着事先准备好的木偶，硬说那是从太子宫中挖出来的。

皇后、太子万分惊恐，太子急忙找他的师傅石德商议对策。石德说："江充奸贼扬言木偶是在太子宫中挖出来的，您有口难辩。以老臣之见，不如矫诏逮捕江充，查究他的阴谋。您难道忘了赵高诈杀公子扶苏而立胡亥之事吗？"

太子被逼到了这般地步，也只有铤而走险了。他派人把计谋奏告母后卫氏，卫氏也觉得只能如此了，下令把皇后的车马拉出来，运载弓箭兵刃；打开武库，取出武器；征发皇后的卫士，由皇太子指挥缉捕江充、韩说、章赣一帮奸佞。太子的人马到韩说府，杀了韩说。章赣逃往甘泉宫给武帝报信去了。江充被怒不可遏的太子下令处死。

太子图一时痛快杀了江充，可是江充被杀，查证江充诬告一事因无人证而落空。太子的冤案难以澄清，又落了个杀人灭口的罪名。万般无奈，太子只好举兵起事，以图来日了。

正在甘泉宫养病的武帝听说太子起兵，顿时龙颜大怒。武帝赐诏丞相刘屈牦："以牛车堵住道路，不要与叛贼短兵相接，用弓弩射杀。坚闭城门，不要让反贼逃出。"武帝抱病移镇长安城西的建章宫，征发长安一带的军队，由刘丞相统率，镇压叛乱。

太子势单力薄，便赦免长安城中的囚徒，把他们武装起来；征发长水、宣曲两支部族骑兵，与丞相指挥的军队大战于长安城中。双方血战五日，最终太子寡不敌众，兵败逃跑。二十天后，走投无路的太子自杀。

太子刘据逃走、京中乱事平息之后，汉武帝杀了放走太子的人，又诏遣宗正刘长乐、执金吾刘敢，奉策收皇后玺绶，逼皇后卫子夫自尽。就这样，曾被武帝百般宠爱的卫皇后含冤而死。

后来，一直到汉宣帝刘询即位，因为宣帝是太子刘据遗世的唯一血脉，这才改葬卫后，追谥"思后"，置园邑三百家，长丞周卫奉守于此。

夫人李氏

李夫人（生卒不详），汉武帝刘彻夫人，协律都卫李延年的妹妹，贰师将军李广利的姐姐。中山（郡治今河北定县）人。李氏因其貌美，并且善歌舞，而被武帝宠幸。李氏因病不幸早逝，武帝悲痛万分，作赋以抒心中之情，寄托哀思，被传为后宫佳话。

一、色绝艺佳　一朝入宫

汉武帝刘彻自幼喜欢音乐、歌舞。李氏的兄长李延年对音乐很有研究，而且善歌舞，为此，汉武帝刘彻非常喜欢他。李延年所作之曲，听者常为之感动。

一日，李延年再次为武帝唱歌跳舞，李延年边舞边唱："北方有佳人，绝世而独立，一顾倾人城，再顾倾人国。宁不知倾城与倾国，佳人难再得！"李延年唱完后，只见武帝叹息连连。李延年上前问道："不知陛下为何叹气？"武帝说道："世上难道真的有如此这般倾城倾国之美人？"平阳公主接过刘彻的话说道："延年的妹妹貌美超人！"武帝连忙下诏，召李氏进宫，就这样李氏开始了她的宫廷生活。

李氏体态轻盈，貌若天仙，肌肤洁白如玉，而且同其兄长一样也善歌舞。武帝被李氏深深吸引，从此便开始宠幸于她。李氏为武帝生一子，是为昌邑哀王。武帝对李氏百般恩爱，李氏对武帝也是真心喜欢。两人时常在一起载歌载舞，好不尽兴。

二、深谙宫闱　极享哀荣

谁知好景不长，李氏染病卧床不起。尽管李氏病重，武帝依然惦记着她，对其他嫔妃毫无兴趣。此时，卫皇后已色衰失宠，武帝念念不忘的只有李氏。

汉武帝亲自去李氏的寝宫探视，谁知李夫人将全身蒙入被中，不让他看。武帝不解其意，执意要看，李夫人蒙被说道："臣妾长期抱病在床，相貌已变得丑陋，不可以看陛下。臣妾想将儿子昌邑哀王及妾的兄弟托付于陛下。"武帝劝道："夫人如此重病，不能起来，让朕看看你，你当面将昌邑哀王及夫人的兄弟托付给朕，岂不更好？"李氏仍然蒙着被说："妇人貌不修饰，不得以见夫君，臣妾也不敢以不修饰的相貌见陛下，请陛下谅解。"武帝又好言相劝："夫人若能见我，朕将赐给夫人黄金千金，并且给夫人的兄弟加官晋爵。"李氏执意不见，仍然蒙着被说："能否给兄弟加官，权力在陛下，并不在乎是否一见。"武帝强行要看，可李氏裹着被子，翻身背对武帝，哭了起来。武帝无可奈何，十分不悦，起身离去。

汉武帝刘彻走后，李夫人的姐妹们你一言、我一语地责备李氏。夫人的姐姐奇怪地责问李氏："你为何不能亲自见陛下，将兄弟们托付给陛下？你为何那么恨陛下？"夫人感慨地说："我之所以不见陛下，就是想将兄弟们托付给陛下。你们想，我地位低下，能够被陛下宠幸，完全是因为有姣好的容貌。如果色衰，就会失宠于陛下，若失宠也就没有什么恩惠可言了。陛下之所以思念我,非要见我,这都是因为平日我的容貌艳丽不俗而吸引了陛下。如今,我已失去原有的美丽,容貌变得丑陋不堪,陛下见后一定失望,定会不再宠爱我,又怎会提拔我的兄弟呢?"李夫人的姐妹们觉得李氏的话有一定道理,所以也就不再说什么了。

果然,李夫人死后,汉武帝刘彻按皇后的礼仪为她安葬,并按其遗愿,封李夫人的兄长李广利为贰师将军、海西侯,李延年被封为协律都尉。汉武帝日夜思念有倾城倾国之貌的李夫人,让人将李夫人的容貌画在甘泉宫。尽管如此,武帝依然不能忘记李夫人,总回忆与她在一起的情景。

此时,齐人少翁说他能将李夫人的魂请出来,武帝点头应允。于是,夜深人静之时,少翁设帷帐,点灯烛,摆好酒肉,让武帝在另一个帷帐遥望此帐。武帝似乎看见李夫人在帐中而坐,又出来徐徐而步。从此,武帝愈加思念李夫人,忍受着相思之苦,遂做诗曰:"是邪,非邪?立而望之,偏何姗姗其来迟!"为表达自己的思念之情,武帝让乐工作曲作词歌唱李夫人,并且又作赋一首,以哀悼李夫人。

后元二年(前87),汉武帝驾崩,其子八岁的刘弗陵即帝位,是为昭帝。昭帝即位后,大将军霍光按武帝的旨意,上奏昭帝,追尊李夫人为"孝武皇后"。

婕妤赵氏

赵氏(?～前88),汉武帝刘彻婕妤。河间(今河北献县东南)人。她因"奇"而被汉武帝所"幸",故生皇子"钩弋子",即后来的昭帝刘弗陵。汉武帝为了不使太后临朝的事件发生,胁逼赵氏,致使赵氏忧郁而死,成为封建帝王政治斗争的牺牲品。

一、母生也奇　以奇入宫

赵氏的父亲姓赵，名不详，生前为中黄门，因犯法而被处死在长安。赵氏就出生在这样一个仕宦人家。

赵氏的降临，曾带给赵家一阵恐慌。其母遭十月怀胎之艰辛，生出的赵氏却是奇怪的女子。赵氏两手握成拳头，任何人也掰不开，赵氏的父母为此唉声叹气：这孩子长大怎能嫁得出去。

随着岁月的流逝，赵氏渐渐长大，两只眼睛透出一种睿智，让人感到聪明绝顶，而且赵氏肌肤嫩白、光亮，相貌妩媚娇柔，只是两手依然握成拳状，不能伸开。赵氏的父母见女儿已出落成亭亭玉立的大姑娘，心中更增添了一分惆怅：女儿虽然相貌不凡，但其手奇形怪状，使人难以接受，谁人敢娶？

汉武帝朝广开三边，各种珍奇异宝源源不断流入中原，致使皇宫陈设布置穷极豪华。汉武帝刘彻喜欢巡游，他曾出巡十多次。元封元年（前110），他北至朔方（今内蒙古乌拉特前旗南），南下中岳嵩山，东巡海上，至泰山封禅。再沿海北上至碣石（今河北昌黎），又向西北经九原（今内蒙古包头西），然后返回长安，行程达一万八千里。赵氏就是武帝巡狩时发现的。

有一次，汉武帝刘彻巡狩路过河间。汉武帝有个喜观天相、占卜凶吉的侍从，看着河间的天空，神秘地对武帝说："河间上空飘有祥云，此地肯定有奇女。"武帝立即下诏寻找奇女。

此时的武帝已开始迷信。随着年龄的增长，武帝日渐感到衰老，开始寻找长生不老仙药。元鼎五年（前112），方士栾大自称能找到长生不老的仙药，武帝信以为真，封其为天士将军、地士将军、大通将军等职，赐黄金万斤，并将女儿长公主嫁于他。元封元年（前110），谎言露馅儿，武帝一怒之下腰斩了栾大。但他依然相信鬼神，追求一些新奇的人和事。所以，当听身边以观望天象、占卜凶吉的侍从说此地有奇女时,武帝精神顿时为之一振,遂命随行官员速去寻找。

果然如侍者所言,一会儿的工夫,随行官员就找到一位年轻漂亮的女子。武帝被其相貌吸引,但并未感到此女子的特别。武帝左右看出主子的心思,遂告诉他:此女天生双手握成拳状,虽年已十余岁,但依然不能伸开。武帝唤此女过来,见其双手果真是紧握拳状,便伸出双手将这女子的手轻轻一掰,谁知这少女的手竟被分开。随后,武帝命人将此女扶入随行的辎车,将其带回皇宫,号为"拳夫人"。此女便是赵氏。

"拳夫人"入宫以后,很是得宠,不久就被封为婕妤。婕妤是汉武帝创设的嫔妃称号,其尊位仅次于皇后。汉代内宫制度沿袭秦的称号,皇后之下,统称"夫人"。武帝之时,又创制了婕妤、娥、容华、充依。赵氏被封为婕妤后,便搬进了未央宫的钩弋宫。因此,武帝称她为"钩弋"。赵氏入宫后,可谓春风得意,武帝对她言听计从,经常临幸赵氏。

二、子生也奇　因奇即位

太始二年(前95),赵氏怀孕,心中分外高兴,自己总算可以为皇帝生皇子了。自从怀孕后,赵氏每日数着妊娠的天数,盼望着皇子降临人世。谁知过了十个月,赵氏毫无反应,这可急坏了赵氏。武帝刘彻对赵氏腹中的婴儿抱有希望,因为以观望天象为事的侍从曾言"此女有天子之气"。此时的武帝对太子刘据已开始厌烦,一心想废掉他,所以也希望赵氏再为他生下皇子,将来继承他的大业。可皇子迟迟不降临于世。四个月过后,也就是太始三年(前94),赵氏突然腹痛,随后生下一子,取名弗陵,字不,号为"钩弋子"。

刘弗陵的降临,引起宫人议论纷纷:常人都是十月怀胎而生,赵氏怎会十四个月?武帝却大喜,说道:"据说当年尧也是十四月而生,想不到我儿亦如此。"遂命钩弋宫门为"尧母门"。

自从赵氏生了皇子刘弗陵后,武帝对赵氏母子格外照顾,对赵氏更是宠爱有加。

卫皇后和太子刘据死后,武帝一心想立刘弗陵为皇太子。刘弗陵聪明伶俐,虽年仅六岁,但虎头虎脑、身体健壮,武帝十分喜欢,逢人便说:"此儿像朕。"刘弗陵出生的怪诞增添了武帝立刘弗陵为太子的决心。可惜弗陵年幼,使武帝犹豫不决。武帝害怕自己死后,弗陵年幼,由赵氏临朝,母壮子幼,导致类似吕后临朝干政的事件发生。一日,赵氏与武帝在甘泉宫避暑,赵氏因言语乖谬而得罪武帝,遭到痛斥,并被杀死。

为了汉室天下正常延续,征和四年(前89),武帝在甘泉宫让人画了一幅周公背成王朝见大臣图,并赐给奉车骑都尉霍光。

后元二年(前87),武帝刘彻突然病倒,而且病情急剧恶化。在他身边侍奉的霍光涕泣叩问:"如果陛下有个三长两短,谁来当嗣君?"武帝说:"朕先前赐画之意:意在立弗陵为嗣君,君行周公之事。"随后武帝召刘弗陵,立其为皇太子;封霍光为大司马大将军,金日䃅为车骑将军,上官桀为右将国,桑弘羊为御史大夫,嘱咐他们辅佐皇太子。次日,汉武帝刘彻驾崩,年仅八岁的弗陵即位,是为汉昭帝。

刘弗陵即位后,追尊生母赵氏为皇太后,并将赵氏所葬之处"云阳"称为"云陵",又将赵氏的父亲赵公尊为"顺成侯"。

不省事的公主翁主

汉朝皇室的千金们，按辈分有大长公主、长公主、公主之分，按天子、诸侯有公主、翁主之别。武帝朝成年的公主、翁主，个个都不是省油的灯：武帝姑姑馆陶长公主刘嫖，促成了武帝的继位和婚姻；平阳公主推荐卫氏姐弟，一立后、一命将；鄂邑公主、淮南翁主处心积虑，谋划政变、反叛；江都公主远嫁匈奴，汉匈和亲。她们的独特，还表现在性格、情感、婚姻……

馆陶长公主刘嫖

馆陶长公主（生卒不详），汉文帝与窦氏所生长女。她是汉代景帝、武帝两朝影响巨大的人物，她与皇室的关系既有血缘，又有姻缘，盘根错节，左右逢源。她颇工心计，把女儿扶上了皇后宝座——甚至也可以说把未来的女婿扶上了皇帝宝座。但她因为气焰太炽、教女少方，为女儿、为自己，埋下了祸根。

一、钻营朝中　颇具心机

馆陶长公主名叫刘嫖，是汉文帝的长女，汉景帝的姐姐，汉武帝的姑姑。刘嫖是汉文帝刘恒做代王时与窦氏（后来的太皇太后）所生之长女，刘恒登基后，赐馆陶（今属河北）为封地，又因为是长女，故称"馆陶长公主"。

馆陶长公主颇受其母窦氏的宠爱，和弟弟景帝的关系也很好。景帝刘启继位后，窦氏成了皇太后，一母一弟、一皇帝一太后，都成了她强有力的靠山和弄权争势的棋子。她经常出入宫禁，为母亲窦太后与弟弟汉景帝出谋划策，算得上朝中炙手可热的人物。

窦太后与文帝生有一女二子，长女即馆陶长公主刘嫖，二子即为景帝刘启，次子为梁王刘武。窦太后最宠爱小儿子刘武，文帝在世的公元前168年，刘武被封为梁王。不仅如此，窦太后还希望自己宠爱的儿子能登上皇帝宝座。景帝继位后，她不时向景帝念叨此事。怎奈景帝极为不情愿。因此，在皇位继承人这件事上，窦太后与景帝之间产生了矛盾。后来，景帝立自己的长子刘荣为太子，窦太后断了让小儿子继位的念头，但宠爱、袒护却溢于言表。

景帝中元六年（前144），梁王刘武病逝。窦太后闻讯整日涕泣，不吃不喝，骂道："皇上果然杀了吾儿！"景帝惊慌不已，不知如何是好。馆陶长公主便给景帝出了一个主意，让他将梁国一分为五，把刘武的五个儿子都封为王，五个女儿都赐给汤沐邑。窦太后闻之，果然转悲为喜。就这样，窦太后与景帝之间的矛盾被馆陶长公主化解了。在这件事情的处理上，馆陶长公主既博得了窦太后的高兴，同时也进一步密切了与景帝的关系。

二、嫁女为后　工于心计

景帝的长子刘荣是景帝还是太子时与栗姬所生，次子刘彻是景帝继位后与王美人所生。景帝登基六年后，在经过与母亲窦太后的一番较量之后，终于下决心立刘荣为太子。

馆陶长公主有一女名阿娇，是其与堂邑侯陈午所生。刘荣被立为太子，自然就是未来的皇上，前景可观，馆陶长公主便想把自己的女儿陈阿娇许配给刘荣为妃。她原本想，凭自己在宫中的显赫地位，栗姬肯定会应允这门婚事。没想到栗姬竟然一口回绝了。一来栗姬以为自己的儿子既然已立为太子，那么将来皇后的宝座便非己莫属，没有必要再看别人脸色行事；二来平日里宫中诸美人都巴结馆陶长公主期望受到皇上的宠幸，馆陶长公主为讨好皇上便把美人们一一推荐给皇上，使皇上冷落了栗姬，栗姬因此十分嫉恨。时移事易，栗姬新仇旧恨一齐涌上心头，哪还管什么馆陶长公主。

遭到栗姬拒绝后，馆陶长公主转而想把女儿许配给刘彻。刘彻此时已被封为胶东王。馆陶长公主把自己的想法告诉了刘彻的母亲王美人，心机颇深的王美人马上便欣然应允了。但陈阿娇比刘彻大几岁，景帝不太同意。馆陶长公主便略施小计，有一天当着景帝的面问刘彻要不要娶阿娇为妻,刘彻竟答道:"如果能娶阿娇为妻,我一定要造一所金屋子给她。"景帝听后非常高兴,便同意了这门亲事。从此,长公主与王美人结成了亲家,两人抱成一团,共同对付栗姬,关系更密切了。

馆陶长公主转而把女儿许配刘彻是深有用意的,她想从刘彻这里找到突破口,如果能使景帝改立刘彻为太子,则一石二鸟,既可以让自己的女儿成为皇后,又可以让栗姬的皇太后之梦落空。而王美人为了儿子、为了自己,也正巴不得结交这位颇有势力的长公主呢。从此,她们开始了共谋。

馆陶长公主一有机会便在景帝面前诋毁栗姬,同时又盛赞王美人的贤淑、刘彻的聪睿,景帝本来就以为刘彻的才智高于刘荣,再加上栗姬的妒忌、狭隘也使他颇为失望,便渐渐地动了废立的心思。最后,景帝终于决定废黜刘荣,改立刘彻。后来,王美人又唆使大臣上书景帝立栗姬为皇后,景帝一怒之下,下诏废太子刘荣为临江王,立刘彻为皇太子。

在与栗姬的较量中,馆陶长公主取得了最终的胜利,同时也在王美人和刘彻那里赚足了彩头。

三、得势骄纵　因骄失宠

事情并没有就此结束。刘荣被废为临江王后,自然郁郁不乐、行事乖戾。刘荣竟然占用宗庙外墙地盖宫殿,触犯了汉律。此时,已经走到同一条船上的长公主和王美人又合谋生事,让朝廷抓住了刘荣的小辫子。朝廷让酷吏郅都察究此案,被囚入狱中的刘荣气愤不过,最终自杀而亡。这样,彻底根除了刘荣卷土重来的祸患。不久,刘彻和陈阿娇举行了大婚典礼。

景帝刘启逝世后,刘彻顺利继位,陈阿娇也就成了皇后。母以女贵,此时的馆陶长公主被尊为"窦太主",再加上她自恃扶持刘彻登上皇位有功,东宫又有母亲窦太皇太后撑腰,不把任何人放在眼里,就是刘彻的母亲王皇后见了她,也都低声下气的。

武帝刘彻虽然当初有"金屋藏娇"之说,却并不喜欢皇后陈阿娇。这陈阿娇从小被母亲娇宠惯了,十分任性,再加上心里也认为刘彻的皇位是自家给的,也就没把皇帝太当回事,越发引起了刘彻的反感。

眼看着女儿日渐失宠,馆陶长公主想尽了法子固宠,却不起什么作用。她设法打压皇上喜爱的人,无奈这只能绝了皇上的新欢,却不能唤起皇上的旧爱。后来,皇上的宠妃卫子夫怀孕,馆陶长公主和女儿就更是无计可施了。无奈之下,陈皇后想出了巫蛊之法,结果事情泄露,陈皇后被打入长门宫,馆陶长公主的风光之日也就从此一去不复返了。

四、近幸董偃 老年淫乱

当初馆陶长公主刘嫖嫁给堂邑侯陈午,陈午去世后,她一直寡居未嫁。五十多岁的时候,她却和比自己小三十几岁的董偃勾搭在一起。

董偃本来是个小商贩,和母亲一起以卖珠为生。十三岁的时候,董偃随母亲到馆陶长公主家卖珠,以后常来常往。身边的人说董偃长得很好看,长公主便召见了他,一见之下,果然是唇红齿白、眉清目秀,长公主便把他留在了自己家中。

长公主用心培养董偃,请人教他读书、计算、相马、驾车、射箭,这董偃倒也肯学,学会不少。十八岁加冠以后,董偃紧随长公主,外出驾车,回家伺候。董偃为人温文尔雅,再加上馆陶长公主的缘故,人们称他为"董臣"。为了结交王公大臣,长公主让董偃遍散钱财,并告诉掌管钱财的人说:"董君所用钱财,一天之内金用了百斤、钱用了百万、帛用了千匹,再来告诉我。"

由此可见馆陶长公主对董偃的爱宠之甚。

不过，董偃的地位如此不尴不尬，弄不好就会出大事。这时，袁盎兄长的儿子袁叔和董偃相交颇深，便给他出主意，让他劝说馆陶长公主把长门园献给皇上。这长门园在文帝的祠庙附近，而那里又没有什么地方可建宫舍，以供皇上来时休息，所以长门园是武帝早就想要的。袁叔说，如果皇上知道是你出的建议，那样你就可以高枕无忧了。董偃把这个想法告诉了长公主，长公主自然同意，立即上书。武帝见了，十分高兴，把长门园改名为长门宫。馆陶长公主大喜，派董偃送给袁叔黄金百斤致谢。

尽管如此，董偃的地位还是有些问题，于是袁叔又设计让他求见皇上。果然，长公主说自己生病不能朝请，皇上就来探病，还问她需要些什么。长公主说了一番感谢的话，又说希望皇上不要太劳累，方便的时候到自己这里玩乐。

不久，长公主病愈，皇上便来到了馆陶长公主的园子里的山上，长公主身穿厨子的围裙，引导皇上登上台阶就座。皇上刚坐下，便说："想见见主人翁。"长公主慌忙退到殿下，把簪子、耳环都摘了，光着脚磕头谢罪说："我没脸见人，有负陛下，其罪当诛。"皇上并没有计较，长公主簪好头发、穿好鞋，到东厢房领过董偃来。董偃戴着绿色的包头巾，套着绿色的袖套，随着长公主走上前去，伏在殿下。皇上让董偃起来，长公主亲自向皇上奉食进酒。董偃见皇上不叫自己的名字而叫"主人翁"，喝得十分开心。馆陶长公主请求分等级赐给将军列侯随从官员等金钱丝帛。

从此以后，董偃十分得宠，位置十分尊宠，天底下无人不知。就这样，四面八方玩狗善马、踢球击剑的人都凑到了董偃身边。这些玩意儿，又让董偃拿来讨皇上开心，皇上十分高兴。于是，皇上在宣室给窦太主设酒席，并让人叫来了董偃。

后来，有人奏称董偃私通公主，扰乱婚姻之礼，奢侈逸乐，罪有三重。皇上虽然有些不情愿,但还是渐渐疏远了董偃。董偃三十岁去世。又过了几年,馆陶长公主去世,和董偃合葬在了霸陵。

平阳长公主

平阳公主(生卒不详),汉景帝的长女,汉武帝的姐姐。在武帝一朝,她是个颇为重要的人物:皇后卫子夫是她献给皇上的,大将军卫青是她推荐给皇上的,而她后来又嫁给了卫青,兼有太子刘据姑母与舅母两重身份。再加武帝颇为喜欢这个姐姐,她的影响就可想而知了。

平阳公主原本号称阳信长公主。阳信(今山东无棣)为汉高祖五年(前202)所置。据说平阳公主当时封邑在阳信,所以被称为阳信长公主。年长后,她嫁给了汉初丞相曹参的曾孙曹寿。高祖六年(前201),对列侯的爵位进行分封,曹参被封为平阳侯,平阳(今山西临汾)的一万零六百三十户皆为其食邑。曹参去世后,其儿子、孙子直至曾孙分别承袭侯位。这样,阳信长公主也就成了"平阳公主"。

建元元年(前140),平阳公主的弟弟刘彻登基,史称汉武帝。年轻有为的汉武帝励精图治,着手进行了一系列改革。为削弱当时王侯的权力,武帝下令诸王侯一律迁返自己的封地,不得滞留京中。于是作为平阳侯曹寿妻子的平阳公主便离开京城,随同丈夫返回了封地平阳县。

一次,汉武帝去灞水岸边祭神,归京途中,正好路经姐姐平阳公主的府第,便进府看望姐姐。皇帝驾临府中,平阳公主喜出望外,摆设酒宴,盛情款待。席间,平阳公主唤出府中所有的舞女、歌伎为皇上敬献歌舞。席间舞女翩翩起舞,歌伎轻弹曼唱,武帝边饮酒边欣赏，不知不觉间视线便停留在歌伎卫子夫的身上。平阳公主心领神会，暗暗欢喜。待到武帝准备起驾回宫时，平阳公主连忙唤出卫子夫，将她敬献给了武帝。

其实，平阳公主此举是早有准备的。武帝与皇后陈阿娇关系不好，而且陈阿娇多年未育，因此武帝即位后数年无子。为帝嗣着想，平阳公主访寻良家女十余人，修饰打扮，教以歌舞，安排在自己府第等候皇上。这次武帝顺路来访，果然看中了一个。平阳公主高兴之余，在送卫子夫上车回宫时，拍着她的背说："好啦！强饭食之，倚重自己。你马上就要显贵了，希望不要忘记我帮过的忙。"果然，卫子夫受到宠幸，后来还成了皇后。

在卫子夫一事上，武帝对皇姐心存感激，从此便令她长住京城。后来，平阳侯曹寿不幸身患恶疾，独自返归平阳封地，不久便去世了，平阳公主遂寡居京城。

寡居生活令年纪尚轻的平阳公主备感孤独、寂寞，于是，便欲再嫁以聊慰孤苦的心灵。一日，她问身边侍从："列侯谁贤者？"左右侍从知道她的心思，众口一致推举大将军。大将军便是西汉著名大将军卫青，也是卫子夫的弟弟。

当时，平阳公主一听便笑了。因为卫青原本是她家的一个骑奴，平日常跟随平阳公主车驾出入，身份悬殊。所以平阳公主笑对左右曰："此出吾家，常骑从我，奈何？"左右便说："于今尊贵无比。"意思是说卫青早已今非昔比了。的确，卫青自入宫中，渐为皇上所赏识。元光五年（前130），卫青被任命为车骑将军，后因攻打匈奴战功显赫，又被封为长平侯。

其实，虽说卫青的升迁与皇后卫子夫有关，但最初的关键作用还是平阳公主起的。同时，平阳公主对卫青亦有所心仪，认为他是可以以身相许的男人。于是，平阳公主便托昔日自己府中的歌伎、如今已母仪天下的卫子夫为媒，后由武帝下诏，这对昔日的主仆最终喜结了良缘。此后，这段姻缘便被传为佳话，至今仍为文人们所演绎。

元封五年（前106），卫青病逝。平阳公主此后没有再嫁，死后与卫青合葬。

卫长公主

卫长公主（约前137～?），又称当利公主。汉武帝长女，戾太子刘据姐，母卫子夫。大将军卫青是她的舅舅，霍去病则是其表兄。

西汉时，皇帝的女儿称"公主"，姐妹称"长公主"，姑姑则称"大长公主"。如汉武帝女鄂邑公主，因抚养弟弟刘弗陵而在昭帝朝以帝姊身份封鄂邑长公主。卫长公主在武帝朝以帝女身份称长公主，其待遇远超其他妹妹，引起后世史家注解的不解。如裴骃《史记集解》称"此帝女也，而云长公主，未详"。

卫长公主以帝女而封为长公主、汤沐邑为富庶盐邑、两任丈夫皆贵震天下，因而被认为是汉武帝最喜欢的女儿。

卫长公主的第一任丈夫是曹襄。曹襄家世显赫，其先祖是汉朝开国功臣、平阳懿侯曹参；父亲曹时，封平阳侯。曹时元鼎三年（前114）去世后，曹襄承袭平阳侯位，尚武帝长姊——卫长公主。

元狩四年（前119），曹襄任后将军，曾跟随大将军卫青、霍去病出击匈奴，胜利还朝。

卫长公主的第二任丈夫是栾大（?～前112）。栾大是个方士，身材高大，长相俊美。经人推荐，他巧言欺骗，受到汉武帝宠信，封为五利将军，又拜天士将军、地士将军、大通将军、天道将军，后又封为乐通侯。当时栾大佩六印，贵振天下。元鼎五年（前110），武帝把孀居的卫长公主嫁给了他。后来栾大的骗术败露，被处腰斩。

卫长公主第一次出嫁时，食邑未记名。再嫁栾大时，武帝将公主的食邑改为当利，故卫长公主又号"当利公主"。当利设有盐官，当地产盐，即所谓"盐邑"，是胶东半岛最富裕的地方。武帝其他公主的封地，都不如卫长公主。卫长公主也是两汉唯一受封盐邑的公主。

卫长公主与曹襄育有一子，名曹宗。元鼎三年（前112），曹襄去世，曹宗袭爵平阳侯。此时，平阳侯的食邑户数由初封时的一万六百户增至两万三千，推测应该是加上了母亲的食邑。征和二年（前91年），曹宗因戾太子巫蛊事件被杀。

史书未见卫长公主陷入征和二年巫蛊之祸的记载，她去世当在此前。

卫长公主去世后，与丈夫平阳共侯曹襄合葬于茂陵。

东汉建国后，光武帝只袭封了西汉所有侯爵中的两个，一个是平阳曹氏，另外一个是张汤的后人张安世家族。卫长公主与曹襄的后嗣到东汉还享有侯位，可谓是风光百年。

鄂邑公主

鄂邑公主（？～前80），汉武帝女，昭帝刘弗陵异母姐，生母、排行等均不详。武帝朝封为公主，昭帝朝封为长公主。因封地在鄂邑（在江夏郡，今湖北安陆），故称鄂邑公主；嫁盖侯为妻或生母姓盖，又称盖长公主或鄂邑盖长公主。

汉昭帝刘弗陵立为太子时，父亲武帝随即将其母赵婕妤赐死。而当时鄂邑公主作为刘弗陵唯一在世的姐姐，便在宫中抚养弟弟。昭帝即位当天，便封鄂邑公主为鄂邑长公主，并多次益封食邑。

鄂邑公主和儿子的门客丁外人私通，汉昭帝听说此事，并不因此减少对鄂邑长公主的宠爱，还下诏命令丁外人侍奉长公主。

鄂邑长公主挑选周阳氏的女子送进宫里，许配给汉昭帝。正好上官桀有个孙女上官氏（即后来的上官皇后，也是霍光的外孙女），与汉昭帝年龄相仿，他就劝说霍光把上官氏送进宫去。霍光认为孩子还小，没有答应。

上官桀的儿子上官安，平时和丁外人很要好，就去劝丁外人说："听说长公主要挑选女子进宫，我的女儿容貌端正，如果能趁此机会进宫做了皇后，我们父子在朝廷为官，又有椒房（皇后寝殿名称）为倚重，就全靠你成全了。汉家的旧例是让列侯娶公主为妻（列侯尚主），你还担心封不了侯吗？"丁外人十分高兴，把这件事告诉了鄂邑长公主，公主认为很有道理，就下诏召上官安的女儿进宫做了婕妤，上官安封为骑都尉。过了一个多月，又册立上官氏为皇后，当时上官皇后才只有六岁。

此后，皇后的父亲上官安就被任命为骠骑将军，封为桑乐侯。霍光有时休假出宫，上官桀就进宫代替他处理政事。上官桀父子位尊势盛之后，很感激鄂邑长公主，打算为公主的面首丁外人请求，希望按朝廷惯例将其封侯，但霍光没有同意。他们又为丁外人求取光禄大夫之职，以期得到昭帝的召见，再次被霍光拒绝。鄂邑长公主因此对霍光非常怨恨；而上官桀父子也与霍光结下了梁子。

后来，鄂邑长公主、上官桀父子及桑弘羊，与燕王刘旦一同设谋，阴谋陷害霍光，不料被昭帝识破，未能得逞。接着又密谋让鄂邑长公主设宴邀请霍光，准备埋伏士兵击杀，乘机废除昭帝，迎立燕王为天子。事情泄露，霍光将上官桀、上官安、桑弘羊、丁外人等人斩杀，并族诛。燕王刘旦、鄂邑长公主也都自杀。

史载汉武帝的女儿还有阳石公主、诸邑公主、夷安公主和石邑公主。司马贞《史记索隐》称诸邑公主和石邑公主均为皇后卫子夫所出；阳石公主（德邑公主）、夷安公主生母不详。诸邑公主、阳石公主死于巫蛊之祸；石邑公主不详；夷安公主嫁武帝妹隆虑公主之子昭平君，后昭平君因杀人犯法被处死。

淮南翁主刘陵

刘陵（生卒不详），淮南王刘安的女儿，汉武帝刘彻的堂妹。作为父亲钟爱的女儿，她为父亲的政治抱负出了一分不可替代的力，站到了朝廷的对立面。

史书上对刘陵的记载只有不足百字，都是在她父亲衡山王刘安的传里。《汉书·淮南厉王长》载："王（刘安）有女陵，慧有口。王爱陵，多予金钱，为中诇（侦探）长安，约结上左右。"由此可知，刘陵很聪明，能说会道。刘安对自己的女儿十分钟爱，当然也万分信任，所以给了她一个任务，那就是给她大把的钱财，让她住在京城长安做探子探听消息，结交皇上（汉武帝）身边的人。

在封建时代，诸侯王除了在自己的封国有宫殿之外，在京城有府邸也是平常之事，一般也常有子弟眷属住在其中。不过，一般来说，这或是朝廷的要求，或是宗室联络的需要，也有人是因为贪恋京城的繁华舒适。像淮南王这样安排人在京城打探消息的诸侯王也是有的，但目的不过是趋利避害，不像淮南王，目的在于谋逆篡位。

淮南王的阴谋在按部就班进行着，刘陵的作用也在发挥着。不过，这刘陵并不仅仅探探消息、跑跑关系，刘安一家的其他罪恶行径她也参与了——"后荼、太子迁及女陵擅国权，夺民田宅，妄致系人"。荼是刘安宠爱的王后，刘迁是刘安与荼所生，是刘陵的兄长、淮南国的太子。他们三个人，在淮南国滥用权力、横行不法，侵占百姓的田地、住宅，捏造事实胡乱抓人囚禁。

由此看来，这刘陵除在京城活动之外，在淮南国也有不少"事迹"。只是史书语焉不详，过多的篇幅给了他的父兄。至于她的结果，也未曾专门提及，但总归好不到哪里去。如不自行了断，淮南王谋反一事牵连多达数千人被杀，作为要害人物，她不可能成为漏网之鱼。

江都公主刘细君

刘细君（约前121～前101），汉武帝侄孙女，江都王刘建之女。江都人（今江苏扬州）。元封六年（前105年），汉武帝封细君为公主，下嫁乌孙昆莫猎骄靡。到达乌孙后，猎骄靡封细君为右夫人。猎骄靡死后，细君按乌孙习俗又嫁给其继承王位的孙子岑陬军须靡，并生有一女。不久因产后失调、心绪难平，忧伤而逝。

一、宗室之女　被选和亲

刘细君的父亲，是江都王刘建。刘建是汉景帝刘启之孙，他的父亲刘非，是汉武帝的同父异母兄弟，景帝时封江都王，父亲去世后，刘建袭封江都王。刘建荒淫残暴，后因图谋反叛不成而自杀，身死国除。刘细君在父亲出事之前，即已远嫁乌孙。

乌孙是秦汉之际生活在西域的一个游牧部族，主要活动在敦煌、祁连山一带（即河西走廊），后来西迁伊犁河流域及伊塞克湖周围地区，并建立了部落政权。乌孙的首领称为"昆莫"或"昆弥"，立国君主是猎骄靡。乌孙以畜牧业为主，人口六十余万，拥有兵力近十九万。

汉初，乌孙是西域地区最大的王国，成为汉代连接东西方草原交通的重要部族政权之一。乌孙与匈奴地理接近，长期受匈奴的统治和奴役。后来随着国力的增强，在政治上极力要摆脱匈奴的控制。匈奴贵族几次进攻乌孙，结果都被乌孙打败。

在这种情况下，曾经出使西域的张骞，建议汉王朝用厚赂招引乌孙，使它东归敦煌旧地；同时下嫁公主，与乌孙结为兄弟。这样就可"断匈奴右臂"，共同夹击匈奴。乌孙也想依靠与汉朝结盟，以便与匈奴抗衡，这样和亲就提上议事日程。

不过，在汉武帝的眼里，乌孙乃藩夷小国，距离汉朝远在千里之遥，况且从张骞陈述可知，乌孙国昆莫猎骄靡已属垂暮之年。武帝不忍心将自己的亲生女儿远嫁异邦老人，思忖良久，便决定从众多宗室之女中，选一位容貌美丽、性情温和的，给以公主的身份，出嫁乌孙国王。

最后，汉武帝挑中了江都王刘建之女刘细君，封她为公主，并准备了极为丰厚的嫁妆。据《汉书·西域传》记载，细君公主出嫁时，武帝"赐乘舆服御物，为备官属侍御数百人，赠送其盛"。

二、远嫁乌孙　思乡作歌

元封六年（前105），细君公主出嫁乌孙。朝廷派出由几百人组成的庞大使团，护送细君公主前往乌孙。而送行的队伍也是人山人海，大臣们及其属吏在大鸿胪的引导下，整齐地排列在驰道两旁，为细君公主送行。细君公主的车队从长安行进到河西走廊，沿途都有地方官员迎送。

经历长途跋涉,细君一行人来到乌孙的首都赤谷城。乌孙昆莫猎骄靡举行了盛大的婚礼,迎娶细君为右夫人。不过,由于匈奴单于也极力拉拢乌孙,猎骄靡迫于压力,也娶了一名匈奴公主,封为左夫人。

新婚的细君公主,面对的是白发苍苍的老人,再加上语言不通,生活也很不习惯,于是新婚不久,就请求昆莫为她按汉朝的房屋式样营建了一所居室,带着侍女独自住了进去,以后每年只和昆莫见一两次面而已。《汉书·外戚传》对此的记载是:"岁时一再与昆莫会,置酒饮食,以币帛赐王左右贵人。"

在孤独和凄凉中,细君思念故乡,思念亲人。为排遣孤寂思乡之情,她作歌倾诉心怀:

> 吾家嫁我兮天一方,远托异国兮乌孙王。
> 穹庐为室兮旃为墙,以肉为食兮酪为浆。
> 居常土思兮心内伤,愿为黄鹄兮归故乡。

这首歌,后人称之为《悲愁歌》(亦作《细君公主歌》或《黄鹄歌》)。

细君的歌声一遍又一遍地打动了东归的使节和商旅的心。他们学唱后,又将其带回了京城长安,在向汉武帝禀报的同时,挥泪吟唱给他听。武帝听了也非常伤感,怜悯细君,每隔一年就派使者给细君送去一批帷帐锦绣及其他日用品,表示慰问。

两年后,乌孙昆莫猎骄靡去世,其孙子岑陬军须靡继承王位。按照乌孙的收继婚习俗,新王要继承除生母之外旧王的所有妻妾。这种习俗与汉地大相径庭,细君公主无法接受,遂向武帝请求归国。汉武帝让细君接受当地风俗,以成就联合乌孙共击匈奴的大局,细君只得再嫁岑陬。一年后,细君为岑陬生下一女,取名少夫。因产后失调,加上心绪难平,不久便忧伤而逝。

刘细君远嫁乌孙后,乌孙就成为汉朝向大宛、月氏、安息等地扩展的前哨据点,使节、商人以此作为向中亚进发的中转驿站。汉朝的丝织品、铁器、冶铁技术等通过这里传入了大宛、安息等国,而中亚、西亚等地的特产如毛织物、汗血马、石榴、葡萄、苜蓿等也相继传入中国。细君公主以自己一人的牺牲,不仅维护了国家的和平,也促进了中原汉地与边疆以及中亚西亚的经济文化交流。

三、细君之后 又有解忧

刘细君去世后,乌孙昆莫岑陬再次向汉廷求婚。太初年间(约前104年后),汉武帝选派楚王刘戊的女儿解忧,仍以公主的身份嫁给岑陬。为了在汉和匈奴之间寻求平衡,岑陬也娶了一名匈奴公主。

几年之后,解忧没有生育,匈奴公主却生下一子,取名泥靡。后来岑陬暴毙,因为泥靡还小,王位由岑陬的族弟翁归靡继承,此人身材肥胖,乌孙人称其为"肥王"。按照乌孙习俗,"肥王"收继了解忧公主和匈奴公主。

由于性情相投,解忧公主与"肥王"恩爱异常,并生下了元贵靡、万年、大乐三位王子。"肥王"对解忧关怀备至、言听计从,从而也拉近了汉廷与乌孙国的关系,双方信使往还,不绝于途。这激怒了匈奴单于,双方关系紧张,一触即发。

随同解忧远嫁乌孙的婢女冯嫽,知书达理,能言善辩。解忧公主待她像亲姐妹一样,将她嫁给了位高权重的乌孙右将军。解忧与冯嫽在王庭内外连成掎角之势,对乌孙国的政治、军事都产生了深远的影响。

汉宣帝本始三年(前71),匈奴单于发兵威胁乌孙国,要他们献出解忧公主，并与汉廷断绝一切关系。面对匈奴人的欺凌，"肥王"与解忧大为震怒，火速遣使邀请汉廷出兵，分进合击匈奴。汉朝辅政的大将军霍光立即兵分五路进击，又派人到乌孙监督作战。

匈奴人不敢和汉军正面作战，一路向西北逃窜，被乌孙国军队截击，迅速败退，死亡四万人，损失牛马羊及骆驼七十多万头，从此一蹶不振，汉代北方边疆得到了一个较长时期的平静。

汉廷与乌孙国通过这次军事合作，双方关系更加水乳交融，解忧公主在乌孙国的地位如日中天。冯嫽也被称作"冯夫人"，活跃在王公大臣之间，受尽礼遇尊敬，而且还代表汉廷，宣抚西域各国。

不久，形势突变。"肥王"一病不起，王位归还了岑陬的儿子泥靡，也就是匈奴公主所生的儿子，解忧公主的影响力下降。而且依照乌孙习俗，解忧公主又不得不下嫁尼靡，还为他生了一个儿子。

泥靡暴虐无道，人称"狂王"，国内反对声浪此起彼伏。不久，"狂王"杀死"肥王"的一个儿子，引起乌孙国的动荡。汉朝派人率兵前往乌孙国进行军事干预，并利用冯夫人的能言善辩以及对乌孙国内部情形的了解，多方疏通，说服各方派系，揭穿匈奴人的挑拨诡计，使乌孙接受汉廷的安排。最终，解忧公主与"肥王"所生长子元贵靡做了大昆莫，统治六万户；匈奴公主所生的乌就屠为小昆莫，统治四万户。双方分而治之，取得了暂时的安宁。

后来，解忧公主长子元贵靡和幼子相继病死，乌孙国人都归附乌就屠，解忧公主的处境也不复当年。

解忧公主从汉武帝太初年间远嫁乌孙，到汉宣帝甘露元年（前53），已在西域生活了五十多年。在远隔千里的异域经历四朝三嫁后，她上书宣帝表示"年老思故乡，愿得骸骨归汉地"，情词哀切。汉宣帝为之动容，便派人把她接了回来。甘露三年（前51），年已七十的解忧终于回到了汉都长安。

明争暗斗的刘姓诸王

　　皇室宗亲封王，是封建王朝的惯例。西汉王朝初期基于秦亡之一偏之见于此更是格外突出，封王既多，封地又广，中央朝廷并没有多少人口、地盘，可谓王满天下、朝小藩大。虽然说这同姓诸王统是当朝皇帝未出五服的至亲，但帝王之间、王王之间的斗争，也是明波暗流、血雨腥风，勾心斗角、暗中行事自不必说，更至于明火执仗、对阵沙场……

淮南王刘安

刘安（前180～前122），西汉王侯。淮南厉王刘长之子，高祖刘邦之孙，武帝刘彻的叔叔。刘安一生颇富悲剧意味，时时刻刻想谋反，并准备了许多器具，又总是迟疑不决，始终没有举兵，但最终却以谋逆被诛。淮南国地广人多，宫室崇峨，国库充盈，但刘安却不能善加利用，为封国、为朝廷做出些有益的事情来。刘安富有文才，对经书辞赋等有所研究，还与一干门客编撰了《淮南子》（又名《淮南王书》）。

一、淮相将兵　免坐谋乱

文帝八年（前172），淮南厉王刘长不食而死于蜀地雍县之后的两年，文帝感念由于自己处理方式不当，使唯一在世的弟弟早亡，于是封刘长的四个儿子为侯：刘安为阜陵侯，刘勃为安阳侯，刘赐为阳周侯，刘良为东城侯。贾谊对文帝此举有谏，文帝不听。文帝十六年（前164），文帝怜悯刘长因废法不轨，致使失国早夭，准备将原淮南国重新让刘长之子为王。当时原城阳景王刘章之子刘喜，被迁封为淮南国王，文帝重新将刘喜仍迁回原封国城阳为王，让出淮南国来，文帝将淮南国一分为三，分给刘长的三个儿子，阜陵侯刘安为淮南王，安阳侯刘勃为衡山王，阳周侯刘赐为庐江王。

景帝三年（前154），吴楚七国反。吴王派使者至淮南，淮南王刘安也想发兵呼应。刘安心活，凡事没有准主意，一有风吹草动，他也心有所动。当时的淮南相说："大王一定要响应吴国的号召的话，我愿替你统帅军队。"刘安把军队交给了国相，可这位国相忠于中央朝廷,也是为给刘安避祸,并未出兵助逆,而是凭借淮南国城池坚守,不听刘安的指挥。朝廷也派曲城侯蛊捷率领军队解救淮南国,淮南国因此没有被七国军队攻破,得以保全。

刘安的修养也有好的一面,性格文静,并不是无所事事、以作恶为乐的那类王者。刘安喜欢学问,为人好读书、弹琴,平日不喜欢牵着猎狗、骑马驰骋。他想按照当时的风俗,多做善事,积阴德,为政能安慰百姓,以此传播名誉。这本是刘安性格中好的一面,但是他有个毛病,就是禁不住诱惑,这是后来引来祸患的内在心理因素。但刘安的群臣、宾客,多江淮间轻薄之士,这又给刘安后来不善自处带来了客观因素。

刘安喜欢招致宾客方术之人,这些人多达数千人。他招集这些人,作《内书》二十一篇,《外书》的篇目众多,还有《中书》八卷,说的都是神仙之术,记载冶炼黄金白银的奇特方法等。这些书总共有二十多万字,就是所谓《淮南子》,又叫《淮南王书》。当时汉武帝正好也爱好艺术、文章等,由于刘安本人治理政务办法多,又擅长文辞,因此对这位堂叔十分尊重。武帝每次让刘安写些报书及赐书,常常召司马相如等大文人看了刘安的草稿之后再抄转向下发送。

起初,刘安入朝,向武帝献所作《内篇》(《内书》),当时此书新刻版,汉武帝十分喜爱,收藏了起来。武帝又让刘安作一部《离骚传》,刘安早上接受诏命,到了傍晚吃饭的时候就写完交给了皇上。这说明刘安才思敏捷,具有真才实学。此后,刘安又向皇上献《颂德》、《长安都国颂》。

汉武帝每次宴会召见刘安,共同谈论政务得失、方术、技艺、赋颂,俩人都兴致勃勃,一直到天黑日落,然后才肯罢休。这一切宠遇,都是别人不可企及的荣誉。但刘安觉得这些宠遇还不够，总认为应该得到比这更多的东西。但武帝之时，汉政非常严谨，又是西汉经济文化、政治的高度发展时期，刘安想在此时偷窥王位，只能作茧自缚。

二、雅善田蚡　窥伺皇位

刘安初次入朝的时候，就和当时担任太尉的武安侯田蚡关系很密切。田蚡为人比较轻浮，他在灞上迎接刘安，赞许说："方今皇上没有太子，大王您是高皇帝的亲孙子，像您这样地行仁义，天下莫不闻。如今宫车一旦停止驾驶，不是您即位还能立谁呢！"田蚡是汉武帝的舅舅。刘安在长安交通入口的灞上听到皇舅又是执掌全国最高军事指挥权的田蚡如是说，不禁心中大喜，于是种种幻想由此滋生，刘安用厚金重宝送给田蚡，用心贿赂，想收买这位皇亲贵戚。

刘安周围环绕的群臣、宾客，多是江、淮之间行为轻薄的人，这些人原是刘长的故人，他们对刘安重新收留了自己而分外感激。这些人讨好刘安的方式十分鄙俗，有时无根无据地出谋划策，只要刘安喜欢，这些人从不考虑后果。

武帝建元六年（前135），彗星出现在天空。刘安身边有人劝他说："早先吴王刘濞发兵时，彗星出，长数尺，就这样尚且流血千里。今彗星竟横贯天空，天下兵当大起。"刘安也认为皇帝没有太子，天下必有变，诸侯将并争皇位。

于是刘安愈加锻冶攻战器具，囤积资金，用金钱贿赂周边郡国。游士们借天象反常之机胡编些好听的顺耳话，阿谀奉承刘安，刘安听了很兴奋，赐了这些人很多东西。

刘安的喜与怒大多系于汉武帝无男与有男之上。汉武帝废去皇后陈阿娇之后，立卫子夫为皇后，接连先有三女，此后才得生一男，即戾太子刘据。刘安发兵作乱的心潮也时涨时消，反复无定。他始终处于一种矛盾状态,时而积极准备谋反,时而又伺机观望,谋逆之念时断时续,最终也没有像吴楚七国那样,大举兴兵。刘安始终只是怀有企图。

刘安有位叫刘陵的女儿,聪慧有口才。刘安很疼爱这个女儿,就委以重任,给她许多金钱,派她到朝廷所在地长安城中,侦探朝廷及后宫内情,等待时机。刘陵遵从父命,窥探情况之外,还和皇帝左右的人协约、勾结。

汉武帝元朔二年(前127),武帝赐刘安几杖,特准不朝。刘安的皇后荼受刘安爱幸,生子刘迁,刘安将刘迁立为淮南王太子。太子长大后,娶王皇太后之女修成君(武帝同母异父的姐姐)的女儿为太子妃。当时刘安正为谋反做准备,畏惧太子妃泄露机密,就和太子刘迁商量,让太子假装不爱王妃,三个月不同席。刘安又假装对太子的行为不满,强制关门,让太子与妃同室,太子却始终不近王妃。由此,王妃自己请求离去。刘安于是上书谢罪,王妃归去。

三、雷被上书　削地见耻

刘安的皇后荼、太子刘迁、女儿刘陵擅淮南国之权,强夺百姓田宅,妄自击人,横行不法,刘安竟不加辖制。

太子刘迁学用剑,自高自大,以为人莫能及,就想找个人比试,长自己之威。刘迁听说本国郎中雷被剑术高超,就召雷被与戏。雷被对太子的狂妄自大又位尊他人,自然了解,比赛中自然一再谦让,还是终因躲闪不当,误中太子。太子在淮南国中不可一世,虽然是误中,照样雷霆大发,雷被恐慌,自知惹下乱子。

此时朝廷正在招募军士,聚兵反击匈奴,凡有想从军的人就可以立即到长安报名,雷被就想报名为国出力,同时逃避太子的报复。可是太子刘迁咄咄逼人,寸步不让,多次在刘安的面前说雷被的坏话，诋毁他。刘安就命郎中令斥免去雷被职务，并不许他去长安报名。

元朔五年（前124），雷被才慢慢地逃到长安，上书为自己申辩。这样，刘迁的劣迹被揭露出来，有关方面下令逮捕淮南太子。淮南王刘安与王后计议，想不送太子归案，发兵谋反。刘安来回犹豫了十多天，谋反的事最后还是决定不下来。当时正好有诏书到，要立刻传讯太子刘迁。

淮南丞寿春为讨刘安欢喜，没有接受上司的命令将王太子刘迁逮捕。于是淮南相和淮南丞之间产生了矛盾。淮南相很生气，因淮南丞留下太子、顺承王意，于是上书朝廷弹劾淮南丞寿春有不敬之罪。刘安请国相不要上书，国相不听。刘安就派人上书告淮南相，案件下到廷尉治理。

在处理淮南相的过程中，事件追根溯源，踪迹牵连到刘安。刘安派使者到京城，等候司事，看看结果将如何。刘安的使者在京城中，得知汉公卿讨论此案件，都请求皇上逮捕处治刘安，便将消息通知了刘安。刘安听到这类消息，心中又担忧起来，又想发兵。太子刘迁出计谋说："汉使就是要逮捕大王的话，可令武士外穿卫士的衣服，持戟拥卫左右。如遇有不顺心的人，立刻就杀了他。我再派人刺杀淮南中尉，您再举兵，这样做也为时不晚。"

汉武帝并没有采用公卿们的意见，却派中尉前来传讯刘安，核对事实。刘安看到朝廷中尉面色和蔼，只是询问斥免雷被的事情，猜测没有什么危险发生，就没有发兵。朝廷中尉回到京中，把自己讯验的事情报告了朝廷。

公卿和治理此案的大臣们说："淮南王刘安阻止请求奋击匈奴的雷被等案件，依据法律条文，证据确凿，罪大恶极，应判弃市。"汉武帝下诏不许。公卿们又请废除刘安王位，汉武帝也不同意。于是公卿们又请削五县，汉武帝只允许削二县。这种处罚是够轻的了。武帝又派中尉前往宣布赦刘安等罪，罚以削地。中尉进入淮南国界，就宣传说赦淮南王。

刘安起初听到公卿请皇帝诛杀他，还不知道皇帝仅仅批准削地为罚，所以听说派了汉使来，恐怕他是来逮捕自己归案的，就和太子商定仍用上回的计策。中尉到来，立刻向刘安道喜，因此刘安也就没有发兵。但是这件事过后，刘安自怜自伤："我实行仁义治理诸侯国，反而被削地以罚，寡人真感到莫大的耻辱。"准备谋反的活动反而越加剧烈。

四、长子不侯　王孙上书

淮南王刘安日夜与左吴等人察看地图，部署行军作战的路线。刘安还说："陛下待我宽厚，陛下万世之后，我怎能北面服事竖子！"刘安的思想总是集中在"上无太子"、"吾高帝孙"上。

雷被误中太子、被斥免上报的案件总算过去，本来总算风消雨停。没想到淮南王孙刘建上书，最终导致刘安以谋反被诛。

刘安有个庶出的儿子，叫刘不害，在刘安的儿子中年最长。可是刘安不喜欢他，王后荼不以他为子，太子刘迁不以他为兄。刘不害有个儿子叫刘建，才能很高。他常常怨恨太子刘迁不把自己的父亲列位兄弟数中，又怨恨淮南王刘安不封刘不害为诸侯，为自己父亲的遭遇而愤愤不平。

刘建偷偷地与外人结交为援，想害死太子刘迁，让父亲刘不害取而代之。刘迁听到这个消息，就多次捕捉刘建，击笞他。刘建洞悉太子欲谋杀中尉的计划，就派跟自己关系很好的淮南国丞寿春、大臣严正给天子上书道："毒药苦口利病，忠言逆耳利行。今淮南王孙刘建才能高，淮南王后荼、荼子刘迁常嫉害刘建。刘建的父亲刘不害没有犯罪，他们擅自缉拿，欲杀之。今刘建在，可以调查询问，刘建知道淮南王其他所有的政治阴谋活动。"

上书到达朝廷，皇帝就以书中所言，令廷尉、河南令治理。那一年正是汉武帝元朔六年（前123）。已故辟阳侯审其食的孙子审卿和汉丞相公孙弘关系好，审卿心中也常埋怨淮南厉王刘长锤杀自己的祖父，于是私下求公孙弘，根据淮南王刘安所犯的罪案，陷害刘安。丞相公孙弘也怀疑淮南王确有叛逆之谋，于是深究其狱。河南令治刘建，在刘建的口供中牵涉到太子刘迁和他的党羽。

五、伍被上书　刘安自裁

当时有个叫伍被的，以才能著称于世，担任淮南国中郎。那时淮南王刘安好术学，折节下士，招致英才以百数，伍被是冠首。时间长了，淮南王阴有邪谋，伍被多次在私下劝谏，刘安不仅不听，还痛打伍被的父母，将他们囚禁三个月。即使如此，伍被每次被刘安召见，总是对其准备谋反之事，发表自己的见解。就是后来河南令逮淮南王孙刘建，刘安准备谋反，伍被还是流涕而起，谏阻刘安，说当今皇上圣明，国泰民安，造反必亡。"

虽然伍被多用雅辞赞美朝廷，但淮南王刘安坚持谋反，伍被最终还是为其出谋划策了。伍被的策略是：伪造诏书，说要征召各郡县的百姓、豪杰巨富迁徙到朔方郡，以激民怨；再伪造诏狱书，声称大肆逮捕诸侯太子及其宠臣，以使诸侯恐惧。伍被认为造成人心混乱之后，再派遣能言善辩的谋士前去游说，或许可以侥幸成功。

刘安并没有听从伍被的计策，他认为直接发兵即可，不用伪造诏书。刘安想发兵谋反的决心如同锋刃一样，越来越坚锐了。刘安令官奴进入王宫中，偷偷做皇帝玉玺，做丞相、将军、二千石高官等印，汉使节御史冠等。

刘安又和伍被计划，准备派人伪装在淮南国犯法逃亡到长安，投奔大将军卫青和丞相公孙弘；一旦发兵，即令此人刺死大将军卫青、说服丞相公孙弘。刘安又想调集淮南国内的军队，但恐怕淮南国国相、二千石官不听。刘安与伍被谋划，如果淮南相与二千石官不听的话，就用计消灭他们：假装王宫中失火，乘丞相、二千石官救火之机杀之。刘安与伍被又想命人穿上捕盗之吏的衣服，拿着征召军队的文书，自南方跑来，大声喊着"南越兵入"，借着这个机会名正言顺地发兵。刘安于是派人到庐江、会稽等地寻找捕盗吏卒之衣。

当时治刘建一案的朝廷廷尉因为刘建的供词牵连到太子刘迁，于是上报给汉武帝。武帝派遣廷尉监与淮南国的中尉逮捕太子刘迁。两使者到了淮南国，刘安听说了，与太子刘迁计议召见丞相、二千石官，想杀死这些人后发兵。可是，只有丞相接到王命前来，内史和中尉都没有到。其中，中尉带话说："我已经接受诏书的命令，不能见淮南王。"

刘安琢磨，仅仅杀了丞相，内史和中尉不来，也没有什么用。刘安随即罢免相职，谋反的计划还踌躇着没有决定。

刘迁琢磨自己受到株连的原因是谋杀朝廷中尉，所预谋参加谋杀的人都已经死了，再无人证。于是，他就对刘安说："群臣可用者皆在上次案件中击杀，现在也没有足以能证明我们举事的人。大王在不合适的条件下发兵，恐怕不会成功。臣愿应命往逮。"刘安也不太想发兵，马上就同意了太子刘迁的想法。

伍被也是思想起伏不稳定的士族。他起初坚决反对刘安谋反，接着又帮助刘安谋反出谋划策，随后又自责，觉得于心有愧，于是自己亲自上书，最终使刘安谋反之事遍晓天下。而他自己虽为武帝所爱惜，但张汤阻挠，武帝当时十分信任张汤，最终伍被虽自首，仍不免一死。

捕吏因伍被辞语所连及，尽捕淮南太子刘迁、淮南王后荼，朝廷以军队围淮南王宫以及国中刘安宾客，有司索得刘安准备谋反的各种器具。皇帝派公卿治理此案，所牵连与淮南王刘安谋反的列侯、二千石官、豪杰有数千人，皆以罪轻重受诛。此案株连甚广，最终株连死者数万人，包括皇室王者。

有司论及刘安罪行，赵王刘彭祖、列侯张让、胶西王刘端（景帝之子）都说刘安大逆无道，谋反事实清楚，应当伏诛。丞相公孙弘、廷尉张汤将此议报告，汉武帝派宗正持符节前往治裁淮南王。宗正尚未到达淮南国，刘安便自刎而死。淮南国除为九江郡，并入了朝廷之地。

衡山王刘赐

刘赐（？～前122），西汉王侯。与淮南王刘安是亲兄弟，都是淮南厉王刘长的儿子。他们的经历也颇有相似之处。同被封侯、封王，都没有卷入吴楚七国之乱，却又都在汉武帝朝因谋反被诛。

一、一家上下　乌烟瘴气

汉景帝朝，吴楚七国之乱时，吴王刘濞曾经派人联络淮南王刘安、衡山王刘勃和庐江王刘赐，刘安准备响应，却为国相设计阻止了；刘赐虽然没有响应，但却派出了使者联络邻国越国；而他们的弟弟刘勃最为忠贞，不为所动。因此，在吴楚之乱平定后，汉景帝特别优待衡山王刘勃，把他的封国从低湿的南方换成了济北，封为济北王。只是刘勃早逝（死后被赐贞王），加上刘赐的封国与越国相近，而且双方联系密切，汉景帝才把刘赐转封衡山王，从此才有了衡山王刘赐。

衡山王刘赐的王后乘舒生了三个孩子，长子刘爽被立为太子，二子刘孝，三女刘无采。又有姬妾徐来生子女四人，一个妃嫔厥姬生子女二人。

衡山王和淮南王两兄弟在礼节上相互责怪抱怨，关系疏远，不相和睦。衡山王闻知淮南王制造用于叛逆谋反的器具，也倾心结交宾客来防范他，生怕被他吞并。

元光六年（前129），衡山王刘赐入京朝见，他的谒者卫庆懂方术，想上书事奉天子。衡山王很恼怒，故意告发卫庆犯下死罪，用严刑拷打逼他认罪。衡山国内史认为不对，不肯审理此案。衡山王便指使人上书控告内史，内史被迫办案，但直言衡山王理屈。衡山王又多次侵夺他人田产，毁坏他人坟墓辟为田地。有关部门长官请求逮捕并追究衡山王的罪责。汉武帝不同意，只收回他原先可以自行委任本国官秩二百石以上的官吏的权力，改为由天子任命。衡山王因此心怀愤恨，和奚慈、张广昌谋划，四处访求谙熟兵法和会观测星象以占卜吉凶的人，他们日夜鼓动衡山王密谋反叛。

王后乘舒死后，衡山王立徐来为王后，厥姬也同时得到了宠幸，两人互相嫉妒，水火不容。厥姬向太子刘爽说王后徐来的坏话，她说："徐来指使婢女用巫蛊邪术杀害了太子的母亲。"从此，太子心中怨恨徐来。徐来的哥哥来到衡山国，太子与他饮酒，席间用刀刺伤了他。王后怨恨太子，屡次向衡山王诋毁。太子的妹妹刘无采出嫁后被休归娘家，和奴仆通奸，又和宾客通奸。太子屡次责备刘无采，无采很恼火，不再和太子来往。王后得知此事后，就殷勤关怀无采。无采和二哥刘孝因年少便失去母亲，不免依附王后徐来。徐来就巧施心计爱护他们，让他们一起毁谤太子，衡山王因此多次毒打太子。

二、内乱外叛　全家被诛

元朔四年（前125）中，有人刺伤王后的继母，衡山王怀疑是太子指使人干的，就用竹板毒打太子。后来衡山王病了，太子经常声称自己有病，不去服侍。刘孝、王后、刘无采都说他的坏话："太子其实没病，他是没病装病，脸上还带有喜色。"衡山王大怒，想废掉刘爽的太子名分，改立其弟刘孝。

王后知道衡山王已决意废除太子，就又想一并也废除刘孝。王后有一个女仆善于跳舞，衡山王十分宠爱她，王后打算让女仆和刘孝私通来陷害他，以便一起废掉太子兄弟，从而把自己的儿子刘广立为太子。

太子刘爽知道了王后的诡计，心想王后屡次诽谤自己不肯罢休，就算计与她发生奸情来堵她的口。一次，王后饮酒，太子上前敬酒祝寿，趁势坐在了王后的大腿上，要求与她同宿。王后很生气，把此事告诉了衡山王。于是衡山王招来太子，打算捆起来毒打。太子知道父王常想废掉自己而立弟弟刘孝，就对他说："刘孝和父王宠幸的女仆通奸，无采和奴仆通奸，父王打起精神多多加餐吧，我请求给朝廷上书。"说罢转身离去。衡山王派人去阻止，不能奏效，就亲自驾车去追捕太子。太子乱说坏话，衡山王便用镣铐把他囚禁在宫中。

刘爽被囚之后，刘孝越来越受到衡山王的亲近和宠幸。衡山王很惊异刘孝的才能，就给他佩上王印，号称将军，让他住在宫外的府第中，给他很多钱财，用以招揽宾客。登门投靠的宾客，知道淮南王、衡山王都有背叛朝廷的谋划，就日夜奉迎鼓励衡山王。于是衡山王指派刘孝的宾客江都人枚赫、陈喜制造战车和箭支，刻天子印玺和将相军吏的官印。衡山王日夜访求像周丘一样的壮士，多次称赞和列举吴楚反叛时的谋略，用它规范自己的谋反计划。衡山王不敢仿效淮南王希冀篡夺天子之位,他害怕淮南王起事吞并自己的封国,认为可等待淮南王西进之后,自己乘虚发兵平定并占有长江和淮水之间的领地。

元朔五年(前124)秋,衡山王进京朝见天子。经过淮南国时,淮南王竟说了些兄弟情谊的话,消除了从前的嫌隙,彼此约定共同制造谋反的器具。衡山王便上书推说身体有病,皇上赐书准许他不入朝。

元朔六年(前123)中,衡山王指使人上书皇上请求废掉太子刘爽,改立刘孝为太子。刘爽闻讯,就派和自己很要好的白嬴前往长安上书,控告刘孝私造战车箭支,还和衡山王的女侍通奸,意欲以此挫败刘孝。白嬴来到长安,还没来得及上书,官吏就逮捕了他,因他与淮南王谋反事有牵连。衡山王听说刘爽派白嬴去上书,害怕他讲出国中不可告人的隐秘,就上书反告太子刘爽干了大逆不道的事,应处死罪。朝廷将此事下交沛郡审理。

元狩元年(前122)冬,负责办案的公卿大臣下至沛郡搜捕与淮南王共谋的罪犯,没有捕到,却在衡山王儿子刘孝家抓住了陈喜。官吏控告刘孝带头藏匿陈喜。刘孝认为陈喜平素屡次和衡山王计议谋反,很害怕他会供出此事。他听说律令规定自首者可免罪责,又怀疑太子指使白嬴上书将告发谋反之事,就抢先自首,控告枚赫、陈喜等人参与谋反。廷尉审讯验证属实,公卿大臣便请求逮捕审讯衡山王。汉武帝不同意,而是派遣中尉司马安、大行令李息赴衡山国就地查问衡山王,衡山王一一据实回答。

随后,官吏把王宫包围起来严加看守。中尉、大行令还朝,将情况上奏,公卿大臣请求派宗正、大行令和沛郡府联合审判衡山王。衡山王闻讯自杀。刘孝因主动自首谋反之事,被免罪;但他犯下与衡山王女侍通奸之罪,仍处死弃市。王后徐来也犯有以巫蛊谋杀王后乘舒罪,连同太子刘爽犯了被衡山王控告不孝的罪,都被处死弃市。所有参与衡山王谋反一事的罪犯都满门尽杀。衡山国废国为郡,西汉历史上的衡山国从此消失了。

梁孝王刘武

刘武(? ～前144),西汉王侯。汉文帝刘恒之子,景帝刘恒之弟,武帝刘彻的叔叔。刘武与景帝乃一母同胞,为窦氏所生,此即《汉书》所称"同产弟"。他最为母亲窦氏疼爱,文帝刘恒也对这个弟弟宠爱有加,并一时兴起,说要在自己百年之后传位给他。正是在这个问题上,兄弟之间发生了分歧,刘武最后抑郁而终。

一、中柱平叛　赐比天子

刘武很早即被封王。文帝二年(前178),刘武和兄弟刘参、刘揖同日立为王。刘武先为代王,四年后徙为阳王,十二年后徙为梁王。从他初立为王算起,到当上梁王,前后共计为王已有十一个年头了。

刘武为王的第十四年,从封国入朝。其后分别在为王的第十七、十八两年,比年入朝。这次入朝,刘武在京师留住一年,第十九年才回到自己的封国中去。第二十一年和二十二年又比年入朝,此时汉文帝已崩,景帝刘恒已立。刘武之所以比其他皇子频繁入朝,和母亲窦太后很有关系。跟所有的母亲一样,窦氏特别疼爱这个小儿子,刘武也十分依恋母亲,并且出众地孝顺。

刘武在汉景帝即位后第二年起,又比年入朝。第二次入朝时,景帝尚未立太子。在一次以兄弟礼宴的酒席中,可能是为讨母亲欢喜，也可能是因为一奶同胞，景帝分外地疼这个弟弟，一时高兴，就脱口说道："千秋万岁后传王。"窦太后听了很高兴。可梁王刘武的表哥窦婴斟酒敬景帝说："天下，是高祖天下，父子相传，是汉朝的规定。皇帝之位何以得传梁王？"窦婴此话，实际上是提醒景帝，皇帝传位之事，是一件大事。听完景帝的话，梁王刘武辞谢了兄长的传位美意。虽然梁王知道，这不一定是景帝肺腑之言，按汉约帝位兄弟间不得相传，但是刘武心中还是暗暗高兴。窦太后的心中自然也愿意让梁王也做做皇帝，有两个儿子能称帝，从各方面来看，窦氏都可有许多的好处。

景帝三年（前154）的春天，吴楚齐赵等七国谋反，先进攻了梁国的棘壁，杀死数万人。梁王刘武据睢阳城自守，派韩安国、张羽等为将军，抵挡吴楚的军队。吴楚以梁国为限，不能越过，也就不能向西挺进。梁国在阻吴楚叛乱中起到了很重要的屏障作用。

在与吴国的对抗中，梁国的形势也很紧张，刘武曾多次向周亚夫求救，甚至上书景帝。景帝诏周亚夫救梁，周亚夫不奉诏，坚壁不出，同时派轻骑断吴楚粮道，使吴楚兵乏粮，饥饿难当，退兵时，周亚夫出精兵追击，遂使吴楚军大败。从战略上讲，周亚夫坚壁不出、避其精锐是对的；不向梁国发兵，也是战略需要，无可指责，但无形之中，却得罪了皇亲国戚。此后周亚夫多次受到梁王刘武的诋毁，虽然功高，但终于被景帝疏远，竟至不食，呕血而死。

刘武等与周亚夫和吴楚叛军前后相拒三个月。吴楚军破后，梁国所杀叛军和俘虏几乎和汉军的数量差不多。梁王刘武之国被誉称为"中柱国"，在诸侯藩国中平叛之功最为突出。梁王本来就因窦太后而受宠，此时又立巨大战功，诸侯贵戚，莫敢为比。景帝心中自然也高兴，于是赐天子旌旗，以示梁王功高莫比。

在诸侯国中，刘武因与景帝一母同胞，所以和景帝最亲。这次刘武在平叛中又立大功，赏赐不可胜道。梁国又是大国，居汉天下膏腴之地，北界泰山，西至高阳，连绵四十余城，城中多大县，可以说资金丰厚，物产富饶。当时梁王正值年富力强，受母宠，受皇兄宠，又立战功，正是春风得意之时。刘武大修宫室，在王宫中来往交通均是复道，从东苑的宫中连属到平台有三十余里长。

刘武出门一次千乘万骑相随，还像天子一样，出入警戒，禁止行人。刘武还广招四方豪杰，扩大自己的各项实力，当时自山东一带的游士没有不来的，如齐国人羊胜、公孙诡、邹阳等等，名流荟萃。其中公孙诡多奇妙计，第一次见面时，刘武就赐其千金，授官中尉。

刘武又多作兵弩弓箭等数十万，而梁国府库中的金钱却以百万计数，珠玉宝器比京师还多。

二、刺杀袁盎　兄弟生隙

景帝三年（前154），梁王入朝。汉景帝派使者乘马驾驷车迎梁王于关下。景帝接待刘武的这个仪式是很隆重的。朝见完毕，刘武上疏，为窦太后请留，汉景帝同意了。刘武受到景帝空前的礼遇，入则侍帝同辇，出则同车游猎于上林苑。梁王的侍中郎、谒者等，都和朝廷的官员们一样，也在宫门上悬挂着门籍，持引籍出入天子殿门，这是非常特殊的待遇。刘武的属员们也是显赫一时。

同年十一月，景帝废栗太子刘荣。梁王的母亲疼爱小儿子，从内心里想让景帝立刘武继承帝位。景帝也有立弟承嗣的想法，而且在公卿面前表示了出来。当时大臣和袁盎有谏，劝景帝立己子为太子；如兄弟相传，则恐诸侯争夺不已，天下将大乱。窦太后有心却无力帮助。由于太后议止，遂不复言。刘武语塞，也不敢再在太后面前说继承帝位的事。刘武的心事，保密得很好，世人不知，他和皇兄告辞后就回归了自己的王国。刘武又曾上书：要求批准修筑一条封闭式通道，由梁国直达关中的长乐宫，以便随时都可以朝见太后。袁盎等皆建议，以为不可。

景帝七年（前150）夏四月，汉景帝立胶东王刘彻为皇太子。梁王心怨袁盎等议臣，就和幕僚羊胜、公孙诡等人谋议，暗地里想派杀手刺杀袁盎和其他议臣十余人。

当时袁盎病重家居，但景帝还是时时派人问袁盎，征询有关国家的应对之策，对袁盎很是器重。梁王刘武派的第一位刺客到关中，打问袁盎，人们一提起来就赞不绝口。这位刺客就面见了袁盎，说："臣接受梁王之金，前来刺君。君是长者，不忍刺杀。但此后继刺者尚有十余拨，请君小心防备！"

袁盎听了心中闷闷不乐，家人都奇怪袁盎的心情怎么这样不好。袁盎到棫时已闻名于世的贤士、善术者载生那里问占，返回来的时候，后继的梁王刺客果然拦住了袁盎，将他刺死在安陵郭门外。这些刺客并没有马上捕到。但由于袁盎曾谏阻过嗣位之事，景帝很自然地怀疑是梁王派人干的。

后来等抓到了刺客，果然是梁王唆使的。于是汉景帝派出许多官员，致使冠盖相望于道，共同处理此案。官吏搜捕公孙诡、羊胜，刘武就把这些人都藏匿在自己的王宫中。使者责备追究梁国二千石官员们的责任，形势非常紧迫。当时梁相轩丘豹及内史韩安国皆泣谏刘武，刘武才命令羊胜、公孙诡皆自杀，然后送出尸首。

汉景帝对于刘武擅杀家居的名臣，十分不满，心怀怨恨，兄弟之间有了隔阂。刘武见皇帝生气了，十分恐惧，就派韩安国借着长公主谢罪太后。因为长公主刘嫖和景帝关系挺好，立王皇后和立皇太子刘彻都与她参与有关。

汉景帝的怒火稍稍消解之后，刘武就乘着机会上书请朝。刘武等到快入关了，梁大夫茅兰劝说刘武，让他乘着布车到关口，然后跟两骑化装入关，藏在长公主的园中。汉使到关口迎接梁王，只看见车骑尽在关外，可是关外的人却不知刘武在什么地方。刘武派人杀袁盎，本身犯重罪，这时又不见了，窦太后听到这个消息，因恐而泣："帝杀吾子！"汉景帝心中也很忧愁，担心刘武发生了什么事。

汉景帝、窦太后母子俩忧心忡忡，正在此时，有人报告说，梁王刘武背负斧头，跪在阙下谢罪。当时窦太后、景帝都大喜，于是刘武母子三人相与而泣。但景帝还是渐渐疏远了刘武，不再和他同乘车辇了。

景帝后元二年（前144）冬，梁王重新入朝。刘武上疏想留在京师，与窦太后同乐，景帝不许。刘武只好归国，心中郁郁不乐。

第二年，刘武北猎梁山，有人献上一只怪牛，实际上是畸形，牛脚从牛背上长出来。梁王见了，心中很是忌讳。这年六月，刘武病逝。

梁王死后，因他对母亲十分孝顺，就在他的封号上加了一个"孝"字，称梁孝王。

临江王刘荣

刘荣（？～前148），西汉王侯。汉景帝刘启长子，武帝刘彻长兄。景帝妃栗姬所生。景帝四年（前153）封为皇太子，四年后时被废为临江王，最后又因犯法落到酷吏手中畏惧、绝望而自尽。他的被废，与母亲栗姬大有关系；而他的身死国除，却不能不说与性格和时代因素有关。

一、不纳阿娇　子废母亡

汉景帝的姐姐长公主刘嫖，是位很有权术的女人。她和弟弟关系搞得比较好，经常出入后宫。凡是讨好长公主刘嫖的后宫诸姬，经长公主进言，都能受到景帝的宠幸，因此，刘嫖在后宫很有威望。当然，刘嫖常进后宫，也有自己的政治打算。

当时，栗姬因生了三个儿子，又貌美，前薄皇后因无子不得宠，栗姬宠极一时。长公主刘嫖想把女儿阿娇许给栗姬所生的太子刘荣为妃，以便亲上加亲，巩固自己在皇族的地位。可是栗姬比较缺乏政治远见，没有意识到刘嫖的政治潜力，加上嫉恨刘嫖将诸美人推荐给景帝，夺自己的专宠，没有同意，从而无形之中给自己树立了一个劲敌。

与栗姬合作不成，刘嫖并不灰心泄气。别人与栗姬的想法也不一样，因此长公主将这门婚事与刘彻的母亲王美人说了，想把女儿许给刘彻，王美人一口答应。这样，刘嫖和王美人联合起来，一个要让女儿当皇后，一个要让儿子当将来的皇帝，这就必然要打败已经成为太子之母的栗姬；而打倒栗姬之后，打倒太子刘荣就容易多了。

两个女人内外夹攻，在景帝面前说栗姬的坏话。在这场宫廷角逐中，栗姬渐渐处于劣势。但是最终的败局是栗姬自己做出来的。栗姬是一个只顾眼前利益的女人，在最关键的时刻犯了错误。当时景帝生重病，就想把自己的所有儿子托付给栗姬，说："我百岁后，请善待他们。"栗姬心生怨气，不肯答应，甚至出言不逊。

景帝听了栗姬的回答很不满意，心想吕氏专权、诛杀刘氏皇子的事不能再重演。但当时景帝并未将自己的爱憎表现出来。

适逢此时，刘嫖不断地夸奖王夫人之子刘彻的种种美德。景帝自己注意观察，也觉得刘彻是德才皆备的贤人。于是景帝越来越喜欢刘彻了。王夫人见时机成熟，专意触景帝之怒，让景帝恨栗姬。王夫人私下悄悄地跟大臣们说，该拥立栗姬为皇后了。当时的大行（官职）没有看出其中奥妙，就向景帝提议说："现在太子母后宜为皇后。"景帝十分生气，说："这话是该你们说的吗？"于是立案，诛大行，景帝废太子刘荣为临江王。

太子刘荣被废，这自然让栗姬心中郁闷，又不得晋见皇帝，陈述冤屈，忧闷难遣，就自尽了。栗姬虽然受宠，但并不太了解景帝为人。景帝处事缜密，绝不肯把诸姬之子随便赋予生性尖刻、不肯容他人之子的后宫女子。吕后的淫威，也是刘氏皇族最为嫉恨的，景帝最为担心的。栗姬的一句话，就使自己本来处于优势的地位全面崩溃。何况早有人向她两面夹击呢！

二、坐侵庙地　身死国除

汉律，坐侵庙地为重罪，将受诛。景帝时，晁错因自己为内史，府居太宗庙外墙边上，出入不便，穿门南出，凿坏了太宗庙的外墙。丞相申屠嘉欲因此过为奏，请诛晁错。晁错听说了，马上就请丞相在上朝期间对皇上说。因为当时晁错心中有底，景帝十分看重自己，才不太在意。丞相申屠嘉奏事，乘机就把晁错擅凿庙垣为门之事上奏，请求拿下晁错让廷尉诛之。景帝回答："这不是宗庙的墙，是护宗庙墙的外墙，不至于犯法。"这不过是替晁错开脱罪责而已。申屠嘉罢朝后，怒气冲冲地对长史说："我应当先斩后奏。如今先奏请，本来就是失策。"

刘荣也犯此类罪，占用宗庙外墙地盖宫殿，景帝可没有替他说话。景帝中元二年（前148）春三月，因占用宗庙外地之罪，刘荣被景帝征召入京。赴京时，刘荣刚上车，轴折车废。江陵父老流涕窃言："吾王不返矣。"刘荣临行之时，曾在江陵北门祭嫘祖，为的是一路平安。刘荣到了京师，诏诣中尉府对簿，由郅都审问刘荣。郅都是当时行法不避贵戚的名臣,列侯宗室见郅都都害怕得侧目而视,时人号为"苍鹰"。

郅都执法严,但并不乱执法。郅都审问刘荣的过程中,临江王刘荣想得到刀笔刻写书简,奏谢皇上,郅都禁止从吏给他。偏有好事的魏其侯窦婴,原任太子太傅,当年为废太子刘荣力争不得,与刘荣感情甚深,就在这等小事上关心刘荣,派人乘着空隙送给临江王刀笔书简。刘荣既得书笔,写书谢上,觉得已说清楚罪过,无牵挂于世,就用刀笔自尽了。

刘荣自尽,当然是怕"苍鹰"依法严办,又怕自己在公堂上受辱,其中也有对于父王景帝的绝望,又觉得自己没有申冤辩理的机会。实际上刘荣扩建宫殿,只是占用了文帝庙前的一块空地,罪不至死。

刘荣死后葬在蓝田。做临江王期间,刘荣待百姓厚道。为刘荣之死,百姓多有怜之。

刘荣是窦太后长孙,刘荣自杀的消息传进后宫,窦太后大怒,认为是郅都执法有误,所以景帝不得不把郅都免官。没过多久,郅都因为防备匈奴而擅调军队,窦太后抓住这事不放,于是郅都终于为刘荣抵罪,被斩。

刘荣无子,国除。地入于汉,为南郡。

江都易王刘非

刘非(139~180),西汉王侯。汉景帝刘启与程姬所生子。

刘非在汉景帝前元二年(前155)以皇子的身份被封为汝南王。吴楚七国反叛时,刘非年仅十五岁,但却有勇有谋,上书天子,志愿领兵攻打吴国。景帝赐给他将军印,令其攻打吴国。吴国被击败后，第二年，景帝改封刘非为江都王，治理吴国原有的封地，因为有军功受赐天子的旌旗。

汉武帝元光五年（前130），匈奴大举入侵汉境为害，刘非又上书志愿攻打匈奴，武帝没有答应。

刘非喜好使弄气力，建造宫殿，招纳各地豪杰侠士，十分骄纵豪奢。

江都易王刘非在位二十六年去世，谥号"易"。儿子刘建继位为王，刘建在位七年自杀而死。

江都王刘建

刘建（？～前121），西汉王侯。汉景帝刘启之孙，江都易王刘非之子，武帝刘彻侄子。刘建有两个特点，一是荒淫无道，甚至和自己的庶母、妹妹乱来，让宫人和禽兽交配；一是杀人如麻，以虐待人为游戏，以观杀人为乐事。恶贯满盈，十恶不赦，最后自杀而亡，身死国除。

一、淫及父姬　乱伦己妹

刘建大概从小就没有受过系统、严格的管教，品格低劣，行为乖张。这些，都为他后来的罪恶行径埋下了伏笔。

刘建身为太子之时，邯郸人梁蚡将女儿献给刘建之父易王刘非。刘建听说梁女艳丽，就在梁女进入父亲的王宫之前悄悄地叫进自己宫中，乘机留下梁女不让她再出来。梁蚡知道这事，觉得刘建的行为于礼法不容，就到处宣传说："刘建做儿子的还和父亲争妻！"刘建由此十分憎恶梁蚡，便想杀人灭口。不久，刘建就派人杀了梁蚡。梁蚡的家人向朝廷上书，状告刘建，朝廷派廷尉查问此事，还没等为刘建立案判刑，正遇上皇帝大赦天下，于是刘建此案未治。

也许正是因为刘建此次杀人未受严惩，他才贼性不改，各种恶行不断发展。

刘建的父王刘非死后，还未下葬，在尊汉律行丧礼期间，刘建竟与其父易王所爱美人淖姬等共十人有奸情。刘建不仅荒淫，而且无所顾忌，甚至和自己的妹妹乱伦。

刘建的妹妹刘征君嫁给盖侯的儿子为妻，刘征君当年因父丧归住江都，刘建就又和妹妹有了奸情。不仅如此，刘建还数次派使者到长安迎妹妹归江都，兄妹俩人行乱伦之事。这事让刘非的母亲，也就是刘建的祖母鲁恭王太后知道了，就给刘征君写了一封信，警告她说："国中流言四起，希望你千万不要再回江都。"

刘建的异母弟刘定国当时身为淮阳（今河南淮阳）侯。刘定国是刘非最小的儿子，他的母亲非常期望自己的儿子能承继王位，故此便行贿使钱派荼恬上书，状告刘建淫乱，不当为嗣子。这桩案子下到廷尉处理，廷尉查出荼恬受人钱财、为人上书，于是将荼恬斩杀弃市，刘建的淫乱罪却不治。

后来刘建派江都谒者请问鲁恭太后起居、健康等等状况，以尽孙子之孝。鲁恭太后对谒者泣曰："你回去后把我的话语告诉你们大王，江都王前事漫漫，尽人皆知。现在应该有所收敛，难道他没听说刘定国、刘次昌、燕王、齐王之事吗？他们的下场如何呢？对你们大王说：我为他的前途而哭泣。"谒者回来后向刘建致鲁恭太后语，刘建大怒，痛打了谒者，还把他训斥了一顿。

二、淫虐无比　杀人如麻

刘建的禽兽行为比比皆是。刘建到章台宫游玩，命令四名女子乘上小船，刘建随后用脚把这只小船踢翻，让四女子落水，两人淹死。

后来刘建又游雷波。当时,正刮大风,刘建派两人乘小船入风波中。小船被大风吹翻,两人皆沉入水,攀扯小船,以求生路,因此小船在风波中乍现乍没。刘建在旁边观看,大笑,不救,使两人皆溺死。

在刘建眼中,人命如草芥。刘建之所以敢胡作非为,是因为他是王者,是皇亲,而且皇上几次都因某种原因没有惩治他。

刘建后宫的女官八子(妃嫔的级别)犯了过失,刘建就让她裸立击鼓,或放在树杈上,不让着衣,其中时间最长的宫女三十天才让穿上衣服。宫人有错不经廷尉等治,刘建私自就处以削发、钳颈等刑罪;或者处宫女以铁杵舂米,女子无力,铁杵自然举得不高或不快,刘建就鞭打她们,或者纵狼咬死她们。对于这些侮辱人、残杀人的勾当,刘建乐而不疲。有时,刘建还将后宫女子禁闭起来,不给食物,让她活活饿死。就这样,刘建一共杀死无辜者三十五人。

刘建还想让宫女和羝羊、狗交配生子,强令宫人裸而四据,与禽兽交。

刘建这种几乎空前绝后的兽行,在西汉王侯之中也是很罕见的。尤其是杀人以取乐,和传说中的桀纣没有什么区别。

三、罪不容赦　自杀身亡

刘建专为淫虐,自知罪恶滔天,江都属国上下有许多想告他罪状的人。刘建恐朝廷按刑律诛杀自己,心内不安,就和王后胡成光一起,支使一名叫越的婢女求神诅咒皇上。他还对郎中令等人私下出怨恨之语:"如朝廷派使者,即使再来颠覆我,我也决不独自一个人死。"意即谋叛也要拉上大家做垫底的。

刘建听说淮南王刘安、衡山王刘赐正在酝酿阴谋,伺机谋反,唯恐这两个邻国有朝一日发兵,自己的国土被兼并,于是就开始制造兵器。

刘建号王后胡成光之父胡应为"将军"。中大夫名叫疾的有才能,又善骑射,刘建号曰"灵武君"。刘建还制作黄屋盖,刻皇帝专用玉玺,铸造将军、都尉用的金银印;作汉使节二十,绶带千余条。刘建又具置军官品员,及拜爵封侯之赏;又具天下之舆地及军阵图。

刘建还派人交通越繇王、闽侯,向他们赠送锦帛奇珍。越繇王、闽侯也送给刘建荃布、葛布、珠玑、犀甲、翠羽等珍宝以及罴熊等奇兽。刘建与这些人屡次通使往来,相互立盟约,发誓有紧急情况时互相支援。等到淮南王刘安事发,朝廷治其党羽,其中词语颇多株连刘建。刘建派人多用金钱行贿,结果竟安然无事,没被下狱。

躲过淮南王刘安谋反案,刘建后来又对近臣说:"我当王的时间不会太长了,诏狱几年之内就会到达江都,我生存着也不会有欢愉的日子了。壮士不能坐死,要做别人不能做的事。"刘建时时佩带当年他父亲平叛吴楚叛乱时景帝所赐的将军印,还在车上载着天子的旗号出宫。

这样过了几年,刘建所行僭越的事情被朝廷发觉了。朝廷派丞相、长史与江都地方官共同治案,当时搜查出刘建制造的兵器、玺绶、汉节等造反的器具,有司请示逮捕、诛杀刘建。汉武帝下诏:"交与列侯、吏二千石、博士商议。"大家都说:"刘建有失臣子之道,长期如此,承蒙皇上不忍致法,他也不知悔过,竟然想谋反叛逆。刘建所行无道,虽桀纣恶不至于此。天诛所不赦,当以谋反法诛。"武帝便下诏派宗正、廷尉,马上讯问刘建。刘建自杀,王后胡成光等皆弃市。

刘建为王六年,封国被除,地入于汉,没为广陵郡。

出身各异的近幸列侯

　　西汉朝廷封王很多，封侯当然更不在话下，除了倒霉的李广，几乎大小臣子任谁都可以封个或大或小的侯当当。不过，这里的几位有些不同，不同在他们的出身：窦婴、田蚡是武帝的外戚，都是娘舅辈的人物；张骞是打小的侍从，一起长大的哥们儿；霍光是霍去病的侄子，是外戚中的晚辈；金日磾更特殊，是降汉的匈奴王子……不同就必然显出特色，多几分光彩。

博望侯张骞

张骞（？～前114），西汉列侯。汉中（今属陕西）人。他是汉代乃至中国历史上最为出色的外交使节，曾出使西域诸国，建立了汉中央王朝与西部、西南各国以及境外各国的联系，打通了河西走廊，开通丝绸之路，并因此而封侯挂印、名传中外。

一、汉通西域　始自张骞

汉朝与西域诸国的交通，始自张骞第一次出使。张骞所出使的国家有：大宛（今中亚费尔干纳盆地）、大月氏（时立国于妫水，即今阿姆河流域，并兼有妫水南的大夏）、大夏、康居（今巴尔喀什湖与咸海间），而传闻其旁大国还有五六个。张骞返归汉朝后，把这些国家的地形、所生产物、风俗、人情等情况都向汉武帝一一进行了陈述。

西汉以来，玉门关和阳关以西即今新疆乃至更远的地方，被称作西域。本为三十六国，其后又分至五十余国，都位于匈奴的西边，乌孙（今伊犁河流域）的南面。南北有大山，中间有河，东西六千余里，南北一千余里。东则接汉壤，中间塞以玉门、阳关，西则限于葱岭。其南山，东出金城，与汉南山相连。其河有两源，一源出自葱岭山，一源出自于阗。于阗在南山下，其河北流，与葱岭之河汇合，东注蒲昌海，又名盐泽（即罗布泊）。此海离玉门、阳关三百余里，广袤三百里。

自玉门关出西域，有两条路径。一条经塔里木盆地东端的楼兰，折向西南，沿昆仑山北麓西行至莎车，称为南道。南道西出葱岭至中亚的大月氏、安息。另一条经车师前王庭，沿天山南麓西行至疏勒,称为北道。北道西出葱岭,至中亚的大宛、康居、奄蔡。

西域各国一般定居一地,不随畜牧移徙。有城郭、田亩、牲畜,与匈奴、乌孙风俗各异,所以都役属匈奴。匈奴西边,由匈奴日逐王(名先贤掸)置僮仆都尉(匈奴由僮仆执权,监领其事),统辖西域,常常在北道的焉耆、危须、尉犁(皆汉时西域国名)之间,向四周的小国征收赋税,榨取财富。

二、出使月氏　匈奴赐妻

汉武帝建元年间(前140~前133),有投降汉朝的匈奴人说,匈奴已经攻打并战胜了大月氏国,还把大月氏王的头骨当做饮酒的器皿,所以大月氏国已经远逃了。大月氏国虽然已逃遁,却对匈奴积怨至深,但又苦于没有什么国家援助它攻击匈奴。此时,汉朝正准备攻打匈奴,汉武帝听到这一说法,便想乘机通使月氏,以联络月氏国共击匈奴。但是通往大月氏的道路必经匈奴国中,于是汉武帝招募能人为使者。张骞便以郎的资格应招,出使月氏。同行的人还有堂邑(汉县名,今江苏六合县北)氏原为匈奴奴隶的甘父。

张骞一行人从陇西出发,经过匈奴时,被匈奴人俘获,并把他们押送到单于那里。单于把张骞等人扣留了下来,并对他们说:"大月氏在我们的北边,汉朝凭什么派使者前往呢?如果我们也想派使者前往南越,汉朝能答应吗?"

匈奴扣留张骞等人长达十余年,还给张骞找了匈奴人为妻,为张骞生了儿子。然而张骞一直保存着汉朝使者的符节,长年不失。张骞在匈奴所居的时间一长,匈奴人对他们的监管也就越来越松懈,这样,张骞就乘机和自己的属员一同逃向大月氏。他们向西走了几十天,最终到达了大宛。

大宛国国王的治所叫贵山城，离汉朝长安一万二千五百五十里。大宛有住户六万，人口三十万，精兵六万人。大宛另设副王、辅国各一人。大宛东至汉都护治所四千零三十一里，北至康居卑阗城一千五百一十里，西南至大月氏六百九十里。大宛北与康居、南与大月氏接壤，土地气候、风俗物产与大月氏、安息国相同。大宛属于游牧民族，随畜移徙。其附近人们以葡萄为酒，富人藏酒至万余石。葡萄所制的藏酒长达数十年不坏。当地民俗嗜酒，马嗜苜蓿。大宛有城池七十余座，多产良马。马一出汗，似血滴状，人言此马的祖先乃天马之子。

大宛人素来听说汉朝富饶，欲通而不得，见到张骞大喜，问道："你将去哪里？"张骞道："为汉出使月氏，而为匈奴所阻挠。如今逃出，但愿大王派人作为向导护送我。如我果然能够到达大月氏，我返回汉朝后，汉馈送给大王的财物用语言将难以说尽。"

大宛王对张骞的话深信不疑，于是为他派遣了向导和翻译，这样，张骞一行便抵达了康居。康居王冬治所在乐越匿地，中间经过卑阗城。卑阗城离长安一万二千三百里，从卑阗至乐越匿地须马行七日；从卑阗至康居王夏所居城池蕃内九千一百零四里。康居国有住户十二万，人口六十万，精兵十二万人。由卑阗东至都护治所五千五百五十里。康居与大月氏风俗相同。

康居国又由驿站把张骞等人转送至大月氏。当时大月氏王已被匈奴所杀，国人立其夫人为王。大月氏与匈奴风俗相同。大月氏拥有能拉弓打仗的士兵十余万，国家强大时，曾经恃强而轻视匈奴。大月氏本来居住在敦煌、祁连之间，后被冒顿单于攻破，乃至后来老上单于杀了大月氏国王后，大月氏人才被迫远徙。在迁徙中，经过大宛国，向西攻打大夏国。大夏国没有大君长，往往在每个城镇设小君长。其民软弱，惧怕打仗，所以最终被大月氏打败了，只好对大月氏臣服。于是大月氏王在妫水之北建都，作为王庭。

这时大月氏在大夏定居，不但土地肥沃，而且又无外敌侵袭，于是民心志在安乐，并且自认为远离汉朝，所以已根本丧失了报复匈奴以雪耻的决心。张骞在这种形势下来到大月氏，自然也就得不到大月氏联合汉朝对抗匈奴的明确表态。

张骞在大月氏停留了一年多，最终，返归汉朝。这回张骞紧依天山而行，准备从羌人居住的地方返回长安，不料，又被匈奴抓获。张骞又被匈奴扣留了一年多。这时，单于已去世，左右蠡王（匈奴官制，单于下为左、右贤王；贤王下为左、右谷蠡王。太子一般任左贤王，近族任谷蠡王）攻其国太子，左右蠡王自立，于是匈奴国内大乱。张骞便乘机带着自己的妻儿与堂邑父（即堂邑氏甘父省称）一起逃回汉朝。汉朝廷拜张骞为太中大夫（掌管议论政事的官），堂邑父为奉使君（官名）。

张骞为人坚强有毅力，度量宽宏，信任别人，也受人们的信任。蛮夷等外族人也都很喜欢他。堂邑父本是匈奴人，善射，遇到困窘紧迫的危难之时，就射禽兽以充饥。因此，当初和张骞同行时的百余人，在外十三年之后，唯有张骞和堂邑父得还。

三、两击匈奴　封博望侯

张骞回国后，对汉武帝奏报说："臣在大夏时，常见大夏人手持邛（今四川西昌一带）地的竹枝和蜀地出产的布（皆产自汉朝），臣问起他们是如何得到这些东西的，大夏国人说：'是我国商人从身毒国购买带回国的。身毒国在大夏东南大约数千里，他们建筑城郭，长期居住，不随着畜牧迁徙，生活习惯与大夏国相同。但是身毒国气候潮湿暑热，人们大都骑着大象，国土濒临大洋。'臣估量，大夏距离汉朝一万二千里，居在西南方。现在身毒又居住在大夏东南数千里，常有蜀地出产的东西，大概离蜀地不远。如今出使大夏,从羌中出行,非常危险,羌人厌恶汉使;稍向北行,则被匈奴所俘虏;从蜀中出行,道路近而直,又没有敌寇侵扰。"

武帝已经听说大宛及大夏、安息等都是大国,多产奇物,用土木建城而居,风俗与汉朝相同,但是兵力较弱,以汉朝的财物为贵;大夏、安息以北是大月氏和康居,兵力较强,可以赠送财物,施之以利,诱其入汉朝,再教化使他们归附汉朝,那么汉朝的土地就宽广可达万里了。然后通过九种不同语言的转译,使中国的礼教文化传到外国,外族的礼教文化输入汉朝,汉朝的威德就可遍于四海了。武帝于是认为张骞所说非常正确。

武帝派王然于、柏始昌、吕越人等使者悄悄从蜀地犍为郡(治所在今贵州遵义市西,后移至四川彭山东)出行,四道并出:一支出駹,一支出莋(今盐泽一带),一支出徙、邛(今四川临邛),一支出僰,各行一二千里。

这次出使的北道被阻拦在氐族、莋族居住之地,南道被阻拦在巂、昆明两部族聚居地带。昆明这一部族没有君长,寇盗之事常见,他们杀掠汉使,最终汉使没有通过。但是在昆明部族的西南约一千多里有一个滇越国,常有蜀地的商贾从小路悄悄通过,私自运送货物外出或进口外族货物。于是汉朝通过大夏国之道始通滇越国。当初汉朝想和西南夷来往,因所费甚多而作罢,等张骞说从西南夷之处可以通往大夏国,汉朝才重新和西南夷有了来往。

元朔六年(前123),张骞以校尉身份随从大将军卫青出击匈奴。因为张骞出使过西域,知道水草位于何处,使汉军不受水草困乏之苦,有水草为继。张骞因功被封为博望(今河南南阳东北,一说为张骞博广瞻望,不因地名)侯。

武帝元狩二年(前121),霍去病为骠骑将军,率领一万骑出陇西,攻打匈奴,历经匈奴的五个王国,转战六日,俘获众多,全胜而归。同年夏天,汉朝对匈奴再次出击。霍去病与合骑侯公孙敖率领数万骑兵出北地(今甘肃东北),两人分走异道。卫尉张骞、郎中令李广出右北平,两人也分走异道。李广率四千骑兵先行,张骞率领一万骑兵在后,匈奴左贤王率领四万骑兵围住李广,李广布了圆阵,队列外向。匈奴兵猛烈进攻,矢下如雨,汉兵死者过半,汉矢将尽。李广英勇作战,坚持战斗到日暮,汉军士卒筋疲力尽,但李广却意气自如。第二天,再次力战,汉军死者又过半,匈奴也伤亡惨重。正在这个时候,张骞赶到了,匈奴军才解围而去。汉军因为过于疲劳,已不能追杀。

按照汉朝军法,博望侯张骞贻误军期,应当斩首,张骞交了赎金,贬为庶人,失掉了侯爵。

四、狼乳昆莫　复使乌孙

张骞失掉侯爵后,汉武帝曾向他问起有关大夏等国的情况。张骞说:"臣住在匈奴时,听说乌孙王号'昆莫'。昆莫的父亲难兜靡本与大月氏全都生活在祁连、敦煌之间。乌孙也是一个小国。大月氏攻杀了难兜靡,夺走了原属乌孙国的土地,乌孙的人民逃跑到匈奴国。难兜靡被大月氏人杀死的时候,他的儿子昆莫刚刚降生出来,昆莫的傅父,字布就,封为翕侯(乌孙大臣官号,如同汉朝将军),他抱着这个新生儿,藏在草丛中。布就自己为昆莫外出求食,回来时看见狼以乳喂养昆莫,又看见乌鸦衔肉送到昆莫身旁。布就看到动物能奇妙地护卫乳养昆莫,认为昆莫就是神。于是抱着昆莫归降了匈奴。匈奴的单于也十分喜欢这个孩子,就把昆莫抚养起来。等到昆莫长大了,匈奴单于就将原属难兜靡的民众归还昆莫,派昆莫率领军队,昆莫数次立有战功。单于命令昆莫长期驻守在匈奴的西部地带。

"当时,大月氏已被匈奴攻破,大月氏西击塞王(塞地,西域国名,与身毒同一民族,信佛教),塞王远走南徙,大月氏居住在原塞地。昆莫身体健壮,向单于请求报父冤仇,单于同意了,昆莫就领兵向西攻破大月氏。大月氏复向西走,迁徙到大夏地,昆莫掠夺月氏国的民众,乘机留在月氏地居住,兵力渐渐强大起来。攻打周围小邑,控弦数万,习于攻战。后来遇上匈奴单于死,于是昆莫中立,不肯再向匈奴俯首称臣。匈奴派骑兵进攻昆莫,竟然不能战胜昆莫,匈奴更加认为昆莫是神,从而远离了昆莫,又因为昆莫羁属于匈奴,故不曾大攻。

"现在匈奴单于受到汉朝屡次强有力的攻击,已进入困境。昆莫父亲难兜靡所属的原乌孙旧地(指河西走廊)已经空了出来。蛮夷等民族的习俗是眷恋故土,又贪图汉朝的财物。假如现在朝廷能在此时厚赠乌孙,招他们向东返回过去的故地居住,汉朝再派遣公主作为昆莫夫人,两国结为昆弟关系,友好往来,这样,乌孙国就能听从汉朝的意旨;如果乌孙听从汉朝,则是断了匈奴右臂。联合了乌孙,从乌孙国向西的大夏等国,皆可用类似策略招揽,使它们成为汉朝的外臣之国。"

武帝以为可行,元狩四年(前119)拜张骞为中郎将,作为正使,率领三百人,马每人各两匹,牛羊以万数,携带着价值数千万的礼物出使乌孙国。这次武帝为张骞配备了许多持节的副使,使副使亦能在外交活动中独当一面。

张骞到了乌孙国。乌孙国王昆莫接见汉使,就如同匈奴单于待客之礼,态度非常傲慢,不同汉俗。这种粗俗而不礼貌的接待,使张骞十分难堪。张骞知道蛮夷等民族比较贪财,就说:"天子赐予大王的礼物,大王不拜赐,就请归还所赐之物吧。"昆莫接受了丰厚的赏赐,就起来拜赐,其他的礼节还是傲慢如故。

昆莫有十余个儿子。中间的一个儿子名叫大禄强,很会带兵打仗。他率领着一万多骑兵别居。大禄的哥哥是太子，太子有个儿子名叫岑陬。太子早死，死前对其父昆莫说："一定要以岑陬为太子。"昆莫哀伤地答应了。大禄愤怒地联合他的兄弟，率众谋叛，谋攻岑陬。昆莫给予岑陬一万余骑兵，令其别居。昆莫亦自有一万骑兵以自备。于是乌孙国一分为三，只有大的政务羁属于昆莫。

张骞献上天子所赐之物后，向昆莫传谕汉朝天子的旨意，说："乌孙如果能东迁回故土，汉朝就派遣翁主（诸侯同姓王之女）为昆莫夫人，两国结为昆弟，共拒匈奴，匈奴就很容易攻破了。"当时乌孙距离汉朝较远，不知汉朝大小；平日又靠近匈奴，服属时间较长，大臣都不愿迁徙，昆莫已经年老，国家分散，不能专制一国，张骞最终也不能得到乌孙国共击匈奴的承诺。昆莫派使臣送张骞，命令他们献马数十匹向汉朝廷报谢，并乘机偷窥汉朝。入汉的乌孙国使者见汉朝人多，物产富厚，才知道汉朝广大。乌孙国使者回国后，将所见情况告诉昆莫，乌孙国此后才重视汉朝。

张骞在乌孙国时，分遣副使，出使大宛、康居、大月氏、大夏、安息（伊朗）、身毒（印度）、于阗等别的邻国。

张骞还归汉朝时为元鼎二年（前115），被拜为大行（掌管接待外宾的高级官员）。此后一年多，张骞所遣汉使通大夏等国，这些国度大多都派使者与汉使者同来，于是西北诸国自此开始通汉。

张骞位列于九卿，一年多后去世。

自张骞始，中原汉朝凿通了通往西域各道的孔道。张骞在西域各国很有影响，其后前去西北的汉朝使者皆自称"博望侯"，用张骞的威望取信于外国，外族也由此而信任他们。

魏其侯窦婴

窦婴（？～前131），西汉列侯。太皇太后窦氏的侄儿，汉武帝的舅舅。字王孙，信都观津（今河北武邑东南）人。他亦将亦相，声望尊隆，喜善疾恶，在外戚中算是不多见的人物。建元元年（前140）六月，卫绾免职后继任丞相，次年（前139）亦免职。后与丞相田蚡交恶，在宫廷斗争中失利，被斩首示众。

一、起落升沉　亦将亦相

窦婴是汉文帝窦皇后堂兄的儿子。文帝时，曾在吴国为相，因病免官。景帝即位，起用他为詹事（官名，掌皇后、太子事）。

有一次，梁王刘武入朝。梁王是景帝的弟弟，深得其母窦太后之宠爱。景帝与兄弟们一起宴饮，当大家喝到酒酣耳热之际，景帝说："我死之后，把帝位传给梁王。"当时，景帝还没有立太子，窦太后听了很高兴。但是，窦婴却端了一杯酒献给皇帝，说："天下是高祖的天下，帝位应当父子相传，这本是汉朝的法度，你怎么能擅自决定传给梁王呢？"太后因此讨厌窦婴，而窦婴也嫌詹事的官太小，就称病辞职了。太后居然连窦婴出入宫禁的名籍都除掉了，并且不准窦婴入宫朝请（诸侯春朝天子曰朝，秋曰请）。

但是世事难料。景帝三年（前154），吴楚起兵叛乱。皇帝用人之际，遍察刘姓宗室和窦姓诸人，没有如窦婴这样贤能的。于是召窦婴入见，欲委以重任。窦婴见到皇帝后，借口有病，坚决推辞，不受任命。窦太后此时也感到愧怍。皇上说："天下正有急难，臣子自当用命，王孙（窦婴字）怎可推三阻四呢？"便立即任命窦婴为大将军，赏给他黄金千斤。

这时，袁盎、栾布等名将贤士都退职在家，窦婴就向景帝举荐，起用他们。窦婴还把皇帝赐给他的金子都摆在廊下穿堂中，有属下军吏来谒见，他便让他们酌量自己的开销随意取用。所赐金一点也没有拿回自己的私宅。窦婴坐镇荥阳，监护齐赵两路军队。七国叛军全部平定后，朝廷因功封赏，窦婴受封为魏其侯。当时，窦婴声望尊隆，一般游士宾客争相投奔归附其门下。景帝时，每逢朝议大事，所有列侯无人敢与条侯周亚夫、魏其侯窦婴平礼相待。

景帝四年（前153），朝廷立皇子刘荣为太子，命窦婴为师傅。景帝七年，太子被废为临江王，窦婴屡次为太子争辩，都无结果。窦婴便称病不朝，在蓝田南山下闲居了几个月。许多宾客和辩士请他出山，他都不肯依从。

此时，梁国人高遂对窦婴说："能使您富贵显达的是皇上，能使您成为朝廷亲信的是太后。现在将军您身为太子的师傅，太子被废不能力争，既争不得又未能赴死，自己却称病引退，拥着歌姬美女，闲居在此而不入朝任事。把这诸种所为合并起来看，您这分明是在显扬皇上的过失。万一皇上与太后对您不满而怪罪于您的话，那么您会连妻子儿女都被诛灭，全家会一个不剩的。"窦婴认为他说得对，便复起任事，上朝觐见皇帝如故。

景帝后元元年（前143），桃侯刘舍免相，窦太后屡次推荐窦婴为丞相。汉景帝说："太后您难道以为我是有所吝惜才不肯让窦婴为相吗？那就错了。我是看窦婴这个人，沾沾自喜，做事轻率随便，难以为相，难以担当重任。"景帝最终没有任用窦婴，而起用建陵侯卫绾为丞相。

二、魏其武安　两侯争相

汉景帝驾崩，同日太子刘彻继位，是为武帝。武帝刘彻继位时才十六岁，由王太后摄政称制。太后宠爱自己的同母弟弟田蚡、田胜，竟然在景帝去世的同一年，把田蚡、田胜都封为侯爵，田蚡封武安侯。

田蚡原来是个郎官，地位比窦婴低得多。他本来对窦婴十分恭敬，现在进位侯爵，很想当丞相，很想压倒窦婴等将相的势力。正巧建元元年（前140），丞相卫绾因病被免职，武帝合计着要设丞相和太尉。安排窦婴和田蚡两人。在侯佐（家臣）籍福的劝说下，田蚡没有和窦婴争相位。于是朝廷以魏其侯窦婴为丞相，而以武安侯田蚡为太尉。

籍福又来向魏其侯道贺，顺便规劝他说："君侯本性喜善而嫉恶。如今善人称道君侯，所以君侯能做到丞相。但恶人也相当多，他们也会毁谤君侯。如果您能宽容一些，无论对善人恶人，那么，您的相位便有希望维持长久，否则，您就会遭到毁谤而离职。"魏其侯窦婴没有依从他的话。

窦婴、田蚡二人都喜好儒术，因此共同推举赵绾为御史大夫，王臧为郎中令。魏其侯窦婴还把鲁国的申公迎到京师来，准备设立明堂；并且让诸侯回各自的封地去，取消宵禁；按照古礼制定服制，用以表明太平气象；检查诸窦和宗室子孙，凡有品行不端者，一律从宗谱上除籍。

这时，诸外戚侯爵，多娶公主为妻，谁都不愿返回封地。因此，他们千方百计在太后面前毁谤窦婴。再加上太皇太后窦氏爱好黄老之学，可窦婴、田蚡、赵绾、王臧等人却一意推尊儒术，贬低道家的学说，因此，窦太后对魏其侯窦婴等人愈来愈不满意。

建元二年（前139），御史大夫赵绾想削夺太皇太后之权，奏请皇上今后不必对太皇太后奏事。太皇太后大怒，将赵绾、王臧等人罢免驱逐，并且免掉了丞相与太尉的官职。另外任用柏至侯许昌为相，武强侯庄青翟为御史大夫。从此以后，魏其侯与武安侯便闲居在家。

魏其侯窦婴盛时，天下趋炎附势的官吏士人，在他的门下不少。如今失势闲居，便有人渐生冷淡之心。武安侯田蚡虽不担任官职，但因为王太后的关系，仍然受到皇帝的宠信，屡次参议朝政，且大多被采纳而生效。于是，那班原在魏其侯门下之人，就渐渐向武安侯归附。武安侯也一天比一天骄横了。

到建元六年，武安侯当了丞相，大家自然更是争相归附于他。魏其侯窦婴却越来越被疏远，越来越不受重视。好多宾客渐渐离去，有的人甚至势利地对他非常傲慢。只有灌夫对他一如既往。魏其侯窦婴整日闷闷不乐，也只有见到灌夫，才有些欢乐。二人交情甚深。

三、权幸交恶　终至族灭

有一次，田蚡派籍福向魏其侯致意，希望他能将城南的田地让给自己。窦婴大为光火，说："我老了，朝廷废弃不用了，可丞相也不该仗势夺我田地呀！"坚决不肯答应。灌夫听说此事，也大骂籍福。而籍福不愿窦田两家交恶，就自己编了一套好话向丞相田蚡说。但不久，田蚡便知道了事情的真相，很为生气，从此，田蚡对窦、灌二人非常怨恨。

元光四年（前131）夏天，丞相田蚡娶燕王的女儿为夫人。太后下诏命列侯及宗室都去祝贺。魏其侯窦婴就去邀灌夫一起去。灌夫本想不去，但窦婴一再劝说，并且说以前的恩恩怨怨既经化解，都算过去了。灌夫被拉去了。

在宴会上，大家喝到酒酣耳热之际。田蚡起身敬酒，所有的宾客都离开席位，伏在地上，表示尊敬，表示不敢当。而过一会儿，魏其侯窦婴起身敬酒时，情形就不同了，半数左右的人原样不动地坐在那儿，连膝都没有离席，只有魏其侯的一些旧交离席示敬。灌夫性格暴烈率直，看在眼里，心中十分不快。于是，他便起身离座，依次敬酒。敬到武安侯田蚡时，田蚡大模大样地坐在那里，不饮灌夫的酒。灌夫大怒，但没有发作。等敬酒敬到了临汝侯，他正与程不识说话，也没有离席示敬，灌夫便大骂临汝侯。田蚡一怒之下，扣押了灌夫，欲族诛之。

魏其侯窦婴此际要救灌夫，尽心竭力，奋不顾身。他的夫人说："灌夫得罪了丞相，便是与太后家人作对，恐怕救不了。"窦婴说："侯爵是我自己挣来的，现在由我丢掉它，不值得遗憾。况且，灌夫是为我不平，才得罪了田蚡。我决不能让灌夫自己去死！"于是瞒住家人，私自上书给武帝。武帝立即召他进宫。魏其侯窦婴向武帝详细叙述了当时灌夫骂座的经过情形，认为这不过是酒席间失礼，是小事，不该用重刑。武帝也知此事，同意他的看法，留他吃饭，并对他说："你到东朝当廷申辩吧！"

窦婴来到东朝，极力夸赞灌夫的长处，说他这次不过是酒后失言，丞相不该用别的罪名来诬害他。田蚡此际又极力诋毁灌夫，说他骄横放肆，大逆不道。窦婴实无别法，就攻击田蚡之短。田蚡也不示弱，说："我做朝廷重臣，天下幸而无事，我便喜欢音乐、狗马、田宅、倡优、巧匠，这算不了什么！可窦婴与灌夫就不同了。他们所结交的都是天下豪杰之士，他们对朝廷不满，不是抬头看天，便是低头划地，还斜着眼观察两宫（太后、皇帝）的动静，日夜策划，希望出现机会，好建大功、成大事。我真不知他们这是要干什么！"

两人各说其理，各执一词。武帝征询众臣的意见。结果大臣不是模棱两可，便是畏惧不言。比如，主爵都尉汲黯、内史郑当时都认为魏其侯窦婴说得对，但后来又都不敢坚持己见去回答皇上。武帝对郑当时发怒，说："你平日每次评论窦、田二人优劣，今日廷辩，却畏缩得像驾在车辕里的马一般。早晚我把你们这一班人全杀了！"

廷辩就这样没有结果，结束了。探听消息的太后的耳目，早把廷辩经过禀报了太后。太后生气，不进饮食。对皇帝说："我还活着，别人就敢作践我的兄弟，有朝一日我死了，别人还不得宰割我的兄弟吗？你又不是石头人，为什么自己不作主张呢？你还在，大臣们就只知道随声附和，假设你死了，这班人怎么靠得住呢？"武帝只好赔小心，解释说："窦、田两家，均是外戚，为慎重起见，才进行廷辩。如若是别人的事儿，只要一个狱吏，就完全可以解决了。"

后来，皇帝又派御史查究灌夫的案卷，核对出窦婴的话有不少不符合事实。于是窦婴又受到御史的弹劾，说他欺骗皇帝，窦婴被关入了司空狱中。

这时，魏其侯窦婴被拘禁，灌夫又可能被灭族，情形紧迫。魏其侯想起了景帝的遗诏。原来，景帝临终时，曾给过窦婴一份遗诏，诏书中说："假如有什么不方便的事情，可以相机条陈上奏。"这诏书大臣们都知道，但现在谁都不敢提起。窦婴只好叫他的侄子上书皇帝，说明曾受遗诏，并表示希望被再次召见。

奏书呈上，查核内廷档案，遗诏已被田蚡和王太后偷走，档案中已经没有这份遗诏，诏书只藏在窦婴家中，并且是由他的家臣盖印加封的。于是，又有人弹劾魏其侯窦婴，说他伪造先帝遗诏，应判处斩首示众之罪。接着，灌夫被灭族。窦婴听到消息，心中悲痛，发了中风之病，不进饮食，一心求死。后来，又传来消息，说皇帝并无杀他的意思，他这才恢复了饮食，也才治疗身体。朝廷本来已经决定不处窦婴死刑，偏偏此时又有谣言传播，说他的坏话，并且传到了皇帝那里。于是，魏其侯窦婴就被在渭城大街上斩首示众。

魏其侯窦婴，因为外戚之关系而身居要职。他喜善嫉恶，不贪财货，在平息吴楚七国之乱时功勋卓著。但后来竟落得如此下场。官场内部、统治阶级集团内部尖锐复杂的矛盾冲突，于此可见一斑。

武安侯田蚡

田蚡（？～前131），西汉权臣。汉景帝皇后王娡同母异父兄弟，武帝刘彻的舅舅。长陵（今陕西咸阳东北）人。建元六年（前135）继许昌为丞相，直到元光四年（前131）病逝。他身为外戚，作威作福，贪黩奢侈，党同伐异，因些小嫌隙而枉杀灌夫与窦婴，自己也落得一个怪病身死的下场。

一、因姊致贵　外戚入相

田蚡最初只是担任了一个曹郎，位卑职小。当时窦婴任大将军，权威正盛。田蚡出入窦府，对窦婴特别恭敬，如对待长辈一般。陪侍窦婴饮酒，时跪时起，恭谨敬慎。

到了景帝晚年，由于王皇后的关系，田蚡渐渐贵显起来，做了太中大夫。田蚡为人聪明，有口才，学过不少古书，王太后认为他有才能。

汉景帝崩逝后，太子刘彻嗣皇帝位。当时刘彻只有十六岁，许多事情由着母亲王太后，田蚡自然少不了插手。刘彻即位不久，田蚡又被封为武安侯，朝廷政事多由其宾客策划。

田蚡很想当丞相。于是,他广结门客,收纳人才,培植势力,总想与窦婴等将相比权量力。

建元元年(前140),丞相卫绾罢相,田蚡跃跃欲试。傧佐(家臣)籍福劝他说:"魏其侯窦婴,声望资历都高,天下的人才一向都归心于他。您刚刚贵盛,不能和魏其侯相比。假如皇上有意让你任丞相,您一定要让给魏其侯。魏其侯当了丞相,您一定会被任命为太尉。说起来,太尉与丞相的尊贵程度是一样的。这样,您既得到了太尉的高位,又得到了让贤的好名声。"田蚡依从了籍福的办法,私自向王太后吐露了心事,请太后向皇帝暗示。武帝本也打算重用田蚡,不过因田蚡资望尚浅,恐人不服。而且窦婴是太皇太后的侄儿,田蚡是太后的母弟,斟酌情理,也应该任用窦婴为丞相,以田蚡为太尉。太尉这一官职,以前有时设置、有时废弃,武帝复设此官,明明是为了安排田蚡。

窦婴、田蚡二人握持朝纲,知武帝好儒,便也访求名士,推重耆英。恰逢御史大夫直不疑免官,二人便同举赵绾继任,又举荐兰陵人王臧为郎中令。又用安车蒲轮、束帛加璧三礼,迎来了饱学的申公。议立明堂,拟令诸侯返回封国,并欲以礼为服制。这一来,惹得列侯纷纷怨诽,也惹恼了太皇太后窦氏。

列侯中的外戚,不少都娶汉公主为妻,当然不愿返回封国,而太皇太后窦氏平日好黄老之言,不悦儒术,自然也横加阻挠。

当年景帝在位,因为窦太后不喜儒者的缘故,始终不敢重用儒生。武帝继位,崇好儒学,太皇太后大不以为然,往往出面干预。武帝不便违忤祖母,因此,朝廷政议,随时请命。窦太皇太后对别的事听之任之,只有关系到儒家议论制度,才加以干涉。御史大夫赵绾看不惯,竟贸然上奏,请皇帝不必事事请命于太皇太后。太皇太后闻知大怒,竟将赵绾、王臧二人下狱,"后自杀",将窦婴、田蚡二人免职。时在汉武帝建元二年(前139)。

武安侯田蚡虽被免职,但由于是王太后之母弟,所以仍然受到武帝的宠信。每每参议政事,大多被采纳,且有效果。这样一来,原来趋附于魏其侯窦婴的人,都归向于他,他一天天地骄横起来。其实田蚡虽曾学习书史,识见只算平常。全凭性情乖巧,口才敏捷,加上宾客辅助谋划,才能在朝中应付裕如,甚至使武帝错认为他才能出众。

建元六年(前135),太皇太后窦氏去世,丞相许昌、御史大夫庄青翟因为筹办丧事不力,均被免职。汉武帝便任命武安侯田蚡当了丞相。

二、作威作福 窦田交恶

田蚡相貌丑陋,然而生性却异常尊贵,经常收受贿赂,滥用职权,而且能作威作福。他认为当时的诸侯王都比较年长,皇帝刚刚即位,年纪还很轻,自己以皇帝至亲的身份为丞相,倘若不彻底整顿一番,不用礼法来严加约束,恐怕会影响主上威德。于是,田蚡便常常入内奏事,而且一坐便是大半天。他提的意见,皇帝一概接受;他所荐举的人,皇帝也一概任用,有的人甚至一起家就到了二千石的高位。田蚡的权力几乎超过了皇帝。

有一次,武帝对他在用人上的专权颇不满,说:"你要任用的人完了没有?该我委任几个官员了吧!"还有一次,他请武帝划拨考工室的官地给他,他要扩建私宅。武帝大怒,对他说:"你何不把我的武库一齐取走呢?"从这次之后,他才略微收敛了点儿。

田蚡的作威作福,简直登峰造极。他的住宅华丽壮伟,超过了所有贵族的府邸。他的田地肥沃无比。他的人纷纷驰骛于道路之上,为他到各郡县收买名贵器物。他的前堂摆设钟鼓,树立着曲旃,后房的女子多至百数。诸侯们巴结奉承他,贿赂他的珍宝、狗马、古玩、陈设,数不胜数。有一次,他请客人宴饮,他的兄长盖侯也参加了,他让他的兄长面向南坐,他自己却面向东坐。他认为,汉朝的丞相尊贵,不能因为盖侯是自己的兄长,就委屈自己,失掉汉相之尊严。

在武安侯田蚡春风得意之际,魏其侯窦婴却门庭冷落。唯有灌夫与之交好。田蚡由于地位日尊,有时对魏其侯也不修礼貌,态度倨傲,两人心中便有了芥蒂。

有一次,灌夫去拜访丞相田蚡,田蚡明知灌夫的姐姐死了,正在服丧中,于是故意卖人情说:"我想和你一起去拜望魏其侯,可不巧,你正在服丧,去不成,真遗憾!"灌夫说:"将军您肯屈尊光降魏其侯家,我怎敢因为有服在身而推辞呢?我这就去通知魏其侯,让他准备酒食,请您明日早点光临。"田蚡随口答应了。灌夫马上告别,匆匆往报窦婴。

窦婴听说田蚡要来宴叙,赶紧张罗预备。一面嘱厨夫多买牛羊,连夜宰烹;一面命仆役洒扫房屋,设具供张,足足忙活了一宿,未得安睡。一到天明,便令门役小心等候,但是,一直等到中午,仍不闻丞相田蚡之足音。窦婴焦急,对灌夫说:"莫非丞相忘记了此事?"灌夫亦愤然不平,说:"我不嫌在服丧期间而请他来此,他自然应该前来才是。"于是便驾车往迎丞相。

哪知赶到相府,丞相尚自高卧未起。原来田蚡昨日不过顺口答应,根本没有想到真去赴宴。灌夫入见丞相,说:"您昨日应许到窦婴家宴叙,窦婴夫妇二人,已恭亲安排酒席,等候多时了。"田蚡装出愕然发愣的样子,说:"我昨天喝醉了酒,竟然忘掉了跟您说的话。现在我跟您同去便是。"于是吩咐左右驾车,自己又故意迟延,直到很晚时,才到了窦婴家里。

开宴后,灌夫喝了几杯闷酒,便离座起舞,舒展筋骨。舞罢邀请田蚡,丞相不肯起身。灌夫便逞口舌之利,用讥刺之言冒犯田蚡。窦婴害怕惹出大事,连忙扶起灌夫,说他已醉,令他到别处休息，并替灌夫请罪致歉。田蚡此际，显得甚有城府，不动声色，言笑自若，尽欢而散。

这次交际之后，田蚡便想出一个办法来欺凌窦婴。他派籍福到窦婴那里，要求窦婴把城南的一块田地让给他。这块田地素称肥沃，是窦婴的宝产，怎肯轻易让给田蚡？于是，窦婴对籍福忿然说道："老朽虽是无用，虽已被朝廷所抛弃，将军尽管显贵，尽管在朝中说一不二，难道就可以仗势夺我的田地吗？"这当儿，正值灌夫进门，听知此事原委，大骂籍福。还是籍福气度稍宽，不愿窦、田两家交恶，在回报田蚡时，自己编好言词对丞相说："魏其侯年老将死，丞相再宽心忍耐几日，其田唾手可取，何必急在一时，多费唇舌呢？"田蚡颇以为然。

可是，偏偏有人将当时经过情形一一告知了田蚡，田蚡不禁发怒："窦婴的儿子当年犯了杀人罪是我救了他，保他无事。我当年服侍窦婴，从没什么事不依他。如今向他要几顷田地，就这般吝啬，况且，此事与灌夫什么相干，轮得到他来饶舌！"从此，对窦、灌二人怨恨至深。

元光四年（前131）春，丞相田蚡上奏章劾奏灌夫，说他家在颍川极为骄横，请予惩治。皇帝答谕："这本丞相分内之事，何必奏请！"说来，灌夫之宗族宾客确实在颍川横行无忌，所以颍川童谣有云："颍水澄清，灌氏安宁；颍水污浊，灌氏灭族。"这时，灌夫为保自己的领地，也抓住了田蚡的阴私，想乘此揭发，作为抵制。后来，还是两家宾客居中调停，双方才息争罢斗，彼此和解。

三、灌夫骂座　田蚡死祟

元光四年夏，田蚡娶燕王刘嘉之女为夫人，王太后颁出诏令，命列侯及宗室都前往祝贺。窦婴尚为列侯，应去道贺，乃邀灌夫同往。灌夫推辞说："我屡次因酒醉失礼得罪丞相，丞相近来与我结了仇，我还是不去为好。"窦婴说："以前的事已经和解了。丞相今日有喜事，正可乘机修好。否则，丞相倒会怀疑你负气记仇呢！"非要拉灌夫一起去。

宴会上，田蚡起身敬酒，座中之客俱不敢当礼，避席俯伏。后来，轮到窦婴敬酒，却只有跟他有旧交的人避席，其余的人只是膝席示敬罢了。灌夫看在眼中，心中十分不悦。等到灌夫敬酒，敬到田蚡面前，田蚡亦只是膝席相答，并且还向灌夫声明："我不能喝满杯。"灌夫很生气，嬉笑着说："您是贵人，我不敢相强，但这杯，还是请你屈尊喝下去！"田蚡仍然不肯饮满杯。灌夫不便再争，继续敬酒。依次敬到临汝侯。临汝侯正与程不识附耳密谈，并不避席示敬。灌夫便大骂起来。

座中客人见灌夫恃酒任性，大煞风景，都怕闹出事来，于是托辞更衣，陆续散去。魏其侯窦婴也起身离去，并挥手叫灌夫赶快走。田蚡大为光火，说："灌夫分明是我给宠坏了。他才敢这样放肆。"于是命令手下骑士把灌夫扣押起来。籍福为救灌夫，按着他的脖子，让他给田丞相赔罪。灌夫不肯赔罪。田蚡竟然上奏主上，彻底调查灌夫的种种罪行。最后，判灌夫死罪，全家被族灭。魏其侯为救灌夫，做了大量的工作，但最终不但没有救得了灌夫，自己还被在渭城大街上斩首示众。

田蚡因小的怨仇嫌隙，杀死了灌夫与窦婴。这年春天，他得了一种怪病，不断地大叫，承认自己有罪，谢罪不止。请巫师来看，巫师说灌夫与窦婴两个鬼魂共同守候田蚡，要杀死他。就这样，田蚡不久就死了。

田蚡与窦婴，都因为外戚而身居要职。但他们勾心斗角，最后闹得不可开交。于此可见统治集团内部斗争的尖锐激烈，也可见玩弄权术者，最后难得好下场。

博陆侯霍光

霍光（？～前68），西汉权臣。字子孟，河东平阳（今山西临汾市）人。骠骑将军霍去病的同父异母弟。他跟随汉武帝近三十年，是武帝时期的重要谋臣。武帝死后，他受命为汉昭帝的辅政大臣，封博陆侯；昭帝崩，又辅佐汉宣帝。他执掌汉室最高权力近二十年，忠心耿耿，为汉室的安定和中兴建立了功勋，为西汉历史发展中的重要政治人物。可惜的是家政不修，妻儿作孽，身后阖族被诛。

一、跟随武帝　受命危难

霍光的父亲霍仲孺先在平阳侯曹襄府中为吏，与平阳侯的侍女卫少儿私通生霍去病，后归家娶妻生霍光。霍去病在京城任将后，方知他的生身之父为霍仲孺。

武帝元朔四年（前125），二十一岁的霍去病以骠骑将军之职率兵出击匈奴，路过河东，与其父相认，并为其购买了大片田地房产及奴婢。当时，霍光仅十多岁。霍去病得胜还京时，遂将霍光带到京都长安，将其安置于自己帐下，任郎官。

霍光为人端正，办事机灵严谨，深受武帝喜爱。逐步提升为诸曹侍中，在内廷侍卫皇帝，参谋军事。两年后，霍去病去世，霍光做了汉武帝的奉车都尉，享受光禄大夫待遇，负责保卫汉武帝的安全，经常伴随皇帝车驾出行，回宫时就在皇帝的左右侍奉，所谓"出则奉车，入侍左右"。

霍光跟随汉武帝二十多年，在此期间，他办事谨慎小心，谨记自己的职责就是侍卫皇帝，所以他每次出宫、下殿时，起止步都有固定的点，有人曾暗中跟随他做出记号，事后再算量丝毫不差，可见他办事的周密、审慎。他这些好的品质得到了汉武帝的嘉奖，受到了武帝的极大信任，同时，他也从错综复杂的宫廷斗争中得到锻炼，为他以后主持政务奠定了基础。

汉武帝晚年体弱多病，太子悬而未定。武帝自知不久于人世，对身后事忧心忡忡，朝廷上下围绕继位问题的一场明争暗斗已经逐步展开。早在征和二年（前91），武帝悉心培养的太子刘据因巫蛊之事被逼自杀，太子之位一直虚悬。汉武帝的儿子燕王刘旦和广陵王刘胥觊觎帝位，争夺皇位的斗争就已趋于表面化。刘旦、刘胥平日骄横不法，势力庞大，武帝为了避免他死后政局发生变乱，抑制刘旦、刘胥的势力，将七岁的幼子刘弗陵立为太子，随即将其母钩弋夫人赐死，以绝母后专权之患。由于刘弗陵年幼，武帝就想先为年幼的太子物色一个忠实可靠的大臣来加以辅佐。

善于识人、用人的汉武帝认为，朝中大臣只有霍光可担此重任，所以就想把国事托付给霍光。武帝想起了古代周公辅佐年幼成王的故事。周公曾背着小成王临朝，会见诸侯。武帝让人根据这个故事，画了一张《周公负笈辅成王朝诸侯图》送给霍光。这是用图来暗示霍光将来要像周公辅成王一样来辅佐幼主弗陵。霍光为人深沉、镇静，根本没去想汉武帝送给他那张画的用意何在。

后元二年（前87）春，汉武帝病危，霍光流着眼泪问："如果陛下有个三长两短，由谁来继承皇位呢？"武帝这时明确地说："立我的小儿子弗陵为太子，由你来履行周公辅成王一样的职责。去年我送给你的那幅画，你到现在还没有领会其中的意思吗？"

霍光叩头推辞说："臣才德浅薄，不如金日磾。"金日磾忙说："臣是匈奴人，不如霍光。"汉武帝在病床上下令，任霍光为大司马大将军,金日磾任车骑将军,太仆上官桀继任左将军,搜粟都尉桑弘羊任御史大夫,让他们在霍光的领导下,共同辅佐幼小的太子,管理好国家大事。

第二天,汉武帝去世,太子刘弗陵继承皇位,是为汉昭帝。从此,霍光掌握了汉朝政府的最高权力。昭帝年仅八岁,政事全由霍光定夺。

二、辅佐昭帝 坚守原则

帝位的确定,不等于争夺帝位的斗争的结束,相反,更引起了激烈的政治斗争。霍光辅政以来,首先遇到的就是这场激烈的政治斗争。

霍光当政,必然招来其他也想掌权的人的怨恨,加上霍光平日坚持制度,办事认真,这就更让一些人感到霍光处处碍手碍脚,使他们不能为所欲为,因此,勾心斗角的事一件接一件,使霍光应接不暇。

第一个想与霍光争权的人就是辅政大臣左将军上官桀。他和霍光本是儿女亲家,他的儿子上官安的妻子就是霍光的大女儿。上官桀的孙女(即霍光的外孙女)年纪为六岁,和八岁的汉昭帝年龄相当。为了和霍光争权,上官桀想把孙女儿送进皇宫,嫁给昭帝,先封为婕妤,将来可立为皇后。上官桀父子为此事和霍光商量,霍光却从大局考虑,直率地说:"你的孙女也是我的外孙女,现在才六岁,就送进宫中去,这样做不合适,朝中官员会有议论的。"霍光这种一心为朝廷,不谋私利、不徇私情的做法,本是辅政大臣应有的品德,但是,上官桀父子却为此事恨透了霍光,一心想取代霍光的地位。

上官桀父子碰了霍光的钉子后并不死心,一计不成,又生一计,一心要把六岁的小女孩送进宫中去。他们知道汉昭帝自幼失母，由姐姐盖长公主照顾，所以一直很听盖长公主的话。而盖长公主不修养品德，与河间丁外人关系暧昧，两人经常幽会。上官桀就托盖长公主的情夫丁外人去求盖长公主出面周旋，盖长公主听了丁外人的话就同意了。昭帝是一个小孩，盖长公主同意了，他也就同意。这样，上官桀的孙女儿就顺利入宫了，而且只几个月时间就立为皇后。从此，上官桀父子成了皇亲国戚，在朝廷更加位尊势盛了。

上官桀非常感激盖长公主和丁外人的帮助，既为了巩固自己的势力，又为了投桃报李，极力为丁外人请求封侯。这明显是想牺牲朝廷的利益来给自己做人情，而且这样封侯又不符合汉朝的制度。当他们与霍光商量此事时，霍光坚持"无功不得封侯"的原则。霍光坦率地对他们说："汉高祖在世时立下的规矩，就是'无功不得封侯'。现在丁外人没有为朝廷立什么功，你们要封他为侯，又拿不出为他求封的理由，这怎么能行呢？"

不论上官桀父子如何巧言令色，霍光还是坚决不同意。上官桀黔驴技穷，无奈中降低要求说："那就封丁外人为光禄大夫，做个跟随皇帝身边的官员吧！"霍光依然毫不通融，他断然地回答说："那也不行，丁外人在朝廷里声名狼藉，什么官爵都不能封，请你以后不要再提此事。"上官桀父子在霍光那里多次碰壁，恼羞成怒，就跑到盖长公主和丁外人那儿添枝加叶地诋毁霍光，使盖长公主和丁外人也对霍光恨得咬牙切齿。这样一来，盖长公主便十分信任上官桀，他们结成了死党，极力打击霍光。

当时，担任御史大夫的辅命大臣桑弘羊，在汉武帝时期曾建议创立盐铁官营、酒类专卖等制度，为朝廷增加了财富，使汉朝富强起来。所以他自认为功高盖世，就总想为子孙在朝廷里谋求一官半职。霍光对桑弘羊的请求也加以拒绝，并说："你有功劳，朝廷赏赐你是应该的，但是你的子弟不能靠你的功劳做官，他们必须凭自己的本事立功才能加官晋爵。"

霍光坚持原则、敢于打破世袭的陋习，本是有利于朝廷和百姓的。但是，晚年的桑弘羊倚老卖老，居功自傲，在政见上和霍光已发生了严重分歧，现在又从自己的私利出发提出非分要求，被霍光拒绝后，怨恨霍光是有意刁难，气愤不已。他不甘于位居霍光之下，就产生了推翻现今朝廷政权，由他取代霍光、主持大政的想法，便与上官桀、盖长公主勾结起来。霍光成了他们的眼中钉，他们下决心要把霍光打倒，取而代之。

汉昭帝的同父异母兄长燕王刘旦，总认为父皇应立他为太子，继承皇位，但最后却大失所望。因为没有当上皇帝，刘旦心里老是怨恨不已，也想把辅命大臣霍光打倒，废除昭帝，自己取代。反对霍光的盖长公主、上官桀、桑弘羊和燕王刘旦这两股政治势力，他们估计到依靠各自势力不足以推翻现政权，就互相勾结，密谋策划先挤垮霍光，发动政变，再废除昭帝、拥立燕王为帝。燕王刘旦恨不得马上当皇帝，就催上官桀等人早点想办法动手。

昭帝始元六年（前81），上官桀、燕王刘旦等人加紧了政变的准备工作。燕王刘旦将夺取帝位的赌注压在上官桀身上，前后派遣十多人，带了大批金银珠宝，贿赂盖长公主、上官桀、桑弘羊等人，以求支持他夺取帝位。

有一天，霍光出长安城去检阅御林军操练，并且调了一个校尉到大将军府里来工作。上官桀等人认为这是整垮霍光的好机会，于是乘机假冒燕王刘旦的名义给昭帝上书，状告霍光。他们捏造说霍光出城集合御林军操练，一路上耀武扬威，坐着像皇帝出巡时一样的车马，违反礼仪规定，不像个大臣的样子。霍光擅自做主，正在检阅京都兵备，京都附近道路已经戒严；霍光还将被匈奴扣留十九年的苏武召还京都，任为典属国，意欲借匈奴兵力；霍光调动所属兵力，私自调用校尉，意欲推翻昭帝、图谋不轨。最后还表示愿交还燕王大印，为了防止奸臣叛变，他请求回到宫里来警卫皇上，查处奸臣作乱的阴谋等等。

一帮人趁霍光不在，将这封奏章交到昭帝手上。一旦昭帝动怒，上官桀便宣布霍光的罪名，由桑弘羊组织朝臣共同胁迫霍光退位，最后废掉汉昭帝，拥立燕王。然而，出乎他们的意料，昭帝看了告状信后，未置可否，就把书信扣压下了。

第二天早朝时，霍光已知道被他们告了，没有上朝，就站在那张汉武帝所赠《周公负笈辅成王朝诸侯图》前，留在偏殿里等待昭帝的处置。昭帝一上朝，没有看见霍光，马上问："大将军怎么没来上朝？"上官桀立即回答说："大将军因被燕王告发，心虚不敢进来了。"汉昭帝派人去叫霍光进来。霍光怀着忐忑不安的心情入朝，脱下帽子叩头请罪说："臣该万死！请皇上发落。"

汉昭帝当着满朝文武的面，对霍光说："大将军戴上帽子，请起来。我知道这封告状信是造谣诽谤的，你没有罪过。"

霍光听了小皇帝的话后，又惊又喜，问昭帝："陛下怎么知道是诬告呢？"昭帝说："你出京城去阅兵，只是最近几天的事，选调校尉也不过十天，可是燕王远在北方，怎么这么快就知道了呢？就算知道了，马上就写信派人送来，现在也到不了。如果大将军真的要作乱，根本不用大动干戈，也用不着调动兵力。这件事明摆着是有人想陷害你。我虽然只有十四岁，但也不会上这种当的。"在场的大臣无不惊叹昭帝的聪明善断，及其对霍光的信任。

聪明机智的汉昭帝下令追查冒名伪造信件的人。上官桀等人焦急不安，怕查下去会暴露自己的阴谋，就劝昭帝说："这点小事算了，不必再追查了吧！"昭帝不仅没有松口，反而更加怀疑上官桀等人了。

上官桀等人陷害霍光的目的没有达到，也未就此罢休。他们还是经常在昭帝面前说霍光的坏话，昭帝不仅不听他们的，反而大发脾气，警告他们说："大将军是忠臣，先帝临终前托他辅佐我治理国家。他帮我办了很多好事，这是臣民有目共睹的，以后再有人毁谤他，我一定要从严惩处了。"这样上官桀等人想借皇帝的手来除掉霍光的阴谋也破产了。

可是他们还不甘心，又心生歹计，准备发动政变，策划暗杀霍光，然后夺取帝位。他们计划，由盖长公主设宴请霍光，命埋伏的兵士将霍光杀掉，废除汉昭帝。就在这危急关头，长公主门下一名管理稻田租税的官员将上官桀等人的阴谋向大司农杨敞（司马迁之婿）告发，杨敞转告了谏大夫杜延年。昭帝、霍光掌握了上官桀等人的武装政变计划，遂在政变未发动之前，就先发制人，将上官桀、桑弘羊等主谋政变的大臣统统逮捕、处死，并诛灭了其全族。盖长公主、燕王刘旦自知不得赦免，遂先后自杀身亡。这场由上官桀发动的政变最后被霍光粉碎了。九岁的上官皇后因为年纪幼小，又是霍光的外孙女，所以未被废黜。

霍光平定了这场政变后，请大臣推荐德才兼备的人到朝廷来任官，以补官员的不足。霍光严惩违法犯罪的人，而对百姓却尽量宽和，避免过多地使用武力，让百姓能够休养生息。

昭帝始元元年（前 86）闰十二月，霍光派遣当时的廷尉王平等五人出行郡国，察举贤良，访问民间疾苦、冤难以及失去职业的人，为召开盐铁会议做准备。

昭帝始元六年（前 81）二月，霍光将郡国所举的贤良、文学等人接入京城，由丞相田千秋等主持，正式开始了盐铁会议。霍光虽然没有亲临会场参与辩论，但他改变盐铁官营、酒榷均输等经济政策的意图是很明确的。会议围绕坚持还是罢废盐铁官营、酒榷均输问题展开的辩论，涉及各个方面，包括对待匈奴、国内的治理等重大问题，实际上是对汉武帝时期政治、经济的总评价，也是昭帝实施新的政策前的一次大讨论。

霍光辅佐昭帝期间，继续执行武帝末年"与民休息"的政策，史称当时百姓充实，四夷宾服。昭帝多次下诏削减国家的财政支出，减免百姓的田租、口钱和更赋，以中牟苑赋予贫民，并赈贷种、食。盐铁会议之后，朝廷下诏"罢榷酤"和取消"令民共出马"的规定。与此同时，与匈奴也重新恢复了和亲关系。这些措施对于稳定武帝后期以来动荡不定的封建统治，恢复和发展凋敝的社会经济起了重要作用。

遗憾的是，年轻聪明的汉昭帝二十一岁就去世了。霍光辅佐昭帝十三年，为汉朝的巩固、发展奠定了基础，而在昭帝死后由谁来继承皇位的问题上，霍光又责无旁贷的担当起了这个重任，为稳定西汉大局再次做出了贡献。

三、拥立宣帝　中兴汉室

汉昭帝无嗣，他去世后，由谁来继承帝位，朝廷议论纷纷，一度发生混乱。当时，汉武帝的儿子还有封于广陵为王的刘胥，但他行事不检点，有失皇家道统，汉武帝生前就很不喜欢他。许多大臣主张立刘胥为帝，但是霍光不同意，因为他知道刘胥品行不端。

霍光力排众议，经过和皇太后商量，选择了汉武帝之孙、袭封昌邑为王的刘贺，让他来继承帝位。但这个刘贺本是纨绔子弟，荒淫无度。汉武帝死时，他竟在服丧期间四处游猎，虽有属下苦谏不止，却不加理睬，依然放纵自若。昭帝死后，霍光等大臣以太后的名义派车迎接他入京登基，他顿感喜从天降。在进京途中，就派人掠取民间女子、财产，并让其属吏、家人都穿上刺史的官服，封官晋爵，任其胡作非为。看到这种情况，霍光等众大臣都感到事态严重,如果不及早处置,将会使汉家天下断送在刘贺的手里。

霍光悄悄地和好友大司农田延年商量怎么办。田延年对他说:"大将军是国家的中流砥柱,既然知道昌邑王不配做君主,那就禀报太后把他废掉,另选一个贤明的人当君主好了。你应该向商朝的伊尹学习(伊尹曾立太甲为君,后又因太甲残暴而关押太甲三年,自己亲自主政,待太甲改正后又将政归还太甲)。做一个安定汉室社稷的重臣,你也就是汉朝的伊尹了。"

霍光一贯忠心谨慎,怕田延年的意见不合礼法,在刘贺即位的第二十七日,霍光将所有在朝大臣、列侯、博士等召集到未央宫,举行会议,当众宣布了要废掉刘贺另选贤明的意图。与会大臣、博士等人一听这个消息,都感到意外,因为废立之事关系重大,谁也不敢发言。田延年看到这种情况,立刻站起来发言,假意斥责霍光,说汉武帝把汉家天下寄托给霍光,就因为霍光忠诚于汉室,能使汉朝长治久安。现在如果继续维持刘贺的帝位,那汉家天下就会断送,你霍光将来死了,又有何面目去见汉武帝呢!他手握剑柄,严词厉色,声称如有人敢反对废除刘贺他就将其就地斩杀。与会者见此情景,都同意由霍光主持,废除刘贺,另选贤明之主。

于是,霍光联合杜延年、杨敞等人,十分慎重地写了一封奏章,列举了刘贺的种种劣迹,上奏当时主持汉室的十五岁的上官太后,并将刘贺召至未央宫承明殿,宣读了这封奏章,即日将刘贺废掉,并将其所属官吏统统收捕,随后又将刘贺发送回昌邑。

封建朝廷不可一日无君,现在昌邑王被废掉了,又怎么才能选择到一位贤明的君主呢?霍光日夜为此焦急不安。光禄大夫丙吉上书给霍光,推荐寄存在民间的汉武帝曾孙、戾太子之孙刘询,说刘询有德有才,可接回宫中继承皇位。霍光和大臣们商量后，禀报皇太后，就把刘询接回宫中，拥立为皇帝，他就是有名的贤君汉宣帝。

霍光作为辅命大臣，在处理朝廷废立君主的大事上，起到了决定性的作用，稳定了国家的大局。宣帝即位后对霍光又进行了嘉奖。霍光依然忠心耿耿地辅佐年轻的宣帝，教他如何才能做一个贤明的君主。汉宣帝在他的辅佐下，继续遵照"与民休息"的方针来制定政策、处理国事，使西汉王朝再次兴盛，史称"昭宣中兴"。这与霍光从汉武帝末年到昭、宣两朝辅政二十余年的功绩是密不可分的。

地节二年（前68），三朝元老霍光病逝。汉宣帝和皇太后亲自为霍光主持丧礼，并用极其隆重的礼仪，把这位忠心辅政、安定社稷的重臣，埋葬在茂陵汉武帝陵墓的旁边，以示对他的尊宠。

四、功过参半　阖族被诛

霍光秉持汉朝政权前后达二十年，他忠于汉室，老成持重，而又果敢善断，堪当重任，表现了一个优秀政治家的才略。

霍光善于用人，在他的周围形成了一个急于奉公的政治团体。辅政之初，大臣议事的殿中曾发生怪异现象，众大臣都很惊疑。为了防止意外变故，霍光把掌管皇帝印玺的郎官召来，要郎官交出印玺，避免有人盗用它变乱朝政。但是这位执掌印玺的郎官却不愿把印玺交给他。当霍光想要夺取印玺时，这位郎官顿时愤怒，按着剑柄说："我的头可得，印玺不能交出去！"这样忠于职守、舍生忘死的人，自然是国家需要的人才，因此，霍光很快给他增加了俸秩。霍光在平定上官桀等人政变后所用的丞相田千秋、太仆杜延年、右将军张安世等人，都是昭、宣之际颇有治略的人才。正是由于霍光能够知人善任，团结了一大批政治素质较高的人物，才使他的各项措施得以顺利推行。

霍光也十分注意自身的政治修养，注意以儒学经术约束自己。他的一举一动，都有一定规矩，都要合于礼法。这些从他废除刘贺的奏章中也可以看出。他在奏章中列举的刘贺的劣迹，多数属于不遵礼法、不守古训的事情。他重视贤良、文学的作用，从思想意识上来说，也是受到了儒家思想的影响的。

同历史上任何有作为的政治家一样，霍光也受到时代和历史的局限，摆脱不了光宗耀祖思想的束缚，也摆脱不了身为将相、子弟封侯的腐朽传统。他在位时，儿子霍禹及兄孙霍云皆为中部将，霍云的弟弟霍山为奉车都尉、侍中，掌领胡越兵。霍光的两个女婿为东、西宫卫尉，宗族子、婿都奉朝请为诸曹、大夫、骑都尉、给事中，霍氏势力亦已"党亲连体，根据于朝廷"，而他的宗族又多不奉公守法，为霍氏家族留下了祸根。

新即位的汉宣帝在民间时，娶了小吏的女儿许平君，即位后，大臣们都建议立霍光的小女霍成君为皇后。宣帝下诏寻找微贱时遗失的一柄宝剑，大臣们懂得了皇上的心意，便奏请宣帝立许平君为皇后。

霍光的夫人显，为人贪妒成性，为使小女成君为后，仗恃霍光权势，暗中指使御医淳于衍毒杀许后，再劝霍光奏请宣帝纳成君为后。宣帝即位三年后，因毒死已怀孕的许皇后，御医淳于衍下狱。宣帝追究主凶，显恐事机泄露，将实情告诉霍光，霍光大惊，欲举发其妻罪行，因念夫妇情深，不忍上奏，竟忘大义灭亲之义，奏请宣帝免于究治御医罪。

霍光死后，霍禹为右将军，霍山以奉车都尉领尚书事。霍氏一门尊盛，奢侈无度。大臣魏相通过许皇后的父亲上了秘密奏章，指陈霍氏一门的骄奢放纵，霍光忙于政务，霍夫人家政不修，子孙贪图享受，生活糜烂。加之有人泄露毒杀许皇后事，宣帝便着手收取霍氏兵权，逐步削减霍氏势力。

宣帝和他的亲信演了一出双簧戏，不断有人弹劾霍家，霍家人心惶惶。有一天，霍光夫人显梦见霍光对她说："你知道儿子要被逮捕否？"说罢，随即被捕。家宅内老鼠暴乱，常与人撞触，殿前树上鸮鸣叫，声音凄惨恐怖，全家惊怪。霍禹又梦见车骑追捕甚急，全家忧虑不安，于是霍山建议谋划反叛，计划废宣帝，立霍禹为天子，不久事机败露，霍云、霍山自杀，霍禹被捕，腰斩于市，显及霍氏女眷兄弟皆弃市，霍后成君废处昭台宫，霍氏亲族连坐诛杀者数十家。汉宣帝终于诛灭了霍氏家族。

秺敬侯金日䃅

金日䃅（前107～前86），西汉列侯。字翁叔，匈奴人。原是匈奴国休屠王太子，投汉后跟随武帝做马监等官。汉武帝逝世前遗诏，因金日䃅讨马何罗有功，封为秺侯。后加谥"敬"，故称秺敬侯。他忠于朝廷，操守谨严，不慕荣利，家教严格，深受信用，并得以善终，遗泽后代。

一、不窥美色　武帝赐姓

武帝元狩二年（前121），霍去病担任骠骑将军，率领一万骑兵出陇西，击匈奴，经历了匈奴中的五个王国，转战六日，过焉支山一千余里。杀匈奴五王中的折兰王，斩卢侯王；执浑邪王子，获浑邪国国相、都尉，并得俘虏的首级八千九百余级；收休屠王用来祭天的金人像。

这时，匈奴单于非常震怒，想召浑邪、休屠二王入匈奴朝廷并诛杀他们。浑邪王和休屠王恐慌，密谋欲降汉朝，但到汉朝派出霍去病来迎接的时候，休屠王动摇了，浑邪王就将他杀了，兼并了他的部下。这年秋天，霍去病到了浑邪王大营，和大行（掌管接待外宾的高级官员）李息接收投降的匈奴军民。

这部分投降归顺汉朝的匈奴人有四万余人，号称十万。浑邪王等人到了长安后，天子赏赐他们钱财十巨万，封浑邪王为漯阴侯（县，属平原郡），食邑一万户，封其裨王呼毒尼等四人皆为列侯。

不久，汉武帝就分别将投降的匈奴人往外迁，让他们居住在五郡（陇西、北地、上郡、朔方、云中），即原秦时蒙恬收而后失、卫青又重新夺回来的故塞边境，都在黄河以南。武帝还按匈奴原属五国故俗，来管辖治理这些匈奴人。

原休屠王太子金日磾，与母亲阏氏、弟伦，都在官府充当奴婢，金日磾在黄门养马。这年金日磾只有十四岁。

过了一段时间，汉武帝于游宴之时，召阅诸马。后宫的妃子美女在武帝身边站得满满的。和金日磾在一起的数十个人牵马从殿下经过时，没有不窃视美色的。但只有金日磾目不斜视。金日磾身长八尺二寸，容貌威严，养的马又肥又好。

武帝见金日磾的行为与众人不同，就惊奇地问他的名姓、出身。金日磾说出了实情，武帝更加惊讶了，当时就赐他汤沐、衣冠，授予马监的官职。紧接着武帝又升金日磾为侍中、驸（驸通"副"）马都尉、光禄大夫。

金日磾虽然得到皇帝的亲近，但却行为检点，从未有过过失，武帝就更加信任和喜爱他了，对他的赏赐共计千金。金日磾出则与武帝骖乘，入则侍候在武帝左右。当时贵戚中不少人都私下抱怨："陛下偶然间得到了一个胡人，反倒那么器重他。"武帝听到此话，反而对待金日磾更加厚爱。因为金日磾父休屠王在匈奴时，是金人祭天之主，武帝赐金日磾姓金氏。

二、笃慎恭谨　遂杀弄儿

金日磾的母亲教诲两个孩子时，很讲究方式方法。武帝听说后大为称赞。金日磾的母亲病死后，武帝下诏，将阏氏像图画于甘泉宫，题名"休屠王阏氏"，写在画像上。金日磾入宫，每次看到画像都要叩头，对着画哭泣，然后才离去。

金日磾有两个孩子，武帝都很喜欢。长子为武帝的弄儿，常在武帝身边。弄儿有时从身后拥武帝颈项，金日磾当时正在武帝面前，见弄儿这个样子，就对他怒目而视。弄儿就跑开了，哭着说："我的父亲发怒了。"于是武帝就说："为什么对我的孩儿发火呢？"弄儿长大后，行事不检点。在殿下与宫女嬉戏，金日磾刚好看见，憎恶他的淫乱行为，动手杀了弄儿。武帝闻之大怒，金日磾磕头谢罪。金日磾向武帝阐明了之所以杀弄儿的原因。弄儿死后，武帝非常哀伤，还为他哭了。这之后，武帝心中更加敬重金日磾。

金日磾在武帝左右数十年从来不忤视。武帝为金日磾赏赐宫女，金日磾不敢近。武帝想纳金日磾之女，金日磾不肯。这事如果换了别人，就会求之不得。金日磾笃慎如此，武帝对此感到更加奇怪。

金日磾恭谨地事奉皇上，一是因为自己身为外族，宠受皇恩，朝廷上下严格监视其一举一动的人——皇亲贵戚、高官厚禄者，不知有多少，为躲灾避祸，他不敢不小心从事；二是因为自己原是休屠王太子，因父王降顺时反悔、被杀，而自己当时在黄门养马，人世间的大起大落，不知教会金日磾多少做人智慧，他深知小心翼翼无大祸。

金日磾的儿子金赏也是这样。昭帝即位，霍光辅政后，霍光即将自己的女儿嫁给金赏。汉宣帝时，金赏担任太仆，霍氏要谋反的事已见萌芽，金赏即上书休了妻子。后来霍光妻儿谋反事发，宣帝很替金赏悲伤，这件事唯独金赏没有下狱。

多数的金氏子弟，此时管教甚严，颇讨人喜爱。还在金赏年幼时，与弟金建都侍奉皇上。两人与昭帝大致同年，共同起卧。金赏做奉车，金建做驸马都尉。两人均有绶带，佩在身。等到金赏承袭父亲爵位，于是金赏佩两绶。昭帝就对霍大将军说："金氏兄弟两人，不让他们都佩绶吗？"霍光对曰："金赏是从他已封侯的父亲那里承袭过来的，因此多佩一绶。"昭帝笑曰："封侯的事，不是由我与将军说了算吗？"霍光对曰："先帝有约，有功之士才可以封侯。"昭帝就作罢了。当时，汉昭帝、金赏与金建年俱八九岁。

早些年，与金日䃅一起投降的弟弟金伦，字少卿，封为黄门郎，早年就死了。金日䃅的两个儿子早先还很尊贵，到了他的孙子时家道就衰落了；而金伦的后代则很势盛，金伦的儿子金安上就开始贵显，被封了侯。

金安上早先为侍中，谨慎笃信有智慧，宣帝爱之。金安上参与声讨楚王刘延寿谋反，赐爵关内侯，食邑三百户。后来霍氏反，金安上传禁门吏，勿纳霍氏亲属，因功封为都成侯。金安上官至建昌都尉。

金氏与霍氏相比，金日䃅是在夷狄亡国后，被汉朝羁押，而以诚信侍奉皇帝，忠信自显，因功封为上将，忠孝之名在世流传，七世都是内侍，子孙何其盛也；而霍氏自霍光死后，竟受族诛。

三、诛马何罗　遗诏辅主

武帝后元元年（前88），金日䃅立一大功，因功封侯。

当年，戾太子刘据被诬巫蛊之时，侍中仆射马何罗与绣衣使者江充过从甚密。及刘据起兵自卫,马何罗的弟弟马通,因与太子力战,功封重合侯。后来武帝闻知太子之冤,于是夷灭江充宗族及党羽。马何罗兄弟惧祸及身,因为这些政乱就发生于前几年,诏狱延续至今,于是兄弟俩密谋发动谋反。

当时金日䃅任侍中驸马都尉,他看到马何罗心生异志,神色可疑,内心疑之,暗暗观察其动静,与马何罗一起进进出出。马何罗亦发觉金日䃅心意,不敢轻易下手。

后元元年(前88),武帝行幸林光宫。金日䃅得小病,卧床休息,即在殿中。马何罗与弟马通以及小弟马安成假传旨意,连夜出宫,共杀使者,起兵造反。

第二日清晨,武帝尚未起身。马何罗夜出后,时间不久,就从外入宫。金日䃅正要上厕所,见马何罗入宫,心有所动,立即奔入武帝寝宫,坐在宫内窗户下。须臾,马何罗袖中藏着一把刀,从东厢内出来,看见金日䃅,脸色大变,跑向卧室内,行动中撞倒了旁边的一张宝瑟,马何罗受惊身体僵住了——因宝瑟声响不止,马何罗一下手足无措,故而僵立不动。

金日䃅在此时得以抱住马何罗,趁势喊道:"马何罗要谋反!"武帝惊起,左右拔刃欲格杀马何罗,武帝恐连带刺伤金日䃅,制止了格斗。金日䃅制伏了马何罗,将他摔于殿下,马何罗被擒绑起来。武帝立即派人严厉审讯,把参加谋反的人全部处死。金日䃅因此而忠孝更加显著。

后元二年(前87)二月,汉武帝行幸至盩厔(今陕西周至)县五柞宫。此时武帝已经病得很重,当时霍光哭着问:"如皇上不幸驾崩了,谁来继承您的帝位?"武帝曰:"立少子,你像周公那样辅佐幼帝!"霍光顿首推辞说:"臣不如金日䃅!"金日䃅也说:"臣,外国人,不如霍光。如让臣行周公事,这将会使匈奴轻视汉朝矣!"

武帝即下诏，立八岁的刘弗陵为皇太子。第二天，武帝册命霍光为大司马大将军，金日磾为车骑将军，太仆上官桀为左将军，以搜粟都尉桑弘羊为御史大夫，受遗诏辅少主。诸位皆拜卧武帝内床下。第三天，武帝崩于五柞宫。

汉昭帝始元元年（前86）九月，秺敬侯金日磾去世。

当初，武帝病重时，有遗诏，封金日磾为秺侯，食邑二千二百一十八户；霍光为博陆侯；上官桀为安阳侯。诏封时，金日磾以昭帝年少，不受封，于是霍光等人亦不敢受。及金日磾病重，霍光上奏昭帝，昭帝依父亲之意封侯，金日磾卧受印绶，第二天就去世了。

走马灯似的丞相

汉代初年的丞相，一是多，二是有不少出身行伍。出身行伍者任相，因为征战多，这是从汉朝开国就有的，所谓"出将入相"。丞相多，一是出于需要，但一时也不过两个——一左一右，以为牵制，地位上右丞相为高；二是更迭频繁，一任丞相在相位上待不了多长时间，皇上动不动就把丞相给撤了或杀了，不多时就有一副新面孔冒出来，仿佛走马灯似的……

两朝丞相卫绾

卫绾（？～前131），西汉丞相。代郡大陵（今山西文水东北）人。汉景帝后元元年（前143）继刘舍为丞相。汉武帝继位后，他仍为相，但不久即被罢免。卫绾在景、武两朝，共做了不到三年的丞相。

一、诚笃谨慎　实无他肠

卫绾因为善于戏车（弄车之技），被任命为宿卫侍从的郎官，服侍汉文帝。后来，积功依次升迁为中郎将。他性情诚笃谨慎，微嫌过于循默。

汉景帝做皇太子时，文帝曾召请左右侍臣宴饮，大家都去了，只有卫绾称病未去。经此一事，文帝格外器重他。临崩前，文帝嘱咐景帝，说："卫绾年高有德，你要好生看待。"文帝去世后，景帝即位，有一年多时间对卫绾听之任之，不加闻问。而卫绾做事也更加谨慎勤勉，不敢稍存懈怠。

一次，景帝驾幸上林苑，让中郎将卫绾与自己共乘一辆车子，随侍护卫。归来，景帝问卫绾："你知道你为什么能跟我同乘一车吗？"卫绾谨慎地回答："微臣由弄车小卒，侥幸因功依次升迁为中郎将，连我自己也不知是什么缘故。"景帝问起卫绾旧事："当年，我为太子，曾召你饮酒，你不肯赴宴，为什么呢？"卫绾回答："臣死罪死罪！不过当时确实有病。"

又有一次，景帝要赐给他一把宝剑，卫绾辞让："先皇帝已赐给我六把剑了，您如今又赐剑，恕臣不能奉诏。"景帝说："大家都喜欢宝剑，也都习惯于用剑交换他物，难道你那六把剑至今还都保留着吗?"卫绾回答:"都还在。"景帝惊奇,派人去取,果然一把不少,且都还插在剑鞘之中,连佩戴都还不曾佩戴过呢!卫绾为人行事,诚厚谨慎,皆如此类。

卫绾任中郎将期间,待人宽缓不苛。手下的郎官有了过错,他经常替他们遮掩,又不愿与同列其他中郎将争较短长,有了功劳成绩,也往往让给他们。景帝很欣赏他,认为他清廉忠厚,没有什么坏心眼("上以为廉,忠实无他肠")。于是,任命他为河间王太傅。吴楚七国叛乱,卫绾为将军,率领河间兵击吴楚,有功,升任中尉,职掌京师治安,督察盗贼。过了三年,又因军功被封为建陵侯,时在景帝六年(前151)。

二、循资入相 乏善可陈

第二年,汉景帝因为宫中争权夺势,废掉太子刘荣,让他做临江王,并且诛杀太子的舅父栗卿等外家亲属,且欲穷治其狱。因为卫绾是年高有德、忠厚笃实的长者,景帝不忍心让他来按治这桩大狱。于是,特许他告假还乡,另派酷吏郅都审理栗氏一案。事后,景帝立胶东王为太子,召回卫绾,任命他为太子太傅。不久,又升他为御史大夫。后五年,丞相刘舍免职,卫绾循资升任。

卫绾做官,一般是照例供职,无是无非。位居丞相,在朝廷上,也不过举职份内例行之事按时上奏,除特殊情况,从不别有建议。景帝认为他敦厚老成,可以辅佐少主,所以大加尊宠,赏赐甚多。卫绾就这样做着丞相。

景帝驾崩后,武帝即位。汉武帝刘彻性喜读书,雅重文学。董仲舒进天人三策,请武帝罢黜异言,崇尚孔子,正好与武帝心意深相契合,武帝大为称赏。卫绾知武帝嘉美信任仲舒,立即迎合上意,说各地所举贤良,学习的东西不但无关盛治,反而混乱国政，应该一律予以罢黜。武帝准奏。

卫绾本以为自己所奏称旨，可以固位希荣，哪知武帝非一般庸主可比，反倒认为他拾人牙慧，颇不以为然。建元元年（前140），朝廷认为，景帝卧病时，好多官府中的罪犯无辜衔冤，而丞相卫绾却默默因循，未能负起责任。卫绾竟因此被免去了丞相之职，窦婴继为丞相。

这以后不久，卫绾就去世了。

《史记》太史公赞语中说，卫绾合于孔子"讷于言而敏于行"的标准，"是以其教不肃而成，不严而治"。这有点夸大。其实，卫绾为人笃厚谨慎，讷口少言，循默有余，干练不足，因而为相四年，乏善可陈。

武帝丞相许昌

许昌（生卒不详），西汉丞相。籍贯不详。初为柏至侯，后窦婴免相，他继任丞相，建元二年（前139）三月至六年（前135）六月在位。许昌因为是窦太后所任命的，所以事事都听从窦太后的指示，没有什么作为。建元六年，窦太后崩，丞相许昌、太尉庄青翟因"坐丧事不办"，被武帝免职。

武帝丞相薛泽

薛泽（生卒不详），西汉丞相。籍贯不详。初受封平棘侯。元光四年（前131）田蚡病逝，武帝让韩安国暂时行丞相事，本打算接着就让韩安国做丞相，不巧，韩安国自驾车摔伤了脚，武帝只好作罢。五月，薛泽继任丞相。元朔五年（前124），公孙弘得宠为相，薛泽免相。薛泽在位，庸庸碌碌，备位充员，无所作为。

武帝丞相公孙弘

公孙弘（前200～前121），西汉丞相。字季，一字次卿，菑川薛（今山东滕县南）人。元朔五年（前124）继薛泽为丞相，元狩二年（前121）三月，以八十岁高龄终于相位。他是武帝朝在位时间较长的丞相，善察上意，矫饰多变，但无所作为，备位而已。

一、家贫晚学　两为博士

公孙弘年轻时做过薛县的狱吏，后因有过失，被免职。公孙弘家里很穷，曾在海边牧猪。到四十岁，才有机会学习《春秋》杂说。

公孙弘很孝顺，侍奉父母恭敬谨慎，不敢稍有违逆。建元元年（前140），汉武帝刘彻刚刚登上皇位，便下诏访求为人贤良、通文学之人。当时，公孙弘年已六十。他以贤良的名分去应征，被任命为博士。

一次，武帝派公孙弘出使匈奴，他回来向皇帝汇报时，不合皇帝的心意。武帝便认为他无能，于是，公孙弘便称病辞官，在家赋闲。

元光五年（前130），武帝下诏征求能通文学者。公孙弘家乡的人们再度举荐了他。公孙弘推辞，不肯去应征。他说："我已经西去应征过一次了，是由于无能才被罢归的，请大家另举贤者。"但大家仍然坚持举荐他。

公孙弘到了太常。所征一百多儒士各写对策,公孙弘排在下策。但后来上奏武帝,武帝却拔升公孙弘的对策为第一名。待入见武帝时,公孙弘丰仪瑰伟,甚得武帝青睐,又被任命为博士。

当时,朝廷正注重与西南夷的沟通,在巴蜀设立了郡县,老百姓为之叫苦不迭。武帝派公孙弘去视察。公孙弘归来奏对,又未能合武帝之意,不过,这次武帝并未深究其事。

二、善体上意 封侯拜相

公孙弘为人,美姿容,长相恢弘奇伟,而且由于晚年力学,所以见闻广博。而他能够步步高升的更主要原因,则是善于体察皇帝的意思,并且能够用儒学来文饰自己的言行。

公孙弘常常说,人主的毛病,一般在于器量不够宏大,而人臣的毛病,一般在于生活不够节俭。于是,他在家中,不事奢华,盖布被子,食不重肉。他后母去世,他为之服丧三年。每次朝廷会议,讨论问题,他也只肯说一些端绪,引出皇帝的话题。至于是非善恶、陟罚臧否,全由皇帝自己决断。他从不肯在朝廷上违逆圣意或与皇帝争论。

皇帝当然喜欢他这种驯良守礼之臣,认为他品行敦厚,善于言词,有文采,熟习文书法令与各种公务。升任他为左内史。

公孙弘在任,所奏事情,不可能都能避开朝廷辩争。但他自有良法。比如,有一次,他和主爵都尉汲黯商议,二人就一件事分别上奏。他等汲黯上奏完毕,窥伺上意,根据具体情况,决定自己的立场态度,然后才上奏章。所以,他所奏对之事,深合上意,所献言论,也都被采纳。就这样,公孙弘一天天贵显起来,武帝对他也越来越亲近了。

为了迎合上意,公孙弘有时竟不守信用。本来与公卿们商议好的建议、意见，拿到皇帝面前，倘若皇帝不顺心，他便随风转舵，背弃约言，顺从皇帝。汲黯因此对他很不满，曾当着皇帝的面责备他，说他是齐国人，齐国人不守信用，惯会骗人，没有真情实感；说他违背约言，上下反复，出尔反尔，便是对皇帝的不忠。公孙弘对武帝说："了解我的人，认为我忠心为国；不了解我的人，才说我不忠于您。"武帝居然认为公孙弘说得有道理。

左右的近臣，每每在武帝面前说公孙弘的坏话，然而，效果却恰恰相反。越有人说坏话，武帝对公孙弘反而越好。

元朔三年（前126），张欧免官，汉武帝任命公孙弘为御史大夫。

当时，朝廷方通西南夷，又东置沧海郡（在今朝鲜），北筑朔方城（在今内蒙古杭锦旗北）。公孙弘认为，这样做是"敝中国以奉无用之地"，结果只会劳民伤财，得不偿失，屡次请求停办。后来又说道："我乃陋野之士，见识短浅，实在不知设置朔方郡有这样多的好处。现在我全明白了。我希望朝廷停止经营西南夷与沧海郡，专力经营朔方郡。"皇上答应了他。历史记载，认为凭公孙弘的才能，不可能一条也列举不出来。他不过是认为应该顺应皇帝罢了。

公孙弘的矫饰善变，有好多例子。有一次，汲黯实在看不惯他的矫情做作，对武帝说："公孙弘位在三公，有那样高的俸禄，本人却惺惺作态，盖一床布被，这不明摆着是做假骗人吗？"武帝就此事问公孙弘，公孙弘说："实有此事，但不能因此就说我狡诈。九卿之中，汲黯跟我关系最好。汲黯这回也真说中了我的毛病。不过，每个人做事，都有自己的目的与原则。臣以三公之高位却盖布被，确实是要钓取名声。我听说管仲做齐国之相，有三归之台，奢侈豪华超出一般国君；齐桓公做霸主，也僭越了礼数。这是奢华的例子。晏婴为相，一顿饭从不吃两种以上的肉菜，妻妾也不穿丝织品。齐国不也治理得很好吗？这是节俭的例子。但我身为三公，而盖布被，确实混淆了公卿与小民吏的差别，实在是有损汉官威仪。汲黯对我的批评很对，汲黯真是个大忠臣。要是没有汲黯的忠诚，陛下您哪能听到这样的真话呢？"

经过这件事，武帝愈发认为公孙弘谦恭礼让，对他更为优待。后来，薛泽免相，皇帝便任公孙弘当了丞相，并封他为平津侯。丞相封侯，便是从公孙弘开始的。

三、外宽内忌　睚眦必报

公孙弘为人，表面十分宽和。他位高禄重又性节俭，不奢华，以人为先，所以被人所称道。公孙弘的故旧、宾客，不少人依赖他供给生活费，他全力助之，因而家无余财。士人都认为他贤明。但公孙弘内心却并非如此。他为人忌刻狡猾，凡是与他有矛盾、有摩擦的人，他表面上与之友善，暗中却往往设计报复陷害。

比如，他与中大夫主父偃在是否建立朔方郡的问题上，看法有分歧，武帝采用了主父偃的意见；主父偃又常常当面与他争论，弄得他下不了台。于是，公孙弘便表面上虚与主父偃往来，内里却寻机泄愤。元朔二年（前127），主父偃为齐相，有人上书告发他，说他受诸侯金，因此诸侯子弟多以得封。后来，齐王刘次昌自杀，武帝以为是主父偃强迫他自杀，大怒，严予审治。主父偃承认接受过诸侯贿赂，但不承认齐王自杀与己有关。武帝本来不想杀他，公孙弘乘机进言，说齐王自杀的首恶是主父偃，如果不杀主父偃，将无以谢天下。武帝听信了他的话，灭了主父偃的全族。

再如，公孙弘妒忌博士董仲舒。董仲舒为人廉直，是当时的大学问家。公孙弘研治《春秋》，但成就远逊于董；公孙弘平素察言观色、见风使舵的为人，又不为董所喜，董认为公孙弘的行为实属谄媚。于是，公孙弘深恨董仲舒。正巧当时胶西王刘端骄纵无赖，数害官吏，肆行不法，公孙弘便向武帝建言，说："独董仲舒可使相胶西王。"武帝于是把董仲舒派到胶西，给胶西王做国相。

对于汲黯，公孙弘当然更为忌恨，每每想加害于他。当时右内史所辖地区（京师一部）多居住贵臣宗室，难以治理。公孙弘便奏请让汲黯为右内史，武帝也依从了他的意见。

淮南王、衡山王造反，朝廷严察两王党徒。公孙弘认识到自己在相位，未能辅佐明主、治理国家，现在诸侯王反叛，自己难脱不称职之责。他当时正染病，害怕一旦病死，更难搪塞罪咎。于是上书皇帝，请求辞掉丞相，归还侯印，以避位让贤。武帝没有应允他的请求。

过了几个月，公孙弘病有起色，便再度办理政务。元狩二年（前121），公孙弘病逝于丞相任上。

总计公孙弘为相数年，无所作为。但他起身乡鄙之间，居然为相，可见汉时任人之一斑。

武帝丞相李蔡

李蔡（？～前118），西汉丞相。陇西成纪（今甘肃秦安北）人。汉武帝元狩二年（前121），丞相公孙弘去世，李蔡继其位。至元狩五年（前118），有罪自杀。

李蔡是汉代"飞将军"李广的从弟。汉文帝时，与李广俱为郎。汉景帝时，积累功劳做到二千石的高官。汉武帝时，任代相。元朔年间，任轻车将军，跟随大将军出击匈奴，有功，封为乐安侯。继之，任御史大夫。元狩二年，代公孙弘为丞相。

李蔡才能不及李广，为人在下中，名声也远在李广之下，然而终能拜相封侯；李广一生却未能封侯。这也可见出当时统治上层用人时的不公不明。

元狩五年，李蔡被人告发，说他盗取阳陵（汉景帝陵墓）冢地。朝廷将他下狱论罪。李蔡竟惶恐万分，服毒自尽了。

李蔡死后，还牵连了一人，造成了一桩悲剧。原来李广的儿子李敢，英武无比。他听说父亲李广随卫青出战，因失期自杀，本来心已十分不平，又见叔父死去，更激起一腔怨愤，竟去见大将军卫青，质问李广死因。两下言来语去，李敢出拳击打卫青。卫青隐忍不言，而其甥霍去病却因此深恨李敢。后来，武帝到甘泉游猎，霍去病从行，李敢也参与其事。霍去病在大家都追逐野兽时，借射野为名，一箭射死了李敢。当时有人报告武帝，武帝袒护霍去病，只说李敢是被鹿触毙。于此可见武帝待臣下有所偏私之一斑。

武帝丞相庄青翟

庄青翟（？～前115），西汉丞相。籍贯不详。汉武帝元狩五年（前118）继李蔡之后为相。元鼎二年（前115）去世。

汉文帝后元二年（前162），庄青翟嗣爵为武强侯。武帝时，曾任御史大夫，太子少傅。元狩五年（前118），丞相李蔡有罪自杀，武帝乃命庄青翟继李蔡后任。

世上的事，有福便有祸。庄青翟升相位，本特大好事，谁知却种下了祸端。

原来，御史大夫张汤，为政有能名，但用法过酷，因李蔡已死,满望自己可升相位,不料偏又杀出个庄青翟来。张汤见庄青翟受命,不曾辞让,心中怀怨,遂阴与庄有隙,意欲设法构陷。只因一时无处下手,便耐心等待。庄青翟亦知张汤对自己有怨。适逢张汤将大司农颜异以腹诽罪论死,又有其爱吏鲁谒居害死御史中丞李文。皇帝不满,派员查办。

此时,又出一桩盗案,即汉文帝陵园中,所有瘗钱,均被人盗去。这事关系重大,丞相庄青翟也有失察之过,只好邀约张汤,一齐入朝谢罪。张汤事前允诺,及至见了武帝,却一言不发。庄青翟只好自行谢罪。武帝命令御史查缉盗犯,而御史首领就是张汤。张汤退朝后,私嘱御史,要将盗钱一案尽推卸到庄青翟身上,并要办他明知故纵的罪名,然后谋代其位。其事为相府三长史所知。这三长史即朱买臣、王朝、边通,均与张汤有嫌。于是便将张汤之谋告知丞相,并提议寻找张汤的过失,予以揭发,先发制汤。最后终致张汤自杀。

张汤死前,遗书朝廷,书中说:"臣汤无尺寸之功,起刀笔吏,幸蒙陛下过宠,忝位三公,无自塞责。然谋陷汤者,乃三长史也!"武帝得张汤遗书,又知张汤清贫、张汤母禁令厚葬其子,武帝心中后悔。命收捕三长史,一体抵罪。将朱买臣等三人,骈死市朝。丞相庄青翟也连坐下狱,服毒自尽。时在元鼎二年(前115)。

武帝丞相赵周

赵周(?~前112),西汉丞相。汉武帝元鼎二年(前115)继庄青翟为丞相,元鼎五年(前112)去世。

赵周原任太子太傅。后来,丞相庄青翟牵连在三长史(朱买臣、王朝、边通）案件中，在狱中服毒自尽，武帝乃升用赵周为丞相。

当时汉廷连有大事，起柏梁台，造承露盘，关东大水，置均输，铸王官钱，通西域，置酒泉、武威郡，求汗血马，杨可主持告缗，关东大饥，南越王相吕嘉反，朝廷讨伐。但赵周在相位，政事却没有值得记载的。

自从南越事起，朝廷急需粮饷。只好催收租税。有个叫卜式的人，原任县令，因输财助边，升任齐相，此时则请求父子从军，与南越决一死战。武帝嘉其志节，虽未批准他前往，但封他关内侯，赐金四十斤，田地十顷。布告天下，遍示百官，希望大家起而仿效，勤于国事。武帝的意思，臣子们都要热衷于他所热衷的事才对。谁知除卜式外，竟无一人继起仿效，武帝便心中衔恨，于是便出现了酎金失侯案，一大批侯爵被削，丞相赵周也因之而死。

汉制，诸侯须贡金以助祭宗庙，称为酎金。这年秋祭，又行尝酎之礼，列侯例应贡金。若在往常，金子之成色、重量如果稍有违制，本非大事，只要求贡方补足就是。谁知此次武帝却要借此泄恨，特别嘱咐少府严验贡金，遇有金轻色恶者，即以不敬论罪，夺其侯爵。这一次，居然有一百零六位侯爵被夺。丞相赵周，也被牵连入狱。罪名是明知列侯酎金轻，而不先纠弹举劾，其实，纯是欲加之罪。赵周惶急愤懑，气无所出，自杀而死。

武帝丞相石庆

石庆（？～前103），西汉丞相。河内温（今河南温县西南）人。元鼎五年（前112）继赵周为丞相，太初二年（前103）去世。他继承"万石君"家风,处事恭谨,笃重孝道,但少言不语,也不过备位充员而已。

一、万石门第　恭谨家风

石庆,是石奋的少子。石奋号"万石君"。因为他在汉景帝时列位九卿,秩二千石,而他的四个儿子,也都做到二千石的高官,所以景帝说:"石奋及其四子皆二千石,人臣尊宠乃集其门。"于是,赐石奋号为万石君。

万石门第,荣显当世。其明显风格是处事恭谨,笃重孝道。

石奋长子石建,任郎中令,位列九卿。每当五日休沐之期,一定要归家亲自为父亲洗涤贴身衣物,并且不让父亲知道。他在郎中令任上,有事要向皇帝进谏,避开他人时,畅所欲言,非常恳切。等到在朝廷稠人广众,又如同不能说话的一般保持缄默。因此,皇帝尊重他,亲近他,对他礼遇优隆。石建有一次上书奏事,皇帝批复下来,石建复读自己所上奏章,大惊,说:"啊!写错了!马字四点为四足,加上下曲的一笔马尾,应该是五画,我却只写了四画,少了一画,这下,皇帝怕要杀我的头呢!"十分惊惶恐惧。石建的谨慎,较之其父,有过之而无不及。

石庆是石奋最小的儿子。应该说算是兄弟中最简略粗疏的了,但仍有父风。他任内史时,有一次,在外喝酒归来,进入里门,没有下车。石奋听说后,愤怒不食。石庆很害怕,自己肉袒请罪,石奋仍怒气不息。直到全家和兄弟都来请罪,石奋才责备说:"你任内史,是朝廷贵人。进入闾里,里中年高德劭之人都需回避。你却坐在车中,了无愧色!对了!你是内史嘛!"乃请求罢免石庆。此后,石庆做事愈发恭谨。他任太仆(官名,职掌皇帝专用车马,遇皇帝出行,则为之驾车),给皇帝驾车出行。一次,皇帝问他车中有几匹马,他用马鞭逐个点数后,谨慎地举手回答说:"六匹。"其实,几匹马拉车,根本不用数。

石庆家风恭谨如此,确与别家不同。

二、进也不言　退也不言

后来,石庆做齐国之相,齐国人敬重他的家风,他不用发号施令,齐国自然太平强盛,为了纪念他,百姓为他立了石相祠。

元狩元年(前122),汉武帝立太子,要在群臣中选拔做太子师傅的人。石庆由沛郡太守迁官为太子太傅。过了七年,升任为御史大夫。

待到元鼎五年(前112),丞相赵周有罪罢职。武帝下诏书给御史大夫,说:"万石君受宠于先帝,子孙孝顺,家法恭谨。兹任命其子石庆为丞相,封牧丘侯。"

当时,朝廷多事。南讨两越,东击朝鲜,北逐匈奴,西伐大宛。国内亦有事,皇帝巡行各地,修建上古的神祠,举行封泰山、禅梁父、祭天祭地的大典,并且改历法,换服色,提倡儒术,弄得国库空虚。桑弘羊等人倡均输之法,谋求利益;王温舒等人以严刑峻法诏民;兒宽等人用儒术而得提拔,官到九卿。他们闹哄哄你方唱罢我登场,迁升官职,掌握实权,政事不通过丞相,不由丞相决定,丞相只是随声唯唯、备位充员而已。因此,石庆在相位九年,没能有任何匡正时局的言论。他曾想处理皇帝的近臣所忠和九卿减宣的罪过,但不能使他们认罪,自己反而受到处分。亏得后来以米粟入官才了事。

元封四年(前109),有二百多万关东百姓流离失所,其中有四十万人没有户籍。公卿会议,决定请求皇帝把流民迁到边疆,作为对他们的处罚。皇帝对此事不满,但认为丞相年老谨慎,不可能参与公卿们的会议,因此,命石庆告老还乡,而查办御史大夫以下参加议决此事者。

石庆心中惭愧,觉得自己不能胜任丞相之职,于是上书给皇帝,说:"我忝居相位,无才无德,不能辅佐陛下理事。以致城郭仓库空虚,百姓流离,罪过深重,应受极刑。皇帝不忍心治我的罪,我愿意奉上丞相与侯爵的印绶,告老还乡,为贤者让路。"皇帝用诏书切责石庆:"仓库已经空虚,百姓贫困流离,你却要迁徙他们,骚扰危害他们,弄到不可收拾的地步,你又要辞职。你这是要把罪责推给谁呢?"石庆非常惭愧,只好重出理事。

石庆此后办事,益发细密谨慎。太初二年(前103)去世,谥号为"恬侯"。

石庆为人持重,不动声色,恭敬谨慎,但没有什么高明的意见,也没有替百姓说过话。进也不言,退也不言,实在是聊且备位而已。

武帝丞相公孙贺

公孙贺(?～前91),西汉丞相。字子叔,北地义渠(今甘肃宁西北)人。太初二年(前103)继石庆为丞相,征和二年(前91)因事系狱罢相。他起家行伍,自认不能胜任宰相之职,武帝不允,遂勉强接受。他因妻致贵,但教子无方,最终落得阖族被诛。

一、起身行伍 因妻致贵

公孙贺祖父公孙昆邪,汉景帝时曾为陇西太守,因率兵参与平息吴楚之乱,建有军功,受封为平曲侯。著有《公孙浑邪》十余篇,《汉书·艺文志》有著录。

公孙贺年轻时,曾经做骑士,从军征战,屡立战功。武帝为太子时，公孙贺为舍人（太子太傅、少傅属官）。等到武帝即位，则升迁为太仆（职掌皇帝专用车马，遇皇帝出行，则为驾车。列位九卿。多由皇帝亲信任职）。

公孙贺夫人卫君孺，是皇后卫子夫的姐姐，因此，公孙贺特受皇帝恩遇。元光年间，为轻车将军，驻军马邑。过了四年，出云中郡。后五年，以车骑将军身份跟随大将军卫青出塞，立有战功，封为南窌侯。此后，又以左将军身份出定襄，无功，且因酎金失侯。后来，公孙贺又任浮沮将军，出五原，无功。后八岁，丞相石庆寿终，公孙贺继任，受封葛泽侯。

当时朝廷多事，大臣难安于位。从公孙弘之后，已连续有李蔡、庄青翟、赵周三名丞相因事犯罪而死。石庆为人谨慎，虽得善终，但屡受皇帝督责。丞相位置，形同炉火，居位者经常难以保全首领。

由于以上原因，所以当公孙贺被任命为丞相时，非但没有高兴，反而十分惶惧。他顿首涕泣，不受印绶，推托说："我不过是个边鄙武夫，因为征战杀伐鞍马骑射忝在高位，确实缺乏干材，不能胜任宰辅之职。"武帝与左右亲近大臣，见到公孙贺如此惶恐悲哀，也都流下了眼泪。武帝吩咐手下："扶起丞相。"公孙贺不肯起身。皇帝只好起驾离去。公孙贺不得已才勉强受职。后来，有人问他为何推辞，他说："如今皇上圣明贤达，我的才能不足称位，只怕辜负重托，陷入危险境界呢！"

二、为子所累　竟至族诛

公孙贺就职后，鉴于前几任的教训，每逢朝议，从不多言，但凭武帝裁决，自己只是唯唯听命而已。可是，他后来仍然未能脱离悲惨的暗影。

公孙贺的儿子公孙敬声，官为太仆，与父亲同居公卿之列。

公孙贺刚登相位，本是战战兢兢，只恐有了过犯。等到三五年后，诸事得心应手，胆子渐渐大了起来。对敬声，不能教以义方；对敬声的所作所为，也无心究问。偏偏公孙敬声又自认为是皇帝姨甥，骄淫奢侈，不守法度，竟至于擅自挪用北军钱九百万，被人告发，捕系狱中。

公孙贺爱子被捕，未免心焦，于是百方设计，想将儿子救出囹圄。当时，正好阳陵朱安世作奸犯科，朝廷百计求之不得。公孙贺上书武帝，情愿缉捕朱安世为儿子赎罪。武帝应许了公孙贺的请求。后来，果然抓住了朱安世。

朱安世是一个大侠客，经常混迹都中，多方人熟。他一被捕，就获悉了公孙贺要用自己为其子赎罪的计划。朱安世笑道："公孙丞相这下怕是惹来灭族之祸了！我熟知丞相家事情弊，纵令写完南山之竹，怕也写不尽我对他的讼词呢！"于是，他便从狱中上书，告发公孙敬声的种种不法行为，诸如与阳石公主私通，派巫觋祠诅咒圣上等等。武帝获悉详情，大怒，把公孙贺交付官员审理，且深文周纳，穷究不舍。最后，公孙贺父子皆毙于狱中，家族亦被诛灭，连阳石公主、诸邑公主也牵连在内，并皆论死。

公孙贺因妻致贵，但不能教子以义方，反而纵之以淫奢，因此致死，可叹可悲！

公孙贺死后，征和二年（前91）春，武帝下了一通诏书，其中谈及公孙贺："故丞相贺依故旧乘高势而为邪，兴美田以利子弟宾客，不顾元元，无益边谷，货赂上流，朕思之久矣。终不自革，乃以边为援，使内郡自省作车，又令耕者自转，以困农烦扰畜者，重马份耗，武备衰减；下吏妄赋，百姓流亡；又诈为诏书，以奸传朱安世，狱已正于理。"汉武帝忌刻督责丞相之厉，于此可见一斑。

武帝丞相刘屈氂

刘屈氂（？～前90），西汉丞相。汉宗室，中山王刘胜之子。征和二年（前91）继公孙贺为丞相，次年因罪下狱，后被腰斩。他任丞相时间不长，却碰上了两件，均与太子有关：一是剿杀太子刘据，一是拥立昌邑王刘髆为太子。前者是武帝诏命，算是微功；后者是奸臣唆使，换得腰斩。

一、宗室为相　剿杀太子

刘屈氂是中山王刘胜的儿子。刘胜是汉武帝的兄弟，喜欢醇酒和美妇人。相传有妻妾百人，儿子也达一百二十多人。生活糜烂。当时，刘胜已经病逝，谥号是"靖"，后人因此称他是中山靖王。

刘屈氂是庶出。此前的事迹，史书不载。征和二年（前91），丞相公孙贺去世，皇帝下诏命时任涿郡太守的刘屈氂继任丞相。

汉武帝恐怕相权过重，尾大不掉，准备因袭高祖旧制，分设左、右二相，以分其权。右相一时没有合适的人选，于是便先让刘屈氂任左丞相，加封澎侯，食邑二千二百户。

这年秋季，绣衣使者江充罗织罪状，构陷太子刘据。太子害怕祸患，听从少傅石德之计，假传诏旨，派武士收捕江充，将其处死，并发兵备变。丞相刘屈氂本未经历过大事，忽闻此变，惊惶失态，起身逃难，连丞相的印绶都失落了。

当时，武帝正在甘泉宫。丞相长史急匆匆地前来报告太子起兵的信息。武帝问长史："丞相现在怎么打算呢？"长史随口回答:"丞相认为此事关系重大,涉及宫廷之秘,不能贸然发兵。"武帝大怒:"如今人言凿凿,事态清楚,还有什么秘密?丞相真是一点周公之风都没有!难道周公当年没有诛杀管叔蔡叔吗?"于是命以玺书,持示丞相。玺书上说:"捕斩反叛之人,自有赏罚,应当用牛车堵住道路,不要短兵相接,以免多杀伤士众!坚闭城门,不要让反叛者逃出!"

太子杀掉江充,征发兵众,势成骑虎。于是宣称武帝在甘泉宫病重,消息隔绝,可能有了变故,奸臣要乘机作乱,应该速予征讨。武帝此时已从甘泉宫移驾城西建章宫,也发号施令,征发三辅近县兵士,归丞相调遣,平息太子乱党。太子派使者假传圣旨,赦免释放长安囚徒,与长安市人一起,取武库兵械,与丞相交战。但太子部下死一个少一个,丞相麾下却人越来越多。连战五日,致使长乐西阙下,血流成渠。最后,太子一败涂地,只好南奔复盎门,并且乘机逃出城去。

司直(丞相属官)田仁掌管城门,丞相刘屈氂要以放走太子的罪处他死刑。但御史大夫暴胜之劝阻:"司直是二千石的高官,如果有罪,应当奏明圣上,不可擅自杀戮。"刘屈氂依言放了田仁。武帝闻听大怒,马上命人收捕了暴胜之和田仁,并且使人责问暴胜之:"司直放走太子,丞相欲斩了他,是法所当然。你为何阻止丞相,偏袒田仁呢?"暴胜之惶恐自杀,田仁也被腰斩。

二、谋定昌邑 腰斩东市

当时汉武帝年至七十,共生有六个儿子。除上文所提到的太子刘据外,一为齐王刘闳,已经夭折,一为刘旦,一为刘髆,一为刘弗陵,一为刘胥。

刘旦受封为燕王,是武帝的第三个儿子。两兄皆死,可望嗣位。为亲近武帝,刘旦上书请求入宫宿卫,武帝不许。刘髆受封昌邑王，是贰师将军李广利的外甥。李广利的女儿嫁给了丞相刘屈氂之子，因此李、刘二人是儿女亲家。李广利屡次与刘屈氂商议，想共同拥定昌邑王刘髆为太子，丞相亲情相关，自无不允。

征和三年（前90），匈奴兵入犯五原和酒泉，汉廷闻报，即命李广利将兵出击。李广利陛辞后，刘屈氂为他饯行，送至渭桥。临别，李广利说："最好早让昌邑王为太子，他日继承帝位，你的富贵荣华绝无问题。"刘屈氂答应了。

不久，朝廷究治巫蛊之狱。内者令（少府属官，掌宫内卧具帷帐）郭穰举告，说由于武帝数次申诫丞相，所以丞相夫人心存怨谤，派女巫祈祷鬼神，诅咒有恶言。又说丞相与贰师将军有约，将立昌邑王为帝。后经调查，定刘屈氂大逆不道之罪。武帝降旨将刘屈氂缚置厨车（载食之车）示众，腰斩东市。妻与子也都押赴华阳街枭首。李广利妻子亦连坐拘系。李广利知道此事后，就投降了匈奴。

刘屈氂做丞相时日不长。所历两件大事，均与太子有关。可见汉代太子的置与废，真是牵连广泛、关系重大。

武帝丞相田千秋

田千秋（？～前77），西汉丞相。祖上系战国时齐国的田姓，后迁至长陵（今陕西咸阳东北）。征和四年（前89）继刘屈氂为丞相，元凤四年（前77）去世。他为相十余年，笃厚有智，谨慎自守，声望遭遇均超过前后数任。

一、上言悟主 一日九阶

汉武帝末年，听信佞臣江充谗言，因巫蛊事杀死太子刘据。

后来查明巫蛊各事，多有不确。太子实际上是为江充所迫，不得已才弄兵自保。因此，武帝颇存悔心。田千秋当时为高寝郎，负责护卫汉高祖灵寝。他上书讼太子刘据冤情，略言："子弄父兵，论罪当笞。天子因过误杀人，应当论何罪呢！臣曾梦见一白头翁教臣言。"武帝览书，为之所动，就召见了他。

田千秋身长八尺，相貌堂堂，武帝见后非常喜爱。武帝说："父子之间的事，外人难以说清。现在你却明白地说清了其中的委曲利害，这恐怕真是高祖有灵，特派你来点化我呢！你就留在我的身边，做我的左右手吧！"于是，立即任命田千秋为大鸿胪（秩中二千石，列位九卿。职掌接待部族君长及诸侯王事务）。由高寝郎到大鸿胪，一日超升九阶，所谓"千秋九迁"即指此。

后来丞相刘屈牦因罪被处以死刑。田千秋进言："方士竞言神仙，迄今无功。可见是虚縻廪禄，应该罢废。"武帝正反思许多逆案都与巫蛊有关，遂依从此议。不久，即升任田千秋为丞相，封为富民侯。

田千秋既没有过人的学问才能，也没有什么赫赫之功，出身门第更无高贵之处。只因替太子辩冤时，一言感悟君心，便得拜相封侯。这种际遇，确属罕见。于是，他的拜相，不但在汉朝廷被视为异数，就是在外族也被当成奇事。汉朝使者出使匈奴，单于问他："听说汉廷新拜田千秋为相，不知此人平素有何威信成就，才得如此迅速地超升相佐？"使者回答："田丞相上书言事，有些话感动了皇上，故得超迁。"单于闻此，笑道："如此说来，此后汉朝丞相，就不必再求贤者了！只要任何一个人上书言事，便可拜相了。"使者无言可答。回朝把此言奏明武帝。武帝怪他应对失辞，有辱使命，差一点把他下狱问罪。过了好久，才淡忘此事。

二、善于自处　谨慎少言

田千秋为人持重而有谋。相比之下，他在位十余年，可谓善于自处。比如，他刚拜为丞相不久，发现武帝因治太子狱连年诛罚，群臣恐惧，人人自危。于是，便想找机会劝武帝宽心养德，从而安定臣民百姓。他借上寿为名，联合御史、中二千石的官员共同上书，歌功颂德之外，劝武帝施恩省刑，玩听音乐，养志和神，娱养天年。武帝知田千秋书辞微意，虽然未从所请，但于诏旨中温语有加，且颇多自悔之语。其中也可见出武帝与专一暴戾的君主是不同的。如果结合轮台悔过的诏书，更会发现，汉武帝能保有天下，传之子孙，与其晚年的力悔前愆确实分不开。

这以后一年多，武帝因春日到五柞宫游览，偶染风寒，长卧不起。病中立钩弋夫人所生子弗陵为太子，令大将军霍光、车骑将军金日䃅、御史大夫桑弘羊及丞相田千秋同受遗诏，辅助少主。

武帝驾崩，昭帝即位，因年幼，未能亲政，政事完全由大将军霍光裁决。田千秋在相位，恭谨笃厚而有重德。公卿朝会，霍光常对他说："当初我与您同受先帝遗诏，而今我主内政，您主外事，应该对我有所教诲提醒督查，使我不负天下之望。"田千秋只是说："希望将军诸事加意留心，认真从事，就是天下人的大幸了。"终不肯有臧否之言。霍光因此更是特别敬重他。此后，朝野一有吉祥之兆和嘉瑞之应，就褒奖丞相。

昭帝年间，国家无事，百姓渐渐充实，应该说，与霍光、田千秋辅政有很大关系。

汉昭帝见田千秋年老，始终优礼相待，准许他朝会时乘小车入宫中，所以，人们称他为"车丞相"。

田千秋为相十二年，去世，谥"定侯"。他位至三公，身处中枢，只是恭谨自守，政事一决于霍光，最终谨慎少言，而得善终。

忠诚敢谏的大臣们

诸王、列侯、丞相,这些人虽然位高势显,有时候对皇帝的影响却大不到哪里去,有的不过安享食邑或者充员备位而已。倒是另有一些大臣,位不高、势不显,但无论其言其行,对皇上却有着显著影响。内政、外交,政治、经济,吏治、藩封,他们或者劝止,或者建言,都使皇帝有所行、有所止……史家向来以"忠诚敢谏"概之,宜乎其确;当然他们还要有些学问、识见。

御史大夫韩安国

韩安国（？～前127），西汉大臣。梁国成安县（今河南汝州小屯镇）人。早年在梁王刘武幕下任中大夫，在平定吴楚七国叛乱时战功卓著。武帝初年，追随外戚田蚡，被召至京师，任北地都尉，后任御史大夫。田蚡死后，韩安国逐渐失势。元朔二年（前127）病逝。

一、忠于主上　平叛解困

韩安国自幼博览群书，对战国法家学说《韩非子》尤为精通，成为远近闻名的辩士与学问家。梁国梁王刘武很赏识韩安国的才学，便任他为中大夫，从此，韩安国得以接触政治。韩安国在梁王的幕下，充分施展自己的才华，尽心辅佐，逐渐成为梁王身边不可或缺的得力谋士。

汉景帝三年（前154），景帝刘启接受晁错所上《削藩策》，下诏削夺各国土地。削藩之举激起了诸王的强烈不满，因而引发了一场诸侯王国的叛乱——吴楚七国之乱。当时，吴王刘濞起兵广陵（今江苏扬州），率众二十万，还兼领楚国兵，是叛乱的主力。吴楚军渡过淮水，一路向西进攻。

在吴楚军西向攻取洛阳的道路中，梁国横亘于其间。吴楚军攻打梁国，在梁国南面的棘壁（今河南永城西北）大破梁军，锐气极盛。情势危急，梁王向太尉周亚夫告急，请求援助，周亚夫坚守营垒，不肯出兵。于是梁王派韩安国和张羽为将军，领兵在东线抵御吴楚军。韩、张二人采取了攻守相结合的战术：张羽与叛军奋力作战，韩安国据城坚守，两位将领在与叛军作战中配合默契，终于有效地阻滞了敌军。吴楚之乱平定后，韩安国和张羽也因此而声名远播。

韩安国为人精明，足智多谋。一次，梁王刘武派使者出使朝廷，韩安国也是使者之一。窦太后拒之门外，不肯接见，并向使者查问责备梁王的所作所为。因为窦太后听说梁王平日出入比照天子，极为排场，而汉景帝得知后极为不悦，所以窦太后便迁怒于梁王的使者。韩安国并没有因此而畏惧、退缩。经过深思熟虑，决定采用"曲线救国"的策略。

韩安国知道窦太后平日宠爱梁王，而现在生梁王的气也是因为汉景帝的缘故。他想不如先找长公主为梁王辩护、说情，这样长公主必会把话传给窦太后。于是韩安国便去了长公主的府邸。

长公主接见了韩安国，他便泪流满面地首先向长公主诉说了梁王在平定吴楚七国之乱时的功绩，然后又为梁王平日的举止辩解道："梁王的父兄是皇帝，所以平素对出入的大排场已司空见惯，因而出则清道，入则戒备。而梁王的车子、旗帜也是皇帝赐给的，他在国中驾车奔驰，便是以此来向人们炫耀，向诸侯夸耀，目的是想让天下人都知道太后、皇帝宠爱他。"

长公主听了他的一席话后，果然向窦太后据实转述了。窦太后听了非常高兴，马上向景帝转告了韩安国对梁王的辩护之词。这样景帝便消释了对梁王的怨气，还向太后脱帽认了错，并接见了梁国的所有使者，一一赏赐了他们。这样，韩安国终于以自己的睿智为梁王开脱了罪名，也因此而受到窦太后的赏识。

二、死灰复燃　劝梁贿田

韩安国有一次因犯法被免去官职，流放到了蒙地。狱卒田甲经常欺侮他，韩安国气愤地说："死灰难道不会复燃吗？"田甲却轻蔑地说："燃即溺之（用尿浇灭）。"这件事没过多久，梁国内史职位空缺,窦太后知道后,便命令梁王让韩安国担任这一职务。于是,韩安国便奇迹般地从一名狱中囚徒摇身一变而为二千石级的梁国内史官员。"死灰复燃"这个成语就源于此。

田甲听说韩安国晋升为梁国内史,吓得弃官而逃。韩安国命人传话说,田甲如果不回来,就灭其宗族。田甲不得已袒胸露臂、胆战心惊地向其谢罪。韩安国却笑道:"可溺矣!像你这种人值得我惩治吗?"最终不但没有惩戒田甲,反而对其宽宏而友好。

梁王刘武因平吴楚七国叛乱有功,再加上窦太后的宠爱,便不可一世起来,羊胜、公孙诡等谋士纷纷投奔了梁王。他们给梁王出谋划策,劝其向景帝请求做皇位继承人。袁盎向景帝进言谏止,梁王因此怨恨袁盎,便暗中策划刺杀的阴谋活动。不久,袁盎便被杀害了。此事败露,汉景帝派朝廷使者到梁国捉拿公孙诡、羊胜。朝廷使者前后十批奔赴梁国,在梁国大规模地进行搜查,但最终毫无结果。

韩安国听说这二人就隐匿在梁王宫内,便入宫进见梁王,哭泣着说:"主辱臣死。大王无良臣,故事纷纷至此。今诡、胜不得,请辞赐死。"梁王问道:"何以至此?"韩安国泪如雨下,向梁王申明大义,陈述利害。他首先请梁王以自己与汉景帝的关系对比太上皇与高皇帝、汉景帝与临江王的父子关系,孰近孰远,自然一目了然。

接着,韩安国又语重心长地开导、劝谏梁王:"太上皇与高皇帝、汉景帝与临江王虽然均是父子关系,但一旦涉及皇位、权利,这种血缘关系便被弃之一旁,以致太上皇虽为父亲却无权过问政事,住在栎阳宫中;而临江王身为嫡长太子,却因为其母一言出错便被废黜,又因侵占宫垣之事,最终也自杀于中尉府。之所以如此,是因为治理国家不能以私乱公。俗话说:'虽有亲父,安知其不为虎？虽有亲兄，安知其不为狼？'如今大王您身为诸侯王，却听信奸臣，违抗皇上。皇上因为太后的缘故，不忍心惩治您。有朝一日，太后不在了，到那时大王您还有谁可依靠呢？"

韩安国的一席话，终于使梁王幡然醒悟，表示马上交出公、羊二人。公、羊二人听到消息后深感无望，便自杀了。就这样，韩安国的一番劝诫开导，最终使得谋反奸臣被铲除，梁国内部得以安定。此后，汉景帝、窦太后更加看重韩安国了。

汉武帝建元年间（前140～前135），汉景帝皇后王娡同母异父的兄弟田蚡受到宠信，担任太尉。韩安国认为田蚡是朝中炙手可热的人物，便向其行贿，以价值五百金的礼物送于田蚡。由于田蚡在王太后面前的美言，也由于武帝的赏识，韩安国便被召担任北地都尉，后又升至大司农。

建元五年（前136），武安侯田蚡当上了丞相，韩安国也升至御史大夫。

三、力主和亲　失职见疏

汉景帝在位时，推行汉初以来与匈奴和亲的政策，对缓和矛盾、安定社会起到了一定的积极作用。汉武帝继位后，匈奴又派人前往汉朝请求和亲。汉武帝召集群臣商议对匈奴的政策。

在对待与匈奴的关系上，大臣们意见不一，"主战派"大行令王恢力主出征，抗击匈奴。他认为，和亲政策只是缓兵之策，过不了几年，匈奴又会背弃盟约。所以和亲政策不是长久之计，不如对匈奴出兵攻击，以威慑匈奴。

韩安国却竭力反对对匈奴用兵，他主张继续对匈奴采用"和亲政策"。韩安国认为匈奴势力强盛，无论在兵马方面，还是在迁徙方面，都比汉军占有优势；自上古以来，匈奴人就不属于汉朝的子民，即使汉朝占有了匈奴的土地也不算开拓疆土，统治了匈奴人也不算强大；汉军如果到几千里之外去与匈奴作战，就会人困马乏，犹如"矢不能穿鲁缟"的强弩之末，"力不能漂鸿毛"的"冲风之末"，此时，匈奴人便会以他们作战的优势打败汉军。所以攻打匈奴不利，不如与之和亲。韩安国的和亲主张得到了绝大部分大臣的赞同。于是武帝便同意继续对匈奴采用和亲政策。

和亲的第二年，元光二年（前133），王恢向武帝建议采用计策攻打匈奴，武帝奏准。于是暗中派雁门郡马邑城（今山西朔县）的豪绅聂壹前往匈奴，以马邑丰厚的财物引诱单于洗劫马邑城。单于利欲熏心，率领十余万骑兵进入武州边塞。这时，汉朝在马邑城附近埋伏了三十余万大军。此次军事行动由卫尉李广担任骁骑将军，太仆公孙贺担任轻车将军，大行令王恢担任将屯将军，太中大夫李息任材官将军，御史大夫韩安国任护军将军，各位将军皆隶属于护军将军。事先约定，一旦匈奴军进入马邑城，汉军伏兵便奔驰出击，王恢、李息、李广另外从代郡主攻匈奴的辎重。但由于此次汉军的突袭行动被识破，以致匈奴军队还没进入马邑城便撤退了。汉朝军队只得收兵而返，一无所获。

事后，武帝怪罪王恢没有及时追击匈奴的辎重部队，欲杀王恢以谢罪于天下。王恢无奈，便引咎自杀了。作为军事主将的韩安国，却并没有受到任何处罚。

韩安国担任御史大夫四年多，武安侯田蚡去世，韩安国便代理丞相一职。一次给皇帝引导车驾时跌下车，跛了脚。武帝本打算任命韩安国为丞相，却因为他脚跛得厉害，只好作罢。另外起用平棘侯薛泽担任了丞相。韩安国脚伤愈合后，被武帝任命为中尉，一年多之后，又调任卫尉。

马邑军事行动之后的第五年冬天，匈奴屡次进犯边境，烧杀抢掠，渔阳（治所今北京密云西南）受害尤为严重，朝廷便委派韩安国驻守渔阳以抵御匈奴。第二年秋天，匈奴骑兵大举南下，先攻破辽西，杀死了辽西太守，又侵入雁门，杀死并掠走几千人。武帝派卫青出征。此时韩安国在渔阳从俘虏口中探得消息：匈奴已撤退得很远了。于是便向皇帝上书请求停止军屯，因为当时正值农耕时节。武帝奏准。刚刚停止军屯一个多月，匈奴又大举入侵上谷、渔阳。当时，韩安国的军营中只有七百余人，韩安国出兵力不能敌，便只得退回营中。匈奴大肆劫掠，获胜而归。武帝闻之，大怒，派使者责备了韩安国，并命他往东移动，驻守右北平。

韩安国自田蚡死后，就逐渐被朝廷疏远降职，此次驻守渔阳又因损失伤亡严重，被调往更东边去防守，连再回到朝廷的希望也破灭了。这样，韩安国因不得志而终日郁郁寡欢，于元朔二年（前 127）去世。

大行令王恢

王恢（？～前 133），西汉大臣。燕（今河北北部）人。汉武帝朝的大行令，他与韩安国共事，平过乱，御过敌。但他军不至乱已平，敌逃遁不敢追，最后自杀谢世。

一、廷议舌辩　力主征战

王恢的职务大行令并不是一个高官，原本只是"典客"的属官。汉景帝朝，典客改名为大行令，但汉武帝朝大行令又改名为大鸿胪，而把原来典客三个属官中的"行人"改名为大行令，王恢的大行令就是这样的大行令。而典客的职责是掌管各诸侯国以及与蛮夷（边疆部族）的联系，王恢在史书中的两次留名，正是与此相关。

建元六年（前135），闽越王郢起兵攻打南越，南越王不敢擅自兴兵，上报天子，汉武帝认为南越王守信义，就派大行令王恢和韩安国率兵支援南越。军队还没有到达交战区域，闽越国的人就杀了闽越王郢，投降了朝廷，一场战事就此而止。

王恢曾经多次在边疆任职，对于匈奴的情况比较了解。因此，对于匈奴，他主战不主和。有一次，匈奴派使者来请求和亲，汉武帝要大臣们磋商此事。这时，王恢站出来说："匈奴与汉朝和亲，大都不过数年就背弃了和约，不如干脆不答应，发兵攻打他们。"此时已经升任御史大夫的韩安国不同意，他说："到千里以外的地方打仗，就是打了也得不到好处。现在匈奴依仗自己兵马充足，转移便利，很难制服。而且得到他们的土地也算不上广阔，得到他们的人民也算不上强大。我们数千里前去，必然人困马乏，匈奴以长制短，我们必然十分危险。因此，我以为还是和亲好。"群臣大多附和韩安国的意见，汉武帝也就答应了和亲。

元光二年（前133），雁门郡马邑城（今山西朔县）人聂壹通过王恢提出了一套打击匈奴的方案：汉匈刚刚和亲，匈奴人和边境的关系还比较好，不妨乘此时机利诱他们来，然后伏击。汉武帝觉得这个建议可以考虑，所以召集公卿讨论此事。汉武帝首先向群臣说："我将宫女打扮成公主许配给单于，钱财锦帛给得也不少，但单于仍然很不礼貌地对待我们，侵袭抢掠没完没了，边境屡屡受到惊扰。现在发兵攻打他们，如何？"

大行令王恢说："陛下虽然没说该怎么办，我愿意谋划这件事。我听说战国时代诸侯割据，与匈奴相邻的小国尚且能够人丁兴旺，仓库充实，让匈奴不敢侵扰。现在陛下一统天下，万众一心，又派兵守卫边塞，转运粮草，以作防备，但匈奴仍然没完没了地侵扰掠夺，没有别的原因，就是他们不害怕。臣以为应该打他们。"

御史大夫韩安国有不同意见，他说："我听说高皇帝（汉高祖刘邦）在平城被围了七天，等到解围回来以后，不仅没有怨恨之心，还派刘敬带了一千金去与匈奴和亲，到今天已经五代了。圣人考虑的是天下，不该因为个人怨恨而损害天下。孝文皇帝（汉文帝）也曾经汇集天下精兵与匈奴决战，但没有一点功效。后来孝文皇帝明白了军队不能久留边地，因此又与匈奴恢复了和亲。他们两位的圣明举动，足可以成为后人的榜样。我认为还是不打的好。"

王恢说："你说得不对。我听说五帝的礼仪不互相沿袭，三王的乐曲也不重复，这不是要故意相反，而是因为时世不同了。况且高帝艰苦转战几十年，要报平城之仇不是办不到，而是要与民休息。现在边境屡屡受到侵扰，士兵死伤无数，这是仁慈的人所痛心的。因此，臣认为还是应该打。"

韩安国针锋相对："你说得也不对。我听说没有十倍的利就不换现在的行当，没有百倍的功效就不改常用的方法，因此古时的君主做事情必然遵循祖先的规矩，因为做新事情是很难的。况且自从三代以来，夷狄不服中原，不是因为不能制服他们，而是他们这些居住在远方绝地没有教化的人，不足以劳烦中原大国。如果让边境的耕织都停下来应付匈奴的事情，实在不划算。因此，臣认为不该打。"

王、韩二人各说各的理，互不相让。听了韩安国的话，王恢又说："不对。我听说凤凰乘风而起，圣人因时而变。过去秦穆公就因应时势，攻下了西戎，开拓了千里疆土，吞并了十四个小国；后来蒙恬又北出匈奴，开辟了千里疆土，划河为界，于是匈奴不敢去黄河里饮马，安排好了烽燧才敢牧马。这样看来，匈奴只有威制，不能仁服。现在以我大汉的强盛，分出百分之一打匈奴，就像用硬弓射快破了的脓疮，一定不会有什么障碍。如果打败了匈奴,则进一步可以臣服大月氏。我看还是打的好。"

韩安国还是坚持自己的观点:"我听说用兵应该以饱待饥,以逸待劳。因此,交战就打败敌人,进攻就拿下城池,往往都是坐着等待敌人的,这是圣人的用兵之道。现在,轻举妄动,长驱深入,很难成功。纵向推进则被切断,横向推进则被分隔,快了粮草跟不上,慢了没有冲劲,到不了千里之外,早已人缺粮、马缺草。这样,等于是给敌人送俘虏去。臣不知道是否有什么巧办法,要不然,看不出深入敌境有什么好处。我看还是不打为好。"

王恢仍然坚持自己的观点:"我现在所说的打,本来就不是要深入敌境,而是要利用单于的欲望,引诱他们到边境来,我们选勇猛的骑士暗中埋伏,然后乘机打击,这样,或左打或右攻,或挡前或击后,单于可擒,万无一失。"

汉武帝听了许久,见王恢说到这里,下了决断,听从了王恢的意见。

二、马邑失利　无奈自杀

汉武帝命令聂壹会见匈奴军臣单于,诡称可杀马邑县令,请匈奴前往取其子女、财物。返回后,聂壹斩一死囚犯悬其头于城上,假作县令首级。军臣单于信以为真,遂亲率十万骑兵进塞。汉武帝发兵三十万,以御史大夫韩安国为护军将军,卫尉李广为骁骑将军,太仆公孙贺为轻车将军,率军伏在马邑附近山谷中,准备消灭匈奴主力;以大行令王恢为将屯将军,太中大夫李息为材官将军,率三万人伏于代郡(郡治代县,今河北蔚县东北,代国王城),截击匈奴辎重。

军臣单于率大军前来马邑,进至距马邑百余里处,发现情形不对,牛羊遍野却无人看管,顿生怀疑。派兵夺取汉亭,从俘获的汉雁门尉口中得知,汉重兵埋伏于马邑四周山中,遂急急引兵撤退。王恢却眼看匈奴军队撤走,因兵少而没敢追击。

精心谋划的马邑之役就这样失败了。汉武帝恼恨王恢不袭击匈奴的辎重,王恢辩解说:"如果我们的军队和匈奴交上了手,我袭击他们的辎重,可以得利。这次单于半道撤兵,我的三万人肯定打不过他,只能自取其辱。我知道自己回来了会被斩,但是却给陛下保存下来三万人。"

王恢被交给了廷尉,廷尉判定王恢犯了贻误军机之罪,应该杀掉。王恢送了一千金给丞相田蚡,要他向皇帝求情。田蚡不敢直接向汉武帝求情,却说给了太后:"王恢是马邑之战的倡议者,现在杀了他,等于是给匈奴报仇了。"汉武帝朝见太后时,太后把田蚡的话告诉了他,但汉武帝说:"首倡马邑一战的是王恢,朝廷听了他的话,发兵数十万,结果闹了这样一个结果。况且纵使抓不到单于,王恢率其所部出击,也能有些收获,来告慰百官的心。现在不杀王恢,没办法安抚天下。"

王恢间接听说了皇上的话,知道不能幸免,就自杀了。

主爵都尉汲黯

汲黯(?～前112),西汉大臣。字长孺,濮阳(今河南濮阳西南)人。武帝时,任东海太守,继为主爵都尉。好黄老之术,常直言切谏,秉性刚强,汉武帝称之为"社稷之臣"。他反对武帝反击匈奴贵族的战争,武帝不悦。后为淮阳太守,在任十年去世。

一、无为而治 直言敢谏

汲黯的祖先世代受古卫国国君恩宠,到他已经是第七代,代代都在朝中荣任卿、大夫之职。通过父亲保举,汉景帝时汲黯当了太子洗马,因为他秉公办事、为人严正,而被人敬畏。景帝死后,太子刘彻继位,任命汲黯做谒者之官。

东越的闽越人和瓯越人发生攻战,武帝派汲黯前往视察。他并未到达东越,行至吴县(今江苏东南部)便折返而归,上书禀报说:"东越人勇猛好斗,是当地民俗本来就如此,不值得烦劳天子的使臣去过问。"

一次,河内郡(治所在今河南武陟西南的怀县)发生了火灾,绵延烧及一千余户人家,武帝又派汲黯前去视察。他回来报告说:"那里普通人家不慎失火,由于住房密集,火势便蔓延开去,不必多忧。我路过河南郡(治所在今河南洛阳东北的雒阳)时,眼见当地贫民饱受水旱灾害之苦,灾民多达万余家,有的竟至于父子相食,我看到此种情形,就趁便凭所持的符节,下令发放了河南郡官仓的储粮,赈济当地灾民。现在我请求缴还符节,承受假传圣旨的罪责。"武帝认为汲黯贤良,免他无罪,还对他予以嘉勉,调任为荥阳(今属河南)县令。汲黯认为当县令,大材小用是一种耻辱,便称病辞官还乡。武帝闻讯,召汲黯入朝任中大夫。

由于汲黯屡次向武帝直言谏诤,使武帝难堪,他不得久留朝中,被外放当了东海郡(治所在今山东省郯城北)太守。汲黯崇仰道家学说,治理官府和处理民事,喜好清净少事,把事情都交托自己挑选出的得力郡丞和书史去办。他治理郡务,不过是督查下属按大原则行事罢了,并不苛求小节。汲黯体弱多病,经常躺在卧室内休息不出门。一年多的时间,东海郡便十分清明太平,人们都很称赞他。武帝得知后,召汲黯回京任主爵都尉,主管地方官吏任免,比照九卿的待遇。他为政力求无为而治,弘其大要而不拘守法令条文。

汲黯为人性情刚直，不讲究礼数，当面顶撞人，容不得别人的过错。与自己心性相投的，他就亲近友善；与自己合不来的，就不耐烦相见，士人也因此不愿依附他，不与他来往。但是汲黯好学，又好仗义行侠，非常注重志气节操，行为豪爽。他平日居家，品行美好纯正；入朝，喜欢直言劝谏，屡次有伤武帝的面子。汲黯非常仰慕傅柏和袁盎的为人。他与直率的灌夫、仗义的郑当时以及宗正刘弃交好，他们也因为多次直谏而不得久居其官位。

汲黯任主爵都尉而位列九卿的时候，王太后的弟弟武安侯田蚡做丞相。朝廷中年俸二千石的高官来谒见他时都行跪拜之礼，田蚡竟然傲慢地不予还礼。而汲黯求见田蚡时从不下拜，经常向他拱手作揖完事。

这时，汉武帝正在招揽文学之士和崇奉儒学的儒生，说是武帝要施行仁义，学习尧舜。汲黯却谏道："陛下心里欲望很多，只在表面上施行仁义，怎么能真正仿效唐尧虞舜的政绩呢！"武帝沉默不语，心中恼怒，脸一变就罢朝了，公卿大臣都为汲黯担心。退朝后，武帝对身边的近臣说："太过分了，汲黯太愚直了！"群臣中有人责怪汲黯，汲黯说："天子设置公卿百官这些辅佐之臣，难道是让他们一味屈从取容，阿谀逢迎，将君主陷于违背正道的窘境吗？何况我已身居九卿之位，纵然爱惜自己的生命，但又怎么能让朝廷蒙上羞辱呢？"

二、武帝尊宠　佞臣憎恨

汲黯体弱多病，有时一病就达三个月之久，汉武帝多次恩准他休假养病，他的病体却始终不愈。最后一次病得很厉害，严助替他上书告假，武帝问道："汲黯这个人怎么样？"严助说："让汲黯当官执事，没有过人之处。然而他能辅佐年少的君主，坚守已成的事业，以利诱之他不会来，以威驱之他不会去，即使有人自称像孟贲、夏育一样勇武非常，也不能撼夺他的志节。"武帝说："是的。汲黯近乎古人所谓与国家同呼吸共患难的社稷之臣。"

大将军卫青入侍宫中，武帝曾坐在厕所内接见他。丞相公孙弘平时有事求见，武帝有时连帽子也不戴。至于汲黯求见，武帝不戴好帽子是不会接见他的。武帝曾经坐在威严的武帐中，适逢汲黯前来启奏公事，武帝因为没戴帽子，望见他就连忙躲避到帐内，派近侍代为批准他的奏议。由此可见，汲黯被武帝尊敬礼遇到了何种程度。

酷吏张汤刚以更改制定刑律法令被任命为廷尉，汲黯就曾多次在皇上面前质问指责张汤，说："你身为正卿，却对上不能弘扬先帝的功业，对下不能遏止天下人的邪恶欲念。安国富民，使监狱空无罪犯，这两方面你都一事无成。相反，你却严酷苛刻，任意胡为，大肆破坏律令，以成就自己的事业，尤为甚者，你怎么竟敢把高祖皇帝定下的规章制度也乱改一气呢？你这样做会断子绝孙的。"

汲黯时常和张汤争辩，张汤辩论起来口齿清晰，总爱故意深究条文，苛求细节。汲黯则出言刚直，高谈阔论，志气昂奋，不肯屈服，他怒不可遏地骂张汤说："天下人都说绝不能让刀笔之吏身居公卿之位，果真如此。如果非依张汤之法行事不可，必令天下人恐惧得双足并拢站立而不敢迈步，眼睛也不敢正视了（令天下重足而立，侧目而视矣）！"

当时，汉朝正在征讨匈奴，招抚四方部族。汲黯崇尚黄老哲学，主张无为而治，力求国家少事，常借向武帝进言的机会建议与匈奴和亲，不要兴兵打仗。

汉武帝正倾心于儒家学说，尊用公孙弘，对此不以为意。及至国内事端纷起，下层官吏玩弄权术，不法之民弄巧逞志以逃避法网，武帝这才要分条别律，严明法纪，张汤等人也便不断进奏所审判的要案，以此博取武帝的宠幸。而汲黯常常诋毁儒学，当面抨击公孙弘之流内怀奸诈而外逞智巧，以此阿谀主上取得欢心；刀笔吏专门苛究深抠法律条文，巧言加以诋毁，构陷他人有罪，使事实真相不得昭示，并把胜狱作为邀功的资本。然而，武帝却越发地倚重公孙弘和张汤。

公孙弘、张汤深恨汲黯，就连汉武帝也不喜欢他，想借故杀死他。公孙弘做了丞相，向武帝建议说："右内史管界内多有达官贵人和皇室宗亲居住，很难管理，不是素来有声望的大臣不能当此重任，请调任汲黯为右内史。"汲黯当了几年右内史，任中政事井井有条，从未废弛荒疏过，真正做到了政通人和。

大将军卫青因伐匈奴有功越发地尊贵了，他的姐姐卫子夫也做了皇后，但是汲黯却不管这些，仍与他行平等之礼。有人劝汲黯说："从天子那里就想让群臣居于大将军之下，大将军如今受到皇帝的尊敬和器重，地位更加显贵，你不可不行跪拜之礼。"汲黯答道："因为大将军有拱手行礼的客人，就反倒使他不受敬重了吗？"卫青听到他这么说，更加认为汲黯贤良，多次向他请教国家与朝中的疑难之事，对待他胜过平素所结交的人。

淮南王刘安阴谋反叛，但他畏惧汲黯，说："汲黯爱直言相谏，固守志节而宁愿为正义捐躯，很难用不正当的事情诱惑他。至于游说丞相公孙弘，就像揭掉盖东西的蒙布或者把快落的树叶振掉那么容易了。"

武帝已经多次征讨匈奴大获战绩，汲黯主张与匈奴和亲而不必兴兵征讨的话，他就更加听不进去了。

三、贤良愚直　治淮有方

当初汲黯位至九卿时，公孙弘、张汤不过还是一般小吏而已。后来，公孙弘、张汤日渐显贵，步步高升，和汲黯官位相当时，汲黯又责难诋毁他们。不久，公孙弘升为丞相，封为平津侯；张汤官至御史大夫；昔日汲黯手下的郡丞、书史也都和汲黯同级了，有的被重用，地位甚至还超过了他。汲黯心窄性躁，常有牢骚要发，朝见武帝时，他走上前说道："陛下任用群臣就像堆柴垛一样，后来的反而堆在上面（后来居上）。"武帝沉默不语，很不高兴。一会儿汲黯退了下去，武帝说："一个人确实不可以没有学识，看汲黯这番话，他的愚直越来越严重了。"

时隔不久，匈奴浑邪王率部众降汉，朝廷征发两万车辆前去接运。官府无钱，便向百姓借马。有的人把马藏起来，马无法凑齐。武帝大怒，要杀长安县令。汲黯说："长安县令没有罪，不能杀，只要杀了我，百姓就肯献出马匹了。况且匈奴将领背叛他们的君主来投降汉朝，朝廷可以慢慢地让沿途各县准备车马把他们顺序接运过来，何至于让全国骚扰不安，使我国人疲于奔命地去侍奉那些匈奴的降兵降将呢！"武帝无言以对。

浑邪王率部到来后，长安商人因与匈奴人做买卖，被判处死罪的有五百多人。汲黯上书请见，在未央宫的高门殿见到了武帝，他说："过去匈奴攻打我们设在往来要路上的关塞，断绝和亲的友好关系，我国发兵征讨他们，战死疆场与负伤的人数不胜数，而且耗费了数以百亿计的巨资。臣我愚蠢，以为陛下抓获匈奴人，会把他们都作为奴婢赏给从军而死的家属，并将掳获的财物也就便送给他们，以此告谢天下人付出的辛劳，满足百姓的心愿。这一点现在即使做不到，浑邪王率领几万部众前来归降，也不该倾尽官家府库的财物赏赐他们，征调老实本分的百姓去伺候他们，把他们捧得如同宠儿一般。无知的百姓哪里懂得让匈奴人购买长安城中的货物，就会被死抠法律条文的执法官视为将财物非法走私出关而判罪呢？陛下纵然不能缴获匈奴的物资来慰劳天下人，又要用苛严的法令杀戮五百多无知的老百姓，这就是所谓'保护树叶而损害树枝'（庇其叶而伤其枝）的做法，我私下认为陛下此举是不可取的。"

武帝听了，沉默不语，自然是不赞同。后来，他还说："我很久没听到汲黯的话了，今日他又一次信口胡说了。"过了几个月，汲黯就因犯小错被判罪，适逢皇上大赦，他仅遭免官。于是汲黯归隐于田园。

汉武帝元狩四年（前119），遇上国家改铸五铢钱，民间很多人私铸钱币，楚地尤其严重。汉武帝认为淮阳郡（治所在陈，今河南淮阳）是通往楚地的交通要道，汲黯曾在这一带治过水、放过粮，人民拥戴他，就征召汲黯，任他为淮阳郡太守。汲黯拜伏于地辞谢圣旨，不肯接印，武帝屡次下诏令强迫于他，他才领命。

武帝下诏召见汲黯，汲黯哭着对皇上说："我自以为就此老死山野，死后尸骨将被弃置沟壑，再也见不到陛下了，想不到陛下又收纳任用我。我常有狗病马病的，体力难以胜任太守之职的烦劳。我希望做个中郎，出入宫禁之门，跟随陛下，为您纠正过失，补救缺漏。这样我就心满意足了。"武帝说："你看不上淮阳郡太守这个职位吗？过些时候我会召你回来的。只因淮阳地方官民关系紧张，我只好借助你的威望，请你卧病家中去治理吧。"

汲黯向武帝告别后，又去探望大行令李息，他说："我被弃置于外郡，不能参与朝廷的议政了。可是，御史大夫张汤，他的智巧足以阻挠他人的批评，奸诈足以文饰自己的过失。他专用机巧谄媚之语，强辩挑剔之词，不肯公公正正地替天下人说话，而一心去迎合主上的心思。皇上不想要的，他就顺其心意诋毁；皇上想要的，他就跟着夸赞。他喜欢无事生非，搬弄法令条文，在朝中他深怀奸诈以逢迎皇上的旨意，在朝外挟制为害社会的官吏来加强自己的威势。您位居九卿，若不及早向皇上进言，您和他都会被诛杀的。"李息畏惧张汤，始终不敢向武帝进谏。

汲黯治理淮阳郡务，一如当年在东海郡、右内史治理方法一样。不到一个月，就处理了前任遗留下来的二十多起积案，并规定：百姓进衙告状，任何人不得阻拦，可直接到他病榻前面陈述。汲黯还经常微服出访，体察民情，淮阳郡政治逐渐清明起来。后来，张汤果然身败名裂。武帝得知汲黯当初对李息说的那番话后，责怪李息没有及早进谏，判李息有罪，诏令汲黯享受诸侯国相的俸禄待遇，依旧掌管淮阳郡。七年后，汲黯病逝于淮阳任上。

汲黯死后，武帝因为汲黯的关系，让他的弟弟汲仁官至九卿，儿子汲偃官至诸侯国相。汲黯姑母的儿子司马安年轻时也与汲黯同为太子洗马，他极有心计，擅长玩弄法律条文，巧于为官，其官位曾四次做到九卿，在河南郡太守任上去世。他的弟兄们由于他的缘故，同时官至二千石职位的共计十人。濮阳人段宏起初侍奉盖侯王信，王信保举段宏，段宏也两次官至九卿。但是濮阳同乡做官的人都很敬畏汲黯，对他甘拜下风。

大司农郑当时

郑当时（生卒不详），西汉大臣。字庆，陈郡（今河南淮阳）人。他是汉景帝、汉武帝的两朝重臣。他为官的特点是喜欢举荐人才，而且所举荐多有贤良之人，因此在《汉书》里与论将的冯唐以及守法的张释之、正直的汲黯合立一传，因一德一能而名传千古。

郑当时的祖先郑君曾做过项籍（即项羽，项羽名籍字羽）手下的将领。项羽兵败死后，郑君不久就归属了汉朝。汉高祖刘邦下令，所有项羽的旧部在提到旧主人项羽时都需直呼其名，不能避讳，但郑君就是不肯服从诏令。汉高祖下旨把那些肯于直呼项羽名讳的人都拜为大夫，而赶走了郑君。汉文帝时，郑君去世。

郑当时喜欢仗义行侠，并以此为乐事。因为解救张羽于危难一事，他的名声传遍了梁、楚两地。汉景帝的时候，他当了太子舍人。每逢五天一次的休假日，他总要在长安四郊的驿站安排马匹，以邀请和酬谢宾朋，夜以继日，通宵达旦，还生怕有什么疏漏，担心落下了哪一个。

郑当时喜欢黄老之学，仰慕年高德韶的人，唯恐自己的言行不合他们的意。他年纪轻轻，官职卑微，但所结交的却都是他祖父一辈的知名人物。

汉武帝即位以后，郑当时由鲁国中尉、济南郡太守、江都国相，一步步地升到了位属九卿中的右内史。后来，由于对武安侯田蚡、魏其侯窦婴之事发表了不合适的意见，被贬职为詹事，接着又升迁至大农令。

郑当时做右内史的时候，经常告诫属下官吏："有来访者，不论尊贵卑贱，一律不得让人家滞留在门口等候。"他恭谨地遵循主人的待客之礼，总是能屈尊就下，对地位身份低下的人从不白眼相看。

郑当时十分廉洁，而且从不添置私产营利，只能靠自己的俸禄和皇家的赏赐来供给各位年长的友人，而所馈送的不过是简单的饮食。因此，郑当时去世时，家里没有剩下什么财物。

仗义行侠之外，郑当时最喜好的是举荐人才。每逢上朝，只要碰到向皇上进言的机会，他总要称道天下那些年高望重的人。他推举士人和自己属下的人，总是津津乐道，言语中常常说出他们比自己贤能的地方来。他从不对属下官吏直呼其名，和属下谈话时，总怕言语中伤害了对方。听到别人有什么高明的见解，总是马上汇报给皇上，生怕晚了。因此，崤山以东的知名人士都一致称赞他的美德。

郑当时奉命视察黄河决口时，请求给五天时间准备行装。汉武帝说："我听说'郑庄远行千里不带粮'，怎么还要准备行装呢？"郑当时没再说什么——这正是郑当时的脾性，他在朝上时，常常附和、顺从皇上的意旨，不敢过于明确地表示自己的意见。

到了郑当时的晚年，朝廷由于征匈奴、抚四夷，耗费了巨大的财力物力，国家的财政情况越来越匮乏。而郑当时做大司农时，让他的门客承担运输事务，亏欠了不少钱款。淮阳太守司马安检举了此事，郑当时因此获罪，赎罪后被削为庶人。不久，入丞相府暂行长史之职。后来，汉武帝认为他年纪太大了，又让他去做汝南郡太守。

几年以后，郑当时在汝南郡太守任上去世。

侍中严助

严助（？～前122），西汉辞赋家，武帝朝大臣。本姓庄，会稽吴（今江苏吴县）人。武帝初即位，令郡举贤良对策，擢严助为中大夫。后迁会稽太守，复归长安，为侍中。严助与淮南王刘安交好，受刘安谋反牵连，被杀。他有赋三十篇，今均不传。

一、口才出众　平定闽越

严助的父亲相传为西汉辞赋家严忌。严忌善于辞赋，为梁王刘武门客。有辞赋二十四篇，现仅存《哀时命》一篇，为哀伤屈原之作，见于《楚辞章句》。一说严助的父亲不是严忌，严助不过是严忌同族人的儿子。严助本姓庄，《汉书》为避东汉明帝刘庄讳，改为"严"。

武帝建元元年（前140），汉武帝下诏全国荐举"贤良方正"之士，延揽人才。参与贤良对策的有一百多人，汉武帝认为严助的对策出众，于是擢拔为中大夫。后来武帝又陆续获得了朱买臣、吾丘寿王、司马相如、主父偃、徐乐、严安、东方朔、枚皋、胶仓、终军、严葱奇等，这些人皆在武帝朝中为臣。武帝命令严助等人与大臣辩论，内臣与公卿大夫彼此以义理之词相诘难，那些公卿大夫经常被严助辩倒，他们的计议不如严助，都对严助十分佩服。武帝所宠幸的近臣有东方朔、枚皋、严助、吾丘寿王、司马相如。司马相如常因病不上朝，东方朔、枚皋论议附和别人，不能坚持正义，如树木之无根底，武帝以俳优之类看待他们。只有严助与吾丘寿王被武帝任用，而严助尤为宠幸。

建元三年（前138），闽越举兵包围东瓯（小国名，在今浙江温州地区），东瓯向汉朝廷告急求救。当时武帝年纪还不到二十岁，就此询问太尉田蚡。田蚡认为越人互相攻击是常事，又经常反复无常，不值得汉朝派兵相救，况且从秦朝时就已弃之不臣属于中国了。严助反驳田蚡说："不救东瓯是担心力量不能够相救，德行不能覆盖闽越之地。如果能够，为什么要放弃呢？秦朝连国都咸阳都放弃了，又何况东瓯呢？如今小国在危难时告急汉朝，天子不救助，它们又到哪里去求救，汉朝又怎么能使万国臣服？"武帝说："太尉不值得与之商议。朕刚刚即位，不打算出示虎符调动郡国之兵出征。"

于是武帝派遣严助持节命令会稽太守发兵救援东瓯。会稽太守认为严助没有虎符为验，按照军法不能随便调兵，不肯发兵。严助就斩杀了一名会稽郡的司马，以天子旨意晓谕太守，会稽太守这才发兵数万，渡海前往救援东瓯。汉军还没有抵达东瓯，闽越军就闻风撤退了。

过了三年，闽越又兴兵攻打南越。南越遵守汉天子的约定，不敢擅自发兵，就上书朝廷告知此事。武帝准备派遣大行令王恢和御史大夫韩安国两位将军率军攻打闽越，淮南王刘安上书劝谏武帝不要发兵南越，只需派遣一使前往镇抚，闽越就会臣服，不必兴兵劳民伤财。武帝对此不以为然。

汉军出发前往南越，刚抵达南岭，正值闽越王之弟馀善杀掉闽越王投降了汉朝。汉军不战而屈人之兵，返师而归。南越王顿首说："幸亏天子出兵攻打闽越，我死无以报！"于是派太子婴齐跟随严助入朝侍奉武帝。

二、出为太守　私交被诛

严助回到长安后，又奉命出使淮南国，向淮南王刘安讲述了征战南越的过程，以皇帝之意申斥淮南王刘安。淮南王刘安请罪说："即使商汤攻打夏桀，周文王攻打崇国（今陕西西安西北），也不过如此。臣刘安妄自狂言，陛下不忍心诛杀，派遣使者来告知臣所不知道的事情，臣不胜惶恐，荣幸至极。"严助于是与淮南王刘安相结而还，武帝非常高兴。

严助曾陪同汉武帝宴饮闲谈，武帝问起严助从前居住乡里时的事情，严助说："臣家贫，常被富有的同门之婿侮辱。"武帝问严助的愿望，严助回答说愿意出任会稽太守。武帝就任命严助出任会稽太守。

严助出任会稽太守多年，和朝廷不通信息。武帝赐书道："制诏会稽太守：君厌烦了在朝为官，疲于侍从之事，怀念故土，皇上使君担任会稽太守。会稽东接大海，南近诸越，北临大江。君为太守期间，长久与朝廷不通信息，君应像《春秋》那样，不要像苏秦那样施展纵横之术。"

当时，武帝推崇儒术而罢黜百家，提倡忠孝仁义，诏书是谴责严助不及时与朝廷沟通，是为不忠，有失为臣之道。严助惶恐，上书谢罪称："《春秋》僖公二十四年，周襄王出居于郑，不能侍奉母亲（周襄王之母惠后宠爱襄王的弟弟叔带，准备废长立幼，逃到郑国），所以断绝消息。臣事奉皇上，犹如儿子事奉父母。臣严助应当诛杀，陛下不忍诛杀，臣愿捧着三年的考核文书呈报京师。"武帝下诏准许，严助因此留在朝廷做了侍中。每逢有奇异之事物，武帝就命严助做文章，严助共作赋数十篇。

后来淮南王刘安来朝廷，以厚重的财物贿赂严助，二人私自交好，常在一起论议国事。等淮南王谋反事发，严助受到牵连，武帝认为其罪不大，不想杀他。廷尉张汤却认为严助出入朝廷，为内阁心腹大臣，却外与诸侯私交如此，如果不杀，以后将难治他人。严助最终被杀，并遭弃市。

长史朱买臣

朱买臣（？～前115），西汉大臣，也是辞赋家。字翁子，吴（今属江苏省）人。先后任中大夫、会稽（今浙江绍兴，西汉时指江苏苏州）太守、丞相长史等职。

朱买臣没有做官以前，家里很穷，他却只喜欢读书，一点儿也不考虑添置家产的事。为了养家糊口，他经常上山去打柴卖，挑着柴担走在路上，嘴里还念念有词，背诵他读过的书。他的妻子跟着他，觉得很难为情，怕路人嘲笑，便多次阻止他在路上大声背书。可朱买臣不听，越说他背得越带劲儿。妻子羞愧难当，又难以忍受这种贫困的生活，就请求离开朱买臣，不跟他过了。

朱买臣念及夫妻之情，不忍妻子离去，就对妻子说："我五十岁时一定会富贵,如今已经四十多了,你苦熬了这么久,等我富贵了一定会报答你的功劳。"

妻子已经对他彻底失望,生气地说:"像你这样,迟早饿死在沟里,怎么还妄想富贵?"

朱买臣留不住妻子,只好听任妻子离去。

妻子离开后,朱买臣日子更加艰苦。有一天他一个人挑着柴,嘴里吟诵着诗书走过一片墓地,碰见已经改嫁的前妻和她的丈夫正在上坟。前妻看见朱买臣又冷又饿,感到很心酸,就叫住他,给他酒饭吃。朱买臣也不客气,饱餐了一顿。

过了几年,朱买臣跟着郡里的官吏送货到长安,碰到很有权势的同乡严助,严助就向汉武帝刘彻推荐了朱买臣。武帝召见朱买臣时,朱买臣讲《春秋》,谈《楚辞》,出口成章,武帝听了很高兴,觉得这个人很有学问,就任命他为中大夫。

朱买臣与司马相如、枚皋等人常在一起研讨辞赋,将汉赋文学推到了顶峰。他口才出众,为支持汉武帝在内蒙古设朔方郡,以设郡十分有利驳倒了御史大夫公孙弘。

又过了一段时间,东越一带屡次发生变乱,朱买臣为武帝出谋划策,认为东越王从前驻守在泉州的山上,地势险要,易守难攻,一个人把守险要之地,一千个人也攻不上去。听说现在已经向南迁移到离山五百里的沼泽地中,如果发兵走水路,直接占领泉州的山峰,再向南进军,就可以消灭东越。刘彻采纳了他的建议,任命朱买臣为会稽太守,诏令他回郡里准备船只、粮草、兵器,等到出征的诏书一到,就向东越进军。武帝还对朱买臣说:"富贵后不回故乡,就如同穿着华丽的衣服在夜晚行走,不为人所知,现在你可以衣锦还乡了!"朱买臣叩头谢恩。

朱买臣一个人悄悄回到会稽郡,穿上过去的旧衣服,怀里揣着太守的印绶,步行到了官邸。正赶上会稽郡的一群官吏正在喝酒，谁也没看朱买臣一眼。朱买臣走进屋里，与过去相识的官邸的看门人一起吃饭，吃饱喝足了，才稍稍露出拴着太守印的绶带。看门人感到很奇怪，凑上前去，从朱买臣的破衣服里拉出绶带，看到绶带上拴的竟然是会稽太守的印章，便大吃一惊，连忙跑出去告诉当值的官吏。那些人都喝醉了，听说破衣烂衫的穷光蛋朱买臣带着太守的印信，大声说："太荒唐了！"看门人说："不信，你们自己来瞧瞧。"有个过去一向看不起朱买臣的熟人进屋一看，急忙跑出去说："确实是太守的印信！"在坐的官吏都大惊失色，赶忙禀告了守丞，一群人推推搡搡地在中庭排好队列，拜见新太守。朱买臣不慌不忙地从屋里走了出来。

过了不久，长安驿站的官吏乘着四匹马拉的车来接朱买臣，于是朱买臣坐着马车走了。等他回来的时候，会稽郡的官员急忙派百姓出来修治道路，县里的官吏一起参加迎送，前呼后拥，路上挤了一百多辆车。车队进入朱买臣的故乡，朱买臣看到他的前妻和丈夫也在修路，就停下车，命令后面的车拉上他们夫妻俩，到了太守的官邸，把他们安置在庭园里，招待他们吃喝。

过了一个月，朱买臣的前妻想及往事，心里很不是滋味，就上吊自尽了。朱买臣给前妻的丈夫很多钱，让他安葬妻子。他又召见了所有过去对他有恩惠、给过他饮食的人，一一报答了他们。

朱买臣做了会稽太守后，管辖长江以南至福建的区域。根据东越王迁至泉山以南濒海而居的新情况，他加紧建造楼船（兵船战舰）、筹备军粮和水战兵器。经一年多的战备，与横海将军韩说一起率领数千官兵，浮海南征，一举击破东越王的叛乱。朱买臣因功升为主爵都尉，位列九卿。数年后，因为犯法被免官，复为丞相长史。

廷尉张汤审理淮南王刘安反叛案，排挤陷害严助，平时故意轻慢侮辱朱买臣，于是朱买臣深怨张汤。元鼎二年（前115），他与王朝、边通共同诬告张汤，张汤自杀。武帝后来查明案情，杀了朱买臣等三长史。

现在的苏州穹隆山有一块刻有"汉会稽太守朱公读书之处"的大磐石，相传是朱买臣当年的读书台。

中大夫主父偃

主父偃（？～前126），西汉大臣。齐国临淄（今山东淄博东北）人。自幼学习百家之书，汉武帝时上书言事，因政论有见识被武帝召见，先后任郎中、谒者、中郎、中大夫等职。他曾向武帝建议行"推恩令"。后任齐相，纠治齐王之罪，齐王畏罪自杀。赵王派人告主父偃接受贿赂，武帝大怒，将其族诛。

一、游学不遇　武帝赏识

主父偃少时学习战国时代的纵横家学说，晚年才开始学习《周易》、《春秋》、诸子百家的学说。他游学于齐国许多读书人之间，没有谁肯厚待他。齐国许多读书人共同排斥他，他无法在齐待下去。他家生活贫困，向人家借贷也借不到，就到北方的燕、赵、中山游学，各地都没人厚待他。

武帝元光元年（前134），主父偃认为各诸侯国都不值得去游学，就西去函谷关，去拜见大将军卫青。大将军卫青屡次向武帝推荐他，武帝也不肯召见。他带的钱财已经花光，留在长安已经很久，诸侯的宾客们都很讨厌他，于是他就向武帝上书。早晨进呈奏书，傍晚时武帝就召见了他。他所说的九件事，其中八件是法律条令方面的事，一件是关于征伐匈奴的事。这和武帝心意相投，因此，武帝很欣赏主父偃。

这时，赵人徐乐、齐人严安都向武帝上书，讨论当代的重大事情。他们的奏书送交武帝，武帝召见了主父偃、徐乐、严安，对他们说："你们都在哪里啊？为何我们相见得这样晚？"于是，武帝就任命他们三人为郎中。后来主父偃屡次觐见武帝，上疏陈说政事。武帝下令任命主父偃为谒者，又升为中大夫。一年当中，四次提升他的职务。

主父偃后又上奏武帝说："古代诸侯的土地不超过百里，强弱的形势很容易控制。如今的诸侯有的竟然拥有相连的几十个城市，土地上千里。天下形势宽缓时，则容易骄傲奢侈，做出淫乱的事情；待到形势危急时，他们则依仗自己的强大，联合起来反叛朝廷。现在如果用法律强行削减他们的土地，那么他们反叛的事就会产生，先帝时晁错的做法就导致了这种情况。如今，诸侯的子弟有的竟有十几个，而只有嫡长子世世代代相继承，其余的虽然也是诸侯王的亲骨肉，却无尺寸之地的封国，那么皇上的仁爱孝亲之道就得不到显示。希望陛下命令诸侯可以推广恩德，把他的土地分割给子弟，封他们为侯。这些子弟人人高兴地实现了他们的愿望，皇上用这种办法施以恩德，实际上却分割了诸侯王的国土，不必削减他们的封地，却削弱了他们的势力。"

汉初诸侯王势力很大，酿成吴楚七国之乱。控制诸侯的势力，成为中央朝廷的重中之重。主父偃的建议，就是推恩分散诸侯势力。所谓"推恩"，即诸侯王除由嫡长子继承王位之外，其他诸子都可在王国范围内分到封地，作为侯国，由皇帝制定封号。主父偃的建议被武帝采纳，朝廷颁布"推恩令"，从此诸王封地、势力大大削弱。

主父偃又劝武帝说："茂陵刚刚成为一个县，全国豪强富人，使百姓作乱的人，都可以迁徙到茂陵，内则充实京城，外则消除奸猾之人，这就叫做不诛杀而祸害被消除。"武帝又听从了他的主张。

二、横暴行事　终致族诛

尊立卫子夫当皇后，及揭发燕王刘定国的阴私，主父偃都参与其事，立下了功劳。后来大臣们都畏惧主父偃的口，贿赂和赠送给他的钱，累计有千金之多。有人劝说主父偃说："你太横行了，还是收敛一下的好。"主父偃说："我从束发游学以来已四十余年，自己的志向得不到实现，父母不把我当儿子看，兄弟们不肯收留我，宾客抛弃我，我穷困的时日已很久了。况且大丈夫活着，如不能列五鼎而食，那么死时就受五鼎烹煮的刑罚好了。我已到日暮途穷之时，所以要倒行逆施，横暴行事。"

元朔二年（前127），主父偃又上奏武帝盛称朔方土地肥沃富饶，外有黄河为险阻，昔日蒙恬在此筑城以驱逐匈奴，内省转运和戍守漕运的人力物力，这是扩大中国土地、消灭匈奴的根本。武帝看完他的建议，就交给公卿们议论，大家都说不利。公孙弘说："秦朝时曾经调发三十万人在黄河以北修城，最终也未修成，不久就放弃了。"主父偃盛称其利，武帝竟采纳主父偃的计策，设置了朔方郡（治所在今内蒙古杭锦旗北）。

同年，主父偃向武帝讲了齐王刘次景在宫内淫乱邪僻的行为，皇上遂任命他当了齐相。主父偃一到齐国，就把他的兄弟和宾客都召来，散发五百金给他们，数落他们说："当初我贫穷的时候，兄弟不给我衣食，宾客不让我进门；如今我做了齐相，诸君中有的人到千里以外去迎接我。我现在同诸君绝交了，请不要再进我主父偃的家门。"接着他就派人调查齐王，并用齐王与其姐姐通奸的事来触动齐王，齐王以为终究不能逃脱罪责，害怕像燕王刘定国那样被定成死罪，就自杀了。主持此事的官员把这事报告给了皇上。

主父偃不得志时,曾经游历燕地和赵地,等到他当了大官后,就揭发了燕王的阴私。赵王害怕主父偃成为赵国的祸患,想上书皇帝讲述他的阴私,因为主父偃在朝中,不敢揭发。等到他当了齐相,离开朝廷,赵王就马上派人上书,告发主父偃接受诸侯的贿赂,因此,诸侯子弟中有很多因为这个原因而被封侯。

后来齐王自杀了,武帝听到后大怒,认为是主父偃胁迫齐王使其自杀的,就交给官吏审问。主父偃承认接受诸侯贿赂,但没有威胁齐王使他自杀。武帝不想诛杀主父偃,这时御史大夫公孙弘对皇上说:"齐王自杀,没有后代,封国被废除而变成郡,归入朝廷,主父偃是这事的罪魁,陛下不杀主父偃,无法向天下臣民交代。"元朔三年(前126),武帝把主父偃家族的人都杀了。

主父偃显贵受宠时,宾客数以千计,待到他被灭族而死,没有一个人为他收尸,唯独汶县人孔车为他收尸并埋葬了他。武帝后来听说了这事,尊孔车是个长者。

大司农桑弘羊

桑弘羊(前152~前80),西汉大臣,理财专家,汉武帝朝的重臣,也是托孤四大臣之一。洛阳(今河南洛阳东)人。他所提出的财政政策,不仅使汉武帝的内外用度总是有源源不竭的财源,而且对后代也产生了巨大影响。

一、改革财政　国用充足

桑弘羊出身于商人家庭。《汉书·食货志》称,桑弘羊"以心计,年十三侍中"。心计就是心算,这句话意思是说:桑弘羊因为心算很厉害，十三岁就做了侍中。

汉武帝即位以后，一方面对外作战，对内平叛；一方面又大起宫室园囿，国家财力消耗极大，文景之治积累起来的财富消耗殆尽，财政危机严重。同时，由于允许私铸钱币、私营盐铁等，货币混乱，税赋流失，地方豪强和巨商大贾则大发其财。为了改变这种状况，增加国家的财政收入，汉武帝采取了一系列政策，拔擢了一批新人，桑弘羊就在其中。

当时，和桑弘羊一起的还有大农丞东郭咸阳、孔仅，他们三个都是财政方面的高手，对这方面的事情明察秋毫。其中，桑弘羊虽然年龄最小，却最得汉武帝的宠信。

后来，孔仅官至列于九卿的大司农，桑弘羊则任大司农中丞，掌管全国的会计事务，慢慢地开始推行均输、卖爵等措施，并进而由国家统一铸钱，实行盐铁专营。由于新的政策和一批干臣的悉心经营，武帝朝的国库又渐渐充实起来，各项用度都能支应，也没有增加老百姓的税赋。

元封元年（前110），桑弘羊被任命为治粟都尉，兼职大司农，代替孔仅的职责，掌管天下的全部盐铁事务。桑弘羊认为，当时各地方的官吏都独立设置市场，互相封闭，因此物价很不平稳，营业费用也很高。鉴于此，桑弘羊请求设置大司农部丞数十人，分别负责在各郡国设置均输盐铁官，让不同地区的商贩调剂余缺。同时，在首都设置平准官，统一管理天下的货物流通事宜。这样，大司农这一部门把天下的货物都置于统一管理之下，价高则卖，价低则买。那些大富商大贾们如果想投机牟利，就会大亏其本，天下的物价也就平稳了下来。

汉武帝认为桑弘羊的建议不错，就同意了。后来，汉武帝北至朔方，东至泰山封禅，巡游海上，沿途的赏赐多达一百多万匹帛，钱、金也数以万计，大司农都能充足供给。

此后，桑弘羊又建议让百姓交粮食补官职、赎罪过。汉武帝也同意了这种做法。于是在很短的时间内，国家的太仓、甘泉两个粮仓都满了，各地的粮仓也都增加了储备，其他财物如帛等也都充实了不少。史书对此概括为"民不益赋而天饶"，就是说，百姓没有增加税赋，国家的用度就足够。由此，桑弘羊被赐爵左庶长，赐黄金百斤两次。

二、矜功求官　谋逆被诛

有一年，干旱少雨，汉武帝诏令百官求雨。大臣卜式说："天子的官吏应该吃饭靠田租、穿衣靠税赋，现在桑弘羊让官吏都去买卖求利。烹了桑弘羊，老天就会下雨。"汉武帝没有理睬这事儿。

汉武帝病重之时，开始考虑年幼太子的辅佐大臣事宜。他选了四个人，一个是霍光，任大司马大将军；一个是金日䃅，任车骑将军；一个是上官桀，任左将军；一个就是桑弘羊，任御史大夫。这四人受遗诏辅佐少主。汉武帝去世后，只有八岁的太子刘弗陵即位为汉昭帝，朝中一切事情均由大司马大将军也是天子娘舅的霍光决断。

汉昭帝即位六年后，即始元六年（前81），下诏命令各郡国举荐贤良文学之士，询问民间疾苦，以及教化民风的根本。贤良文学们都说应该撤除盐铁酒榷均输官，不专营、不统管，不与天下百姓争利，表示朝廷不看重钱财，之后民风就可以改变了。桑弘羊不同意这些人的意见，奋起反诘，说这些都是国家大业，是制服四夷、安定边疆、充足用度的根本，不能废除。这次会议，就是历史上著名的盐铁会议。会议上，双方各执一词，争论激烈。会后，桑弘羊和当时的丞相田千秋共同上奏废除酒酤（酒类专营）。这以后，桑弘羊的一系列财政政策仍然在施行，只是罢了酒酣。

过了几年,上官桀与霍光争权,闹出了矛盾。桑弘羊自视自己的盐铁政策等等为国兴利,功劳巨大,想给子弟们争些官位,但霍光却回绝了,他因此也怨恨霍光。于是,他们和燕王刘旦合计,想谋害霍光。

燕王刘旦想等霍光不在的时候上奏皇上。奏章呈了上去,年仅十四岁的汉昭帝却不准其奏。后来上官桀等又密谋要杀死昭帝,迎立燕王做天子,结果事情泄露,上官桀和桑弘羊等都被处死了。

典属国苏武

苏武(?～前60),西汉大臣,外交使节。字子卿,杜陵(今陕西西安东南)人。其父为平陵侯苏建。苏武年少时被父亲保举入朝为郎。天汉元年(前100),汉武帝委派其出使匈奴,被匈奴扣留。十九年后,苏武得以归汉,汉昭帝下令,拜其为典属国。

一、出使匈奴 大义凛然

汉武帝元狩四年(前119),卫青、霍去病率步、骑兵数十万分两道并出,夹击匈奴,逼其退到大漠以北,匈奴受到重创。至此,汉朝和匈奴开始互通使节,但是匈奴常常背信弃义,先后扣留汉朝使者十余人次。汉朝亦针锋相对,不时把匈奴的使者扣押在汉。

天汉元年(前100),匈奴且鞮侯单于即位,由于刚刚摄政,权位尚未稳固,所以深恐受到汉朝的袭击,于是把长期扣留在匈奴的汉朝使者全部送还汉朝。汉武帝甚是喜悦，对匈奴单于的义行大为赞许，于是礼尚往来，派中郎将苏武为正使、张胜为副使，率领官吏常惠等百余人，持节护送全部在押的匈奴使者归返匈奴。

苏武抵达匈奴进见单于，并把汉武帝赠送的大批金币敬献给单于。正当苏武完成出使任务准备启程归汉时，匈奴内部发生了一场谋反事件。

在苏武还未到匈奴之前，匈奴的缑王就与汉人虞常一起密谋劫持单于的母亲降汉。虞常原来随同汉使卫律出使匈奴，卫律变节投降了匈奴，虞常不得已也随之投降。但虞常的母亲和弟弟都在汉朝，他思亲心切，一心想复归汉朝。恰在此时，汉使苏武、张胜抵达匈奴，虞常与张胜过去相识，因而私下会见张胜，并把密谋策反计划告知张胜，还对张胜表示，要用箭射死卫律以泄汉朝天子对他的怨愤。张胜对此表示赞同，并拿出一些财物予以资助。过了一个多月，有一天，单于出猎，其母亲、弟弟、儿子留在宫中。乘此时机，缑王与虞常纠集了七十余人准备起事。不料其中一人告密，事情暴露，缑王等全部被杀，虞常被生擒。

单于派卫律审理此案。张胜闻讯，担心虞常会供出自己，这才把此次策划谋反的行动告知苏武。苏武长叹一声说："事已至此，想必已牵累到我们大汉的使节，更为重要的是，这将有辱大汉的使命，愧对朝廷的重托啊。"说着欲拔剑自刎，张胜、常惠等急忙上前制止。

虞常经不住严刑拷打，果然供出了张胜。单于听说此次谋反竟与大汉使节有关，不禁大怒，欲全部处死大汉使节。其他谋臣建议单于与其处死汉使，不如劝其投降。于是单于命卫律召集汉朝使节进行审讯，苏武认为身为大汉使节而受审，自己做人颜面何在？便对常惠等大义凛然地说："屈节辱面，即使能活下来，又有何面目归汉!"说着拔出刀剑砍向自己,顿时血流如注,昏厥过去。卫律连忙唤医生来进行抢救。医生挖土坑,燃微火,使苏武俯卧其上,进行救治,半天才缓过气来。常惠等人流着眼泪把苏武抬回帐篷。

单于被苏武的忠诚、侠义所震撼,因而朝夕派人问候,而把张胜关进囚牢。

二、坚贞不屈　终归朝廷

经过疗养,苏武身体逐渐恢复元气。单于深为苏武的忠义气节所动,更想劝降,因此见苏武伤势稍有好转,便开始派使节规劝苏武投降。苏武仍然信念坚定、毫不动摇。

单于见此招不灵,便又施一计,让卫律当着苏武等汉朝使者的面斩杀了虞常。卫律又对副使张胜呵斥道:"汉使张胜谋杀单于近臣,罪该当诛,如愿投降,单于可免你死罪。"斩杀了虞常,张胜早已恐惧万分,一听卫律所言,忙不迭地应声说:"我愿意投降。"紧接着,卫律便对苏武说:"你的副使有罪,你应当受到连坐!"苏武神色镇定地说:"我并没有参与此次谋反,况且我和张胜并无亲戚关系,谈何连坐?"卫律恼羞成怒,手中挥舞着剑欲向苏武刺去,苏武面不改色,岿然不动。

苏武如此威武不屈,终使卫律败下阵来,只好换了一副面孔劝降苏武:"苏君,我从前背负汉朝而归降了匈奴,幸蒙单于大恩,赐号称王,拥众数万,牛羊遍地。如今若你投降单于,亦必同我一样富贵,否则尸骨陈于荒野,谁又能知道你呢?"苏武冷眼瞅着卫律,不发一言。卫律继续说道:"苏君,今天如果我劝降了你,我即与你结为兄弟,否则日后想见我都不可能了。"苏武听罢,厉声责骂卫律:"你身为大汉臣子,却背叛朝廷,丧失气节,有何颜面再让我见你呢?!况且如今单于对你委以重任,你却不秉公持正，反而想挑起匈奴与汉朝两国的事端。我警告你，历来杀死汉臣的人均无好下场。南越、朝鲜就是很好的例证。他们杀害了汉朝使节，整个国家都遭到汉朝的诛杀。今日，匈奴的灭顶之灾就要由你而引起。"

卫律对苏武的软硬兼施始终不能使苏武屈服，无奈，只得报告单于。单于一怒之下便把苏武幽禁在大窖里，不给他饮食，企图以此折磨他的意志。正值天降大雪，饿了，苏武便以毡毛充饥；渴了，便以白雪止渴，数日不死，匈奴以为神，便把他迁移到北海（今俄罗斯贝加尔湖）无人烟处，使其牧羊，并规定待公羊产子方可归汉。

苏武来到北海，荒无人烟，没有可吃的粮食，他便挖野鼠、采草籽，以此充饥。就这样，苏武意定志坚，在茫茫北海手持出使匈奴的节杖放牧着羊群。天长日久，节杖上的饰毛已经脱落，但苏武仍然日日夜夜手不离杖。

几年后，汉将李陵投降了匈奴。起初，他不敢去见苏武，后来单于命其前往北海规劝苏武降服。于是李陵来到北海面见苏武。两个汉臣异国他乡相见，心中百感交集。李陵告诉苏武他的哥哥苏嘉、弟弟苏贤都因惹祸而畏罪自杀，母亲也已去世，其妻亦已改嫁。然后规劝苏武道："人生如朝露，何必自苦如此！我刚刚投降匈奴之时，心中也很痛苦，我是迫不得已的啊。况且当今陛下年事已高，法令无常，滥杀无辜大臣十几家，你即使归汉，安危不保，倒不如投降匈奴。"

听了李陵一席话，苏武仍然义正词严地说："我们苏家父子的一切，皆是皇上所赐予的，我侍奉皇上，犹如儿子侍奉父亲，我愿为皇帝肝脑涂地，死而无憾！"李陵闻听此言，面有愧色。他被苏武的恪守节操、坚贞不屈所打动，喟然长叹曰："唉呀，你真是个义士！我李陵与卫律之罪上通于天。"说完，李陵热泪沾衣，与苏武诀别。

汉武帝驾崩后，汉昭帝即位，年号"始元"（前86）。匈奴仍与汉朝实行和亲政策。汉朝派使节前往匈奴，要求遣返苏武归汉。匈奴人却撒谎说："苏武已死。"后来，汉昭帝又派使者与匈奴索要苏武。原先的汉朝使者常惠暗中买通匈奴看守，才得以在夜间会见汉朝派来的使者。他把苏武的情况禀报了汉使，并为汉使出谋划策。第二天，汉使会见单于，并对单于说："苏武没有死，我朝天子在上林苑打猎，射中一只大雁，在大雁的腿上获得一信，上写：'苏武就在北海牧羊。'"单于大惊，连忙向汉使致歉，说："苏武等人确实还在。"并派使者将苏武等汉使九人送归汉朝。

汉昭帝始元六年（前81）春，苏武终于回到日思夜想、阔别十九年的汉都长安。历经艰苦卓绝的十九年，此时的苏武已经须发皆白。汉昭帝嘉其节操，拜为典属国，秩中二千石，赐钱二百万、公田二顷、宅一区。后来，汉宣帝又敕封苏武关内侯，复为右曹典属国。

汉宣帝神爵二年（前60），苏武去世。宣帝将其列为麒麟阁十一功臣之一，表彰其节操。

御史大夫儿宽

儿宽（？～约前100），西汉大臣。千乘（今山东高青东北）人。他勤奋好学，禀性宽厚。由于踏实肯干、文采过人，被廷尉张汤赏识，升为侍御史。在职期间，勤政爱民，深得民心，深为汉武帝所赏识，加官晋级，直至御史大夫。

一、勤学苦读　精通《尚书》

兒宽从小就酷爱读书，勤学好问，善于钻研。兒宽在博览群书时，渐渐地对《尚书》产生了浓厚的兴趣，于是便开始认真地研读起《尚书》来。为了对《尚书》进一步地探究，兒宽便拜当时在《尚书》学方面很有造诣的欧阳生为师。由于兒宽对《尚书》勤奋钻研，学有所成，因此，被郡中选举到西汉时期专掌经学传授的博士官门下继续深造，师从经学家孔安国。

由于家境贫寒，父母无力资助兒宽完成学业，兒宽便一边学习，一边为孔安国的弟子们当厨工，以供给自己的生活之需；有时还被雇佣去农田耕种。即使外出打工时，兒宽也随身携带着经书。劳动间歇时，他便诵读那些经书。久而久之，兒宽便精通了《尚书》。由于兒宽学习勤奋，成绩优异，经考试做了掌故（汉代官名，掌管礼乐制度等的故实）。后来，依据考试成绩的名次，兒宽被朝廷录用，做了廷尉府的一个小官吏。

兒宽禀性温和善良，为官期间廉洁自律，善于行文著述，却不善言词表达。他在廷尉府任职以来，一直是个默默无闻、勤勤恳恳的小官吏，因此当时在人们眼里，兒宽只是一个普通的小人物，缺乏刚毅、勇猛之气，将来也恐怕成就不了什么大事业。

二、才华出众　加官晋级

兒宽在廷尉府供职时，他的上司廷尉张汤所任用的皆是熟悉法律、刑狱之人，而兒宽本身是儒生身份，自然对廷尉府有关刑狱诸事不十分熟悉，因此张汤便委派他到北地郡管理牛羊，以对其进行实地锻炼。

兒宽在北地郡数年，积累了经验，增长了才干。后来，他又被调回到廷尉府。一回到廷尉府，兒宽便把自己在北地郡管理牛羊的心得体会进行了总结，汇报给张汤。恰逢张汤正在审理一个疑难案件，已经写好奏章呈报汉武帝，可是武帝看后，又把奏章退回到廷尉府，认为案件本身有一些问题没有陈述清楚，有碍于案件的处理。张汤便命负责撰写奏章的官吏们重新起草。官吏们不知如何着手，一时间被难住了。兒宽见此情景，了解情况后，便说出了自己的想法。那些官吏索性就委托兒宽代为书写。

奏章写就后，在廷尉府一读，官吏们众声称好，都为兒宽的才华所折服。于是，他们把此事汇报给廷尉张汤。张汤正为武帝退回奏章一事愁眉不展，闻之非常惊讶，他怎么也没有想到原来那个不起眼的小小官吏竟有如此才华。接着，张汤马上召见兒宽，细细听取了兒宽管理牛羊的经验，以及几年来潜心钻研有关刑狱方面问题的体会。兒宽说得头头是道，张汤听得连连赞许，认为兒宽是个奇才。

张汤把兒宽拟就的奏章呈给武帝。武帝阅后，当时便准奏了。过了几天，张汤上朝，武帝问道："这次重新写就的奏章，不是一般俗吏所为，是谁写的呢？"张汤禀明是兒宽所写。武帝说："朕对兒宽的才华早有所闻。"由于兒宽过人的才华，以及皇帝的赞许，加上张汤崇尚儒学，张汤便让兒宽做自己的掾吏，负责呈报案情。兒宽在分析案件时常以先秦儒学经义为法，判决疑难大案，深得张汤的重用。

后来张汤当了御史大夫，就把兒宽提拔为掾吏，后又升为侍御史。

有一次，武帝召见兒宽，与他谈论经学。兒宽畅谈了自己有关儒学治天下的主张。武帝还询问了一些有关《尚书》的问题。言谈间，兒宽旁征博引、思维敏捷，深得武帝赞许。这以后，兒宽被擢升为中大夫，调迁为左内史。

三、勤政爱民　深孚众望

兒宽在任上，兢兢业业，勤政为民。在农业方面，他规劝农民积极耕种，发展农业，以保国家安定；审理案件时，他认真执行国家的刑法，秉公断案，从不滥施刑罚；在选拔任用人才时，他总是推举委任那些仁爱宽厚之士。兒宽认为，为官首先要爱民，不能只图名利，得人心才是为官的根本之道。因此，兒宽深受官吏与百姓的爱戴、拥护。

由于兒宽重视农业生产，所以非常关注有关土地耕作、水渠灌溉等问题。有一年，他发现郑国渠上游南岸周围的土地得不到灌溉，于是上奏武帝，建议开渠，武帝准奏。元鼎六年（前111），在兒宽的主持下，在郑国渠上游南岸开凿了六道小渠，这样，周围的田地便得到了灌溉，农业随之得到了增产。随后，兒宽又主张制定用水之法，以使农田得到合理灌溉。兒宽还与司马迁等人共同编写了《太初历》，《太初历》对农业的发展起到了积极的作用。

兒宽经常深入民间，体察民情。如果了解到农民收成不好、生活贫苦，便主动借贷给农民，并且减少农民的田租赋税。这样，在朝廷考核官吏的政绩时，兒宽因此而受到弹劾。朝廷欲免去其官职。百姓听到这件事，深恐从此失去兒宽这样的父母官，于是，纷纷争先恐后向官府交纳田租。百姓有的赶着牛车，有的挑着担子，去官府交租的道路上，人们比肩接踵，人、车络绎不绝。结果，兒宽不但没有丢掉官职，而且还受到了百姓们的衷心拥护。武帝听到这件事后，更认为兒宽是个奇才，也就更加宠信兒宽了。

张汤死后六年（前109），兒宽晋升为御史大夫。由于他性情驯良，为人温和，能顺从皇上意旨，所以官运较为久长，在职九年而终（约前100）。

儒生、文士与近臣

汉武帝拔擢"贤良、方正、文学",接触到了一批饱学多识之士,对他们礼敬有加,并且不时咨问。自然,这些饱学多识之士都是儒生,诸如辕固、董仲舒,而武帝朝实行的"罢黜百家,独尊儒术",可以说奠定了历代封建王朝的思想基础。此外,武帝身边的文士、近臣,"文武昆乱",角色齐整,虽说地位高不到哪里去,但对武帝也有着或多或少、或此或彼的影响和作用。

博士辕固

辕固（《史记》称辕固生，生指儒生；生卒不详），西汉初年的儒生。齐国人。与两位皇帝打过交道，在《史记》和《汉书》中留下了大名。他的事迹之中，颇有一些戏剧性的场面。

辕固因为对《诗经》颇有研究，在汉景帝时被拜为博士（官方讲授经典的教师）。

有一次，辕固和黄生在景帝面前争论问题。黄生说："汤王、武王并不是秉承天命继位天子，而是弑君篡位。"辕固反驳说："不对。那夏桀、殷纣暴虐昏乱，天下人的心都归顺商汤、周武，商汤、周武赞同天下人的心愿而杀死桀、纣，桀、纣的百姓不肯为他们效命而心向汤、武，汤、武迫不得已才立为天子，这不是秉承天命又是什么？"黄生说："帽子虽然破旧，但是一定戴在头上；鞋虽然新，但是必定穿在脚下。为什么呢？这正是上下有别的道理。桀、纣虽然无道，但是身为君主而在上位；汤、武虽然圣明，却是身为臣子而居下位。君主有了过错，臣子不能直言劝谏纠正它来保持天子的尊严，反而借其有过而诛杀君主，取代他自登南面称王之位，这不是弑君篡位又是什么？"辕固生答道："如果非按你的说法来断是非，那么这高皇帝取代秦朝即天子之位，也不对吗？"

景帝见他们争论不休，话说得有些走样，说道："吃肉不吃马肝，不算不知肉的美味；谈学问的人不谈汤、武是否受天命继位，不算愚笨。"于是争论止息。此后学者们再无人胆敢争辩汤、武是受天命而立还是放逐桀纣、篡夺君权的问题了。

窦太后喜欢《老子》这本书，召来辕固问他读此书的体会。

辕固说:"这不过是普通人的言论罢了。"窦太后恼怒道:"它怎么能比得上管制犯人似的儒家诗书呢!"于是让人把辕固放到兽圈里去刺杀野猪。景帝知道辕固直言,并无罪过,就借自己的利剑给辕固。辕固下到兽圈内去刺杀野猪,正中其心,野猪应手倒地。太后无语,没理由再治他的罪,只得作罢。

过了不久,景帝认为辕固廉洁正直,拜他为清河王刘承的太傅。后来,辕固因病免官。

汉武帝即位后,又以品德贤良征召辕固入朝。那些喜好阿谀逢迎的儒生们多有嫉妒诋毁辕固之语,说"辕固老了",于是他被罢官遣归。这时辕固已经九十多岁了。他被征召时,薛邑人公孙弘也被征召,却不敢正视辕固。辕固对他说:"公孙先生,务必以正直的学问论事,不要用邪曲之说去迎合世俗。"后来,齐国成为研究《诗经》的学术基地,齐国人讲《诗经》都依据辕固的见解。一些齐人因研究《诗经》有成绩而仕途显贵,他们都是辕固的弟子。

太中大夫申公

申公(生卒不详),西汉初期儒生。鲁国人。他是《诗经》研究大家,再加上他曾经与汉初的两位皇帝有过一面之缘,所以,在《史记》、《汉书》的"儒林"列传里留下了不小的一笔。

申公小的时候,曾和楚国第一任国王刘交一起跟齐国人浮上伯学习《诗经》。汉高祖刘邦到楚国的时候,申公曾以弟子的身份,跟随老师到鲁南宫去拜见过皇上。吕后当政的时候,浮上伯在京城长安,申公也到了那里去交游、求学。在长安,他和楚王刘交的儿子刘郢跟随浮上伯学习。刘交死后,刘郢继承了王位,便让申公做太子刘戊的老师。

这刘戊就是后来吴楚七国之乱的首脑之一,少小之时就不喜欢学习。申公出于职责,免不了要训饬不好学的太子,刘戊心中怀恨,伺机而待。等到楚王刘郢去世,刘戊继位为楚王,就想着法儿折磨申公,让他干些下等人的体力活。申公备感屈辱,便回到了鲁国的家中,专心教书,不再迈出家门一步,也不接待任何宾客,只有鲁恭王刘馀招请,他才前去。

申公专心修学,闭门教书,学问精进,教授有方,四方八面的向学之士纷纷前来跟他学习,共有一千多人。其中有王臧和赵绾,他们学成之后都在朝中担当了一定的职务,并向喜欢儒术的汉武帝建议建造明堂,召集诸侯举行朝会。他们说服不了汉武帝,便搬出了老师申公。于是武帝便遣使去征聘申公。

此时,申公已经八十多岁。汉武帝听说申公年事已高,担心申公受不了道途颠簸之苦,便让使者驾一辆安车(可以坐乘的小车。古车立乘,此为坐乘,故称。供年老德尊者乘用。多用一马,礼尊者用四马。)前去,而且特意让人用蒲草把车轮包裹起来,此外,还让使者带了许多绢帛和玉璧,作为见面礼。一切准备妥当,使者驾着驷马车迎请申公,赵绾、王臧两位弟子乘坐普通的驿车随行。申公被汉武帝的诚意打动,便跟随使者来到了都城长安。

到了长安,稍作休整,汉武帝便召申公到宫里,急切地向他请教治国之道。申公说:"治理国家不在于说多少,而在实际做得怎么样。"当时的汉武帝年少气浮,喜欢别人滔滔不绝地发表议论,不想申公只说了两句就再也不说了,大半天也未再发一语。汉武帝有些大失所望,也就没再追问。随后,汉武帝任命申公为太中大夫,暂居鲁王在京城的官邸,商讨修建明堂等事。

当时,太皇太后窦氏仍然在世,她信奉黄老"无为"之治,不喜欢儒术，便想方设法找出赵绾、王臧的过错，以此来责备皇上。汉武帝没办法，只好停止了商议建造明堂的事情，下令把赵绾、王臧交给廷尉论罪。赵、王二人自知不能幸免，双双自杀。随之，申公也告病辞官，回到了家里。数年之后，申公去世。

博士董仲舒

董仲舒（前179～前104），西汉思想家，儒家学派的代表人物。广川（今河北枣强）人。他曾出仕做官，都不是什么独立主政的职位，但他对汉代政治乃至中国封建政治的影响，可以说无人能出其右，其原因，就在于他提出了"罢黜百家，独尊儒术"的政治指导思想。

一、一心向学　群儒之首

董仲舒出身于"田连阡陌"、"牛羊成群"的大地主家庭。他从小刻苦好学，学识日益精进。汉惠帝时，朝廷废除了秦朝私藏诗书灭门的法令，民间藏书浮出了水面。董仲舒家有大量藏书，这为他的学习、钻研提供了极大的方便。董钟舒钻研的，当然是儒家著作，但凡经传，都有涉猎，其中尤以《公羊春秋》最为用功。

由于自己的刻苦学习，董仲舒到三十岁就成了当时的儒学大家，好多人慕名求教。就这样，董仲舒开始了自己的教书讲学生涯。他招收了大批学生，向他们讲授儒家经传，也讲授自己的思想。他教出了一大批学生，这些学生遍布各地，遂使儒家学说和董仲舒的思想成为当时流行的思想学说。就这样，董仲舒成为当时的一代大儒，声名远播。

汉景帝时，董仲舒结束了自己的教书生涯，被朝廷任命做了博士（官方讲授经典的教师）。这虽然不是一个掌有大权的职务，但却使董仲舒走近了统治阶层，他的影响就更为深广了，由此，也为他接近、影响最高统治者打下了基础。

据史书记载，董仲舒学习时十分专心。在收徒讲学时，他在讲堂设置帷帐，让学生们互相传授他的所讲，因此有些学生根本没见过他的面。钻研经传期间，他专心致志，三年未曾到园子里走过一次。此外，他的行为举止也都十分符合礼仪规范，学生们无不尊敬他、效法他。

二、天人三策　独尊儒术

公元前140年，汉武帝刘彻继位，是为建元元年。汉武帝是一位一心希望有所作为的皇帝，因此即位不久就下了一道诏令，要各地方长官推举贤良方正的学者，到首都长安献计献策。

这次对策，参加者有一百多人，董仲舒也在其中。对于皇上亲自出的题目，众人当然都各抒己见、竭其所能。董仲舒在第一份对策中论述了天人合一、君权神授以及罢百家尊儒术的主张。汉武帝看了，颇中下怀，对董仲舒留下了十分深刻的印象。

接着，汉武帝又提出了新的问题，即如何治理国家，要贤良文学之士的对策。这一次，董仲舒又写了一篇两千余字的对策，着重阐述了儒家的治国思想，建议汉武帝实行有为的政策。对策中，董仲舒还提议办太学、选教师，讲授儒家学说；改吏制，选人才，增强治国的力量。这次的对策，同样得到了汉武帝的赞许，并增进了最高统治者对他的信任。

不久，汉武帝又进行了第三次策问。在这一次的对策中，董仲舒明确提出了罢百家、尊儒术的主张，说："愚以为凡是不在六艺之科、孔子之术的，都断绝其道，不要使其并进。"汉武帝对董仲舒的这种观点极为认同,由此奠定了汉王朝统治的思想基础。

上述三次对策,就是历史上著名的"天人三策"。通过这三策,董仲舒基本阐述了自己的全部思想观点,也给汉武帝以极大的影响,并把这种影响体现在了具体政策之中,而且这些政策对后世也产生了极深的影响。

概括来说,董仲舒的思想主张有五点:一是针对中央集权的需要,提出"春秋大一统"和"罢黜百家,独尊儒术"的主张;二是针对加强君权的需要,提出"君权神授"的政治思想,同时用"天人感应"的观念来警策皇帝;三是针对土地兼并的现实,主张限制豪强占田、节制土地兼并,并且薄敛、省役;四是针对"有为"政治的需要,主张建立培养、选择官吏的制度,如建立太学、征选贤良;五是针对为人处世的标准,提出"三纲五常",倡导孝道。

三、一任相国　灾异祸身

汉武帝十分器重董仲舒,不仅亲自批览他的对策,还亲自召见他。之后,汉武帝让他去担任江都(今属江苏扬州)易王刘非的国相。

江都易王刘非是汉武帝的哥哥,平素很为骄横,好勇斗狠。董仲舒走马上任后,用礼仪等儒家礼法开导刘非,匡正其偏失,获得了刘非的尊敬。

有一次,刘非说:"越王勾践与大夫泄庸、文种、范蠡谋划征伐吴国,最后消灭了吴国。孔子说殷朝有三个仁人,寡人认为越也有三个仁人。齐桓公有疑问的时候请教管仲,寡人有疑问的时候则请教于你。"董仲舒回答说:"臣愚钝,不足以回答大问题。我听说,过去鲁国国君问柳下惠:'我想攻伐齐国,你以为如何？'柳下惠说：'不可。'柳下惠回家的时候，面带忧愁，说：'我听说攻打别国的事情是不会问仁人的，这话怎么问到我了呢！'只不过是人家问了问，他已经感到惭愧了，何况范蠡他们用诡计征伐吴国呢？由此来说，越国根本没有一个仁人。真正的仁人，讲究正义而不计利益，讲求道义而不计功利，因此孔子跟前的人们，就连五尺高的孩童也羞于谈论五霸之事。春秋五霸比其他诸侯王贤明，但比起殷代的三王来，也不过是外表像美玉的石头罢了。"江都易王听了，认为他说得很对。

董仲舒在江都易王刘非那里做了九年的国相，除上述仁义之教外，并没有什么治国的高明方略。他的治国，不过是以《春秋》为依据，推演阴阳五行。虽然治国没有什么突出的绩效，倒也没有什么大的过失。不过，他最后还是从这国相的位置上栽了下来，而且差点掉了脑袋。

本来董仲舒就有一套"天人感应"的学说，原本也是很受汉武帝刘彻赞同的，因为他宣扬"君权神授"，国君正是上天在人间的代理人。但这一学说还有另一面，就是人要做了错事，天就会用种种灾异来提醒、警策甚至报复，这又会形成对君权的约束。董仲舒不仅主张这种学说，而且还与现实联系了起来。

有一段时间，汉朝辽东的高庙和长陵的高园都发生了火灾，董仲舒便用天人感应的火异说来解释，认为这是上天对人们的警示，隐含着现实政治存在人祸的意思。

董仲舒在家里就此著文，写好了草稿，主父偃来他家，见到这篇文章，偷偷拿给了汉武帝。汉武帝召来诸生看这篇文章，其中也包括董仲舒的弟子吕步舒。吕步舒不知道这是老师的文章，认为文章的观点愚不可及。于是，汉武帝命有关部门过问此事，按法律应该杀掉，但汉武帝出于爱其才、念其功，下诏赦免，废为中大夫。从此，董仲舒再也不谈什么灾异了。

四、再任国相　寿终尊荣

董仲舒为人耿直，说话不太把门儿。

当时，还有一个人与他一样专治《公羊春秋》，即公孙弘。公孙弘学问不及董仲舒，但却会察言观色，所以官至公卿，比董仲舒官职大了好多。董仲舒认为公孙弘有些阿谀逢迎，公孙弘听了当然不高兴，便想着算计他。后来，乘皇上给胶西王选国相的时候，就推荐了董仲舒，说只有董仲舒可以相胶西王。于是，汉武帝又起用了董仲舒，让他去胶西做国相。

胶西王刘端也是汉武帝的长兄，比江都易王刘非更加骄横，害死了不少二千石的高官。公孙弘推荐董仲舒，其实是把他往火坑里送。只是这胶西王和江都易王一样，听说董仲舒很有学识，特别敬重、善待于他。不过，董仲舒心里却总不免惴惴不安，怕时间长了惹出祸来，四年后，声称有病，辞去了职务，从此结束了仕途生涯。这一年，董仲舒五十八岁。

董仲舒历任两次国相，辅佐的都是骄横的国王。在任国相时，他均能以身作则，影响下层，屡屡诤谏、教导国王，使国内政治有条不紊，体现了一定的治国才能。因此，在他辞相以后，朝廷遇到讨论什么大事情，皇上就派廷尉张汤做使者，去他的家里询问他的意见，而他的意见也总是颇有道理。

辞官回家之后，董仲舒不问家居杂事，不置产业，埋头修学著书。后来，他整理自己各次对策、上疏的条教和其他一些文章，共一百二十三篇，现已失传。另外，他还写了一部《春秋繁露》，史书称共数十篇，十余万字。《春秋繁露》流传了下来，从中可以看到董仲舒的思想观点。

董仲舒虽然未做高官，缺少高位的治政实践，但他的治国思想对汉武帝的影响则无人能出其右。因此，汉武帝一次路过他长安西部的墓地，还特地下马致意。这以后，董仲舒的墓地又叫"下马陵"了。

历史上一些史家对董仲舒的评价很高，称他是王辅之才，有管晏之智，这些评价或许不为过当，但却也未见实绩。因此，除了学术之外，董仲舒的影响，最大的恐怕应该是他的一套治国思想，就两千余年的封建社会史而言，对此给予怎样的评价恐怕也说得过去。

常侍郎东方朔

东方朔（前154～前93），西汉文学家，汉武帝的近臣。字曼倩，平原郡厌次（今山东惠民县东北）人。作为朝臣，他的职责是与他的滑稽文学结合在一起的，即诤谏、讽刺。他诙谐幽默，又机智聪敏，历史上流传下来不少他的故事，但其中不少是虚妄附会之作。司马迁在《史记》中把他列入"滑稽列传"，这与他俳优侍臣（相当于西方的弄臣）的身份相符，但文字不多；班固《汉书》为其单立一传，详录其言行，且以一般大臣待之。

一、上书自荐　两度待诏

东方朔的早期生平，史籍中很少记载，因此不得而知。大约是在家乡饱读诗书，学识不凡罢了。

汉武帝刘彻即位之初，下诏在天下征召贤良方正文学之才，并允诺破格提拔重用。一时间，天下士人纷纷上书议论当朝的得失，其中不乏自我卖弄、言过其实者，当然也得不到皇上的任用。

东方朔也是上书言事大军中的一员，刚来的时候，他上书说自己"从小就没了父母，由兄嫂养大。十三岁开始读书，学了三年，文史方面的学问就足够用了。十五岁学习击剑，十六岁学习《诗经》、《尚书》，能背诵二十二万字。十九岁学习孙子、吴子兵法，以及行军布阵、指挥军队的学问，也能背诵二十二万字。这样，我已经能够背诵四十四万字。我现年二十二岁，身高九尺三寸（当时的一尺相当于二十二厘米），眼睛像明珠，牙齿像海贝，像孟贲那样英勇，像庆忌那样敏捷，像鲍叔那样廉洁，像尾生那样守信。就此来看，我是可以当天子的大臣了。"

东方朔的这番话说得有些离谱，毫不谦逊地抬高自己，汉武帝认为他是个大大的奇人，因此让他待诏公车（在公车署随时听候诏命，俸禄很少），也没有接见他。

东方朔当然不甘心就这样被长期晾起来。一次，他对掌管马车的侏儒说："皇上认为你们这样的人对天子来说没什么用处，耕力劳作比不上别人，做官不能治民，打仗不懂兵事。对国家毫无用处，却白白地索取衣食俸禄，皇上打算把你们都杀了。"这些侏儒听了，十分害怕，啼啼泣泣，哭成一团。东方朔教他们说："皇上就要过来了，你们都去叩头请罪。"

过了不一会儿，听说皇上来了，侏儒们都上去叩头号哭。皇上问："你们这是干什么？"那些人回答说："东方朔说皇上要把我们都杀了。"汉武帝知道东方朔鬼点子多，就召他来问道："你为什么要吓唬那些侏儒呢？"东方朔回答说："臣东方朔活着要说，死了也要说。侏儒身高三尺，俸禄是一袋子粮食，二百四十二枚钱。臣东方朔身高九尺，俸禄也是一袋子粮食、二百四十二枚钱。侏儒们饱得要死，臣东方朔饿得要死。臣的话有理，还请改改待遇；没理就罢了臣的官，不要白白浪费长安米了。"汉武帝听了大笑，随即让东方朔待诏金马门（未央宫宫门），与皇上稍微接近了一些。

二、机变迭出　渐受宠幸

汉武帝曾经和几个术数家玩射覆的游戏，他把守宫（即壁虎）覆（盖）在盆底下，让那些人射（猜），都射不中。东方朔自吹说："臣曾经学习过《易经》，请让臣试试。"见汉武帝答应，东方朔便用蓍草布卦，然后回答说："臣以为这东西说它是龙又没有角，说它是蛇又有足，一会儿爬行，一会儿凝视，不是守宫就是蜥蜴。"汉武帝说："射中了。"赐给东方朔十匹帛，又让射别的东西，东方朔连射连中，中了就赐帛。

当时有个郭舍人，是汉武帝宠幸的倡优，十分滑稽好玩，经常随侍在皇上左右。他见东方朔连射连中，就说："东方朔不过是侥幸射中罢了，并不是真懂什么术数。我请求让他再射，射中了，打我一百鞭；射不中，赐给我帛。"汉武帝答允后，那郭舍人覆了树上的寄生（树上的芝菌一类），让东方朔射。东方朔说："是窭薮（放在头上用来顶东西的圆环形衬垫）。"郭舍人说："我就知道他射不中，果然如此。"东方朔说："生肉叫脍，干肉叫脯；长在树上叫寄生，盖在盆下叫窭薮。"

见东方朔说得分毫不差，汉武帝就叫倡优太监们鞭打郭舍人，郭舍人忍不住痛，大声喊叫。东方朔见了，笑着说："咄！吭毛（屁眼儿没毛），声謷謷（声音嘈杂），尻益高（屁股越撅越高了）。"郭舍人听了，十分生气地说："东方朔竟敢污辱天子跟前的官吏，应当弃市（杀死后暴尸街头）。"汉武帝问东方朔："你为什么污辱他呢？"东方朔回答说："我不敢污辱他，我是给他出谜语罢了。"汉武帝说："谜底是什么？"东方朔说："吭毛，是狗洞；声謷謷，是鸟喂食；尻益高，是鹤低头啄食。"

郭舍人不服，说："我请求再问东方朔几个谜语，如果他猜不出来，也应该挨鞭子。"这郭舍人根本不想猜什么谜语，只想给东方朔找一顿打，于是胡乱编了句顺口溜说："令壶龃，老柏涂，伊犹亚，狋吽牙，这说的是些什么？"东方朔说："令就是命，壶是用来盛东西的，龃说的是牙齿不正。老是人们所尊敬的，柏是墓上的树，涂是逐渐浸湿。伊犹亚，是还没有学会说话。狋吽牙，是两条狗在争斗。"郭舍人问什么，东方朔应声即能对出，机敏迭出，无穷无尽，左右的人们十分惊奇。于是汉武帝任命东方朔为侍从皇帝的常侍郎。从此，东方朔得到了皇上的宠幸。

过了很久，三伏天的一日，汉武帝诏令赏赐肉给随侍从官们。从官们早早来了，太官丞很晚了却没有来。这时，东方朔独自割了块肉，对同僚们说："伏日应该早点回去，请大家接受赏赐。"说完，便把肉揣在怀里走了。太官丞把这件事奏报了上去，东方朔入宫后，汉武帝说："昨天赏赐你的肉，你不等诏令，用剑割了肉就走了，这是什么缘故？"东方朔脱了朝冠，叩头谢罪。汉武帝说："东方先生起来自己责备自己就行了。"东方朔拜谢了两次，起来说："东方朔啊，东方朔！你受赏赐不待诏令，这是无礼啊！拔剑割肉，这是多么勇敢啊！割得不多，又是多么廉洁啊！回去把肉送给妻子，这是多么仁慈啊！"汉武帝笑着说："让你自责，你反倒自夸起来！"又赐了东方朔一石酒、一百斤肉，让他带回去送给妻子。

三、体恤百姓　直言敢谏

建元三年（前138），汉武帝开始微服出行，狩猎、游玩，北、西、南、东分别到了池阳、黄山、长杨、宜春几宫。八九月间，汉武帝常常与近侍从官侍中、常侍、武骑、待诏以及陇西地区富豪子弟中能骑善射者约定在宫殿门口会合，这些人保护皇上乘着夜色出城，汉武帝常常自称为自己的姐夫平阳侯。天快亮的时候，进山打野兽，经常把当地百姓的庄稼糟蹋得狼藉不堪，老百姓怒吼咒骂，大家聚在一起商量后，告诉了当地的县令。县令就去拜见平阳侯，跟随平阳侯的那些骑手就用鞭子打人，县令大怒，让手下的官吏呵止，那些狩猎者被留下了数骑，出示了宫廷车乘器用之物，很久才得以离去。

起初，汉武帝还只是夜里出去，第二天傍晚就回；后来却带五天的干粮出去，等到第五天去长信宫朝会太后的日子才回来。这以后，终南山下的人们才知道皇上已经数次微服出行了，只是迫于太后的管束，还不敢出去得太远。

上有所好，下边的大臣们自然要投其所好。丞相、御史等知道了皇上的意思，便又是派人在皇上出没的地区巡逻，又是发动当地的吏民为皇上提供休息的场所，总共达十二处之多，小的更衣，大的投宿。汉武帝认为这样路途遥远，十分劳累，又给老百姓带来了相当大的麻烦，所以就让太中大夫吾丘寿王和能够计算谋划的待诏二人，一起合计着在一块广大的地方上迁走居民，建立上林苑，而把附近未开耕的荒地补偿给原来的居民。

吾丘寿王把自己的计划汇报了皇上，汉武帝十分高兴，大为夸奖。当时，在旁边的东方朔听了，进谏劝说不要建上林苑，并呈上了《秦阶六符》一文。因为《秦阶六符》，汉武帝拜东方朔为太中大夫给事中，还赐了一百斤黄金。但建造上林苑的事却没有就此作罢，而是按吾丘寿王的计划按部就班地展开了。

过了一段时间，东方朔醉酒后进入宫殿，在殿里小便，有人以不敬弹劾他，汉武帝下诏将东方朔削官为庶人，在宦者署待诏。

汉武帝妹妹隆虑公主的儿子昭平君娶了皇帝的女儿安夷公主，位高势大，隆虑公主担心自己的儿子捅出什么大娄子来丢了性命，因此在病重的时候，以一千斤金和钱一万枚为儿预先赎死罪，汉武帝答应了。隆虑公主去世后，昭平君日益骄横起来，竟然在酒醉之后杀了隆虑公主的傅姆（保姆），被内官下了狱。因为是公主的儿子，掌管刑狱的廷尉把此事拿出来请大家看如何定罪。大家都说："前边已经赎了死罪，皇上也答应了。"汉武帝说："我妹妹老来得了这个儿子，她死的时候又嘱咐了我。"汉武帝又是叹息，又是流泪，过了好久又说："法令是先帝制定的，因为是我的妹妹而玷污了先帝的法令，我还有什么脸面去祖先祠庙去呢？又有负天下的老百姓。"于是准了大臣的奏章，定了罪，哀痛不能自止，左右的大臣们也都十分悲痛。

当时，东方朔也在场，听了皇上的话，他随即祝寿说："我听说圣王治政，赏不避仇雠，诛不择骨肉。《尚书》说：'不偏不党，王道荡荡。'这两个方面，都是上古五帝所看重、三皇所难办的，陛下都做到了，所以四海之内的老百姓都各得其所，真是天下的幸事！臣东方朔奉觞，冒死再拜给皇上上寿。"汉武帝回到宫中，傍晚时召东方朔来，责备说："古语说：'时间合适才说话，人们才不会厌恶他所说的话。'今天先生你上寿，合时宜吗？"东方朔脱了冠叩头说："我听说太高兴了则阳溢，太悲哀则阴损，阴阳有变则心气浮动，心气浮动则精神涣散，精神涣散邪气就要来了。消愁的没什么比酒更好了，臣之所以上寿，是为给皇上消愁止哀啊。我愚钝不知忌讳，该死。"汉武帝认为东方朔忠心可嘉，恢复了他的官职，还赏赐了一百匹帛。

皇室之中，还有景帝姐姐长公主晚年与家仆董偃淫乱的事，最后也是在东方朔的直谏之下，汉武帝才疏远了董偃这只知玩乐的家伙。

四、言词诙谐　语含讽谏

汉武帝刚开始秉政的时候，励精图治，逐渐地国阜民安起来。在这种情况下，汉武帝开始大兴土木，奢华起来。

当时，天下的风气也侈靡起来，许多百姓离开土地，弃农从商。就此，汉武帝问东方朔："我想教化百姓，有什么办法吗？"东方朔回答说："尧舜禹汤文武成康那些上古的事情，已经经历了好几千年，说起来很难，我不敢陈奏。我愿意陈述孝文皇帝时候的事情，现在在世的老人都听说过。孝文皇帝贵为天子，富有四海，却穿粗布衣，着生皮鞋，用皮套装剑，睡草席，兵器像木头一样没有刃，衣服上没有花纹，宫殿里的帷帐也是用大臣们上书时装简册的青布袋子做成的……总之，是以道德为美，以仁义为标准。因此，天下望风成俗，世风获得了明显的改善。现在陛下城里还不够，又建造建章宫，左边是凤阙，右边是神明台，号称千门万户，建筑都挂上了花纹秀美的丝织品，狗马都披上了有彩色图案的毛织品；宫里的人以玳瑁为簪子，身上戴着玉器饰品，制作戏车，游戏驰逐，装饰文采，收罗珍奇；撞的是万石之钟，擂的是雷霆之鼓，又设立俳优、舞女娱乐。皇上如此奢侈无度，却想让百姓不去奢侈、不废农事，这是很难办到的事情呀。陛下如果真的能用我的建议，把一些帷帐拿到大街上烧了，把游玩的马匹赶跑以表示不再用，这样，尧舜时代那样的醇厚民风也是可以赶得上的。《易经》说：'正其本，万事理，失之毫厘，差以千里。'请陛下留心体察。"

东方朔说话诙谐幽默，但并非一味说笑，他经常观察皇上的脸色，借机直言劝谏，汉武帝也经常采纳他的建议。那些大臣们也没有不被东方朔调笑的，而东方朔都能占上风。

汉武帝认为东方朔口齿伶俐，谈吐诙谐，因而总喜欢编造问题来提问。有一次，汉武帝问东方朔："先生看朕是个什么样的君主？"东方朔回答说："唐虞的昌盛、成康治理，不足以来说明当世。臣观察陛下的功德，应该在五帝之上，三皇之右。这样还不够，如果陛下能得到天下的贤能之士，公卿百官的位置就都有合适的人选了。比如让周公、邵公（二人善于治国）做丞相，孔子做御史大夫（提意见），姜太公（懂兵法）做将军，毕公高（善于谋事）在后做拾遗，卞庄子（勇敢）做卫尉（警卫官），皋陶（舜时掌刑法之官）做大理（司法官），后稷（尧舜时为农官）为司农，伊尹（公正无私）为少府（财政官），子贡（孔子弟子，善言辞）出使外国，颜回、闵子骞（孔子弟子，有德行）做博士，子夏（孔子学生，有文采）做太常（管文书），伯益（舜时管山泽的官）为右扶风（亦管理山泽），子路（孔子弟子，有勇力）做执金吾（巡逻官），契（舜的司徒）做鸿胪（礼仪官），关龙逢（忠谏而死）做宗正（管皇家事务），伯夷做京兆（管首都），管仲做冯翊（参谋），鲁班做将作（制造官），仲山甫（刚柔并济）做光禄大夫（管协调、制衡），申伯为太仆（管密切亲戚关系），延陵季子（知礼乐）做水衡都尉（管皇家园林和财物以及铸钱），百里奚（了解周边国家风俗）做典属国（管外交），柳下惠（贞洁）做大长秋（皇后的卿士），史通（正直）做司直（丞相属官），蘧伯玉（教人改过）做太傅（天子老师），孔父（正色立朝）做詹事（宫廷办事官），孙叔敖（劝导治民）做诸侯相（诸侯王的相国），子产（改革）做郡守，王庆忌（劲捷）做期门（皇帝的随从），夏育（力举千钧）做鼎官，后羿（善射）做旄头（骑兵的先锋），宋万（有勇力）做式道侯（掌管车驾的先导官）。"汉武帝听了东方朔这一番"宏论"，哈哈大笑。

汉武帝朝中，有很多贤能之才，因此他便就此又问东方朔："现在公孙（弘）丞相、儿（宽）大夫、董仲舒、夏侯始昌、司马相如、吾丘寿王、主父偃、朱买臣、严助、汲黯、胶仓、终军、严安、徐乐、司马迁这些人，都知识渊博、能说会道、文采斐然，先生自己觉得有什么能和他们相比呢？"东方朔回答说：

"我看这些人龇着牙齿，鼓着腮帮，凸着嘴唇，摆着脖子，小腿连大腿，大腿连屁股，体态弯弯曲曲，走路摇摇晃晃，我虽然不好，但还是能够兼有他们数人之长。"东方朔应对时思维敏捷，言辞丰富，大多如此。

五、文多寓意　名传千古

汉武帝延揽人才之后，衡量他们的才能，量才使用，总担心大材小用。当时，汉朝对外有与匈奴和南越的事情，对内则大兴改革，国家的事情很多，因此从丞相公孙弘以下一直到司马迁等人，都奉命要么做外交使节，要么做郡守、国相以至公卿。东方朔曾经做过太中大夫，后来曾经做过侍郎，但都是和枚皋、郭舍人跟在皇上左右，只不过说说笑话、逗皇上开心而已。

时间长了，东方朔不甘于这样的情况，于是上书陈说发展农业、增强国力等方面的建议，希望受到皇上的重视，做个大官。他的上书只说商鞅、韩非的学说，洋洋数万字，但最终仍然没有受到重用。

在这样的情况下，东方朔写了《答客难》一文，文中假设有人对他虽然"博闻辨智"、"海内无双"，又"悉心尽忠以事圣帝"，却"官不过侍郎，位不过执戟"提出疑问。随后，东方朔对此予以回答，说当今时代与战国时不同，"圣帝流德，天下震慑，诸侯宾服"。在这样的形势下，贤与不肖没有什么不同，用了就是虎，不用就是鼠。文章表面上是庆幸自己生逢盛世，骨子里却也是牢骚满纸。

其后，东方朔还写了一篇《非有先生论》。文中的非有先生正是司马相如《子虚赋》、《上林赋》中的子虚和乌有先生。文章假托非有先生在吴国做官，三年而"默然无言"，吴王问他，他乘机用历史上的谏净之臣遇祸的事来启发吴王。从此期望汉武帝以吴王为鉴,远佞人,近贤者,广举天下贤才,使国家达到大治。

东方朔传世的文章不少,但有许多是后人杂入的。班固认为,凡是刘向《别录》所载的,都是东方朔的作品,其余都是冒名之作。东方朔此外的篇章还有《封泰山》、《责和氏璧》、《屏风》、《平乐观赋猎》等,其中以《答客难》和《非有先生论》两篇最为有名,也最好。

郎官司马相如

司马相如(前179~前118),西汉辞赋家,也是汉武帝时的文臣。字长卿,蜀郡成都(今四川成都)人。西汉景帝时,为武骑常侍,因病免。去梁,从枚乘等游。武帝时任为郎官。富有才华,工辞善赋,其赋大都描写帝王苑囿之盛、游猎之乐,极尽铺张之能事,于篇末则寄寓讽谏。有《司马文园集》。

一、梁国交游 临邛娶妻

司马相如少年时喜欢读书,也曾学习剑术,所以父母给他取了个小名叫"犬子"。司马相如完成学业后,非常仰慕蔺相如的为人,就改名相如。

最初,司马相如凭借家中富有的资财为自己谋求官职,被授予郎官之职,侍卫汉景帝,做了武骑常侍,但这并非他的兴趣所在。何况汉景帝并不喜欢辞赋,不欣赏他的才华。这时梁王前来京城朝见景帝,跟他来的善于游说的人,有齐郡人邹阳、淮阴人枚乘、吴县人庄忌先生等。这些文人墨客口才很好,学识渊博。司马相如与他们相见后,言谈十分投机,因此就借生病为由辞掉官职，旅居梁国（今陕西勉县东）。梁王让司马相如和这些读书人一同居住，司马相如才有机会与读书人和游说之士共同探讨学问。这种读书、交游的生活过了好几年，其间司马相如写了《子虚赋》。

梁王去世后，司马相如只好返回成都老家。此时，他的家道已经衰落，家境贫寒，又没有可以维持自己生活的职业。相如平素与临邛县令王吉相处得很好，王吉曾经说过："长卿，你长期离乡在外，如果求官任职不顺心，可以来我这里看看。"于是，司马相如前往临邛，暂住在城内的一座小亭中。临邛县令每天摆着一副毕恭毕敬的样子去拜访司马相如，以抬高他的身份。起初，司马相如还是以礼相见，后来就谎称有病，让随从去拒绝王吉的拜访。然而，王吉却更加恭敬有礼。

临邛县里富人多，有几个大财主家资颇丰，像卓王孙家的奴仆就有八百人，程郑家也有数百人。二人相互商量说："县令有贵客，我们备办酒席，请请他。一并把县令也请来。"当县令到了卓家后，卓家的客人已经上百了。到了中午，卓王孙派人去请司马相如，他却推托有病，拒绝前来。临邛县令王吉见司马相如没来，不敢进食，还亲自前去迎接。司马相如不得已，只好勉强来到卓家，满座的客人无不惊羡他的风采。

宴会开始后，大家都举杯痛饮。酒兴正浓时，临邛县令王吉走上前去，把琴放到司马相如面前，说："我听说长卿精于弹琴，希望聆听一曲，以助欢乐。"司马相如辞谢一番，便弹奏了一两支曲子。

卓王孙有个女儿叫卓文君，刚守寡不久，很喜欢音乐。当司马相如来临邛时，车马跟随其后，仪表堂堂，文静典雅，甚为大方。卓文君早就听说过司马相如的大名，就躲在屏风后面偷看，不料却被司马相如看见了，卓文君仓皇中逃走。司马相如惊鸿一譬，却被卓文君的美貌倾倒了。所以司马相如佯装与县令相互敬重，弹了一曲《凤求凰》，用琴声暗自倾吐对卓文君的爱慕之情。此时，卓文君听见琴声中的求爱之意，就躲在窗户后面偷看。见他举止雍容，风度高雅，越看越爱，越听越喜，一面只怕自己配不上他，另一面又怕他不知道自己的爱慕之意。

宴会完毕，司马相如托人以重金赏赐文君的侍者，以此向她转达倾慕之情。于是，卓文君乘夜逃出家门，私奔相如，相如便带着她驾车驰回成都。卓文君进司马相如家，所见空无一物，家徒四壁。

卓王孙得知女儿私奔之事，大怒道："女儿极不成材，我不忍心伤害她，但也不给她一分钱。"有的人劝说卓王孙，但他始终不肯听。过了好长一段时间，生活的困窘使卓文君感到不快乐，说："长卿，只要你同我一起去临邛，向兄弟们借贷也完全可以维持生活，何至于让自己困苦到这个样子！"相如就同文君又回到临邛，然而卓文君的兄弟却不肯周济他们，司马相如只好把自己的高车驷马全部卖掉，买下一家酒店，做卖酒生意，并且让文君亲自主持垆前的酌酒应对顾客之事，而自己穿扎起围裙端酒端菜，与雇工们一起操作忙活，在闹市中洗涤酒器。

卓王孙听到这件事后，感到很耻辱，因此闭门不出。有些朋友和长辈交相劝说卓王孙，说："你有一个儿子两个女儿，家中所缺少的不是钱财。如今，文君已经成了司马长卿的妻子，而且长卿本来也已厌倦了离家奔波求仕的生涯。他虽然贫穷，但他才华出众，完全可以依靠。况且他又是县令的贵客，您又何必这样轻视他呢！"卓王孙一听此话有理，就分给文君家奴一百人，钱一百万，还送了许多陪嫁的衣服被褥和财物，打发他们远远离开。文君就同相如回到成都，买了田地房屋，一时间竟成为富有的人家。

二、武帝赏识　出使巴蜀

汉武帝即位，蜀郡人杨得意担任狗监，侍奉汉武帝。一天，武帝读《子虚赋》，认为写得好，大加赞赏，并且说："我偏偏不能与这个作者同时。"杨得意忙说："我的同乡司马相如自称，是他写了这篇赋。"武帝听了很惊喜，就将司马相如召到长安询问。司马相如说："确有这件事。但是，这赋只写诸侯游猎之事，不值得看。请让我写篇天子游猎赋，赋写成后就进献皇上。"武帝一口答应了，并命令尚书为他准备笔墨、刻刀和木简。

司马相如用"子虚"为虚构的言辞，陈述楚国之美；"乌有先生"就是哪有此事，以此为齐国驳难楚国；"无是公"就是没有此人，以阐明做天子的道理。相如假借这三个人写成《上林赋》，用以铺陈天子和诸侯的苑囿美盛情景。赋的最后一章将文章主旨归结到节俭上去，借以达成讽谏效果。此赋进献后，武帝一看文章辞藻华美，文采斐然，特别高兴，随即任命司马相如为郎官。

司马相如担任郎官数年，正逢中郎将唐蒙受武帝之命夺取和开通夜郎及其西面地区，他征发巴蜀二郡的官吏士卒上千人，西郡又多为他征调陆路及水上的运输人员一万多人。他又用战时法规杀了大帅，巴蜀百姓大为震惊恐惧。武帝听到这种情况，就派司马相如去责备唐蒙，趁机告知巴、蜀百姓，唐蒙所为并非皇上的本意。相如到了巴蜀之地，张贴出了《喻巴蜀檄》，对百姓晓之以理、动之以情，安抚了广大百姓。

司马相如出使完毕，回京向汉武帝汇报。而唐蒙已掠取并开通了夜郎，趁机要开通西南夷的道路，征发巴、蜀、广汉的士卒，参加筑路的有数万人。历经两年，道路仍没有修成，士卒死亡众多，耗费的钱财要用亿来计算。蜀地百姓和汉朝当权的大臣多有反对者。这时,邛、筰的君长听说南夷与汉朝交往后,得到很多赏赐,因而多半也想做汉朝的属国,希望比照南夷的待遇,请求汉朝委任他们以官职。武帝向司马相如询问此事,司马相如说:"邛、筰等地都离蜀很近,道路容易开通。秦朝时就已设置郡县,到汉朝建国时才罢除。如今真要重新开通,设置为郡县,它给汉朝带来的利益将会远远超过南夷。"武帝以为司马相如说得对,就任命他为中郎将,令他持节出使。

司马相如等人到达蜀郡,蜀郡太守及其属官都亲自到郊界上迎接,县令肩荷着弓箭在前面开路,蜀人都以此为荣。于是卓王孙、临邛诸位父老都凭借关系来到司马相如门下,献上牛和酒,与相如畅叙以讨其欢心。卓王孙喟然长叹,自以为把女儿嫁给司马相如的时间太晚,于是把一份丰厚的财物给了卓文君,使与儿子所分相当。司马相如就便平定了西南夷。邛、筰等地的君长都请求成为汉王朝的臣子。于是拆除了旧有的关隘,使边关扩大,西边到达沫水和若水,南边到达牂牁江,以此为边界,开通了灵关道,在孙水上建桥,直通邛、筰。相如还京报告武帝,武帝特别高兴。

司马相如出使西南夷时,蜀郡的年高长者多半都说开通西南夷没有用,朝廷大臣也有人认为如此。相如也想向皇上进谏,但建议业已由自己提出,因而不敢再进谏言了,于是就写了《难蜀中父老》这篇文章,假借蜀郡父老的语气写成文词,而自己来诘难对方,阐明开通西南夷的重大意义,以此讽谏皇上,并且借此宣扬自己出使的本意,让百姓了解天子的用意。此文议论风发,说理透彻,使武帝为之叹服。

三、因病免官　临终进谏

司马相如平定西南夷后,汉武帝对他格外重用,引起他人妒忌。有人上书告他出使时接受了别人的贿赂，因此丢了官。司马相如在家闲居了一年多，又被召到朝廷当了郎官。

司马相如口吃，但却善于著述。他经常犯消渴疾，也就是今天的糖尿病。他同卓文君结婚后，家中富裕。他担任官职，不肯参与公卿间商讨国家大事，而借病在家闲待着，不追慕官爵。他常常跟随皇上到长杨宫去狩猎。这时，武帝正喜欢亲自击杀大熊和野猪，驰马追逐野兽，相如上疏加以劝谏。这篇文章名为《上书谏猎》。武帝看后，十分嘉许。当汉武帝车驾经过长春宫时，相如又奏上赋一篇，责备秦二世的行事失当，讽谏武帝。

后来，司马相如被授官为汉文帝的陵园令。武帝赞美子虚之事，相如看出皇上喜爱仙道，趁机说："《上林赋》算不得最美好，还有更华丽的。臣曾经写过《大人赋》，未完稿，请允许我写完后进献给皇上。"相如认为传说中的众仙人居住在山林沼泽间，形体容貌特别清瘦，这不是帝王心目中的仙人，于是就写成了《大人赋》。

司马相如进献上《大人赋》后，武帝特别高兴，飘飘然有凌驾云天的气概，心情好似遨游天地之间那样爽快。

过了一段时间，司马相如因病免官，家住茂陵。武帝说："司马相如病得很厉害，可派人去把他的书全部取回来；如果不这样做，以后恐怕就遗失了。"武帝派所忠前往茂陵，而司马相如已经去世，家中没有书。所忠询问相如之妻，她回答说："长卿本来不曾有书。他时常写书，但别人马上将书取走，因而家中总是空空的。长卿还没死的时候，写过一卷书，他临终时说如有使者来取书，就把它献上。至于其他的书，再没有了。"

司马相如留下来的书上写的是有关封禅的事，名叫《封禅文》，书进献给所忠。所忠把书再进献给武帝，武帝惊异其书。这篇文章颂扬"大汉之德"，认为可以举行封禅的典礼。

司马相如死后五年,武帝才开始祭祀土地神。八年后,武帝先祭祀中岳嵩山,然后又封泰山,再到梁父山。封禅大典均肃穆庄严。

太中大夫吾丘寿王

吾丘寿王(生卒不详),汉武帝近臣。字子赣,赵国(今河北南部)人。少时因善棋召为待诏。后历任侍中中郎、东郡都尉,又入为光禄大夫侍中,成为汉武帝侍从。曾上书反对丞相公孙弘禁止百姓持有弓、刀,又为武帝规划上林苑。后犯法被杀。有作品《吾丘寿王》六篇、《吾丘寿王赋》十五篇等。

一、侍奉诏对 巧语应对

吾丘寿王年轻的时候,因为精通下棋(这种棋叫"格五"),被召入京师,侍奉诏对,成了汉武帝的近臣。汉武帝命令他跟着中大夫董仲舒学习《春秋》,由于聪明好学,他很快就有所收获。

后来,吾丘寿王升任侍中中郎,但不久就因犯法被免官。为此,他上书谢罪,请求在宫中养马,武帝不许;又请求保卫边塞、抵御外寇,也未得到允许。过了很久,吾丘寿王上疏,请求随军进攻匈奴,武帝询问情况,他回答得很好,就又被召为郎官。

吾丘寿王的官位逐渐提升,正好东郡地区盗贼纷起,汉武帝就拜他为东郡都尉,负责那里的治安和防务。吾丘寿王做了东郡都尉后,朝廷就不再任命太守,由他兼任。

不过,吾丘寿王上任后,尽管军队多次出动,但由于年成不好,百姓生存无着,所以盗贼还是很多。汉武帝赐玺书给吾丘寿王,诏书中说:"你在朕跟前的时候,显得很有才智,被认为是天下无双、海内独一。等到担任管辖十多座城池的太守,身兼都尉、太守四千石重职,职责事务都荒废了,盗贼横行,与以前的才智很不相称,这是什么原因呢?"吾丘寿王上疏谢罪,并具体陈述了当地的情况。

后来,吾丘寿王征调入京,担任光禄大夫侍中,在宫中供职。汉武帝往往喜欢让自己身边的侍从,和外朝的大臣们辩论,而侍从们总是能够从原理上折服朝臣,而严助、司马相如和吾丘寿王是其中的佼佼者。

有一次,有人在汾阴(今山西万荣西南)获得宝鼎,献给朝廷。武帝认为是瑞祥之物,进献宗庙之后,收藏在甘泉宫。群臣表示祝贺,都说:"陛下得到了周鼎。"只有吾丘寿王一人说不是周鼎。

武帝得知,召吾丘寿王来,问道:"现在朕得到周鼎,群臣都认为是,唯独你认为不是,为什么呢?说出理由还好,没有理由就砍你的头!"

吾丘寿王回答说:"臣怎么能没有理由!我听说周朝的事业、功德是从后稷开始的,公刘时得到发展,古公亶父时进一步壮大,文王、武王建立周朝,周公时光耀天下,德泽普照,无处不在。上天感应,鼎为周朝出现,所以称为周鼎。现在汉朝从高祖起,继承周朝的天道,也是明德普照,天下和顺。到了陛下,光大扩展祖业,功德更盛,祥瑞并至。从前秦始皇亲自到彭城寻找周鼎,但没有找到。上天赐福有德之君,宝鼎自动出现,这是上天要兴盛汉朝。这就是汉鼎,不是周鼎。"

汉武帝听了吾丘寿王这一套说辞,打心眼里高兴,于是连声称赞:"说得好!"群臣也都称贺万岁。这天,武帝赐给吾丘寿王黄金十斤。

二、深受重用　能言敢谏

武帝所宠幸的近臣有东方朔、枚皋、严助、吾丘寿王、司马相如。司马相如常因病不上朝，东方朔、枚皋论议附和别人，不能坚持正义，武帝把它们看作俳优之类。只有严助与吾丘寿王，受到武帝的任用。吾丘寿王虽不及严助，但也能言敢谏，

丞相公孙弘上奏，主张禁止百姓持有弓弩。他说："十个盗贼张弩射箭，一百个官兵也不敢近前。盗贼不能即时伏法，逃脱的很多。弓弩对盗贼来说，弊少利多，这正是盗贼猖獗的原因所在。如果禁止民众拥有弓箭，那么盗贼就只能用短兵器；短兵器相接，人多的就获胜，用众多官兵捕捉少数盗贼，势在必获。这样一来，盗贼有害无利，就不会再铤而走险、甘冒法禁。"

汉武帝把公孙弘的奏疏下发给公卿大臣，要大家一起讨论。吾丘寿王参与了这场讨论，他上书议论说：

> 我听说古时候制作兵器，不是用来互相侵害，而是用来禁止暴虐、讨伐奸邪的。安居时，就用兵器制服猛兽、防备突然发生的变故；发生变乱时，就用它们设防守卫，在行伍战阵之中使用。到了周朝王室衰微的时候，上面没有圣明的君王，诸侯使用武力相互征战，强大的侵害弱小的，人多的欺凌人少的，海内耗损，人民凋敝，奸巧狡诈也就同时产生了。因此，聪明的人陷入愚昧，勇敢的人变得怯懦，许多人苟且获胜，根本不顾道义和天理。所以，机巧灵变的兵械增加，用来互相残杀的武器多得数不胜数。于是秦朝兼并天下，废除圣王的道义，倡立私人的谋议，焚灭《诗》《书》而推崇法令，抛弃仁慈恩德而使用刑罚杀戮，毁坏名城，诛杀豪杰，销毁甲兵，挫折锋刃。在此之后，百姓拿起镘、

锄、棰、梃等工具反抗官府，犯法的人日益众多，盗贼不能禁止，以至于身穿红色囚服的罪犯塞满道路，群聚为盗的满山遍野，秦朝终于因此而大乱亡国。

所以，圣明的君主致力于推行教化而省减禁止和防范，因为他们深知不能依仗禁止防范来维护天下安宁。现在陛下显扬圣明的德行，建立太平，举荐贤才，设立学官，三公等大臣有的出身于穷街陋巷，有的兴起于茅屋寒舍，划地封为王侯，宇内人民日益教化，境外之人向往中原风俗，可是为什么还有盗贼呢？这是因为郡守、国相失职，并不是百姓挟带弓箭的过错。《礼经》上说，古时男子出生，以桑木作弓，蓬草为矢，射天地四方，以此明白地显示男子长大后有四方抵御之事。孔子说："我拿什么？拿弓箭吗？"为祭祀而举行的射礼，从天子降及庶民，这是夏、商、周三代的道。《诗经》说："皮做的箭靶已经举起来，张弓拉箭，众射手两人一组并肩齐射，献上发矢中的者的功劳。"这是说尊崇射箭中靶的技艺啊。

我听说圣明的君王聚会众人射箭是用来显明教化，没听说挟带弓箭要受到禁止。况且之所以建议禁止挟带弓箭，是因为盗贼用弓箭去攻杀掠夺。攻杀掠夺的罪是死刑，却仍然不能制止，这是因为亡命之徒本来就不怕严刑重诛。臣恐怕奸邪之徒挟带弓箭，而官吏却不能禁止；善良的百姓用弓箭来自卫，却会触犯法禁。这等于是助长盗贼的威风，夺取百姓自救的武器。我认为不准百姓带弓箭，无益于禁止邪恶，却废除了先代圣王的常法，使学者不能学习施行射礼，非常不便利。

吾丘寿王上书奏呈以后，汉武帝用来诘难丞相公孙弘。公孙弘承认自己的主张不妥,很佩服吾丘寿王的见解。

三、投好武帝　规划上林

从建元三年(前138)起,汉武帝开始微服出行,狩猎、游玩。每次出去,近侍从官、武骑、待诏随从成群,还要召集陇西地区能骑善射的富豪子弟,经常把当地百姓的庄稼糟蹋得狼藉不堪。朝中大臣和地方官吏也投皇上所好,派人在皇上出没的地区巡逻,发动当地吏民为皇上提供休憩的场所。

汉武帝认为,这样路途遥远、身体劳苦,又给老百姓带来很大麻烦,于是命太中大夫吾丘寿王和能够计算谋划的待诏二人,一起合计着在一块广大的地方上迁走居民,建立上林苑,而把附近未开耕的荒地补偿给原来的居民。

吾丘寿王等人计划把阿城以南、盩厔以东、宜春以西这一区域的土地划归御苑,修建上林苑,连接到终南山。吾丘寿王汇报了自己的计划,汉武帝十分高兴,大为夸奖。

东方朔反对兴筑上林苑,上疏劝谏(《谏起上林苑书》),认为它"上乏国家之用,下夺农桑之业";并附上《秦阶六符》一书,提醒借鉴秦亡的教训。因为《秦阶六符》,汉武帝拜东方朔为太中大夫给事中,还赐了一百斤黄金。但建造上林苑的事却没有就此作罢,而是按吾丘寿王的计划按部就班地展开了。

上林苑修建工程在建元三年就破土动工,没用多长时间便完工了。从面积来看,上林苑是历代皇家园林中堪称最大,它纵横三百里,地跨今长安、咸阳、周至、户县、蓝田五县县境,面积达两千多平方公里。其中宫室众多,池沼尽有,蔚为大观。除了皇帝游猎之外,它也曾是皇帝亲兵羽林军的练兵场所。同时代司马相如的《上林赋》,汉末扬雄的《羽猎赋》,东汉班固的《西都赋》、张衡的《西京赋》,对此都极尽铺排叹赏。

吾丘寿王未能像司马相如一样,谏阻兴筑上林苑,体现了他为人的另外一个方面。

后来,吾丘寿王因事犯法被杀。

相传吾丘寿王著有《吾丘寿王》六篇,《虞丘说》一篇,《吾丘寿王赋》十五篇。在河北任丘城北司马庄,旧有吾丘寿王读书之地,称"吾丘台";清人边连宝有《吾丘台赋》。因此后人又称任丘为"吾台",用以表彰乡邦文风之盛。

郎官枚皋

枚皋(前153~?),汉代辞赋家,汉武帝时文臣,枚乘庶子。字少孺,淮阴(今属江苏淮安)人。他少年聪慧,十七岁即上书梁王,受到赏识;后应武帝之召,担任郎官,曾出使匈奴。善为辞赋,才思敏捷,与司马相如有"马迟枚速"之谓,作品甚多而不传。

一、辞赋传家 两代郎官

枚皋的父亲枚乘,字叔,淮阴人。他从小就对文学有着浓厚的兴趣,后以辞赋出名,遂离乡远游,寻求生活出路。不久,他来到物阜民丰的广陵(今江苏扬州),在吴王刘濞府中担任郎中(文学侍从)。

枚乘不仅善于文辞,而且富有胆识。得知吴王刘濞酝酿反叛中央朝廷时,便及时上书劝阻,但刘濞没有理睬。于是,枚乘毅然离开吴国,到了梁国,被梁孝王刘武奉为上宾。为了维护统一、制止分裂,枚乘再次上书谏阻吴王,但吴王一意孤行,仍然不予理睬。景帝前元三年(前154年),吴王刘濞联合其他六个王国，起兵反叛中央朝廷。结果仅三个月时间就被平定。

由于屡次上书，所以枚乘善谏的声名大著，汉景帝遂任命他为弘农都尉。但枚乘不乐意担任地方官吏，觉得还是作赋论文自在，于是称病辞官，复回梁国。梁孝王刘武宾客众多，都善作赋，但以枚乘成就最高。刘武死后，宾客尽散，枚乘回到淮安老家居住。

汉武帝刘彻做太子时，就仰慕枚乘的名声，等到即位以后，特地用"安车蒲轮"征召他到京城长安。此时枚乘已经年迈体衰，结果在途中病逝。《汉书·艺文志》著录枚乘赋九篇，其中《七发》是其代表作。

枚皋的母亲，是枚乘在梁国时娶的小妾。当年枚乘从梁国重归故里时，枚皋的母亲不肯同行，枚乘便给枚皋留下数千钱，让他陪伴母亲。

枚皋深受父亲熏陶，自幼爱好文学，年轻时即善于辞赋。

十七岁那年，枚皋上书梁共王刘买（亦作"恭王"，梁孝王刘武之子）。梁共王非常赏识枚皋的才学，便召他为郎。

三年后（景帝后元三年，前141），枚皋因遭受谗言获罪，家室被没收，他只身逃到京都长安。幸好这年汉武帝登极，大赦天下，枚皋就上书北阙，以求免罪。

当初枚乘病死后，汉武帝曾下诏寻找他的后代。此时，枚皋自陈是枚乘之子，汉武帝喜出望外，便立即召见，并命他当殿作赋（《平乐馆赋》）。枚皋才思敏捷，下笔立就，从此深得武帝的宠爱，不久便拜他为郎。其间，武帝还曾派枚皋出使匈奴。

二、待诏金马　马迟枚速

当时，汉武帝的文学侍从，有司马相如、东方朔等，均以能文章、善诙谐知名。枚皋不通经术，善于诙谐调笑，下笔成文。

武帝每行幸、巡守、游历，必诏枚皋侍从，如有所感，即命其作赋。

枚皋才思敏捷，往往受诏即成。汉武帝有所感受，令侍从作赋，枚皋总是最先作好。有时候，枚皋受命写作军事文书，也总是倚马立就。东汉的扬雄说："军旅之际，戎马之间，飞书驰檄，则用枚皋。"也因此，人们以"马上文"称赞他，与另一位淮阴人"胯下武"（指韩信）齐名。

速度决定数量，枚皋可谓生动体现。班固说他"为文疾，受诏则成，故所赋者多"。同时的辞赋大家司马相如，写作比较迟缓。后人以二人比较，形成了"马迟枚速"、"马工枚速"或"马迟枚疾"的概括，比喻文人才性各异。

但数量并不决定质量，而且往往相反。司马相如写得慢、写得少，但作品却好于枚皋。梁代有个张率，他奉命作《待语赋》，梁武帝读后赞道："相如工而不敏，枚皋速而不工。卿可谓兼二子于金马矣！"金马即金马门，是汉朝的宫门，当时的文学侍从们一般在金马门等待诏命，称为"待诏金马（门）"，后世也便以"金马"指代文学侍从。

枚皋不同于当时一般文人之处，还表现在他谈吐滑稽、不拘礼节，经常在汉武帝面前调笑取乐。但也并不是一味滑稽取容，只要有机会，他便直言切谏。当汉武帝滥用人力物力，修建奢华的上林苑时，他就曾和东方朔一起上书反对。

《汉书·艺文志》说枚皋有赋一百二十篇，可见他确实是汉赋的一个多产作家。不过，他的成就比起父亲枚乘来，自然逊色许多，因而作品也很少流传下来。

如今在枚氏父子的故乡淮安市淮阴区，有枚亭、枚公河、枚里街，都是纪念他们的所在。

诗诏太史落下闳

落下闳（前156～前87），汉代天文学家。字长公，巴郡阆中（今四川阆中）人，隐居落下。汉武帝元封年间，应聘参与历法改革，入京城长安，与邓平等合作创制新历，被朝廷选中，以《太初历》之名颁行，对我国历法制定作出了杰出贡献。他还是"浑天说"创始人之一和"落下闳算法"的发明者。

一、醉心观象　入朝改历

少年时代，落下闳生活在巴郡的乡间，他醉心于天象观察，对天文历算术有专攻，在家乡颇有名气。

汉朝建立之初，仍沿用秦代的历法，即颛顼历。到汉武帝元封年间（前110～前105），历经一百余年，误差积累已经十分明显，出现朔晦月见等实际月象超前历谱的现象，严重影响农业生产。另外，按当时的推算，元封七年（前104）十一月甲子日的夜半，恰逢合朔和冬至，合乎历元要求。于是，太史令司马迁等人上书，建议改革立法。汉武帝同意，并下诏广泛征聘民间天文学家。

经同乡、太常令谯隆以及太史令司马迁的推荐，落下闳奉诏入京。就这样，跋山涉水，千里迢迢，落下闳从巴蜀地区来到了京城长安（今陕西西安），以"待诏太史"身份参与改历的工作。

落下闳一到长安，便忙着"定东西，立晷仪，下漏刻，以追二十八宿相距于四方，举终以定朔晦分至，离弦望"。在实测天文数据和理论计算的基础上，落下闳提出了自己的改历方案。

当时，参与改历的有二十多人，有落下闳以及邓平等民间天文学家，还有官方的公孙卿、壶遂和司马迁等。大家各有方案，激烈争论，相持不下，最后形成了十八家不同的历法。在此基础上，大家进一步"观新星度、日月行，更以算推"。

经过仔细比较，落下闳和邓平的历法"晦朔弦望皆最密，日月如合璧，五星如连珠"，大大优于其他十七家，遂被采用。次年（前104），新历法颁行，并改元"太初"，新历亦即称为《太初历》。

《太初历》行用后，受到包括司马迁、张寿王等人的反对，张寿王甚至提议改回到殷历。然而孰优孰劣，还要以实测为准。为此，朝廷组织了一次为期三年的天文观测，同时校验太初历和古六历的数据。结果表明，《太初历》更为符合天象。从此，《太初历》便站稳了脚跟。

二、太初新历　行用千年

《太初历》是我国现存的第一部完整的历法，具备了后世历法的主要要素，如二十四节气、朔晦、闰法、五星、交食周期等。《太初历》使用的交食周期、五星会合周期都比较准确，其二十八宿赤道距度（赤径差）值，一直沿用了八百多年，到唐开元十三年（725）才被僧一行重新测定的值所取代。

《太初历》与我们现代生活最为密切的，有两个方面：一是以正月为岁首，而是纳入二十四节气。

在我国上古，曾出现分别以十月、十二月以及一月为岁首的历法。比如，夏朝以孟春元月为正月，商朝以腊月（十二月）为正月，秦始皇统一中国后以十月为正月。《太初历》改革了秦以来不合理的岁首制度，改定以孟春正月为岁首，依照春、夏、秋、冬的顺序，至冬季十二月底为岁终。这样，历法与春种、夏耘、秋收、冬藏的四季农事活动合拍，有利于农业生产的发展。

很显然，以十月、十二月为岁首的历法，与四季顺序错位。而夏朝的历法以一月为岁首，称为"夏正"，与四季顺序最为吻合,一年之始也就是春季之始。这样,新年也才可以称为"春节"。《太初历》行用后,夏正一直沿用到今,因而我国农历也称为"夏历",而制定《太初历》的落下闳也被一些人称为"春节老人"。

二十四节气是我国古代天文历法的独特创造,完整地记载于《淮南子·天文训》(前140年左右)。落下闳将之纳入《太初历》,几千年来对农牧生产和人民生活起到了极为重要的作用。另外,《太初历》规定以无中气(二十四节气中位于奇数者,即冬至、大寒、雨水、春分、谷雨、小满、夏至、大暑、处暑、秋分、霜降、小雪)之月为闰月,比以前的年终置闰法更为合理。

《太初历》是我国历史上第一部有完整文字记载的历法,在历史上有着极其重要的地位。它采取了当时先进的计算方法,一直被历朝历代沿用,其间只作过几次小的修改,是中国有史记载使用时间最早、历时最长、最科学完整的历法。

为了表彰落下闳的功绩,汉武帝特授他以侍中之职,落下闳坚辞不受,而邓平则被任命为太史丞。

三、新说新器 名存宇宙

完成改历工作后,落下闳回到故乡,继续他的天文历算等学术研究,并且在诸多方面做出了成就。

为了制历的需要,落下闳还亲自动手,制造天文仪器。他制作的观测仪器,即浑仪(又名浑天、浑天仪),由赤道环和其他几个圆环同心安置而成,直径八尺。有的环固定,有的则可绕转,还附有窥管以供观测之用。后来天文历法家如贾逵、张衡等人制造的仪器,是在落下闳的基础上的改进和发展。

据文献记载,落下闳还制作过天文显示仪器,即浑象(又名浑天象),"于地中转浑天"、"正东西运转,昏明中星既其度分至气节，亦验在不差而已"。近代天文学史家朱文鑫曾指出，"自汉落下闳作浑天仪，始立仪象之权舆"。

落下闳的天文仪器，是以"浑天说"为基础的，因而他也是"浑天说"的创始人之一。他通过长期观测和科学运算，用事实论证了浑天说理论和天体运行规律。而这些理论和仪器，也正是他的历法能在众多方案中脱颖而出的根源所在。

落下闳还是一位数学家。在数学方面，他发明"连分数（辗转相除）求渐进分数"的方法，定名"通其率"，现代学者称之为"落下闳算法"。"落下闳算法"比采用类似方法的印度数学家爱雅哈塔早六百年，比提出连分数理论的意大利数学家朋柏里早一千六百年，它影响中国天文数学达二千年年。

落下闳在天文学领域的贡献是世界性的。英国科技史学家李约瑟在其《中国科学技术史》中，称落下闳为"中国天文史上最灿烂的星座"。2004年9月16日，经国家天文学联合会小天体提名委员会批准，中国科学院国家天文台将一颗国际永久编号为16757的小行星命名为"落下闳星"。

如今，在落下闳的故乡阆中，建有观星楼、"星座苑"等，纪念落下闳的科学贡献。

太史公司马迁

司马迁（前145～前87），西汉史学家、文学家和思想家，也是汉武帝时的文臣。字子长，左冯翊夏阳（今陕西韩城南）人。西汉史学家、太史令司马谈之子。他一生遭遇坎坷，却发愤著书，写出了我国第一部纪传体通史《史记》，被誉为"史家之绝唱，无韵之离骚"。

一、史官家世　游历山川

司马迁出生在一个渊源甚深的史官世家。早在颛顼统治天下时，曾任命南正重掌管天文，北正黎掌管地理。唐尧虞舜之际，又让重、黎的后代继续掌管天文、地理方面的职事，直到夏商时期，所以，重黎氏世代掌管天文地理。周朝的程林休甫就是他们的后裔。周宣王时，重黎氏失去世代掌管天文地理的官守而成为司马氏。司马氏世代掌管周史。周惠王和周襄王统治时期，司马氏离开周都，迁移到晋国。后来，晋国中军元帅随会逃到秦国，司马氏也迁居少梁。

自从司马氏离周到晋之后，族人分散各地，有的在卫国，有的在赵国，有的在秦国。在卫国的一支，做了中山国的相。在赵国的一支，以传授剑术理论而显扬于世，蒯聩就是他们的后嗣。在秦国的名叫司马错，曾与张仪发生争论，秦惠王就派司马错率军攻打蜀国，攻取后，又让他做了蜀地郡守。司马错的孙子司马靳，奉事武安君白起。而少梁已更名为夏阳。司马靳与武安君坑杀赵国长平军四十万，回秦国后与武安君一起被赐死于杜邮，埋葬在华池。司马靳的孙子司马昌，是秦国主管冶铸铁器的官员，生活在秦始皇时代。蒯聩玄孙司马卬，曾为武安君部将并带兵攻占朝歌。诸侯争相为王时，司马卬在殷地称王。汉王刘邦攻打楚霸王项羽之际，司马卬归降汉王，汉以殷地为河内郡。司马昌生司马无泽，司马无泽担任汉朝郡长之职。司马无泽生司马喜，司马喜封爵五大夫，他们死后都埋葬在高门。司马喜生司马谈，也就是司马迁的父亲。后来司马谈做了太史公。

司马谈师从唐都学习天文，师从杨何学习《易经》，师从黄子学习道家理论。司马谈在汉武帝建元至元封年间做官，职掌天文，不管民事。

司马迁的童年是在家乡黄河边上的龙门山下度过的,这是一个富有诗意和充满神话色彩的地方。传说当年大禹曾在这里治水;还传说江海里的鲤鱼每年都要聚集在龙门下,千方百计想跃过龙门,跳过龙门的就化成了神龙飞去,每年最多也只能跳过七十二条,这就是民间流传的"鲤鱼跳龙门"的故事。司马迁为自己那个有着深厚文化传统的家世而骄傲。

司马谈是个非常有学问的人,他不断向当时著名的学者请教,收集史料,走访天下,想编写一部反映从黄帝到汉武帝这段历史的史书。父亲的志向使少年司马迁耳濡目染,在父亲严格的培养下,他发奋苦读。十岁时,已经熟练诵读《左传》、《国语》等古代史籍的司马迁随着父亲来到长安,开始了对古代文献的研究,并直接拜从古文大家孔安国学《古文尚书》,又师从今文大家董仲舒学《公羊春秋》。经过名师的指点,司马迁逐渐成为一个博学多才的人。

武帝元朔三年(前126),二十岁的司马迁南游江淮,开始他的游历名山大川的生涯。司马迁注重考察各地风土人情,探访隐士高人,搜集古风民谣。司马迁感叹古今王朝变迁的同时,又力图从中寻找出历史发展规律。

一天,司马迁来到了长沙北面的汨罗江边,这里是伟大的爱国诗人屈原沉水自尽的地方。司马迁面对滚滚东流的江水,想着屈原的高风亮节和不幸遭遇,不禁潸然泪下。这时,他还想着一个人,就是杰出的辞赋家和政论家贾谊。贾谊曾经担任长沙王太傅,他遭权贵谗言,被汉文帝放逐到长沙,来到汨罗江时,还作了一篇赋来深切地凭吊屈原。司马迁非常同情他们,后来在《史记》中为他们写了一篇"合传"。

司马迁离开了汨罗江畔,来到庐山,他在此考察了一番大禹疏导九江的传说。然后,他沿江东下,登上会稽山,探寻著名的

"禹穴"。传说大禹一生为民治水十三年,三过家门而不入,晚年东巡至会稽,死于此地,就葬在这个"禹穴"之中。会稽也是春秋时越王勾践的故都,司马迁想到了勾践卧薪尝胆的故事。随后,司马迁观览了九嶷山,泛舟于沅水湘水之上。

司马迁渡江北上,经过淮阴,凭吊了韩信。然后渡过淮河去了鲁地孔子的故乡曲阜,追思孔子周游列国遗事。司马迁还到了齐国孟尝君的封地薛县,访问了孟尝君的故居。司马迁通过实地调查访问,掌握了许多关于孟尝君的材料,为《史记》中塑造孟尝君的形象准备了素材。

司马迁又游历了彭城(今江苏徐州一带),这一带豪杰辈出,沛郡、丰县等地诞生了一批楚汉风云人物。他了解到秦末汉初刘邦起义、建国时的许多闻所未闻的故事,对汉朝初年的重要王侯将相的背景有了更深的了解,他们的故事成了《史记》的重要组成部分。后来司马迁又去了大梁(今河南开封),搜集了魏公子信陵君的故事。回长安路经函谷关,他慨叹函谷关的雄险。以后他在任郎中、太史令以及中书令时,或奉旨出使,或陪武帝巡幸,游历了更多地方。

元封元年(前110),奉汉武帝之命出使到巴蜀以南。这就使司马迁有机会深入地了解西南的少数民族,对当地人民的政治、经济、社会生活和民俗进行详细调查,成为不可多得的珍贵的历史资料。

同年十月,司马迁随汉武帝率大军十万,北巡朔方,又东巡海上,礼拜嵩山后又东上泰山封禅。这样,司马迁不仅感受到了许多经书故纸里所没有的东西,而且对汉武帝有了进一步了解。司马迁年轻时的游历和出巡,使他踏遍了祖国的名山大川;奉诏出使西南腹地,使他得以尽观当地之奇风异俗。通过游历,使他亲自感到汉之强盛。他面对当时这样一个大一统的中央帝国历史的荣辱兴衰,时时刻刻激发着他写一部反映华夏民族的历史巨著。这一切都为他创作《史记》奠定了基础。

二、子承父命　力排众议

司马迁游历归来后,二十五岁时被选为郎中,成了汉武帝的随从。司马迁经常跟父亲一道随汉武帝到各地去巡视。元封元年(前110),汉武帝东巡泰山,举行了一次大规模的封禅大典,就是先到泰山顶上筑坛祭天,再到泰山脚下梁父等小山上祭地。身为太史令的司马谈本应跟随皇帝出巡,不知为何武帝对司马谈不满意,让他留在周南(今河南洛阳),"不得与从事"。司马谈心中愤懑,致病将死。

这时,司马迁奉汉武帝之命在西南少数民族地区视察、慰问,当他从西南回来时,得知父亲病重,他急忙赶到周南,拜见父亲。

司马谈握着儿子司马迁的手哭着说:"我们的先祖是周朝的太史。远在上古虞夏之世便功名显赫,职掌天文之事。后世衰落,如今将断绝在我手里吗?你如果能继做太史,就可以继承我们祖先的事业了。现在天子继承汉朝千年一统的大业,在泰山举行封禅典礼,而我却无法从行,这是命中注定的呀!我死后,你一定要做太史;做了太史,不要忘记我想要撰写的著述啊。再说孝道始于奉养双亲,进而侍奉君主,最终在于立身扬名。扬名后世来显耀父母,这是孝道中最关键的。天下称颂赞扬周公,说他能够论述歌颂文王、武王的功德,宣扬周、邵的风尚,表达太王、王季的思虑,乃至于公刘的功业,并尊崇始祖后稷。周幽王、厉王以后,王道衰败,礼乐衰颓,孔子研究整理旧有的典籍,修复振兴被废弃破坏的礼乐,论述《诗经》、《书经》,写作《春秋》,学者至今仍奉为宝典。"

司马谈最后叮嘱说:"自鲁哀公获麟以来已四百余年,诸侯相互兼并,史书丢弃殆尽。如今汉朝兴起,海内统一,明主贤君忠臣死义之士,我作为太史都未能予以论评载录,断绝了天下的修史传统,对此我甚感惶恐,你可要记住啊!"司马迁低下头流着眼泪说:"儿子不才,但我会详述先人所整理的历史旧闻,全部加以编撰,不敢稍有缺漏。"

司马谈带着遗憾离开了人间,司马迁安排了父亲的丧事,就直奔泰山,向汉武帝复命,因而参加了封禅大典。

元封三年(前108),司马迁继任太史令。他深知史官不虚饰美名、不隐瞒邪恶的优良传统,他感到自己身上责任重大,因而暗下决心,要为之献出全部精力。司马迁走马上任,就开始阅读历史书籍,整理国家的藏书和档案文献。他又搜集了大量的资料,编次文献,着手写作《史记》。

当时,世人对司马迁写作《史记》多不理解,非议四起。上大夫壶遂曾经问司马迁:"孔子的时候,世上没有圣明君主,他自己又不被重用,所以撰写《春秋》,留下一部空洞的史文来裁断礼义,当做一代帝王的法典。现在先生上有圣明天子,自己又被任用,当官供职,万事已经具备,朝野上下全部各得其所,有条不紊,先生所要撰述的、想要阐述的是什么呢?"

司马迁说:"不完全是这回事。我听先人说过:'伏羲最温和厚重,作《易》八卦。尧舜的盛德,《尚书》做了记载,礼乐在那时兴起。商汤周武时代的隆盛,诗人歌颂不已。《春秋》扬善贬恶,推崇夏、商、周三代盛德,褒扬周王室,并非仅仅讽刺讥斥而已。'汉朝兴建以来,到当今英明天子,得到祥瑞应兆,举行封禅大典,改订历法,变换服色,受命于上天,恩泽流布四边,海外不同习俗的国家,辗转几重请求到中国边关来,进献朝见的不可胜数。臣下百官尽力歌功颂德,仍不能完全表达出他们的心意。再说有贤能而不被任用,是做国君的耻辱;如果君主明圣而功德不能广泛传扬,就是有关官员的罪过。更何况我担任太史令的职务,如果弃置天子圣明盛德而不予记载,埋没功臣、世家、贤大夫的功业而不予载述,忘却先父的临终遗言,罪过就实在太大了。我只是说缀述旧事,整理有关人物的家世传记,并非所谓著作呀,而您拿它与《春秋》相比,那就大错了。"

三、直言遭祸　忍辱著书

天汉二年(前99),汉武帝派贰师将军李广利、李陵出兵酒泉、居延,出击匈奴。李广利军队损失十之六七,逃回长安。李陵苦战不敌,被迫投降匈奴。

李陵投降匈奴的消息传到京城,令汉武帝大为震惊,既而变得怒不可遏。他召集大臣们来议定对李陵的处置问题,朝中上上下下都指责和咒骂李陵的变节投降。

司马迁平素与李陵交往也不深,李陵给他的印象是耿直而朴实的。他听众人交相谗毁李陵,颇感不平。因为前几天,这些大臣们还盛赞着李陵的英勇善战,如今看到皇上动怒,就把李陵说得一无是处,必欲置李陵于死地而后快。司马迁却直言道:"李陵带领五千步兵抗击匈奴的主力,英勇顽强,他一声令下,士兵犹如猛虎下山,与匈奴拼死作战,虽然失败,也是有功劳的。或许李陵投降,是为了等待机会来报国。"

汉武帝听了司马迁的话,勃然大怒道:"你为李陵辩护,而实质是责备贰师将军和朕!"随即,汉武帝命令廷尉逮捕司马迁,将他囚禁于监牢。

囚禁在牢狱中的司马迁饱受狱卒的折磨,憔悴不堪,他几次想自杀,可他还存有生的希望,希望有朝一日李陵归汉,武帝能宽释自己。但他失望了,天汉三年(前98),谣言说李陵要带着匈奴兵攻打汉朝，汉武帝信以为真，盛怒之余，下令杀了李陵的一家。汉武帝后来又听说李陵在匈奴深受匈奴单于的器重，更加愤怒，迁怒于司马迁，司马迁的罪也就加重了。这时候，几乎所有亲朋故旧都对司马迁避之唯恐不及，无人肯为司马迁说话，他只能凄凉无助地在狱中忍受酷吏的百般凌辱，等待着朝廷的处置。

不久，司马迁被定了一个"诬上"的罪名，判了死刑。按当时刑法规定，要免除死刑，有两种办法：一种是用五十万铢钱来赎罪，另一种是接受宫刑（或称腐刑）。司马迁官小位卑，家中拿不出这么多钱为他赎罪。他并不怕死，可是，父亲临终的嘱托，他还没有完成。为了完成这部伟大的史著，他选择了接受腐刑。

然而，在司马迁心目中，腐刑是一种比死还要可怕的奇耻大辱。他痛不欲生，但他以坚定的信念支撑着自己活下去，他的眼前展现了一幅幅古人发奋著述的画面：西伯拘羑里演《周易》，孔子厄陈蔡作《春秋》，屈原放逐赋《离骚》，左丘失明著《国语》，孙子膑脚论《兵法》，《诗》三百篇大都是圣贤发泄愤懑的作品。从古以来，权贵富人生时显赫、死而名灭，多到不可胜记，只有那些具有坚强毅力、崇高品格而做出了一番事业的人才能名垂后世。这种矛盾心情在司马迁《太史公自序》和《报任安书》中都有详细记载。受李陵之祸，使司马迁立场发生了重大转变。他从个人的悲怨中解脱出来，发愤撰述。

太始元年（前96），司马迁受大赦出狱。汉武帝此时也因李陵案深疚于司马迁，升他为中书令。中书令一般由宦官担任，司马迁任此职，无疑又在心头压上了一块屈辱之石，但他经过痛苦思虑，决定接受任命。

一天，司马迁正准备进宫时，突然看见大儿子司马临怒气冲冲地闯进来，说，"爹爹，你看，我从市上揭来的揭帖。"司马迁

接过一看,只见上面写着:

> 鱼跃龙门变成龙,还看鲤鱼雌与雄,
> 假若非雄也非雌,跃上龙门也非龙。

原来,这是朝廷里与司马迁为敌的贰师将军李广利一伙派人干的。后来,司马迁的朋友知道了这件事,都竭力反对司马迁应诏。他们说:"你这个德才兼备的司马迁,为何要进宫作'闺阁之臣',甘受此辱?"司马迁强忍心中剧痛,说:"不进宫怎知宫廷秘史?不和帝王将相打交道,怎知他们灵魂善恶?我不应诏,史书又怎么写?"

后来,司马迁便进宫去了。他博读史官收藏的图书,网罗天下散佚的旧闻,发奋著述,用自己的血泪和生命撰写史著。征和二年(前91),《史记》基本完成了。司马迁从太初元年(前104)开始撰写,到正式完成,一共用了十四年时间。

司马迁知道,他写的这本实记实录的《史记》,必然会遭到汉武帝的毁灭。完稿后他就同时准备了几份:一是手稿,后来汉武帝追查,他便将手稿呈交上去,果然不出所料,手稿被汉武帝烧毁了;二是副稿,由才智非凡的女儿司马英抄写,以便"藏之名山,传之其人";三是腹稿,他每写一篇,都命外孙杨恽(司马英的儿子)学懂背熟,以确保历史传给后人。司马迁死后,直到汉宣帝时他的外孙才将这部历史巨著公之于世。那时已有少量缺篇,后人褚少孙等将其补足。

司马迁逝世于何时,已无从考查,相传是被汉武帝身边的宠臣害死的。

司马迁给自己的史书题名为《太史公书》(东汉末通称《史记》),在这里,他为自己正了名:太史公。

北军使者任安

任安（？~前91），西汉将领。字少卿，荥阳（今河南荥阳）人。他更多的是因为司马迁的那篇《报任安书》而留名后世，他却没有司马迁坚贞的品格，最后因存心不忠而被处死刑。

一、少小孤贫　起于微贱

任安幼小时就成了孤儿，生活贫困，给别人驾驭车子到长安，留了下来。他想成为一个小吏，却没有机会，就了解估算一些地方著录户籍的情况及人口的多少等。

武功（今陕西宝鸡东部）是在扶风（今陕西扶风）西边的小县，山谷口靠山处有通往蜀地的栈道。任安认为武功是一个小县，没有豪门大族，容易提拔当官，就留居下来，代替别人做求盗（逐捕盗贼）、亭父（掌关闭扫除的亭卒）。后来做了亭长。县里的百姓都出城打猎，任安常常给人们分配麋鹿、野鸡、野兔等猎获物，合理安排老人、孩子和壮丁到或难或易的地方，大家都很高兴，说："没有什么关系，任少卿分析辨别事情公平，有智谋。"第二天集合开会，聚会的有几百人。任少卿说："某某的儿子名叫某的，为什么不来呢？"大家都惊讶他认识人的迅速。

后来，任安被任命为乡中的三老，举荐为亲民之吏，主持乡邑之事。后又被任命为享受三百石俸禄的官长，管理民政。由于汉武帝出巡时陈设帷帐供给使用的事情没有办理妥当，被罢免了官职。

这以后，任安又到长安做了将军卫青的门客，和田仁在一起，住在将军府里，二人知心友爱。这二人都家中贫困，没有金钱去买通将军的管家，管家派他们喂养主人的烈马。两人同床而眠，田仁悄悄地说："太不识人才，这个管家！"任安说："将军尚且不识人才，何况他是管家呢！"一次，卫青让他俩跟随自己拜访平阳公主，公主家的人让他俩和骑奴同在一张席子上吃饭，这两人拔刀割裂席子和骑奴分席而坐。公主家的人都惊异并且厌恶他俩，但是也没有谁敢大声呵斥他们。

二、因才被擢　因德被斩

后来，汉武帝下诏书征募选拔将军卫青的门客做自己的侍从官，将军挑选了门客中富裕的人，让他们准备好鞍马、绛衣和用玉装饰的剑，然后打算进宫报告。正好碰上贤能的大夫、少府赵禹前来拜访卫将军，将军召集所举荐的门客给赵禹看。赵禹依次考问他们，十多个人中没有一个通晓事理有智谋的。

赵禹说："我听说，将军家中一定有能当将军一类的人才。古书说：'不了解那个国君，那就看他任用的人；不了解那个人，那就看他结交的朋友。'现在皇上下诏书命令举荐将军门客的原因，是想要借此看一看将军能否得到贤德的人和文武人才。现在只是挑选有钱人的子弟上报，这些人没有智谋，就像木偶人穿上锦绣衣服罢了，你准备拿他们怎么办呢？"于是赵禹召集将军府的全部门客一百多人，又依次考问他们，发现了田仁、任安，说："只有这两个人可用啊，其余的都没有能够任用的。"

卫青看到这两个人贫困，内心有些不满。赵禹走后，卫青对他们俩人说："各人自己去准备鞍马和新绛衣等。"两人回答说："我们家中贫困，没有可用的东西。"卫青发怒说："两位是因为自己贫穷的，为什么说出这样的话呢？愤愤不平的样子好像对我有过恩德，这是为什么？"卫青出于无奈，只得上奏武帝。武帝下诏召见卫将军的门客，这两个人前去拜见。

汉武帝召见时询问田、任二人的才智谋略情况及品第高下，并让他们互相推举评价。田仁回答说："手执鼓槌，站立军门，使部下甘心情愿为战斗而死，我不如任安。"任安回答说："决断嫌疑，评判是非，辨别属下的官员，使百姓没有怨恨之心，我不如田仁。"汉武帝大笑着说："好！"随即派任安监护北军，让田仁到黄河边上监护边塞的屯田和生产谷物的事情。这两人因此名播天下。后来，武帝又任命任安做了益州刺史，任命田仁做了丞相长史。

征和二年（前91），太子刘据谋反事发时，任安担任北军使者护军。太子在北军的南门外停下车，召见任安，把符节给他，命令他调动北军。任安下拜接受符节，进去后，却把军门关上不再出来。太子刘据只好失望而去。汉武帝听说后，认为任安是假装受节，不肯附和太子，同时又心怀疑惑，心存观望。

任安曾笞打羞辱北军掌管钱财的小吏，小吏趁机上书揭发他，说他接受太子符节。汉武帝看过奏书，说："这是个老于世故的官吏，看到太子谋反的事发生，想要坐观胜败，看到谁胜利就附和顺从谁，怀有二心。任安犯有该判死刑的罪很多，我多次放过他，让他活下来，他现在竟心怀欺诈，有不忠之心。"于是把任安交予有司，最后任安被判处了死刑。

谏大夫终军

终军（约前133～前112），汉武帝时文臣。字子云，济南（今山东济南）人。十八岁时被选为博士弟子，受到汉武帝赏识，封"谒者给事中"，后擢升谏大夫。他曾先后成功出使匈奴、南越。"请缨"的典故，就是源自他出使南越的故事。为国捐躯时，他年仅二十余岁,时人称为"终童"。

一、志远才高　维护国家

终军少年时代刻苦好学,以博闻强记、能言善辩、文笔优美闻名于郡中。

十八岁时,终军被举荐为博士弟子,赴京师长安。到了郡府时,太守听说终军有奇异之才,召见了他,对其才华感到惊异,并深相结交。过函谷关时,守关的吏卒交给终军一件帛制的"繻"。终军开始不认识此为何物,当得知是返回时过关的凭证时,慨然掷之于地,自信地说:"大丈夫西游,终不复还。"守关吏卒为之瞠目。

到长安后,终军上书汉武帝,论述自己对治理国家的建议,武帝非常赏识他的文章,拜他谒者给事中。后来,终军奉命巡视东方郡国,手持朝廷符节,骑着高头大马,再过函谷关。守关吏卒认出他正是前次弃繻的青年,叹服其志远才高。

终军志向高远,以国家统一、人民安泰为宗旨,在履行职务中总是能坚持这些原则。

有一次,终军跟随汉武帝到雍去祭祀五畤。随从人员捕获一只白麟,一角而五蹄;同时又见到一棵奇怪的树,树枝旁出,又回合覆盖于树上。武帝问群臣出现这两种奇物,是什么征兆。终军回答说,这是国家统一、人民安泰的吉兆,"若此之应,殆将有解编发,削左衽,袭冠带,要衣裳,而蒙化者焉"(这篇文字,《汉书》本传称为《白麟奇木对》)。武帝听了很高兴,"由是改元为元狩"。恰好数月之后,越地及匈奴各首领有率众来归降的,当时都认为终军言中了。

终军支持汉武帝加强和巩固国家统一、削弱地方割据势力的措施,与破坏这些措施的人作坚决斗争。

元鼎年间（前116～前111），博士徐偃巡视外地，假借皇帝的命令，让胶东（今山东平度一带）、鲁国（今山东曲阜一带）煮盐、冶铁，破坏国家的盐铁专卖政策。御史大夫张汤弹劾徐偃矫制当死，而徐偃却假借儒家经典《春秋》为自己辩解，使张汤一时间无言答对。而武帝尊崇儒术，别人以《春秋》作挡箭牌，他也难以作出决定，便让终军来诘问徐偃。终军认为，古今时代不同，政策也有变化，不能用古代的经义来解说现行的政策。并指出：徐偃的行为，破坏了国家盐铁专卖的政令，应该按法予以追究治罪。最终，武帝诏命御史大夫，究治徐偃。

二、请缨出使　为国捐躯

谒者给事中，职掌传达沟通之事，兼有巡视员和外交使节的作用。终军奉命到汉朝郡国，能广泛记取所见所闻，还朝奏事，总是能让汉武帝十分高兴。

有一次，朝廷需要遣使赴匈奴，终军上书自荐，说："边境时有风尘之警，臣宜被坚执锐，当矢石，启前行。驽下不习金革之事，今闻将遣匈奴使者，臣愿尽精厉气，奉佐明使，画吉凶于单于之前。"就是说，尽管自己军事方面不擅长，而现在派遣的是使节，所以愿意凭口才辩说利害，使匈奴停止战争。武帝听了他对付匈奴的策略，很高兴，擢升他为谏大夫，并答应了他出使的请求。

终军一生中，最重要的外交活动，是为国请缨，出使南越。南越是居住在今两广一带的地方政权，秦时已置郡，归附内地，而南海郡尉、真定（今属河北）人赵佗乘秦末战乱，自立为王。汉初，赵佗表示臣服，朝廷也把它当做诸侯国加以对待。后来，由于朝廷政策有不当之处，赵佗宣布脱离汉廷，自称皇帝，并发兵攻略汉朝边地。汉文帝时，曾派陆贾出使南越，说服赵佗去除帝号，恢复与中央王朝的关系。

元鼎四年（前113），为加强与南越的关系，汉武帝决定派遣使者，召南越王及王太后入朝，以绝边患。但在汉与南越关系不太稳定的情况下，出使是要冒很大风险的。此时，为了国家安定统一，终军挺身而出，请求担当这一重任。表示："愿受长缨，必羁南越王而致之阙下。"武帝答应了他的请求。

到南越后，终军说服南越王臣服汉朝。南越王赵兴（赵胡之孙）和王太后向朝廷请求取消独立，比照内地诸侯王，每三年入朝一次，取消两国边界上的关卡。汉武帝欣然接受请求，给南越大臣颁赐了印绶，废除南越国原来的酷刑，改行汉朝法律，培育新的风俗。又命汉朝的使节留下，进行震慑安抚。

南越王丞相吕嘉在南越国资历最老，历任三代丞相，权势甚至超过了国王。南越王上书请求内附汉朝，吕嘉一再劝阻，南越王不听。于是，元鼎五年（前112）十一月，就在南越王和王太后整理行装，携带贵重礼物，准备进京朝见时，吕嘉发动叛乱，杀害了南越国王、王太后和朝廷使者。终军遇害时，年仅二十多岁，所以世人称之为"终童"。

据《济南府志》记载，终军死后归葬济南。如今，济南城里还有"终军街"。

上大夫韩嫣

韩嫣（生卒不详），汉武帝近臣。字王孙，是汉武帝的几个近幸大臣之一，被《汉书》收入"佞幸"传里。他出身名门，位至封侯；他深得宠幸，少时有与太子同榻之谊，晚年有过失皇上又多方回护；他虽不是宦官，却出入宫禁畅通无阻；只不过最后玩出了格，落了个被赐死的下场。

一、出身名门　因祖显贵

《汉书》本传称韩嫣是弓高侯韩颓当的孙子，其实，他的身份可以进一步向前追溯。韩嫣的曾祖为韩王信，是战国七雄中韩襄王的庶孙。在楚汉之争中，韩王信曾帮助汉高祖刘邦攻城略地，立下了不少功劳，因而被立为韩王。

汉初，汉高祖刘邦把太原郡改为韩国，国都晋阳（今太原市），以防备匈奴。韩王信认为太原离边塞太远，请求以马邑为郡治，刘邦同意了。但这年秋天，匈奴单于冒顿大举围攻马邑，韩王信多次派使者向匈奴请求和解。汉高祖刘邦就此多次责备韩王信，韩王信接到信，害怕被诛杀，干脆把马邑献给了匈奴，反过来和匈奴合击汉军，攻打太原。

几年以后，韩王信和匈奴攻占了汉朝代郡的参合县，汉朝派将军柴奇迎战。柴将军写信给韩王信说："皇上宽仁，诸侯王虽有叛逃，回来后仍然恢复他原来的爵位，不会杀掉。"韩王信认为自己罪有三重，不可宽恕，只能应战。最后，柴将军攻下了参合县，杀了韩王信。

韩王信逃亡匈奴时，他的太子也跟着。到了颓当城，王妃与太子妃都生了儿子，因此一个取名叫颓当，一个取名叫婴。到了汉文帝的时候，韩颓当和韩婴叔侄就都率众归降了汉朝，汉朝廷封韩颓当为弓高侯，封韩婴为襄城侯。吴楚七国造反时，弓高侯在诸将中功劳最高。这就为后来韩嫣的显贵打下了坚实的基础。韩王信没有嫡孙，庶出的韩嫣便直接沾了祖宗的光。

二、因宠而骄　因骄而亡

韩嫣与汉武帝刘彻的关系是从小时就建立起来的。在刘彻做胶东王时，韩嫣陪读，关系就很投契。到刘彻被立为太子，和韩嫣的关系就更加亲近了。韩嫣擅长骑射，人也很聪明，因此刘彻即位，打算讨伐匈奴，就先让韩嫣操使兵马。因此，韩嫣的地位更加尊贵了，官升到了上大夫，皇上的赏赐和当年汉文帝对宠臣邓通的赏赐一样。

开始的时候，韩嫣经常与汉武帝同榻而眠，共卧共起。有一次，江都易王刘非和皇上一起在上林苑围猎。路上的行人被清理出去以后，汉武帝先派韩嫣乘着副车，带着好几百骑飞驰着前来找野兽。江都易王见了，以为是天子来了，便赶开了随从，跪伏在路边等着见皇上。韩嫣驱车而过，竟视而不见。江都易王大怒，在皇太后王氏面前痛哭流涕，请求把自己的封国归还给朝廷，自己也像韩嫣一样，到宫里陪在皇上左右。由此，皇太后开始衔恨韩嫣。

韩嫣深受汉武帝的宠幸，出入深宫如履平地，久而久之就与宫女发生了奸情。这事传到皇太后耳中，皇太后大怒，派人赐死韩嫣。汉武帝心疼自己的宠臣，为他开脱、求情，但皇太后就是不饶。最后，韩嫣被赐死。

协律都尉李延年

李延年（？～前90），西汉音乐家，也是汉武帝的近臣。中山（郡治今河北定县）人。乐工出身，父母兄弟亦均为乐工。善歌，又善创造新声。武帝时，在乐府中任协律都尉。为《汉郊祀歌》十九章配乐，又仿张骞传自西域的《摩诃兜勒》曲，作"新声"二十八解，用于军中，称"横吹曲"。

李延年自小生长在音乐家庭中，深受熏陶，音乐才能出众。后来李延年因犯法被判宫刑，然后到狗监任职。

李延年曾为汉武帝献歌："北方有佳人，绝世而独立，一顾倾人城，再顾倾人国。宁不知倾城与倾国，佳人难再得。"汉武帝问道："果真有如此绝代佳人？"武帝的姐姐平阳公主在旁边说："李延年的妹妹李妍就是这种绝代佳人，并且擅长舞蹈。"武帝于是召见李妍，非常喜欢她，就把她召进了后宫。这就是汉武帝一朝有名的"李夫人"。

李夫人得宠后，武帝又把李延年召进宫来，使他显贵起来。李延年善于歌唱，创作了新的歌曲。这时武帝正修造天地庙，想创作歌词配乐歌唱。李延年善于迎合皇上的心意办事，配合乐曲唱了新作的歌词，武帝非常高兴。

李夫人生了儿子刘髆，后来被封为昌邑王。李延年也被封为乐府署协律都尉，负责管理皇宫的乐器，佩带二千石官职的印章。他同皇上同卧同起，非常显贵，而且很受宠爱，和韩嫣受到的宠幸相似。其兄李广利为贰师将军，因军功封侯。

时间一久，李延年便有些肆无忌惮，出入皇宫骄傲放纵，并和宫女有淫乱行为。李夫人病逝后，武帝对他的宠爱衰减了。武帝晚年，因受其弟李季淫乱后宫的牵累，李延年曾被收监；征和三年（前90），李广利降匈奴，全家遭族诛。

李延年是一位才华出众的宫廷音乐家，《史记》上说他"每为新声变曲，闻者莫不感动"。元鼎六年（前111）前后，他曾为当时的著名文人司马相如等所写的十九首郊祀歌词作曲。他既能体会武帝对音乐的要求，也能深入理解这些难懂的"尔雅之文"。李延年还根据张骞从西域带回的《摩诃兜勒》，制作了二十八首新曲调，作为仪仗使用的军乐。这些乐曲流传甚久，直到数百年后的晋代尚能演奏其中的《黄鹄》、《陇头》、《出关》、《入关》等十首。这种将西域音调改编为新曲的创作实践，不仅体现了当时作曲技术的高度水平，也促进了民族音乐文化的交流。《史记》、《汉书》都把李延年列为载入史册的人物。

御敌拓土众将军

汉武帝穷兵黩武，自然少不了武将。他麾下的将军们，有前朝老将，如李广、程不识，更多的是自己提拔起来的青年将领，如卫青、霍去病，还有什么贰师将军李广利……这些将军们驰骋沙场、出生入死，抗击匈奴、开疆拓土，为汉武帝的"武功"图卷添上了光熠夺目的色彩。只是他们的命运也大多颇为坎坷，或少壮病殁，或衰年见疏，或终身未封，或中途叛敌……

飞将军李广

李广（？～前119），西汉著名将领。陇西成纪（今甘肃静宁南）人。其祖先是秦朝大将李信。李广历仕文帝、景帝、武帝三朝，以其杰出的军事才能，在抗击匈奴的战争中屡立战功，但却因性格因素，终身不得封侯，留下了"李广难封"的千古遗恨。

一、骁勇善射 解鞍退敌

汉文帝十四年（前166），李广从军击匈奴。因善于用箭，杀死和俘虏了很多敌人。升为郎中，以骑士侍卫皇帝。

李广身材高大，臂长如猿，有善射天赋，但不善言辞，与人闲居时亦以射箭来赌酒为乐，且一生都以射箭为消遣。有一次，李广出猎，看到草丛中的一块石头，以为是老虎，张弓搭箭，一箭射去，把整个箭头都射进了石头里。到近前一看，原来是石头，再射，就怎么也射不进石头里去了。李广一听说郡县哪儿出现老虎，他就常常要亲自去射杀。居守右北平时一次射虎，恶虎扑伤了李广，李广带伤也终竟射死了这只虎。李广射杀敌人时，要求自己箭无虚发，所以非在数十步之内不射，常常是箭一离弦，敌人应声而亡。也由此多次被敌人围追，射猛兽时也由于距离太近而几次受伤，但李广从来无所畏惧。汉文帝曾慨叹："可惜李广生不逢时，若赶上高祖打天下的时代，定会成为万户侯的。"

汉景帝即位后，李广由都尉升为骑郎将。吴楚七国之乱时，李广任骁骑都尉，跟随太尉周亚夫抗击吴楚叛军，因在昌邑城下夺取敌人帅旗立功显名。虽有功，但由于李广接受了梁王私自授给他的将军印，回朝后没得到封赏。此后，李广历任上谷、上郡等地太守，常与匈奴交战，以打硬仗著称。

匈奴人侵上郡，皇帝派宫中贵人同李广一起统率和训练军队抗击匈奴。一次，贵人带十个骑兵出猎，路遇三名匈奴人，匈奴人射杀了所有随从，射伤贵人，贵人慌忙逃回报告给李广。李广认定是匈奴的射雕手干的，于是亲率百名骑兵追赶三名匈奴射雕手。追上后，李广命令骑兵张开左右两翼，自己亲自射杀两名匈奴射雕手，活捉了一名，捆绑在马上就要返回了。

这时，李广陡然却望见有数千名匈奴骑兵。匈奴骑兵也发现了李广的一行人马，以为是汉人诱敌的疑兵，都大吃一惊，立刻上山摆开阵势。李广的一百名骑兵十分害怕，都想掉转马头往回奔。李广说："我们离开大军已有几十里了，现在如果我们掉转马头往回跑，匈奴兵定会追击射杀我们，马上就会被杀光。现在大家留下来不走，匈奴兵一定会认为我们是为大部队做诱兵的，绝对不敢攻击我们。"

李广命令所有的骑兵前进，一直走到离匈奴阵地不到二里多路的地方才停了下来。李广又下令道："大家都下马，解下马鞍来。"手下的骑兵说："敌人那么多，又靠得那么近，万一有了危急怎么办？"李广说："匈奴兵一定以为我们会退去，现在大家都卸下马鞍表明不走，这样正好使他们确信我们是诱敌的骑兵。"匈奴骑兵果真不敢贸然进攻。

这时，一名骑白马的匈奴将领出阵来监护他的士兵。李广骑上马，带十几个骑兵，飞马射杀了白马将领，然后重回到他的队里，卸下了马鞍。他命士兵都放开马匹，睡卧地上。这时天色已晚，匈奴兵始终觉得他们可疑，不敢前来攻击。半夜时分，匈奴以为汉军在附近有伏兵，想乘夜袭击他们，便引兵离去。第二天一早，李广回到了部队。

二、治军宽缓　沉着脱俘

汉武帝登基后，众臣认为李广是名勇将，武帝于是调任李广任未央宫的卫尉。

当时，程不识也任长乐宫卫尉，他俩从前都以边郡太守的身份统帅军队，却有截然不同的带兵方法。李广治军简易，行军没有严格的编制、队列和阵势，常找靠近水源的草地驻扎，士兵人人自便，晚上不打更巡逻自卫，军队的文书簿籍一概从简，但是也远远布置侦察人员，所以没遭遇过危险。程不识则以严格治军而闻名，他注重部队的编制、队列和阵式，晚上敲刁斗巡逻，军官处理军事文件到天亮，军队得不到休息，也没遇到过危险。

士兵们苦于程不识之严，都喜欢跟随李广作战。更主要的原因是李广为将廉洁，常把自己的赏赐分给部下，与士兵同吃同饮。他做了四十多年俸禄二千石的官，家里没有多少多余的财物，始终不谈购置家产的事，深得官兵爱戴。李广能身先士卒，行军遇到缺水断食之时，见水、见食，士兵不全喝到水，他不近水边；士兵不全吃遍，他不尝饭食。对士兵宽缓不苛，这就使士兵甘愿为他出死力，匈奴也畏惧李广的号召力和他的谋略，称他为"飞将军"，多年不敢入侵他的戍地。

汉武帝元光二年（前133），汉用马邑城（今山西朔县）诱匈奴单于入塞，派大军埋伏在附近的山谷中。李广担任骁骑将军，受护军将军韩安国节制。单于发觉情况不对，引兵离去。

元狩元年（前122），李广率军从雁门出击匈奴军，因寡不敌众被匈奴俘虏。匈奴单于因为久闻李广的贤能，命令手下："捉得李广，一定要活的解送回来。"匈奴骑兵便把当时受伤得病的李广放在两匹马中间，让他躺在用绳子结成的网袋里。走了十多里路，李广装死，斜眼瞧见他旁边有个匈奴少年骑着一匹好马，突然一跃，跳上匈奴少年的战马，把少年推下马，摘下他的弓箭，策马扬鞭向南奔驰。匈奴骑兵数百人紧紧追赶，李广边跑边射杀追兵，终于逃脱，收集余部回到了京师。汉朝廷把李广交给廷尉，廷尉判李广部队死伤人马众多，自己又被匈奴活捉，应当斩首。李广用钱赎罪，成为平民。

三、嫉恶如仇　临危不惧

李广在家闲居期间，常与颍阴侯灌婴的孙子灌强到蓝田南山中射猎。有一次，李广在夜间带着一个随从骑马外出，跟别人在乡间饮酒。归来时路过灞陵亭，灞陵亭尉喝醉了酒，上前呵斥李广不让通行。李广的随骑说："这是前任的李将军。"亭尉说："就是现任将军尚且不能夜间通过，何况是前任将军！"于是就扣留了李广等人，留宿灞陵亭下。

过了不久，匈奴攻入辽西，击败了韩安国的军队。皇帝召李广，封他为右北平太守。李广随即请求武帝，准许派遣灞陵亭尉一同前去。到了军中，李广就把亭尉杀了，然后向皇帝上书谢罪。武帝回复说："将军，是国家的爪牙。司马法讲：登车不抚车前横木以礼敬人，遇到丧事不根据亲疏关系穿规定的丧服，振兵兴师去征伐不顺服的人，出征时，要统率三军之心，协同战士之力，这样才能做到一怒千里惊惧，威振则万物归顺，是以名声显露于夷貊，神威使邻国畏惧。报仇除害这是我期望于将军的，您若叩头请罪，这岂是我所指望的！"用人之际，武帝并没有因此而责备李广，倒欣赏他的这种做法。但这件事从一个侧面反映出李广心胸的狭窄。

不久，李广被任命为郎中令。元狩二年（前121），李广以郎中令身份率四千骑兵从右北平出塞，与博望侯张骞的部队一起出征匈奴。李广部队前进了几百里，就遭到匈奴左贤王带领的四万名骑兵的包围。士兵们都非常害怕，李广就派自己的儿子李敢先入敌阵探察敌情。李敢率几十名骑兵，冲入敌阵，直贯匈奴的重围，抄出敌人的两翼而回。回来后向李广报告说："匈奴兵很容易对付。"李广的军士听了才安定下来。

李广布成圆形阵势，面向四外抗敌。匈奴猛攻他们，箭如雨下，汉兵死伤过半，箭也快射光了。李广就命令士兵把弓拉满，不要发射，他亲自拿弓射匈奴的副将，一连射杀了好几个人，匈奴兵才渐渐散开。这时天色已晚，汉军官兵都吓得面无人色，但李广却意气自如，更加整饬军队。军中官兵从此都非常佩服李广的勇气。

第二天，李广又和敌兵奋力作战，这时博望侯张骞的救兵赶到，解了匈奴之围。李广的军队几乎全军覆灭，功过相抵，没有得到赏赐。

四、功彰不封　遗恨自刎

李广前后与匈奴作战四十多年，却始终得不到封侯。当年同他一起为郎中的堂弟李蔡，人品才能不及中等，名声也远在李广之下，却连连得封，官至丞相。李广的许多部下也被封侯，而李广却未得爵邑，官职也没有超过九卿。

一次，李广与望气算命的王朔交谈，说："自从汉朝出击匈奴，我李广没有一次不在其中，可是各部队校尉以下因为出击匈奴军功取得封侯的有几十个人，而我李广并不落在别人后边，却始终不得封侯，是我的面相不该当侯吗？还是命里注定？"王朔说："将军想想难道做过什么可悔恨的事情么？"李广想想说："我做陇西太守时，羌族人造反，我诱降了他们之后却又杀死了他们。至今最大的悔恨只有这事。"王朔说："罪过没有比杀已降的人更大了。这就是你不得封的原因了。"

元狩四年（前119），大将军卫青与骠骑将军霍去病深入漠北打击匈奴。李广多次请求随军出征，皇帝认为他年老而不许。直到许久之后，李广才被任命为前将军，随卫青出征。

出塞后，汉军得知单于的驻扎地，卫青决定自率精锐部队袭击单于，而命李广与右将军赵食其从东路出击。李广亲自请求为先锋，说："我被任命为部队的前将军，理应为先锋，现在为何让我从东路攻敌？况且我从年轻时就与匈奴作战，直到现在这垂暮之年才遇到了与单于直接作战的好机会，我愿为部队先锋，与单于决一雌雄！"可是卫青曾暗中受到皇帝的嘱咐，认为李广年老又命数不好，不让他与单于正面对阵。这时候，卫青的好友公孙敖新失掉侯爵，担任中将军随大将军出征，卫青想给他立功机会，所以把李广调开让公孙敖与自己一同与单于对阵。

李广知道内情后，仍坚决拒绝调动。大将军不接受他的请求，命令长史下道文书，说："赶快到所在部队去，照文书说的办。"李广没有向大将军告辞就动身了，极其恼怒地回到营中，领兵与右将军会合，从东路出发。部队因无向导，迷失了道路，落在大将军后面，耽误了约定的军期。大将军的部队因单于逃跑也无收获。

班师回来之后，大将军派长史拿了干粮酒食送给李广，顺便问起李广等迷路的情况，李广不予回答。卫青又派长史紧催李广的幕府人员前去听候审问，李广说："众校尉无罪，是我自己迷失了道路。现在我亲自去上供状听候审问。"

李广回到军部，对他的部下说："我李广从年轻时就与匈奴作战，大小战役也有七十多次了。现在有幸能跟随大将军迎战单于的主力，但大将军却把我的部队调开，让我走那条迂回遥远的路，军队偏又迷了路，难道不是天意吗？况且我李广已六十多岁了，绝不再受那些舞弄笔墨的办案人员的侮辱！"说罢便拔刀自刎了。

李广的部下得知主帅自尽，所有将士全都哭了。百姓听到这件事的，无论长幼、认识不认识他，都为他流泪。

车骑将军程不识

程不识（生卒不详），西汉名将。历仕景帝、武帝两朝。

汉景帝时，程不识被封为太中大夫。他秉性刚直，勇于犯颜谏上，而不阿谀奉承。因此，平素上朝时，对朝廷中的一些事务，他屡屡向皇帝直言进谏。他为人清廉，为政勤勉。处理政务时，谨慎遵守朝廷的文书法令，秉公办事，而不徇私舞弊。

后来，程不识被朝廷任命为边郡太守，并兼管军队驻防。他身处边郡，但依然与在朝中一样，能够恪尽职守。当时，李广也任边郡太守。汉景帝时，由于对外继续采取和亲匈奴的措施，因而匈奴对汉朝虽没有大的侵掠行动，但边境上也时有小的骚扰活动。程不识与李广就在边郡上各自统领军队，镇守边郡。

程不识与李广都是汉朝边郡名将，但是二人在带兵治军上各有自己的一套策略。

李广素以勇猛善战著称，是一名"虎"将。但是治军并不严谨整饬，较为宽松便宜。指挥军队行军时，士兵的行列、编制较为随意，并没有严格的队列阵势。驻扎军队时，总是选择那些水草丰茂的地区，使部队给养充足；人员也行动随便，并无拘束。部队驻扎时，也不分派士兵打更守夜以防卫敌军的侵犯。军中幕府中的各种文书簿册，李广也都统统进行了简化。

与李广相比，程不识治军颇为谨慎、整肃，毫不懈怠。他的军队在人员编制、行列阵势上都有严格的规范。部队即使在外驻营时,也军纪严明。这样在铁的纪律的制约下,士兵们战斗的意志毫不松懈。为了时刻防御敌人的侵袭,保持高度的警惕性,程不识在夜间派士兵打更巡逻。军中各种文书事务一直要处理到天明。

程不识认为带兵治军就要从严从慎。他对身边的人说:"李广平素治兵简单易行,但是一旦遭到敌人的突然进犯,他就无以抵挡。但李广的士兵在李广手下身感安逸快乐,这样也便甘心为他与敌拼力死战。而我带领的军队虽然军纪严格,军务繁忙,但是敌人也就不敢侵犯我。"尽管如此,由于李广在战斗中有勇有谋,所以李广的名声威震匈奴,匈奴人因此非常惧怕李广。士兵也常愿意跟随李广作战,而苦于跟随程不识。

汉武帝即位后,李广由上郡太守调任未央卫尉,掌握未央宫的禁卫军。这时,程不识也被任命为长乐卫尉,掌握长乐宫的禁卫军。

元光元年(前134),汉武帝任命卫尉李广为骁骑将军驻守云中,同时也任程不识为车骑将军,驻守雁门。第二年解散了屯军,罢免了他们军中的职务。

司马光很赞赏程不识的治军严格,他认为李广统领军队,使人人自便,凭借李广的才能,这样做是可以的,但是不可以效法,他说:"为将者,亦严而已矣。然则效程不识,虽无功,犹不败;效李广,鲜不覆之哉!"

中郎将灌夫

灌夫(?~前131),西汉将军。字仲孺,颍阴(今河南许昌)人。吴楚七国之乱时,与父亲张孟俱从军,因功任中郎将。

建元元年（前140），任太仆。次年升为燕相，因事坐法免官。喜"任侠"，家财钱数千万，食客日数十百人，横暴颍川。后因轻侮丞相田蚡，被劾为不敬，遭族诛。

一、勇贯三军　为人刚直

灌夫的父亲张孟，曾经是颍阴侯灌婴的门客，受到灌婴的宠幸，因而得到推荐，被封为二千石的官职。张孟对灌婴感激涕零，改姓灌，叫做灌孟。

灌婴死后，其子灌何袭父爵为颍阴侯，张孟转而依附灌何。吴楚起兵反叛时，灌何为将军，向太尉请求让灌孟担任校尉，随他出征平叛。灌夫率领千人和父亲灌孟一起出征平叛。当时，灌孟已年纪大了，不愿意再从军打战，灌何勉强请他出任校尉，他无奈中出战，但心中郁闷不乐。他作战时经常冲击敌方坚阵，后来战死在吴国军队中。

汉朝法律规定，父子俱在军中，如果一人战死，另一人便可因丧归家，不再从军作战。灌夫不肯随丧归家，他愤慨地说："我希望摘取吴王或者他手下将军的头颅，以报父仇。"

灌夫披上铠甲，拿着他的戟，征集军中平素与自己友善、愿意跟从自己作战的壮士数十名。等到灌夫带领他们出击吴军时，许多人却不敢向前。只有两个人及其随从奴仆共十余骑驰入吴军，奔驰到吴军营帐下，杀伤吴军数十人，但吴军层层包围，灌夫等人无法向前再战，只得奔回汉营。灌夫的奴仆都死了，灌夫只与一骑驰归。灌夫身上大的伤口有十多处，恰好有价值万金的良药用来涂敷，所以幸得不死。

等伤势稍微好些，灌夫又再次向将军灌何请求说："我已经了解吴营的布局情形，请准许我再次攻打吴军。"将军感叹不已，认为灌夫义薄云天，勇气可嘉。他恐怕灌夫前往将性命不保，就告诉了太尉周亚夫，太尉召见了灌夫，坚决制止了他。攻破吴军后，灌夫以这件事名闻天下。

颍阴侯灌何推荐灌夫，灌夫被封为中郎将。过了几年，灌夫因犯法丢官，闲居在长安家中。当时朝廷众位大臣没有不称赞灌夫的，因此不久他又被任命为代国之相。

汉武帝即位后，认为淮阳（今河南淮阳）是交通要地，兵家必争之处，就调灌夫为淮阳太守。后又调入朝廷担任太仆之职，掌管皇帝的车马。两年后，灌夫与长乐宫的卫尉窦甫饮酒，礼数上有些不周。灌夫醉酒，以手击窦甫。窦甫是窦太后的兄弟。武帝担心窦太后杀掉灌夫，就调灌夫担任燕王国之相。过了几年，灌夫又因犯法被免职，居住在长安。

灌夫为人刚直，好借酒使气，不喜欢阿谀奉承。贵戚势力在自己之上的，灌夫必定加以欺侮；地位不如自己的士人，越贫贱，灌夫越恭敬有礼，与他们平等相待。稠人广众之下，灌夫常推举晚辈。追随灌夫的士人也因此增多。

灌夫不喜欢研究学问，却爱好行侠仗义，答应人家的事一定做到。他所结交的人，无非是些豪强。灌夫家中资产有几千万，每天食客少则数十，多则近百。其宗族宾客为争权夺利，常横行颍川（今河南禹县）。颍川儿歌唱道："颍水清，灌氏宁；颍水浊，灌氏族。"

二、仗义执言　惨遭灭族

灌夫虽家中富有，但失去权势，于是，一些宾客就逐渐同他疏远了。等到魏其侯窦婴失势，二人一拍即合。窦婴想倚靠灌夫同那些趋炎附势的人算算账，而灌夫也想利用窦婴的关系交结一些列侯宗室，以自高身价。所以两人相互推重援引，过从亲密得如父子一般。

灌夫的姐姐去世后，灌夫在服丧期间去拜访丞相田蚡。田蚡随口说："我本想与您一同去拜访魏其侯，可不巧，您正在服丧期间，不便前往。"灌夫说："您既然肯屈尊光降魏其侯家，我怎敢因服丧而推辞呢？请允许我去通知魏其侯，让他准备酒食。等待您明日光临。"田蚡随口答应了。

灌夫急忙把田蚡相约的详细经过告知魏其侯窦婴。魏其侯闻讯，便和他的夫人一起，置买酒肉，备办席面，一直忙到天明。天刚亮，他们便叫门下人在宅前伺候等待。但一直到中午，田蚡还没有影儿响儿。魏其侯对灌夫说："难道丞相忘记了吗？"灌夫颇为不满，愤愤地说："我不嫌在服丧期间而请他践约，他自然应该前来才对。"于是，灌夫就驾了车，亲自去迎接田蚡。

其实，田蚡并不打算真到窦婴家赴宴，前天不过是顺口说说罢了！所以，当灌夫来促驾时，他还高卧未起。灌夫对他说："您昨天应许前去拜访窦婴，窦婴夫妇备办了酒席，从一大早一直等到现在，连动都没敢动一点儿！"田蚡装出困惑愕然的样子，向灌夫道歉，说："我昨天喝多了，忘记了跟您说的话。"于是，命驾到魏其侯家去。田蚡在路上磨磨蹭蹭，有意延耽时间，灌夫更为恼火。等到酒吃到差不多时，灌夫起舞。舞毕邀请田蚡，田蚡竟不肯起身。灌夫便在酒宴上用话冒犯田蚡。窦婴见势不好，便扶开灌夫，自己亲自向丞相致歉。田蚡一直吃酒，直到天黑，这才尽欢而散。

后来，丞相田蚡派籍福向窦婴要地，窦婴不给。灌夫在旁大骂籍福，田蚡闻知此事，对窦灌二人非常怨恨。

元光四年（前131），丞相田蚡上奏，说灌夫家在颍川极为骄横，百姓都深受其苦。请求皇帝给予查处。皇帝命令丞相做主便是。这时，灌夫也抓住了田蚡的短处来要挟，说他用不合法的手段谋取个人私利、收受淮南王的财物等等。后来，两家宾客居间调停，双方才罢休。

同年夏天，田蚡娶燕王的女儿为夫人，王太后下诏命列侯及宗室都去祝贺。窦婴劝灌夫同去，灌夫拒绝说："我多次因醉酒得罪丞相，现在丞相又与我有隙，我还是不去的好。"窦婴强将他拉了去。

在宴会上，众宾客大都谀事田蚡，对窦婴不冷不热。灌夫看不下去，他起身依次敬酒，敬到田蚡时，田蚡大模大样地坐在那里，说："我酒够了，不能再饮满杯了。"灌夫很恼火，嬉笑着说："您是个贵人，但还是饮满此杯吧！"田蚡仍然不给面子。灌夫敬酒敬到了临汝侯，临汝侯正在与程不识说悄悄话，也没有离席示敬。

灌夫一肚子不快，到此统统发泄出来，于是骂临汝侯道："你平常诋毁程不识不值一钱，现在长辈给你敬酒，你却像小女孩一样同程不识咬耳朵说话！"田蚡说："程不识与李广都是卫尉，现在你当众侮辱程不识，就不替你所敬爱的李广将军留地步？"灌夫说："今天我什么都不在乎了！管他什么程，什么李！"座上饮酒的客人见事情不好，就借各种托辞纷纷散去。窦婴也起身离去，并挥手示意灌夫赶快走。

田蚡见此大为光火，命兵士扣押了灌夫，并弹劾他，说他在宴席上侮骂宾客，侮辱诏令，犯不敬之罪。同时，派员彻底调查灌夫在颍川的种种不法行为，把他及全家，都判决为杀头示众的罪名。这样一来，灌家各支亲属纷纷逃避，灌夫又在押，便无法告发田蚡暗中做的种种坏事。

窦婴奔走相救，但王太后袒护田蚡，田蚡又极力诋毁灌夫，说他勾结豪强，骄横放肆，图谋不轨。汉武帝无可奈何，灌夫最终被杀，诛灭九族。

大将军卫青

卫青（？～前106），西汉著名将领。字仲卿，平阳（今山西临汾）人。汉武帝卫皇后（卫子夫）的弟弟。封为长平侯，长期任大将军，与外甥霍去病并为大司马，是西汉反击匈奴的主要将领。他身为外戚，身份显赫，却行事低调、尊奉法令，恪尽职守，功勋卓著，千载之下，为人称道。

一、身卑位低　因姊得幸

卫青是平阳侯曹寿家奴婢卫媪与县中小吏郑季私通所生的私生子。卫青的兄弟姐妹除在平阳公主家被汉武帝看中带入宫中的卫子夫之外，还有兄弟卫步、卫广以及姐妹卫君孺、卫少儿，他们都冒充姓卫。

卫青早年作为家奴在平阳侯家长大。他小时候曾回到父亲郑季家中，他父亲让他放羊，郑季前妻生的儿子们都不把他当做兄弟而当奴仆看待。卫青曾经跟随别人进入甘泉宫囚禁犯人的"保宫"，一位受过钳刑的刑徒给他相面说："你是位贵人，将来可封侯。"卫青笑着说："作为人家奴婢生的儿子，不被鞭笞打骂就满足了，怎么会有封侯那样的美事呢！"

卫青长大后做了平阳侯家的骑奴，随从平阳公主（汉武帝同母异父的姐姐）。

建元二年（前139）春，卫青的姐姐卫子夫入选宫中，受到汉武帝的宠爱。当时的皇后陈阿娇（景帝之姐、武帝姑母馆陶长公主的女儿）没有生儿子，听说卫子夫得到武帝宠爱并有了身孕，非常嫉妒，其母长公主便派人逮捕了卫青，想杀掉他。

当时的卫青在建章宫供职,还没有什么名气。卫青的朋友公孙敖和几位壮士听说此事,前去把卫青劫夺出来,使卫青免于一死。皇帝听说了这事,就召见卫青,封他建章宫监加侍中的官衔。从此,卫青同母兄弟姐妹都显贵了,数日内皇帝的赏赐竟达千金之多。卫君孺做了太仆公孙贺的妻子,卫少儿原来同陈掌私通,武帝就召见了陈掌,加官晋级,使他显贵。连公孙敖都由此显贵。

等到卫子夫成为武帝的夫人,卫青被任命做了太中大夫。

二、初次领兵　首战告捷

元光五年(前130)卫青担任车骑将军,第一次领兵出击匈奴,与太仆、轻车将军公孙贺,太中大夫、骑将军公孙敖,卫尉、骁骑将军李广,各领骑兵一万人,分别从上谷(治所在今河北怀来东南)、云中(治所在今内蒙古托克托东北)、代郡(治所在今河北蔚县西南)、雁门(今山西右玉南)出发。卫青率军到达龙城(今蒙古国鄂尔浑河西侧和硕柴达木湖附近),斩杀、俘虏数百敌军,首战告捷,其余将领皆败逃,无功而返。

元朔元年(前128)春天,卫夫人生了儿子,被立为皇后。秋天,卫青领三万骑兵出雁门攻击匈奴,歼灭匈奴数千人。

元朔二年(前127),匈奴入侵,杀辽西太守,掳掠渔阳(治所在今北京市密云县西南)百姓两千多人,大败将军韩安国的大军。朝廷命令李息将军从代郡出发攻击匈奴,又命令车骑将军卫青从云中出发向西进兵。

卫青率部出云中以西直达高阙(今内蒙古杭锦旗东北),收复河南(今内蒙古河套之河南地区)至陇西之地,捕虏匈奴几千人,捉获畜口几十万头,赶走了白羊王、楼烦王。朝廷就把收复的河南地设置了朔方郡,开辟了后来出击匈奴本部的基地。卫青因此被封为长平侯，食邑三千八百户。卫青部下校尉苏建有功，封为平陵侯，食邑一千一百户，并命苏建修筑朔方城。卫青部下校尉张次公有功，封为岸头侯。

武帝说："匈奴违背天理，悖乱人伦，侵凌尊长，虐待老人，以强盗偷窃为事，欺诈各蛮夷之邦，设下计谋，假藉武力，屡次侵扰边境；因此朝廷兴兵遣将，以惩罚他们。《诗经》上不是这么说吗：'讨伐玁狁，一直追击到太原。''出动战车，到那遥远的北方筑城。'现在车骑将军卫青渡过西河，到达高阙，斩获敌人二千三百名，把它的粮秣、器械、牲口，悉数缴获为战利品，他已被封为列侯，于是西进平定洄南，巡行榆溪古要塞，越过梓岭，架桥北河上，攻打蒲泥，击败符离，斩杀敌人精锐的士卒和捕获敌人的侦察兵共三千零七十一人。卫青审问俘虏知敌所在而加以俘获，驱赶着马牛羊一百余万，全军而还。为此加封卫青食邑三千户。"

三、大破匈奴　大受褒奖

然而，匈奴的侵掠并未停止。元朔三年（前126），匈奴为了报复汉朝，入塞杀代郡太守恭友，又侵入雁门，掳掠一千余人。元朔四年（前125），匈奴大举侵入代郡、定襄、上郡，杀掠汉朝军民数千人。

元朔五年（前124）春，汉武帝命令大将军卫青率三万骑兵从高阙出发，卫尉苏建任游击将军、左内史李沮任强弩将军、太仆公孙贺任车骑将军、代相李蔡任轻车将军，都受卫青的管辖，共击匈奴。

匈奴率军抵抗卫青等部进攻的是右贤王，他轻视汉军，以为汉军不可能到他那里，仍不以为然地饮酒作乐，喝醉了酒，睡着了。汉军夜间赶到，包围了右贤王。右贤王大惊，只带其爱妾与精兵一百人乘夜奔逃，突破汉军包围北去。汉轻骑校尉郭成等人追逐数百里，没有追赶上。俘获了右贤王属下副将十余人，男女一万五千余人，牲畜数十百万，引兵得胜而归。大军到达边塞，武帝派使者捧着大将军印，就在军中任命车骑将军卫青为大将军，诸将之兵皆归大将军统率。

大将军卫青建立名号，得胜而归，受到武帝的嘉奖。武帝说："大将军躬亲示范率兵远征，我军大胜而归，获匈奴小王十余人，增封卫青食邑六千户。"并且封卫青的三个儿子为侯：卫伉为宜春侯，卫不疑为阴安侯，卫登为发干侯。卫青坚决辞谢说："微臣有幸能在军中任职，是仰赖陛下神灵的庇护，军队出战大捷，都是校尉将士们奋勇作战之功，陛下已垂恩多增封邑与我，微臣的孩子尚在襁褓之中，没有什么功劳可言，又蒙陛下垂恩割地封为三个列侯，这不是微臣在部队中勉励将士奋勇作战的本意，卫伉等三个孩子怎么敢领受封爵呢？"

武帝表示自己没有忘记诸校尉的功劳，马上就封参战诸将。于是命令御史说："护军都尉公孙敖，三次随从大将军出击匈奴，常常接应诸军，各军因有接应而俘获匈奴王，以一千五百户封公孙敖为合骑侯。都尉韩说随从大将军出窳浑（在朔方），直达匈奴右贤王的王庭，逼近敌人奋力搏杀，俘获匈奴小王，以一千三百户封韩说为龙頟侯。车骑将军公孙贺随从大军而俘获匈奴王，以一千三百户封公孙贺为南窌侯。轻车将军李蔡两次随从大将军而俘获匈奴王，以一千六百户封李蔡为乐安侯。校尉李朔、校尉赵不虞、校尉公孙戎奴，各三次随从大将军而俘获匈奴王，以一千三百户封朔为涉轵侯，以一千三百户封不虞为随成侯，以一千三百户封戎奴为从平侯。将军李沮、李息及校尉豆如意击杀匈奴有功，赐爵关内侯，食邑各三百户。"

四、奉行法令　恪尽厥职

元朔五年（前124）秋天，匈奴又入侵代郡，杀死都尉朱英。

元朔六年（前123）春，大将军卫青从定襄（治所在今内蒙古和林格尔西北）出发，以公孙敖为中将军、公孙贺为左将军、苏建为右将军、赵信为前将军、李广为后将军、李沮为强弩将军，歼灭匈奴军几千人而还。一个月后复击匈奴，歼灭敌军一万多人。而苏建和赵信两军合计三千余人，独遇单于大军，苦战一天，汉兵死伤将尽。

赵信原为胡人，投降汉朝封为翕侯，现在时局危急，加之匈奴引诱，赵信就率残部八百骑兵奔降单于。苏建军全军覆灭，只身逃归大将军。大将军卫青询问手下官员，苏将军应如何处置。议郎周霸说："自大将军出塞以来，未曾斩杀副将，现苏建弃军而归，应斩首以显示大将军的威严。"军正闳和长史安却有不同意见，他们说："兵法上说：两军对敌，一人难抵十拳。苏建以数千之兵抵挡单于数万之众，奋战一日有余，士卒死伤殆尽，不失英勇；而他不敢有投降之心，独自归来，不失忠诚。现在若要杀他，就等于预告大家，失败就不要再回来了，所以苏建不能斩首。"

卫青一向仁爱善良，谦和退让，靠柔和讨皇上喜欢，对这事的处理亦如此。他沉思半响说："我卫青有幸以皇亲身份受到宠信，在军中任要职不必担心没有威严。周霸劝我建立威严，这样就大失人臣应有的本分。即使我有权斩杀将领，也不应以我地位的尊贵和所受的宠信擅自诛杀将领于境外，还是送到天子面前，让天子亲自裁夺吧！由此可以看出做人臣的不敢专权恣纵，不是也很好吗？"他的属官们都说："好。"卫青就把苏建囚禁起来，送到武帝的行所，他自己领军入塞休养。

卫青回朝后，武帝赏赐卫青一千金。那时王夫人正受皇上的宠爱。宁乘向大将军卫青进言说："将军之所以能够立功不多而食俸禄万户、三个儿子也都被封为列侯，只是因为皇后的关系。目前王夫人受宠，而她的家族没有富贵，希望将军把皇上所赐的千金拿出来作为献给王夫人双亲的寿礼。"大将军于是拿出五百金去祝寿。武帝知道这件事，询问卫青，卫青照实回答，武帝于是任命宁乘为东海都尉。

五、漠北逐匈　英名长存

翕侯、前将军赵信逃往匈奴后，常给匈奴出谋划策。他认为汉兵无力渡过沙漠，更不会轻易留成漠北，所以放松了对汉军的戒备。武帝认为，汉朝若发大兵出击，定可实现消灭匈奴的愿望。

元狩四年（前119），武帝命大将军卫青、骠骑将军霍去病各率五万骑兵，步兵及运输队有数十万人，分两路越过沙漠出击匈奴。卫青率前将军李广、左将军公孙贺、右将军赵食其、后将军曹襄四部兵从定襄出塞。赵信向单于献计说："汉兵已经越过沙漠，人困马疲，我们可坐收汉兵俘虏了。"单于遂把他的物资全部运到大漠以北，带着精兵在漠北等待汉兵。

大将军卫青主力军队出塞一千余里，李广、赵食其两部由东迁回策应，见单于兵列阵而待，卫青于是下令用武刚车围成圆形营栅，派五千骑兵前去冲击匈奴。匈奴也以一万骑兵迎战，正赶上太阳落山之时，狂风大起，飞沙扑面，两军都看不清对方，汉军更纵左右两翼包抄单于。单于看见汉兵众多且人马尚强，再战下去恐于己不利，这时已迫近黄昏，单于于是乘六匹骡马拉的车子，带精兵几百人，直冲汉军包围圈向西北飞奔而去。这时天色黑下来，汉军与匈奴军队混战在一起，互相搏斗扭打，两军杀伤大体相当。

汉军得知单于乘黄昏逃脱，随即派轻骑兵连夜追击，卫青率主力紧随其后。匈奴兵四散逃亡，黎明时分汉兵已追赶了二百多里，却没捉到单于，只俘杀匈奴军一万多人。至寘颜山赵信城缴获匈奴储积的粮食供给汉军食用，汉朝大军驻留一日，放火烧掉余粮，引兵而归。

大将军卫青与单于会战之时，前将军李广、右将军赵食其军从东路前进，因迷失道路，错失攻打单于的战机。归来后卫青派长史以书面责备李广，李广自杀，赵食其判罪，赎罪削为平民。卫青此次率兵出征共歼灭敌军近两万人，给匈奴以沉重打击。但功不如骠骑将军，没有增加封邑。自此匈奴远遁漠北，很久不敢侵扰汉边。

卫霍两军出塞时，在边塞上检阅官府和私家的马匹共十四万匹，而得以入塞的不满三万匹。于是汉朝增设大司马之职，卫青与霍去病都当上了大司马。骠骑将军的官阶和俸禄与大将军相同。随着骠骑将军霍去病的日益显贵，大将军卫青权势渐落，他的门客和老朋友后多投奔了骠骑将军，他们常因此获得官爵，只有任安不忍离去。

元狩六年（前117），大将军卫青的长子宜春侯卫伉因犯法而夺去侯爵。元鼎五年（前112），卫伉的两个弟弟，即阴安侯卫不疑和发干侯卫登，都因犯了助祭金重量与成色不足而免除侯爵。

自从大将军卫青围攻单于之后，过了十四年而去世。汉朝所以不再攻击匈奴的缘故，是因为汉朝的马匹少，而且正南讨两越、东伐朝鲜，同时攻打西羌和西南夷，因此长时间不出击匈奴。

苏建曾经责备大将军官职极为尊贵而显要，但却不为天下的贤士大夫所称誉，希望大将军能效法古代那些招揽选用贤能之士的名将，好好向他们学习。大将军谢绝说："自从魏其侯窦婴、武安侯田蚡厚待宾客、广树私党以来，天子每每为之切齿痛恨。亲近安抚士大夫，招揽贤才，黜退不肖的人，那是人主的权力。我们做臣子的，只是奉法尽职而已，何必去招贤纳士！"

当初，卫青日渐尊贵，而平阳侯曹寿因患恶疾回到封国，不久病逝。平阳公主通过皇后卫子夫向武帝禀言，武帝就令卫青娶了平阳公主。元封六年（前105），卫青去世，谥为烈侯。卫青死后，与平阳公主合葬，其坟墓在茂陵东面的象庐山中，在霍去病墓的西边。卫青因娶了平阳公主，所以他的儿子卫伉得以世袭侯爵，成为长平侯。太初四年（前101），卫伉因犯法而失去侯爵。

大将军卫青一生七次与匈奴作战，用兵敢深入，奇正兼擅；为将号令严明，与士卒同甘苦，作战常奋勇争先，将士皆愿为其效力，不愧为一代名将。

骠骑将军霍去病

霍去病（前145～前117），西汉著名将领。河东平阳（今山西临汾）人。大将军卫青姊卫少儿之子，卫青的外甥。任骠骑将军，被封为冠军侯，与卫青并为大司马。他身为外戚，年少得志，骁勇善战，卓有功勋；但有纨绔习气，不恤士卒。英年早逝，备极哀荣。

一、因幸而宠　因功而贵

霍去病是大将军卫青的姐姐卫少儿与平阳县吏霍仲孺私通所

生。因与皇戚的裙带关系，十八岁就得到武帝宠幸，做了侍中。

霍去病能骑善射。元朔六年（前123）被汉武帝任命为骠骑校尉，跟随大将军卫青出击匈奴。他率领八百骁勇骑兵甩开大军数百里去寻歼匈奴，歼敌二千零二十八人，其中包括相国、当户和单于祖父辈贵人籍若侯产，生捕单于叔父罗姑比，功劳冠于全军，于是武帝封食邑一千六百户，并赐冠军侯。

元狩二年（前121）春，霍去病升任为骠骑将军，率领一万骑兵出陇西，越过乌戾山，讨伐遫濮，渡过狐奴河，历经五国，转战六天。在越过焉支山一千多里后，同敌人短兵相接大胜。此战汉军杀死折兰王，砍下了卢胡王的头颅，诛灭金甲，活捉浑邪王的儿子和相国、都尉，歼灭敌人八千多人，缴获休屠王的祭天佛像。回师后，霍去病被加封二千户食邑。

二、纵横敌阵　功多爵厚

元狩二年（前121）夏天，霍去病与合骑将军公孙敖共出北地郡，兵分两路攻打匈奴。合骑将军一方损兵折将，无功而返；骠骑将军则率军向前深入，与合骑侯失去联络后，越过居延泽，到达祁连山，俘获酋涂王，投降者二千五百人，斩杀三万零二百人，同时捕获五位小王和五个小王的母亲、单于阏氏和王子五十九人，相国、将军、当户、都尉六十三人，而汉军的损失不过十分之三。因此武帝加封五千户食邑给霍去病。

与诸将军所率军队相比，霍去病军队的士兵、马匹和武器装备是经过挑选的，都好于诸将。这是他的军队取胜的关键。但他本人也敢深入敌人腹地作战，常常跟精壮骑兵跑在大部队前面。他的部队似有天助，从没有遇到过大危险。此后，骠骑将军霍去病越来越受皇上的宠信而显贵，与大将军卫青不相上下。

同年秋，匈奴单于由于恼怒浑邪王屡次被汉军打败，损失几万人，打算杀掉浑邪王。浑邪王和休屠王等商量想投降汉朝，便派人先到汉边境约期投降。大行令李息得到消息后立即报告皇上，武帝担心他们利用诈降来偷袭，便派霍去病率军前去迎接。

霍去病领兵渡过黄河，与浑邪王远近相望。浑邪王部将看到汉军，许多人不想投降了，纷纷逃遁。霍去病飞马跑进匈奴军营与浑邪王相见，斩杀想逃跑的士兵八千人，又命浑邪王乘驿车去面见皇帝，自己则率所降士兵数万人，号称十万人，返回长安。

这一次，骠骑将军霍去病又因不损失军队而使匈奴十万军民倾心归服，被加封食邑一千七百户。由于霍去病的这一胜利，使河西一带变得安定和平，汉朝减少了这一带的驻防士兵。从此汉朝控制河西地区，打开了通向西域的通道。

三、位极人臣　不恤士卒

元狩四年（前119），汉武帝建议利用匈奴轻视汉军，认为汉军不敢渡过大漠轻入久留，故而放松漠北防御之机，发众兵打击匈奴，于是命大将军卫青和骠骑将军霍去病各率五万骑兵，另有步兵和运输部队共几十万人同击匈奴。敢于力战深入的士兵都隶属于骠骑将军，军需物资等与大将军相同。

霍去病从代郡出兵，无副将，全用李敢等高级校尉作为副将，直指匈奴左方的军队，大胜而归，功劳远胜于大将军卫青。武帝因而宣布："骠骑将军霍去病率军出征，亲自率领所捕获的匈奴勇士，轻装前进。穿过大沙漠，涉水而擒获单于近臣章渠，诛杀比车耆，转攻左大将，夺取军旗战鼓。翻过离侯山，渡过弓闾水，捕获屯头王、韩王等三人，将军、相国、当户、都尉十三人，汉军减员只有十分之三，并从敌人那里夺取了粮草，远征军队的粮草却不绝。划五千八百户食邑加封给骠骑将军霍去病。"随骠骑将军各将及校尉都因功封侯获食邑。

后来,朝廷设大司马一职,卫青、霍去病同为大司马,汉武帝还命制定法令使骠骑将军的俸禄与大将军卫青一样。从此以后,骠骑将军霍去病的权势日益显贵,超过了大将军,大将军的老熟人和门客多离去而投到了霍去病府下。

骠骑将军霍去病平时少言寡语,但胆气内藏,敢作敢为。武帝曾教他孙武、吴起兵法。他说:"作战只要看谋略如何就是了,不必学习古代兵法。"武帝为他建造府第,让他去看看,他却回答:"匈奴不灭,不用经营安乐窝(匈奴未灭,何以家为)。"因此深得武帝的宠爱。不过,由于身为外戚,少年时候就受宠幸,伺候于武帝左右,贵宠惯了,霍去病身上有摆脱不掉的贵族积习,不关心体恤士兵。他率军出征时,武帝拨给他的生活用品几十车,回来时扔掉了许多剩余的米肉,可士兵却有挨饿的。他在塞外时,士兵缺粮,有的人饿得要死,而他却仍画地为球场踢球。诸如此类的事情非常多。

元狩六年(前117),霍去病卒。武帝悲悼,举国凭吊。武帝调发属国铁甲军,列队从长安直到茂陵,给他修坟墓,墓的外形像祁连山。给他定谥号,合并"武"和"广地"两层意思称为景桓侯,哀荣无比。

中将军公孙敖

公孙敖(?~前96),西汉将领。北地郡义渠(今属甘肃)人。早年做骑郎时,曾救过卫青的命。他先后随卫青和霍去病出击匈奴,并因功封侯(合骑侯)一次;但却因失败三次获死罪,两次赎罪为平民、一次诈死。最终受妻子巫蛊事件牵连,被腰斩。

公孙敖最初担任汉武帝的骑郎，职位不高，但算是皇帝的近侍；而当时，后来显赫一时的大将军卫青在建章宫当差，地位相差无几，相互间十分友善。

那时，卫青的姐姐卫子夫已经入宫，受到汉武帝宠幸。建元三年（前138），卫子夫怀有身孕，引起武帝皇后陈阿娇的嫉妒。为了替女儿泄愤，阿娇的母亲馆陶大长公主刘嫖，打算杀害的官小位卑的卫青。公孙敖听到消息后，率领几名壮士赶去救援，使卫青免遭一死。汉武帝得知，从此重用有加，公孙敖因而显贵。

元光五年（前130），匈奴大举侵犯上谷郡（治所在今河北怀来东南），掠杀吏民。武帝派遣时任太中大夫的公孙敖担任骑将军，与车骑将军卫青、轻车将军公孙贺、骁骑将军李广，各自率领一万骑兵，出击匈奴。此次汉军四路人马，只有卫青一军获胜，其余一路无功而返，两路战败。公孙敖从代郡出兵，与匈奴交战不利，阵亡骑兵七千名。按军法，公孙敖被判死罪。后缴纳赎金，免罪为平民。

元朔五年（前124）春天，公孙敖以校尉身份，跟随已经升职为的大将军卫青攻打匈奴，因战功受封合骑侯，食邑一千五百户。

元朔六年（前123），公孙敖任中将军，跟随大将军卫青两次从定襄（今内蒙古和林格尔西北）出兵攻打匈奴，但未立战功。

元狩二年（前121），公孙敖担任将军，与骠骑将军霍去病从北地郡（在今甘肃环县）出兵，攻打匈奴。汉军出塞后分兵前进，离开北地郡二千多里后，公孙敖在沙漠中迷路，霍去病孤军深入，越过居延海，抵达祁连山，歼灭匈奴三万多人。公孙敖因延误与霍去病约定的时间，再次判处死罪。结果他缴纳赎金，再次废为平民。

成为平民的公孙敖没有消沉,没过太久,就有获得了军职,当了校尉。元狩四年(前119),公孙敖以校尉身份,再次跟随大将军卫青攻击匈奴。不过,这一次也没立战功。

太初元年(前105),公孙敖任杅将军,在塞外修筑受降城。

天汉四年(前95),公孙敖以杅将军身份,率领一万骑兵、三万步兵,从雁门关出发,与贰师将军李广利联合攻打匈奴。汉军进军到余吾(在朔方),李广利与匈奴单于在余吾水滨交战数日,未能战胜;公孙敖与匈奴左贤王交战失利,损兵折将,遂都收兵回营。回朝后,因损失士卒过多,公孙敖又被判处死罪。这一次,公孙敖诈称自己已死,逃亡到民间数年。后来被发觉,遭到逮捕。

汉武帝末年,巫蛊之风盛行,公孙敖的妻子也陷入其中。后来,巫蛊事件被告发,相关人等遭到武帝严厉打击。太始元年(前96)正月,公孙敖因受到其妻巫蛊事件牵连,腰斩而死,全家被灭。

右将军苏建

苏建(生卒不详),西汉将领。京兆杜陵(今陕西西安东南)人,武帝时,历任校尉、游击将军、右将军。多次随大将军卫青出击匈奴,屡立战功,封平陵侯。后在一次战役中因寡不敌众、汉将投敌,只身逃归,依法当斩,赎罪获免,贬为庶人。后又出任代郡郡守,死于任所。

元朔二年(前127),苏建以校尉身份,随车骑将军卫青北击匈奴,收复河南地(黄河以南今内蒙古鄂尔多斯、河套一带),以军功封平陵侯,食邑一千一百户。朝廷在这一区域设置朔方郡与五原郡，从关东迁徙十万人屯垦，并筑朔方城。苏建主持筑造朔方城事宜，并擢任卫尉。

元朔五年（前124）春天，朝廷派兵出击匈奴，命车骑将军卫青率领三万骑兵，从高阙出兵。同时任命卫尉苏建为游击将军，左内史李沮为强弩将军，太仆公孙贺为骑将军（一作骁骑将军），代相李蔡为轻车将军，都隶属卫青，一同从朔方出兵。不久，汉军击败匈奴，俘获匈奴小王十多人，匈奴兵众一万五千多人，牲畜以百十万计。

元朔六年（前123）二月，大将军卫青从定襄（今内蒙古和林格尔西北）出兵攻打匈奴，合骑侯公孙敖为中将军，太仆公孙贺为左将军，翕侯赵信为前将军，卫尉苏建为右将军，郎中令李广为后将军，右内史李沮为强弩将军，均隶属大将军卫青，共计十多万骑兵。此次战役，汉军共斩杀匈奴三千多人。

当年四月，大将军卫青再次从定襄出兵攻打匈奴，杀死匈奴一万多人。这次战役中，苏建与赵信的军队合为一军，共三千多骑兵，独遇匈奴单于的主力，交战一天多，军队即将全军覆没。赵信原是匈奴人，投降西汉后受封翕侯，看到军情危急，匈奴又来诱降，于是带着剩余的近八百骑兵，投降了匈奴单于。苏建的军队全部损失，只身一人逃回，来到卫青军中。

卫青征询军正闳（姓氏不详，名闳）、长史安（姓氏不详，名安）以及议郎周霸等人的意见，看苏建应该定什么罪。周霸说："大将军出征以来，还未杀过副将。现在苏建弃军而逃，可以斩了苏建，以表明大将军的威严。"闳和安表示反对："不能这样。兵法说：'两军交战，兵力少的一方即使坚决拼搏，也要被兵力多的一方打败。'这次苏建以几千军队抵挡匈奴单于的几万人马，奋战一天多，军队伤亡殆尽，也不敢对朝廷有背叛之心，自动归来。回来而被杀掉，这不等于告诉将士们，打了败仗便不可返回汉朝吗？不应当杀苏建。"

卫青老成持重，他提议说："我侥幸以皇亲身份在军中任职，不愁没有威严。周霸劝说我树立个人威严，大失作为人臣的本意。何况即使我的职权允许我斩杀有罪的将军，凭我尊宠的地位，也不敢在境外擅自诛杀。而应将情况呈报天子，让天子自己裁夺，以此表示做臣子的不敢专权，不也是可以的吗？"军吏们都认为卫青说得很对，于是将苏建关押起来，送往汉武帝行所。

按照当时的军法，苏建应该问斩，因按规定出钱赎罪，免除了死罪，废为平民。

后来，苏建担任代郡太守，最终在代郡太守任上去世，葬于大犹乡。

浞野侯赵破奴

赵破奴（生卒不详），西汉将领。九原（今内蒙古包头境内）人。他早年曾在匈奴地区生活，归汉后积功被封从票侯、浞野侯，尤其以七百骑破楼兰而闻名。后被匈奴俘虏又逃归，终因巫蛊案被杀。

青少年时代，赵破奴曾经流浪在匈奴地区，后归汉从军，做了骠骑将军霍去病的军司马。

元狩二年（前121），已经升为鹰击将军的赵破奴，跟从骠骑将军霍去病出征匈奴右地（今甘肃西部、祁连山一带）。此战汉军大获全胜，斩杀匈奴速吸王，俘虏稽且王、右千骑将及王子、王母等三千余人。班师后，赵破奴被封为从票（跟从骠骑将军）侯。后来，因为酎金（助祭金）成色不足、分量不够，被削去了侯爵爵位。

元鼎六年（前111），朝廷派遣两将军出击匈奴。一位是浮沮将军公孙贺，从九原出击；另一位赵破奴，以匈河将军身份从令居（今甘肃兰州附近）出击。结果，赵破奴一路深入数千里，一直到了匈河水，但却没有遇见匈奴。公孙贺一路，也是如此。

随后，汉朝廷在武威、酒泉地区设置张掖、敦煌郡，迁徙内地居民前往充实边地。朝廷还任命郭昌为拔胡将军，与赵破奴分驻朔方以东，防备匈奴游骑。

当时，在匈奴的指使下，楼兰、车师（原名姑师，"五争车师"后，汉朝为其改名）两个正当丝绸之路的小国，屡屡劫掠汉使和商队，梗阻丝路，同时还兼作匈奴耳目。元封元年（前110），朝廷派赵破奴率军数万人出击车师，由大行令王恢辅佐。这数万人的兵马，以汉朝边郡的兵员为主，还有汉朝属国的骑兵。赵破奴与轻骑七百人先到，俘虏了楼兰国王，攻击姑师，并以兵威震慑乌孙、大宛等国。从此，朝廷的亭障建设到了玉门。凯旋之后，赵破奴被封为浞野侯。

元封末年（前105），新继位的匈奴单于年少，喜怒无常，杀伐无道，左大都尉阴谋叛乱。汉廷看准机会，命公孙敖修筑受降城（今内蒙古乌拉特中旗北），作为接应。

太初元年（前104年），汉武帝因为受降城距离匈奴遥远，派遣赵破奴为浚稽将军，率二万骑兵出朔方西北二千余里，到达浚稽山（今阿尔泰山北阿利山）接应匈奴左大都尉。谁知新单于迅速平息叛乱，亲自率领全国之兵八万余骑，蹑尾追击闻讯而退的汉军。汉军且战且退，途中斩敌千余人。到了受降城北四百余里处，被匈奴大军包围。

不幸的是，汉军驻扎的地方没有水源，于是赵破奴就与亲兵趁夜出塞觅水，结果被匈奴巡逻骑兵俘获。按汉朝军法：失主将，斩。失去主将的将士们陷入死地，无奈之下全军投降。

在匈奴期间，赵破奴娶妻生子。天汉元年（前100），赵破奴与其长子逃归长安，还带回了匈奴昆邪王姐姐的儿子缑王。

后来，因为巫蛊案，赵破奴被杀，且被灭族。

关内侯李敢

李敢（？～前178），西汉将领。陇西成纪（今甘肃天水秦安）人。西汉名将李广幼子。

李广有三个儿子，长子李当户（李陵之父）、次子李椒，都先于李广去世；唯留幼子李敢。

李敢像父亲一样英勇善战。元狩二年（前121），李敢随父出征。此战由于张骞延误战机，致使匈奴左贤王率四万骑兵包围了李广。当时汉军士兵都很害怕，李广派李敢跨马驰突匈奴军中。李敢独率几十名骑兵飞奔，直穿匈奴骑兵军阵，又从其左右两翼突出。回来报告李广说："匈奴兵很容易对付！"士兵们这才安心下来。

元狩四年（前119），李敢任校尉，跟随霍去病攻打匈奴的左贤王。他奋力作战，夺取了左贤王的战鼓和军旗，斩杀了很多敌人。因为战功，汉武帝封他为关内侯，食邑有两百户，并接替李广做了郎中令。也就在这一年，李广随卫青出击匈奴，因为迷路延误军期，不愿受审，在军中自杀。

对于父亲的死，李敢一直耿耿于怀，认为是大将军卫青害死了父亲。恰巧堂叔李蔡被人告发盗取阳陵（汉景帝陵墓）冢地，朝廷下狱论罪，李蔡服毒自尽。李敢本来已经忿忿不平，又见叔父死去，更激起一腔怨愤，竟去见大将军卫青，质问李广死因。两下言来语去，李敢出拳击打卫青。卫青隐忍不言，隐瞒了这件事，没有声张。但卫青的外甥霍去病得知此事，却深恨李敢。

元狩五年（前118），汉武帝到甘泉宫游猎，霍去病从行，李敢也参与其事。霍去病在大家都追逐野兽时，借射野兽为名，射杀了李敢。有人报告了武帝，武帝袒护霍去病，只说李敢是被鹿撞死的，事情就这样不了了之。

骑都尉李陵

李陵（？～前74），西汉将军，字少卿，陇西成纪（今甘肃静宁南）人。西汉名将李广之孙。

李陵成长到壮年，被选拔为建章宫羽林军的长官。他擅长射箭，十分爱护手下的士兵。汉武帝因李家世代带兵，所以让他带领八百骑兵。李陵曾带兵深入匈奴腹地，侦察地形，没有发现敌人就回来了。后又被任命为骑都尉，率丹阳郡的楚兵五千名，在酒泉、张掖一带教练射术，以防备匈奴。

天汉二年（前99）秋，武帝派遣贰师将军李广利带骑兵三万攻打匈奴，想派李陵为李广利军监护辎重。李陵坚决辞谢，表示愿率所部直捣单于主力。武帝应允。

李陵率五千名弓箭手从居延北出发，不久匈奴且鞮侯单于以三万骑兵围困李陵军于两山之间。汉军以辎重车为营，布阵于营外，前列士兵持戟盾，后列士兵持弓箭。匈奴军队攻阵，遭到汉军的急射，退走上山。单于大惊，调左右部八万余骑攻打李陵，李陵且战且退，士兵伤重者卧于车上，伤轻者推车，再轻者持兵器搏战。行十余日，抵一大泽中，泽中多芦苇，匈奴顺风放火，汉军亦纵火，预先烧周围的芦草以自救。退至某山，与匈奴兵战于树林中。单于见李陵部卒勇锐，又渐近汉塞，担心汉朝使诱兵之计,就想退兵。

这时,汉军军侯管敢被校尉侮辱,气愤之下投降匈奴,泄露了汉军箭矢将要告竭,且无后援,有战斗力的士兵只有一千六百余人的情况。单于大喜,于是派兵猛攻汉军,汉军在谷中,匈奴在山上,相互对射。一日之内汉军五十万支箭用尽,其余的士兵以短刀、车辐为武器,退至一峡谷内,被匈奴阻断后路。夜半时,李陵与成安侯韩延年率壮士十余人突围,被匈奴数千骑兵追击,韩延年战死。李陵觉得自己没有脸面再回汉廷去见皇帝了,于是投降匈奴。李陵军全军几乎战死,仅有四百余人回到了汉境。

这场战役李陵以步兵与敌骑兵抗衡,孤军苦战,前后杀伤匈奴万余人,终因势孤无援而覆灭。

单于得到李陵后,因李家世代为将的声望,以及与之交战时李陵英勇的表现,对他非常佩服。单于把自己的女儿嫁给了李陵,并加以重用,封为右校王,直至病卒。

汉武帝听到李陵投降匈奴并得到重用的消息,杀了李陵的母亲、妻子、儿子。李陵当初被迫无奈投降匈奴,本想隐忍以谋后日重返汉朝,听到家人被杀之事,顿时绝望,从此死心塌地效忠匈奴。李家的名声由此败落,长安一带当初曾在李家做门客的都因此而以为耻。

贰师将军李广利

李广利(生卒不详),西汉将领。武帝妃李夫人之兄,李延年之弟。中山(郡治今河北定县)人。他是汉武帝朝晚期的大将军,是汉朝打击匈奴的一员骁将。不过,他不仅才能比不上卫青、霍去病，品德也相差甚远。汉武帝任用李广利与刘屈牦这样庸碌的将相，似乎也预示着汉武帝一朝鼎盛期的结束。

一、女弟得宠　赐号贰师

李广利与卫青一样，也是出身微贱，他的发迹，也同样是因为姊妹。

史书记载的李广利，共有兄妹四人，长兄李延年，是汉武帝时的乐官，最后官至协律都尉；妹妹李氏，即被汉武帝刘彻宠幸的李夫人；此外还有一个叫李季的弟弟，李夫人去世后因为淫乱后宫被杀。李广利兄弟三人的出人头地，都是因为妹妹能歌善舞、貌美如花，正所谓"一人得道，鸡犬升天"。

李夫人得宠之后，李广利自然而然成为皇帝身边的人物。起初，他不过做个级别较低的军官。这李广利倒也有些才干，也立过一些战功，如此便一升再升。等到霍去病、卫青去世，汉朝再无什么杰出军事将领，李广利便凭着自己的本领和裙带关系而渐渐成为汉军将领第一人。不过，汉武帝给李广利的军衔称号既不是大将军，也不是骠骑将军，而是贰师将军。说起来，这还有些因由。

当初张骞出使西域之时，得知大宛的马十分雄健，其中的汗血马更是出类拔萃。汉武帝十分喜爱骏马，得到这个消息，便派使者带千金及金马去换取骏马。当时，大宛国王认为汉朝离自己的国家十分遥远，汉军很难到来，所以不肯献出宝马。汉朝使者出言不逊，大宛人便杀了汉使，劫了他们的财物。

小小的大宛国竟如此猖狂，汉武帝大怒，要出兵讨伐。在此之前，汉武帝曾派姚定汉出使大宛，姚定汉说大宛是个弹丸小国，只要派出三千兵马，再加强弓劲弩，就能击败。而武帝又曾派浞野侯赵破奴攻打楼兰国，只用了七百骑就抓住了楼兰国王。由此看来，姚定汉之言颇为可信，那么，这趟官差不难完成，而完成了又是大功一桩。这时，汉武帝想起了他的宠妃李夫人，李夫人临终前托付武帝照顾自己的兄弟，武帝念此，便想给李夫人的兄弟封侯，于是就把攻打大宛的任务交给了李夫人的兄长李广利。

大宛国有大小七十余座城邑，其中贰师城是李广利攻打大宛的目的地，汉军计划在此得到大宛宝马。因此，汉武帝就以贰师为号，赐李广利以"贰师将军"的名号。

二、攻伐大宛　获马而还

汉武帝下令伐宛，李广利便率六千骑兵和数万名流氓混混出发，前往大宛。一路上，沿途的小国家大多坚守城门，不提供粮草给养。李广利率兵攻城，攻下了入城补充给养，攻不下就前进到下一城。等到了郁成国，人们又饿又累，攻城不下，却死伤了许多。这时，李广利身边的人说："连郁城这样的小城都攻不下来，何况大宛国的王都呢？"于是李广利就带兵撤退了。

李广利率兵撤退，却没有回到汉境。折腾了两年，汉军到了敦煌，人数十成剩下了不到两成。于是，李广利派出使者，向朝廷报告说："距大宛道路遥远，大部分时间又都缺少粮草，士兵们都很恐慌，忍饥挨饿。现在人剩下不多，恐怕打不下大宛来。请求能够罢兵，以后再出兵攻打。"汉武帝本来想着能够一举攻克，尽早得到大宛宝马。听了李广利的报告，十分愤怒，派使者去挡住汉军返回的玉门关，说："有敢回来的，一律砍头。"贰师将军李广利得知皇上的诏令，不敢回撤，在敦煌驻扎了下来。

这年夏天，北部与匈奴作战的浞野侯赵破奴损兵折将，丢了四万多人。这时，朝廷里的大臣们都认为应该停止对大宛用兵，集中兵力攻打匈奴。汉武帝没有接受大臣们的建议，他认为：像大宛这样的小国家都攻不下来，那么，西域的那些国家就会逐渐轻视汉朝了，这样，大宛的骏马得不到，乌孙、轮台那样的国家也会轻慢汉使，大汉朝免不了要被别的国家耻笑。于是，汉武帝处理了极力主张停止进攻大宛的邓光等，调集兵力、马匹、粮草，支援李广利。这一次，汉武帝下了极大的决心。支援李广利的辎重之车连绵而至敦煌，就连挑选大宛骏马的精通马匹者也被拜为"执马校尉"、"驱马校尉"，前往大宛。

李广利得到如此众多的兵员、粮草支持，从敦煌出发，西行征伐大宛。这一次的情形与前次大有不同，由于人马众多，沿途的小国没有一个不开门迎接、供给粮草的。轮台国不开门迎接，攻了几天就攻下了。此后一直向西，再未遇到任何麻烦，三万大军直抵大宛。大宛军队出击汉军，汉军强弩硬弓劲射，很快就把宛兵打得退守城中。李广利大军到后，把大宛城团团包围起来，并且切断了城中的水源。

大宛都城是西域较大的城邑，城池坚固，城内粮食充足，饮水也一时足够，所以围攻了四十多天，还没能攻下来。这时，城里大宛国的贵人们却活动开了。他们一起议论说："从前的国王不给宝马，杀了汉使。现在，我们杀了国王，拿出宝马来，汉军就不再攻城了。不然的话，我们仍要拼死力战。"于是，他们杀了国王，派使者提着国王的人头到贰师将军李广利大营，提出条件说："汉军不攻打我们，我们就拿出宝马，让你们随意挑选，还供给军队粮草。不然的话，我们就把宝马全部杀掉。再说，康居国的援兵就要到了，到那时我们内外夹击，汉军也没有十分胜算。"

当时，康居的援兵看到汉军人多势众，不敢冒进，但确实是一支不可小看的力量。而这时，城里的大宛人又从汉人那里知道了打井取水之法，加上粮食充足，足以长久坚守。如果长期僵持，康居援兵又到，汉军几乎没有多少胜算。

李广利与手下军吏商议，大家认为攻伐大宛一是要杀掉国王，二是要获取宝马，两条都能办到，就算大获全胜。于是，李广利答应了宛人的条件,挑选了数十匹上好的宝马,选了中等以下骏马三千余匹,又立了一个对汉朝比较友好的大宛贵族为王,结盟罢兵,也没进城去。

三、伐宛功成　封侯添禄

李广利此次伐宛,由于人多,怕粮草接济不上,把大军分成了几股,分道行进。校尉申生等一千多人路过郁成国,守城者不供给饮食。这时,这队人马离大军有二百多里,但申生十分自负,奋起攻城。城里人得知申生人马不多,清晨派三千人袭击,杀了申生等人,只有几个人逃脱,到了大军所在。

李广利派出搜粟都尉上官桀率兵攻破郁成城,其国王逃往康居。上官桀追到了康居,康居人知道汉军已经攻破了大宛,就把郁成国王交给了上官桀。上官桀命赵弟等四人绑送郁成国王到李广利大军。赵弟等担心郁成国王在路上出事,就把他杀了。

贰师将军李广利伐宛时,虽然自率大军在后,但死的人却不少。其中,战死的士兵很少,大多是因为将校贪财,不爱惜士兵所致。班师之日,汉武帝认为李广利万里征伐,使许多西域小国臣服汉朝,还派了子弟入居长安,又得了不少大宛良马,所以对其过失不予计较。武帝颁下诏书,赞扬了此次战役,给有功将校封侯晋爵,其中,李广利被封为海西侯,食邑八千户。

四、投降匈奴　身败名裂

征伐大宛成功以后,李广利又成了汉武帝北伐匈奴的主力。李广利虽不及卫青、霍去病,却也是一个让匈奴人胆寒的汉将,取得了不少胜利。这时,匈奴单于早已经历了几次更迭,汉朝的李陵也早成了匈奴的降将,并且曾与匈奴一起追击汉军。

征和三年(前90),匈奴犯汉,汉武帝为了彻底打掉匈奴窥汉的野心，决定派李广利出塞。匈奴单于派右大都尉和卫律率五千骑兵，在夫羊地区的句山峡谷拦腰袭击汉军。李广利派两千骑兵迎敌，敌人溃散，死伤数百。汉军乘胜追击，追得匈奴人不敢回师迎敌。

可就在这时，朝廷里发生了一桩巫蛊之事，李广利的妻儿都被收了监。李广利的管家胡亚夫畏罪逃到军中，劝李广利投降匈奴。李广利拿不定主意，想深入腹地打击匈奴，以此求得军功，于是率兵北上。在与匈奴的交锋中，李广利命令士卒死战，杀伤匈奴士卒无数，自己的伤亡也不少。

这时，随军长史对决眭都尉煇渠侯说："将军怀有二心，打算不顾众人的生死来求取战功，肯定要大败。"他们打算拿下李广利。谁想李广利得到消息，杀了长史，率兵至燕然山。匈奴单于知道汉军奔波疲劳，亲率五万兵马围攻汉军，双方伤亡惨重。夜里，匈奴在汉军营前挖了好几尺深的堑壕，然后从后面进攻，汉军大败。

诚如汉军长史所预料的那样，李广利确有异心。燕然之战失败后，他便投降了匈奴。匈奴单于知道李广利是汉朝的大将，爵在列侯，地位高贵，就把女儿许配给他做妻子，尊宠竟在卫律之上。

李广利得到单于极高的尊崇，卫律十分嫉恨。一年多以后，单于的母亲得了病，请来胡巫作法。卫律安排巫师，让他在作法时假装已故的单于发怒，说："我过去曾经说，得到贰师，一定要用他来祭祀，为什么不这样做呢？"就这样，匈奴人把李广利抓了起来。李广利骂道："我死了，也一定要灭掉匈奴！"随后，李广利被砍头祭奠匈奴先人。

此后，匈奴所在地区一连下了好几个月雪，牲畜死了无数，老百姓得了疫病。单于有些害怕，便给贰师将军李广利立了牌位，供了起来。

伏波将军路博德

路博德（生卒不详），西汉名将。西河平州（今山西离石）人。起初任右北平太守，后随霍去病北征匈奴，封邳离侯；拜"伏波将军"平定南越叛乱，并攻下海南、设郡治理。后因犯法改任强弩都尉，到居延屯守，不久在当地去世。

史书对路博德早期经历的记载很少，所载他最初的任职是右北平太守。右北平郡的郡治在平刚城（今内蒙古宁城县西南黑城古城），是抗击匈奴的前沿地区。

元狩四年（前119），时任右北平太守的路博德，跟随骠骑将军霍去病北征匈奴，立下战功，一战封侯——邳离侯。

历史上路博德的主要事迹，集中在汉中央朝廷讨伐南越叛乱和开拓海南。

元鼎五年（前112）四月，南越王相吕嘉反对南越王赵兴和太后内属汉朝、入朝觐见，悍然发动叛乱，杀赵兴和太后及朝廷使者终军、将军韩千秋，另立赵建德为王，实行分裂割据。

元鼎五年秋天，汉武帝派出五路大军，南下征讨南越。其中最主要的两路，是路博德和杨仆，杨仆官拜楼船将军，路博德以卫尉拜伏波将军——这是西汉有史可查的第一位伏波将军（汉代共有三位伏波将军，另外两位是马援和陈登）。

五路大军分头出击，伏波将军路博德出桂阳（今广东连县）进军，楼船将军杨仆出豫章（今江西南昌）进军。路博德挥军过湘、鄂、粤、桂，元鼎六年（前111）冬天，与杨仆会师番禺（今广东广州）城下。接着，两军分别从东、南和西、北攻城。杨仆用火攻城，致使满城大火，驱赶敌军逃向西北。路博德则命士兵不得滥杀无辜，扎下营寨，遣使招降。

此前，路博德曾在接近南越边境地区屯兵驻扎一年有余，与当地人友善，人们知其仁德、敬其威名，听说伏波将军到来，立即弃械向他归降，并举报吕嘉和伪南越王赵建德逃跑躲藏的地方。路博德率军追杀，终于将吕嘉斩首，并将伪南越王赵建德擒获押解长安。就这样，另外三路大军还没有赶到，南越之乱就平定了。

平定南越之后，路博德又挥师直抵海南岛。为了安定人心，他将下令烧掉部分战船，表示平息叛乱后，将不再用兵，百姓可安居乐业。接着，路博德在海南设置珠崖、儋耳两郡，这应该是中央政府对海南施行直接统治的开始。

路博德与杨仆平定南越、略地海南，其实杨仆的军功为多，寻陕与石门的关键之役都是他的功劳。但杨仆生性暴恶，滥杀俘虏，连死后埋在地下者也要挖出来当做斩获的军功，从而迫使南越士兵都逃到路博德帐下投降。而路博德则足智多谋、威德兼施，史称其"兵不血刃而定全粤"。因此后人提到平定南越之事，多不及杨仆，而赞颂路博德。

南征大军班师回朝后，楼船将军杨仆封为将梁侯；伏波将军路博德已经封侯，武帝又给他增封了采邑。

后来，路博德因犯法被削去侯爵，贬官改任强弩都尉。

天汉二年（前99）秋，汉武帝派遣贰师将军李广利，率骑兵三万出击匈奴右贤王，并让李陵为大军监护辎重。李陵立功心切，表示愿率所部直捣单于主力。武帝应允，并令强弩都尉路博德率兵在半道迎接李陵之军，以作策应。路博德不甘为李陵之后，就奏称"方秋匈奴马肥，未可与战，臣愿留陵至春，俱将酒泉、张掖骑各五千人并击东西浚稽，可必擒也"。汉武帝"疑陵悔不欲出而教博德上书"——怀疑李陵后悔了，才教路博德上书转圜，于是大怒不许。这样，李陵只得匆忙率领步卒五千，兵出居延，结果孤军深入，力战被俘。

后来，路博德在居延筑城屯守，不久在当地任上去世。

路博德是名望仅次于马援的伏波将军，清代诗人尹之逵曾作《路伏波将军》诗，赞誉他的事迹：

> 秦时辟地汉时因，赖有将军讨不臣。
> 此日名山留正气，当年猛将已为神。
> 三驱欲系南蛮长，百战犹飞赤汗駟。
> 海国功高推第一，如何身未画麒麟？

诗中赞颂路博德英勇善战、恩威并施，在征南越、拓海南中建立功勋。如今，海南岛等地还建有伏波祠，以纪念这位汉代名将。

中郎将赵充国

赵充国（前137～前52），西汉将领。字翁孙，原为陇西上邽（今甘肃省天水市）人，后移居金城令居（今甘肃永登西）。赵充国性格沉静，胸怀大略，少年时仰慕将帅而爱学兵法，并且留心边防事务。最初以"良家子"身份参军当骑兵，后因善于骑射调入羽林军（皇宫卫队）中。

一、血战突围 屯边御敌

天汉二年（前99）五月，汉武帝下令征讨匈奴。赵充国以代理司马的身份，跟随贰师将军李广利出师酒泉，攻打匈奴右贤王，但被匈奴大军包围。汉军无法补充粮草，军中缺食，士卒多有伤亡。赵充国看到这种情况，推想匈奴的策略是围而不攻，逼使汉军投降；而汉军的面前只有两条道路可选：要么拼死突围死里求生，要么缴械投降。于是他向将军李广利建议：我们不能坐以待毙，应尽快设法突围。李广利便令充国选拔壮士组织突围。

赵充国带领一百多名精锐骑兵在前面拼杀开路，李广利率领全队人马随后跟进。匈奴将士看到汉军的动向，立即上马堵截，于是展开了一场异常激烈的战斗。赵充国率先冲向敌阵，迎面遇到三员敌将的围攻，但他毫无惧色，左挡右杀，志在冲决包围圈。他认准方向，连续打退潮涌而来的敌兵，一再杀伤敌将，同时自己也一次又一次受伤，根本无暇包裹，一任鲜血流淌，脸上、盔甲上，乃至战马身上都血迹斑斑。他终于听到一名骑兵对他说："司马，我们已经冲出来了，应该快到预定的地点集结，以免再受包围。"他回望战场，只见大队紧跟而来，局部地方仍有喊杀和刀剑相击之声，于是他便带领损失过半的突围骑兵向集结地跑去。晚上清点兵马时才知道，虽然突围出来了，但汉军死伤十分之六七，而赵充国一身负二十多处伤。

回朝后，李广利向皇帝汇报了赵充国的表现，汉武帝当即特别召见，让他脱下衣服来，察看了他的伤口，予以赞扬，为有这样的忠勇之士而深受感动，于是拜为中郎（皇帝的侍卫官），后升为车骑将军长史（军队幕僚的长官）。

昭帝刘弗陵继位后，元凤元年（前80）春，氐（部族名）人在武都（今甘肃西和西南）造反。赵充国奉命带兵镇压，平定叛乱后升为中郎将，又为水衡都尉（负责上林苑，兼管皇家财物及铸钱）。同年冬天，匈奴二万骑兵入寇，赵充国领兵征讨，斩首、俘虏九千多人，并获西祁王而归，因战功卓著被任命为后将军（汉代有前、后、左、右将军，位同上卿），仍兼水衡都尉。

元平元年（前74）昭帝驾崩，赵充国因参与大将军霍光拥立刘询为宣帝有功，被封为营平侯。

本始二年（前72），匈奴与车师（西域国名）联合进攻乌孙（西域国名，在今新疆伊犁河流域），乌孙向汉朝求援。宣帝拜赵充国为蒲类将军，率三万骑兵出酒泉一千多里，在蒲类海（今新疆巴里坤湖）进攻匈奴，斩杀数百人。不久，匈奴又聚集十万多骑兵，大有入侵之势。赵充国统领四万余骑，驻屯于北部边境九郡——五原、朔方、云中、代郡、雁门、定襄、北平、上谷、渔阳，匈奴探知汉边有所防备，便引兵远去，边境遂安。

赵充国历事武帝、昭帝、宣帝三个皇帝，到了古稀之年已经功成名就、誉满朝野了，本可以回家养老了，但是他却主动承担了平定羌人叛军的任务。

二、老骥伏枥　自荐出征

羌是我国古代西北地区的一个游牧部族。汉朝时有先零、广汉等十几个部落，散居于今四川北部、甘肃西部及青海一带。匈奴强大时，羌人依附匈奴。汉武帝派张骞出使西域时，联合了羌人，孤立了匈奴，于是羌人逐渐内迁，与汉人杂居。

元康三年（前63），宣帝派光禄大夫义渠安国巡视羌人部落。先零羌首领杨玉请求朝廷允许他们渡过湟水（黄河上游支流，位于青海省东部）游牧。义渠安国便奏请朝廷答应其所求。赵充国分析羌人有诈，便向皇帝上书说安国"奉使不敬，引寇生心"。于是宣帝召回了义渠安国，又表示拒绝羌人的要求，但是先零羌不肯罢休，联合本族各部落，强渡湟水，占据了汉朝边郡地区，郡县无力禁止。二百多位羌人部落酋长会盟"解仇交质"（消除冤仇，交换人质，订立攻守同盟条约）。不久，羌人一酋长狼何，派使者向匈奴借兵，企图进攻鄯善、敦煌，切断汉朝通往西域的交通线。

汉宣帝听到这一消息后,因为知道赵充国原籍陇西,又曾多次出征边地,熟悉情况,便召见赵充国。赵充国分析了羌人的内部情况,以及与匈奴的往来关系,指出一旦他们"解仇交质",并与匈奴勾结在一起,"到秋马肥,变必起矣",因此建议立即派人检阅边防部队,做好战备工作,同时派人去离间羌人各部落。宣帝采纳了赵充国的建议,又派骑都尉义渠安国出使羌。

义渠安国到陇西后,召集了三十多位羌人酋长,谴责他们图谋不轨,一齐处斩,同时纵兵杀掠一千多人。结果,激化了羌人与汉朝的矛盾,加速了羌人叛乱的爆发。先零羌首领杨玉会同各部落羌兵围攻义渠安国,并且进攻汉朝边城,诛杀官吏,把安国打得大败而归。

神爵元年(前61)春,汉宣帝决定派军队平定羌人的叛乱。这时赵充国已七十三岁,当宣帝派御史大夫丙吉去询问他应派谁担任统帅时,他回答说:"没有比我老臣更合适的了。"宣帝又问:"羌人目前的势力究竟有多大?要带多少兵去?"赵充国说:"百闻不如一见,军事上的事难以遥测,我愿先到金城(今兰州市西北)去,察看情况后才能提出作战方略。羌人虽说是人数较少的部族,但它背叛朝廷,是叛逆行为,注定会失败的,请陛下相信我能担当此任,你就不必担忧了。"宣帝听他这么一说,含笑答应了他的请求。

赵充国率领一万多骑兵先到了金城,准备渡过黄河向北进军,为了防备羌兵在汉军渡河时突然出击,他先派出三个分队趁夜偷渡过河,在对岸建立阵地,以掩护全军过河。

第二天全军过河后,立即构筑营垒严阵以待,不久,便有一百多个羌人骑兵到汉营附近来寻衅挑战。赵众将领建议出阵迎战,充国传令:"我军远道而来,人马疲惫,不可驰驱。敌骑都是轻装精兵，也可能是专门来引诱我们的小股前锋，我们既然大军出征，应以全歼敌军为目的，而不要贪图局部的小胜利。"羌兵见汉军不动，便扬尘而去。赵充国派人到咽喉要道四望峡（今兰州西南）侦察，发现那里没有敌人，便率众连夜穿过四望峡，直插西部都尉府（今青海海晏）。

三、权衡利弊　刚柔相济

赵充国进驻西部都尉府后，并未立即出战，而是每天设宴摆酒犒劳将士，全军斗志旺盛。无论羌兵怎样挑战，汉军都不理睬。

原来赵充国按兵不动，是有长远战略意图的。他知道，在羌人各部落中，先零羌最为顽固，一些弱小的部落如䍐、开等部，都是在先零羌的胁迫之下与汉朝为敌的，先零谋反之初，䍐、开部首领靡当儿曾派其弟雕库来见西部都尉，陈述其本不愿反的立场，但恰遇部分䍐、开部落的人参与了反叛，西部都尉便将雕库扣留。赵充国到来之后，下令释放雕库，并当面抚慰说："大军只杀有罪的人，你本无罪，我就放你回去，望你转告各部，速与叛乱者断绝关系，以免自取灭亡。现在天子有诏，对于参与反叛而能投案自首的人，或者协助官军逮捕斩杀叛匪的人，都一律免罪，凡能捕杀一个有罪的大贵族赏钱四十万，中等豪绅十五万，小富豪二万，壮年男子三千。"雕库听了十分高兴，当即表示唯命是从，而后返回部落。

赵充国的策略是以攻心为上。想通过安抚的办法分化瓦解敌人，打破其部落间的联盟，等到只剩少数顽固分子时再出兵歼灭。

但是，汉宣帝及大多数朝廷官员都反对赵充国的做法。酒泉太守辛武贤向宣帝提议说："如今边防部队都集中在南山，北边空虚，而且塞外地区苦寒，内地人马很不适应，已经明显瘦弱，不如在七月上旬出兵，各带一个月的粮草，从张掖、酒泉分路出发，征讨鲜水（今青海湖）一带的罕、开羌人，虽不能消灭羌兵，也能掠夺大量牲畜，俘虏他们的妻儿，然后退兵，伺机出击。这样一来，必能震慑羌虏。"

汉宣帝对辛武贤的意见表示赞同。一面向陇西调集军队，一面把辛武贤的意见转交赵充国，命他与部属讨论。赵充国与长史董通年共同提出针锋相对的反驳意见："辛武贤想轻率地带领一万人马，绕道千里去攻击罕、开是不实际的。如果一匹马驮上三十天的粮食，再加上武器服装，就很难快速前进了。况且，即使汉军辛辛苦苦地赶去了，飘忽不定的羌兵或者逃匿，或者据险扼守，截断汉军的粮道，汉军必然师劳力竭，白白耗费人力、财力。"

赵充国从实际情况出发，坚持采取一拉一打、软硬兼施、刚柔相济的策略，团结、争取罕、开，讨伐先零。他认为只有"先行先零之诛"，才能震慑罕、开等部落，使之"悔过反善"，这才是"全师保胜安边之策"。

四、反复上书　力排众议

汉宣帝和朝廷大臣收到赵充国从边防前线送回的报告后，未曾认真分析就予以否定。他们认为先零之所以兵势强盛，是由于得到了罕、开的帮助，不先攻击罕、开，就无法对付先零。宣帝听了大臣们的吵吵之后，便下诏书谴责了赵充国，同时任命许延寿为强弩将军、辛武贤为破羌将军，率兵征讨罕、开羌人，而且要求速战速决。

赵充国收到宣帝表示责备的诏书后，并不计较个人得失。他认为，将在外君命有所不受，根据实际情况坚持自己的正确主张是对皇帝、对国家尽忠的事。于是再次上书陈述军事上的得失利弊，劝宣帝收回成命。他指出："先零羌起兵为叛是有罪的，罕、开羌并未入侵边境,现在放开有罪的一方,而去讨伐无辜的一方,势必增加一个仇敌,形成两处祸害。如果先打罕、开,先零必然发兵援助,这样就会进一步巩固他们的联盟关系,敌兵也就成倍地增加,攻战难以奏效,甚至事倍功半。"赵充国实事求是、词恳意切的报告终于说服了宣帝。

不久,赵充国引兵到先零羌占据的地区,先零猝不及防,望风而逃,丢下了所有的辎重物资,争先抢渡湟水。由于道路狭窄,人多拥挤,敌军乱作一团,毫无秩序。按理说,这正是聚歼敌人的大好时机,众将领建议:"我军应该给他个秋风扫落叶一般的打击,赶快下令吧!"可是赵充国却回答说:"此乃穷寇,不宜追击。"于是慢慢驱赶。结果,先零羌除淹死、被杀和投降汉军的几百人外,七八千人的主力都安全地渡过了湟水。

赵充国又带兵到了罕、开地区,严令士兵不准侵扰,部落首领靡当儿到汉军营地说:"汉兵果然笃守信义,不打击我们。"一再表示愿听约束,仍回故地。

五、兵农一体　安边自给

赵充国虽然打败了先零羌,但是并没有彻底征服。先零的主力屯集在湟水以西,时刻都有卷土重来的可能。这时赵充国染病在身,需要休养,为了确保边防的安全,他向皇帝上奏"屯田之策",即撤退骑兵,留一万步兵在边郡屯驻,并且从事农垦,以农养战,以战护农,兵农一体,安边自给。

但是,这一正确的建议又遭到多数朝臣的反对。宣帝派来破羌将军辛武贤,命令他俩合兵一处进攻先零。看到皇帝进军的命令,赵充国的儿子赵印(中郎将)害怕起来,托人去劝说他的父亲放弃自己的主张,赶快执行皇帝的旨意,说:"一旦不合上意,遣绣衣(御史)来责将军,将军之身不能自保,何国家之安?"

赵充国斩钉截铁地回答:"我就是要以死来坚持自己的主张,对圣明的皇帝来说是应该以忠言相告的。"

于是,赵充国又向皇帝呈上关于屯田于边的奏章,详细阐述了国家、军队和边防的关系。与此同时,他具体陈述了屯田的十二条好处,归纳起来,有三个方面:一是政治上,"万人留兵屯田以为武备",可以产生震慑敌人的重大影响,同时可减轻国内劳役,使百姓获得喘息的机会;二是经济上,屯田士兵生产的粮食可以自给自足,节省国家巨大的开支,不仅不用朝廷"千里馈粮",还可以有剩余粮食输入国库作为储备;三是军事上,以往由于供给不足,北部边陲一万余里的防线上只有几千将士,现留一万步兵屯田,有效地增强了边防力量,"执及并力,以逸待劳",可以随时抵御外族袭扰。总之,留兵屯田之举,对内有不花钱的好处,对外有防备敌人的作用,是个不必作战就能取胜的计策。

赵充国为坚持屯田之策,秉笔直书,极言利弊,三次上书皇帝。他的奏章送到朝廷后,皇帝每次都要召集群臣讨论。表示赞同的人第一次不足十分之三,第二次达一半,第三次则有十分之八。就连原先持反对意见的丞相魏相也说:"我等愚昧不懂兵事,将军规划有方,我认为他的策略必定行之有效。"于是汉宣帝终于批准了他的屯田之策。

这时,许延寿和辛武贤仍然主张进击羌人,宣帝也予以批准,两策并用,命许、辛和中郎将赵卬会师进剿。结果,许延寿收降羌人四千多名,辛武贤斩杀二千,赵卬斩杀、收降二千多人,唯有赵充国兵不出营而收降五千多人。于是赵充国又上奏章说:"羌人约有五万军兵,已经斩首七千六百级,投降三万一千二百人,淹于湟水和饥饿而死的也有五六千人,现在逃跑的充其量不过四千兵马,况且罕羌首领表示,要杀死先零羌的首领杨玉,因而请陛下准允回军。"宣帝答应后,赵充国于神爵二年

（前60）"振旅而还"。当年秋天，先零羌首领杨玉果然被部下杀死，其部属四千多人全部归降汉军。

后来赵充国告老请退，皇帝赐予安车驷马，免官归第。甘露二年（前52）十二月病逝，享年八十六岁，谥号"壮侯"。

右将军常惠

常惠（？～前49），西汉将军。太原人。少年时因家庭贫困，自己发愤，应募参军，以勤俭谨慎受到重用。

苏武出使匈奴时，选拔常惠以代理吏的身份同行。常惠便与副中郎将张胜一起协助苏武，带领、管理包括护卫、侦察等一百多人的队伍抵达匈奴。在那里滞留一个多月。

适逢匈奴内乱，牵涉到张胜，张胜向苏武汇报后，苏武知道必死无疑。部属将吏建议苏武，带队集体投降，苏武对常惠等人说："投降单于就是屈节辱命，虽然能活下来，但将来有何面目回汉朝去？"当即拔剑自杀，伤重气绝。常惠痛哭、抢救，终于救活了苏武。

此后，常惠一直被囚禁在匈奴，直到汉昭帝即位后，与匈奴和亲通好，汉朝使者向匈奴要苏武时，匈奴撒谎说苏武已死。常惠得知汉朝使者已到匈奴的消息后，便请看守他的匈奴人与他一起于夜晚去见汉使，详细陈述了他们在匈奴十几年的经历后，教给汉使一个说法，就说皇帝射猎时射中一只飞雁，雁足上绑着书信，说明苏武在北海（今贝加尔湖）。汉使以此向匈奴单于要出了苏武等人，常惠也随苏武返回汉朝。出使时一百多人，在匈奴留住十九年，返回时仅有九人。汉昭帝奖赏了这些人的忠贞节操，拜常惠为光禄大夫。

本始二年（前72），汉宣帝派遣常惠出使乌孙。常惠到乌孙后分析了匈奴与汉朝、乌孙三国的关系及当时形势后，请求汉朝发兵征讨匈奴，于是汉朝派出十五万大军，由五位将军率兵分道出击。

在这次大规模的军事行动中，常惠被任为校尉，持节护乌孙兵，从西方直进匈奴的右谷蠡庭，俘获单于的父亲及其嫂子，还有各部小王及以下的兵将三万九千人，缴获牛马骆驼五万多匹，羊六十多万只。其中一部分是匈奴掠夺乌孙国的，都由乌孙自行取回。常惠与随从十几人返回乌孙时，他的印绶被乌孙人偷走。他回到乌孙发现后，自以为失节辱命，有罪该杀。然而，汉军出征的五大将军都无功而返，唯有常惠奉使克敌，多有收获，于是封他为长罗侯。同时派他带着金币去奖励乌孙参战有功的人。

乌孙的邻国龟兹，曾经杀死汉朝使者赖丹，常惠请汉朝发兵打击龟兹，宣帝不同意。于是常惠联合乌孙等国军队，从三面围攻龟兹。发起攻击之前，先派人去谴责龟兹王杀害汉使者的罪行。龟兹王说，那是先王在世时的一个贵人姑翼干的事，我没有杀人犯罪。常惠答复，只要送来姑翼就行。龟兹王看到大军压境，只好绑送姑翼。常惠将姑翼斩杀后便引军而还。

此后常惠接替苏武任典属国，由于他熟悉外国的事务，又勤于公务，因而多次记功。甘露二年（前52），任为右将军。汉元帝继位后又服务于元帝，三年后谢世，谥号"壮武侯"。

常惠一生供职于武帝、昭帝、宣帝以至元帝，集使臣与将领于一身，多数时间居留国外，常常遇到种种意料不到的艰难险阻，但他始终忠心为国，自尊自爱。尤其在匈奴为汉朝使者进献鸿雁传书一计，实际上是他酝酿多年的归乡之策。而后在龟兹诛杀姑翼的举动，又是他替汉使报仇雪恨的行动。

执法严苛的酷吏

　　太史公司马迁在《史记》中为酷吏立传，别开生面，颇多深意。西汉王朝果然有不少酷吏，武帝朝就有十位入传：宁成、周阳由、赵禹、张汤、义纵、王温舒、尹齐、杨仆、减宣、杜周。这里选入五人，数量仅及其半，但酷吏们的苛酷乃至残暴，以及一些人之外表严格执法、内里贪贿玩法，可谓穷形尽相、纤毫不遗。至于绣衣使者江充，他的手段之残酷，较之酷吏可谓有过之而无不及。

内史宁成

宁成（生卒不详），西汉酷吏。穰县（今河南邓县）人。汉景帝时，宁成做了侍卫随从之官。他为人好胜，做小官时，就去欺凌他的长官，等做了人家的长官，控制下属就像捆绑湿柴一样随便。

宁成狡猾凶残，任性使威，但却逐渐升官，当了济南都尉。这时郅都是济南太守，下属都很畏惧他。在此之前的几个都尉都是步行走进太守府，通过下级官吏传达，然后进见太守，就像县令进见太守一样。等到宁成前来，却一直越过郅都，走到他的上位。郅都听说过宁成的名声，因而对待他很好，同他结成友好关系。后来，郅都去世，长安附近皇族中的好多人凶暴犯法，于是景帝召来宁成当了中尉，他的治理办法仿效郅都。虽然他的廉洁不如郅都，但是他执法严峻，宗室、皇族、豪强人人都畏惧不已。

汉武帝即位，宁成改任为内史。外戚们多诽谤宁成的缺点，于是他被依法判处剃发和以铁缚脖子的刑罚。当时九卿犯罪该处死的就处死，很少遭受一般刑罚，而宁成却遭受极重的刑罚。宁成自己认为朝廷不会再用他当官，于是就解脱刑具，私刻假的有关文件，出了函谷关回到家中。他扬言说："当官做不到二千石一级的高官，经商挣不到一千万贯钱，怎能同别人相比呢？"于是他借钱买了一千多顷可灌溉的土地，出租给贫苦的百姓，给他种地受奴役的有几千家。几年以后，遇上大赦时，他已有了几千斤黄金的家产。

宁成又专好打抱不平，掌握不少官吏们的短处。他出门时总是有几十个骑马的人跟随其后。他后来再起为官都尉，驱使百姓的权威比郡守还大。出入关者号曰："宁见乳虎，无直宁成之怒。"

都尉周阳由

周阳由(生卒不详),西汉酷吏。籍贯、家世不详。虽然也对豪强有所抑制,但他品德不高,经常横行不法,自己有时也不啻豪强。

周阳由的父亲赵兼以淮南王刘长舅父的身份被封为周阳侯,所以赐姓周阳。周阳由因为是外戚被任命为郎官,任职于文帝和景帝两朝。

汉武帝即位后,官员们处理政事,崇尚遵循法度、谨慎行事。然而周阳由在二千石一级的官员中,是最暴虐残酷、骄傲放纵的人。他所喜爱的人,如果犯了死罪,就曲解法律使那人活下来;他所憎恶的人,即使犯的是轻罪,他也能歪曲法令把那人杀死。周阳由在哪个郡当官,就一定要消灭那个郡的豪门。他当郡太守,就把都尉视同县令一般。他当都尉,必定欺凌太守,侵夺他人的权力。他和汲黯都属于强狠之人,可是汲黯与周阳由同车也不敢同周阳由共伏车栏。

周阳由后来当了河东郡的都尉,经常同郡太守申屠公争权,互相告状,结果申屠公被判决有罪,但申屠公坚持道义,不肯接受刑罚而自杀,周阳由因此被处以弃市之刑。

少府赵禹

赵禹(?~约前100),西汉酷吏。斄县(今陕西武功西南)人。景帝时任丞相周亚夫丞相史,武帝时为御史、中大夫,与张汤论定律令,迁廷尉、少府,转任燕相。他早年做事急躁,晚年执法清缓;严于律己,忠于国事。虽被司马迁置于"酷吏"列传,但操行无亏,"一意孤行"尤其值得今人效法。

一、廉倨绝请　一意孤行

汉景帝的时候,赵禹开始担任地方微吏,后来以佐史的身份补任京城官府的官员,又因为廉洁而升为令史,服事条侯周亚夫。周亚夫担任丞相后,赵禹任丞相史,丞相府的人都称赞他廉洁公平。不过,周亚夫并不重用他,说:"我很知道赵禹有杰出无比的才干,但他执法深重严酷,不能在大的官府当官。"

汉武帝时代,赵禹因为从事文书工作,逐渐积累了资历和功劳。一个偶然的机会,武帝刘彻见到赵禹写的文章,看后觉得文笔犀利、寓意深刻,认为在当时很少有人能比得上。武帝由此大为赏识,便让赵禹担任了御史。在御史任上,赵禹的干才进一步受到武帝的肯定。

此后,赵禹逐渐升至太中大夫,受命与另一位太中大夫张汤,一同负责制定各种法令。

汉武帝是汉代第一个抛弃黄老之术、采取儒家思想的皇帝,全面加强了集权和法制,各方面的法令都逐步严格起来。为了用严密的律法约束官吏,根据武帝的旨意,赵禹和张汤着手对原有法律条文进行补充和修订,提出制定"见知法",即让官吏互相监视、相互检举,否则连坐。

当初,官员们都希望赵禹能手下留情,给法条留有回旋余地,便纷纷宴请他和张汤。可是赵禹从来不答谢回请,几次以后,不少人说他架子大,看不起人。等到制定"见知法"的消息传出,官员们纷纷请有头脸的高官劝说赵禹,希望不要把律法制定得太苛刻了。高官们带着重礼来到赵家,赵禹见了他们,只是天南海北地闲聊，丝毫不理会调整法令的暗示。那些人见再说无益，便起身告辞，临走前，赵禹硬是把他们带来的重礼全数退还。

这时，人们才感到赵禹的廉洁正直货真价实。有人问赵禹：难道不考虑别人对你的看法吗？赵禹说："我这样断绝好友或宾客的请托，就是为了能独立决定、处理事情，不受别人的干扰。"

太史公司马迁《史记·酷吏列传》称："（赵）禹为人廉倨。为吏以来，舍无食客。公卿相造请禹，禹终不报谢，务在绝知友宾客之请，孤立行一意而已。"后来的成语"一意孤行"，就是从赵禹这里来的，只不过感情色彩有了转变。

最终，张汤制定《越宫律》二十七篇，赵禹制定《朝律》六篇，都是汉初的主要法典，从而使汉朝法律趋于严厉。因为赵禹执法严峻，所以司马迁的《史记》把他和张汤列在酷吏传中。

后来，赵禹被罢了官，不久又成为廷尉，当了国家的最高司法官。

二、明于识人　晚年平和

赵禹不仅在操守方面严于律己，而且有知人识人之明。他生平中另外一件知名的事情，就是为了举贤而帮助大将军卫青。

卫青少时十分贫贱，后来靠姐姐卫子夫受宠武帝而飞黄腾达，成为首屈一指的大将军。然而，发达之后的卫青却有了"贵族气"。将军府里的人都很势利，看不起穷人。田仁、任安因为没钱孝敬将军府的家监，那位家监就刁难他们，叫他们去养马。田仁感慨道："不知人哉，家监也！"任安接口道："将军尚不知人，何乃家监也！"

后来，皇帝有诏，要选卫青府上的舍人到朝廷做郎官（皇帝侍从）。此时，"将军取舍人中富给者，令具鞍马绛衣玉具剑，欲入奏之"。大概是要投皇上所好,卫青挑选那些富裕的人,衣服鞍马装饰得十分华贵。

此时,赵禹已经升任少府,位列九卿。赵禹到将军府拜访,卫青就叫出那班准备推荐给朝廷的富贵子弟来见,一方面请少府"打眼",也不无显摆的意思。

赵禹细看这些舍人,个个衣着富丽、神情骄恣,心中暗暗吃惊。他挑选其中一人,问以礼仪,此人吞吞吐吐,答不上来;再问以武备,依然答不上来。直问得那人大汗满头,伏地不敢作声。接着将选中的舍人逐一询问,竟然没有一个娴熟吏事的。

卫青心中不悦,喝令诸人退下,但对赵禹的认真谨慎却不以为然。赵禹却严肃提醒他:"我听说,将军家中一定有能当将军一类的人才。古书说:'不了解某一国的国君,那就看他任用的人;不了解某一人的儿子,那就看他结交的朋友。'(不知其君,视其所使;不知其子,视其所友。)皇上选将军府舍人入内,初看似乎只是一般地选人,实际上是要通过这些人观察将军能否得到贤德之人和文武之才。现在把这些无知无识的绣衣木偶送上去,难保不坏大事。"这番话直说得卫青恍然大悟。

接着,赵禹又请卫青把将军府上的所有舍人悉数召来,逐一选取。最后,一百多人中留下的,却正是没钱打点的田仁、任安。后来,田仁、任安被汉武帝召见,应答颇为称意,当即封了两人的官。

赵禹早年做事严酷急躁,到晚年的时候,国家的事情越来越多,官吏致力于严刑峻法,而赵禹却执法清缓,被称为"平和"。而后来的义纵、王温舒等人,执法比赵禹和张汤要严酷很多。

因为年老,赵禹改任燕国丞相。几年后,因犯有昏乱背逆之罪,被免官,在张汤死后十余年,老死在家中。

廷尉张汤

张汤(？～前115)，西汉酷吏。杜陵(今陕西西安东南)人。幼时随父学习法律，汉武帝时任太中大夫、廷尉、御史大夫等职。曾参与制定过一些重大政策，颇得武帝赏识，积极推行"经义决狱"，提倡博士弟之学习《尚书》、《春秋》等儒家经典，与赵禹一起编订《越宫律》、《朝律》等法律著作。用法主张严峻，常以《春秋》之义加以掩饰，以皇帝旨意为治狱准绳。曾助武帝推行盐铁专卖、告缗算缗，打击富商，剪除豪强。张汤虽用法严酷，后人常以他作为酷吏的代表人物，但他为官清廉俭朴，不失为古代廉吏。

一、少有吏才 执法深苛

张汤少时，他的父亲曾任长安丞。有一次父亲外出，张汤作为儿子守护家舍。父亲回来后，发现家中的肉被老鼠偷吃了，父亲大怒，鞭笞张汤。于是张汤掘开老鼠洞，抓住了偷肉的老鼠，并找到了吃剩下的肉，然后立案拷打审讯这只老鼠，罪名确定，将老鼠在堂下处以磔刑。他的父亲看见后，把他审问老鼠的文辞取来看过，见那文书如同办案多年的老狱吏的手笔，非常惊奇，于是让他书写治狱的文书。父亲死后，张汤继承父职，为长安丞，担任了很长时间。周阳侯田胜在任职九卿时，曾因犯罪被拘押在长安。张汤一心要帮助他，替他开罪。田胜在释放后被封为侯，与张汤交情极深，因此便引张汤遍见各位贵族。张汤得以担任给事内史。

武安侯田蚡担任丞相后，征召张汤为丞相史，因他办事无误,又把他推荐给汉武帝,补任为御史,令他处理诉讼。在处理陈皇后巫蛊的案件时,他深入追查其党羽。因此,武帝认为他很能干,晋升他为太中大夫。他与赵禹共同制定各种律令,务使法令严峻细密,对任职的官吏尤为严格。不久,赵禹迁升为中尉,调任为少府,而张汤也升为廷尉,两人关系密切,张汤像对兄长一样对待赵禹。

赵禹为人廉洁孤傲,自从任官以来,舍第中从未有食客。公卿相继邀请赵禹,赵禹却从不回请,其用心在于杜绝知交、亲友及宾客的邀请,以便坚持自己的主张。赵禹在收到法律判决文书时,都予以通过,也不复查,以便掌握官属们的过错。张汤为人多智谋,玩弄智谋驾驭他人。开始时担任小吏,虚情假意地与长安的富商大贾田甲、鱼翁叔等人关系密切。及至官达九卿的职位,收纳和交结全国各地的知名士大夫,自己心中虽然并不赞许对方,然而仍表现出敬慕之情。

当时,汉武帝偏爱有文才学问的人,所以在张汤断决重大的案件时,欲图附会古人之义,于是请求以博士弟子中研习《尚书》、《春秋》的人补任廷尉史,以解决法令中的疑难之事。张汤上奏的疑难案件,一定预先为皇上区别断案的原委,皇上肯定的,便著为决法,作为廷尉断案的法律依据,以显示主上的英明。奏事如果受到皇上斥责,张汤便向皇上拜谢。他还揣摩皇上意图,引证廷尉正、监、掾史的正确言论,说:"他们本来曾为臣提出建议,如果圣上责备臣,认为臣没有采纳他们的建议。臣下愚昧,只及于此。"因而即使偶有断错的案件,也能被武帝原谅。

而且张汤在判决刑事案件时,如果此人是皇上想要治罪的,就将此案交给断狱严刻的属官去办;反之,如果案中此人是皇上想要释放或从轻发落的,就将此案交给断狱轻平的属官去办。如果是他张汤所想要治罪的,即使是有权势的豪强,也必定引用严刻的法令条文，多方罗织其罪，使其就范；他所想要开释的，即使是无权无势的平民百姓，虽然具文上奏，按律应当治罪，他却能常在皇上面前为之开脱，得到从轻发落或无罪开释。

二、晋升御史　武帝尊宠

张汤对于高官，非常小心谨慎，常送给他们的宾客酒饭食物。对于旧友的子弟，不论为官的还是贫穷的，照顾得也极其周到。拜见各位公卿大臣，更是不避寒暑。因此，张汤虽然用法严峻、深苛、不公，却由于他的这种谨慎做法获得了很好的声誉。那些严酷的官吏像爪牙一样为他所用，有文才学问的人也愿意依附于他。丞相公孙弘多次称道他的优点。

在处理淮南、衡山、江都三王谋反的案件时，张汤都穷追狠治，彻底审理。汉武帝欲释放严助和伍被。张汤与武帝争论说："伍被本来就曾谋划反叛之事，而严助亲近交结出入皇宫的陛下近臣，私自交结诸侯亦如此类，不加惩处，以后将无法处治。"武帝因此同意将伍被、严助治罪。张汤以审理案件排挤大臣作为自己功劳的表现，武帝甚为赏识，从此更受尊崇信任，晋升为御史大夫。

张汤任御史大夫后，正巧匈奴浑邪王等人降汉，汉朝廷调动大军讨伐匈奴，军费开支浩大，再加上崤山（在今河南）以东干旱，贫苦百姓流浪迁徙，都依靠官府供给食物，官府库存空虚。张汤秉承武帝的旨意，请求制造白金货币及五铢钱，垄断盐铁的生产和买卖，抑制并除富商大贾，剪除豪强兼并。张汤每次上朝奏事，谈论国家的财用，常至日暮，武帝甚至忘记吃饭。丞相形同虚设，国家大事都听张汤的意见。

虽然张汤在财政、经济上作了一些改革，但全国被搞得民不聊生，百姓都骚动起来，官府所兴办的各项生产，国家获利不多，而官吏们从中侵夺渔利，随后又被严厉地依法治罪。因此，上至公卿的官员，下至平民百姓，都指斥张汤。但武帝对他仍然言听计从，倚之如左右手。张汤患病时，武帝曾亲自前去看望。

当时，汉武帝对匈奴大事征伐，匈奴人招架不住，于是前来请求和亲。群臣在皇帝面前讨论此事，博士狄山主张和亲，并列举了和亲的种种好处。武帝问张汤，张汤说："他是个愚蠢的儒生，没有知识。"狄山说："臣下的确是愚忠，但像御史大夫张汤那样，却是诈忠。比如张汤审理淮南、江都王谋反的案子，以恶毒的文辞肆意诋毁诸侯王，离间宗室的骨肉之亲，使藩臣内心不安。臣因此知道张汤为诈忠。"

武帝听了，心中不快，对狄山说："我让你担任一个郡的长官，能不能不使匈奴入境抢掠？"狄山回答说："不能。"再问："负责一个县呢？"狄山仍回答说："不能。"又问："负责一个烽障呢？"狄山知道再说不能，便会被治罪，只好说"能。"于是武帝派狄山到边境负责一个烽障。一个多月之后，匈奴人砍了狄山的头以后离去。从此以后，群臣震慑，不敢再谈和亲。

三、权势太盛　招怨致祸

张汤的门客田甲，原是张汤当小吏时的朋友。虽然是个商人，却具有贤良的品德。他见张汤权势太盛，指责其过失，表现出了忠正刚烈之士的风范。张汤当了七年御史大夫，果然遭到杀身之祸。

起因是这样的：河东郡（治今山西夏县西北）人李文曾与张汤有隔阂，不久李文担任御史中丞。为了泄愤，李文多次寻找对张汤不利的证据，都没有得逞。张汤有个心爱的属吏叫鲁谒居，知道张汤对李文不满，便指使他人上奏影射李文有图谋不轨的奸邪之事，而武帝将此事交给张汤处理，张汤不经仔细审查便将李文处以死罪，实际上他心里明白此事是鲁谒居所为。后来汉武帝问起这件事说："告发李文图谋不轨的事是怎么引起的？"张汤假装吃惊地说："这大概是因李文以前的熟人怨恨引起的。"后来，鲁谒居患病住在里巷的一户人家，张汤亲自去探望，并为鲁谒居按摩双足。

赵国靠冶炼铸造营利，赵王刘彭祖多次指控铁官，张汤却每每排斥赵王。赵王因此怨恨张汤，派人寻查张汤的不可告人之事。鲁谒居也曾审理赵王的讼案，赵王对他心怀怨恨，便上书告发说："张汤是朝廷大臣，属吏鲁谒居有病，张汤却亲自到他那里为其按摩双足，说明他们之间可能存在什么大阴谋。"此事下到廷尉审理。鲁谒居恰巧因病而死，事情牵连到他的弟弟，就被拘押在导官那里。张汤也到导官的官衙审理其他囚犯，见到鲁谒居的弟弟，想要暗中帮助他，表面上却装作不认识。鲁谒居的弟弟不知道张汤的用意，于是怀恨在心，指使人上书告发张汤与鲁谒居，共同以图谋不轨的罪名告发李文之事。武帝将此案交给减宣处理。恰巧减宣曾与张汤不和，他接手此事后，穷追狠治，并且不向武帝进奏。

这时正巧有人盗走了汉文帝陵园的葬祭用钱，丞相庄青翟上朝，与张汤相约一起谢罪。等来到武帝面前，张汤暗想，只有丞相在四时到各陵拜祭，此事只应由丞相请罪，他自己并不参与其事，没有必要承担责任。丞相谢罪后，武帝不满张汤，于是派御史审查这件事。张汤欲图奏报说丞相知道盗钱之事，丞相庄青翟深感恐惧。丞相府的三位长史朱买臣、王朝和边通过去都曾当过两千石的官，也都同被张汤肆意凌辱过。因此他们准备以罪名陷害他，置他于死地。

长史朱买臣因同乡人严助的推荐而做官，他与严助一起受到皇帝的宠幸。不久，张汤任廷尉，审理淮南王谋反的案件，排挤严助，朱买臣对此心怀不满。后朱买臣因为触犯法令被免官，降职为守长史。王朝因为懂得方术，官至右内史。边通学战国纵横家的说人之术，是个性情刚烈强悍的人，两次任官至济南王国相。三位长史的地位都曾比张汤高，不久失去官位，任丞相长史，只好在张汤面前委曲求全。张汤多次代行丞相职权，知道这三位长史一向尊贵，所以常故意凌辱他们。因此三位长史深为怨恨，于是合伙谋划说："当初张汤与丞相相约向武帝谢罪，不久却出卖了丞相，如今又欲以宗庙之事弹劾丞相，这是欲取代丞相的地位。张汤肯定有不可告人的事情。"

三人派属吏逮捕审讯了张汤的友人田信等，这些人供认说张汤向武帝奏报提出建议，田信都事先知道，因此囤积取利，与张汤平分。他们还说张汤有其他奸邪之事。

这些话很快传到了汉武帝那里，武帝问张汤说："我有什么打算，商人都事先知道，加倍囤积货物，这都是因为有人把我的计划告诉了他们。"张汤听后，不仅没有谢罪，还故作惊讶地说："肯定是有人这样做。"减宣又上奏了鲁谒居之事。武帝果然认为张汤心中险诈，当面撒谎，派使臣带着簿籍以八项罪名指责张汤。张汤一一予以否认，不服。于是武帝又派赵禹责备张汤。

赵禹见到张汤后，责劝说："阁下怎么不懂分寸，您审讯处死了多少人，如今正有人指控你的事情且都有根据。圣上很重视你的案子，想让你自己妥善处置，为什么要一再否认呢？"张汤于是上疏谢罪说："张汤没有尺寸的功劳，从刀笔吏起家，因得到陛下的宠幸而官至三公，没有任何可开脱罪责之处。阴谋陷害张汤的，是丞相府的三位长史。"随后自杀身死。

张汤死后，其家里的财产不超过五百金，都是得自皇上的赏赐，也没有其他产业。他的兄弟之子要厚葬张汤，张汤的母亲说："张汤作为天子的大臣，被恶言污蔑致死，有什么可厚葬的！"遂用牛车装载他的尸体下葬，只有棺木而没有外椁。武帝知道后,说:"没有这样的母亲,不能生下这样的儿子。"因此将三位长史定为死罪。丞相庄青翟被迫自杀。武帝很为张汤之死惋惜,晋升了他的儿子张安世的官职。

中尉王温舒

王温舒(生卒不详),西汉酷吏。阳陵(今陕西咸阳东)人。年轻时曾干过杀人越货的勾当,后由小吏逐渐升任都尉、郡守,以严酷执法、血腥刑杀而受到皇帝青睐,进而升任负责京师治安的中尉,行事一如既往。他还善事权贵、以权贪贿、包庇属吏,罪行揭发后自杀,并被诛灭五族。

一、狠施刑威 血腥治盗

王温舒年轻时,游手好闲,不务正业,干过不少杀人越货、盗墓取财的坏事。但这也说明,王温舒具备一定的胆略和勇力。

后来,地方上让王温舒试着担任亭长。亭长是个基层小官,管理一亭(汉制,十里为一亭)的治安警卫,兼理民事。但试了好几次,王温舒都干不好,因而屡次被免职。

再后来,王温舒又当了小官,这次他还算尽职,因为善于处理案件,升任廷史。其间,他又担任张汤的属下,逐渐升为御史。张汤是汉代有名的酷吏,受其影响,再加上王温舒本来就是一个性格残暴的人,因此他督捕盗贼,杀伤众多。而当时汉武帝主张严刑峻法,加强集权,打击豪强,因而能以刑杀立威的人往往提拔较快。故此,王温舒很快又升任了广平(郡治今河北曲周县北)都尉。

都尉是一郡的主要长官之一,辅佐郡守负责全郡的军事和治安。到任之后，王温舒选择郡中十多个豪强勇猛的人，让他们成为自己的"爪牙"。其实，这些人大多是些不法之徒，王温舒掌握了他们每个人的隐秘的重大罪行，以此作为筹码加以控制，放手让他们去督捕盗贼。如果谁捕获盗贼让王温舒很满意，即使此人有百种罪恶也不加惩治；若是有所回避，就依据过去所犯罪行将其斩杀，甚至灭族。

这一手还真有效，这些人个个卖力，盗贼无处藏身，大多落入法网；而邻近的齐地和赵地乡间的盗贼，也不敢接近广平郡。因此，广平郡有了道不拾遗的好名声。汉武帝听说后，升任王温舒为河内（郡治在今河南武陵县西南）太守，成了一郡的最高长官。

广平、河内两郡相隔不远，王温舒在广平郡的时候，就完全熟悉河内郡里那些豪强奸猾的人家。这些豪强奸猾称霸地方，无法无天，不仅宗族势力强大，而且往往连成一体，沆瀣一气，官府对他们毫无办法。到任之后，王温舒部署手下官吏运用在广平时所用的办法，迅速逮捕郡中豪强奸猾，严加审问，结果转相株连犯罪的有一千余家，其中也有不少无辜平民百姓被牵连进来。

接着，王温舒立即上书请示武帝，罪大者灭族，罪小者处死，家中财产完全没收，偿还从前所得到的赃物。奏书送走不过两三天，就得到了皇上"允准"的答复。案子执行，杀人无数，竟至于流血十余里。河内人都奇怪王温舒的奏书往返如此之快，以为神速。其实，他初到河内郡时，就下令郡府准备了五十匹私马，从河内到长安设置驿站，专门传递文书。这套自己建立的"快递"系统，较之于官府按部就班的驿站，自然效率非凡。

王温舒九月到河内，仅用了三个月的时间，到十二月就结束"战役"。而此时的河内郡，人们侧目而视、重足而立，四境安宁，无犬吠之盗。少数没抓到的罪犯，逃到了附近的郡国，等到把他们追捕抓回来，已经是第二年春天了。为此，王温舒跺脚叹道:"唉!如果冬季再延长一个月,我的事情就办完了。"

二、酷杀行威 治绩昭彰

王温舒喜欢杀伐、施展刑威,毫不爱惜百姓,甚至到了令人发指的程度。但汉武帝听说盗贼消失、地方安帖,认为他有才能,又升任他做了中尉,成了京官。

当时,京师长安的治安问题不少。其中最突出的,是民间私铸钱币。尽管朝廷严刑峻法禁止民间私铸,但"利之所在,人不畏死",私铸钱币者仍不乏其人,京师一地尤盛。为了严惩私铸钱币者,汉武帝乃起用酷吏治理京师。先是任义纵为内史,作为京师一地最高行政长官;接着又将王温舒调到京师任中尉,专管京师的治安。

在京师,王温舒可谓故伎重演,像在河内一样,以酷杀行威。他专门选用那些专好猜疑、心狠手毒、敢于祸及别人的狠毒之徒,作为自己的鹰犬。当时义纵早以酷暴著称,又位在王温舒之上。王温舒想干的一些事情,如果事先没有请示义纵,义纵就对他加以凌辱,并从中掣肘,败坏其功。因此,在京师,王温舒并不能像在河内那样恣行无忌。

不久,义纵因反对杨可"告缗"而以"废格沮事"被杀,王温舒被提升为廷尉,成了掌管刑狱的全国最高司法官,位列"九卿"。但王温舒酷暴少文,嗜杀成性,以至于国家法律常置之于不顾,对一些大案、疑案更是昏昏不辨。所以时隔不久,当接替王温舒任中尉的尹齐被免官后,汉武帝就免去王温舒的廷尉一职,让他仍旧担任中尉,负责京师治安。

此时,义纵已死,没人再敢刁难、掣肘,因而王温舒又可以肆行无忌了。他对关中风俗人情十分熟悉,对一些豪强恶吏也很了解,从此京师的豪强恶吏又受到了他的重用,而这些人也都愿意为他出力。给他出谋划策。

　　王温舒文化不高，行事一味用强，而京师的豪恶之吏却不乏智谋。他们用投书和检举箱的办法，收买告发罪恶的信息，设置伯格长来督察奸邪之人和盗贼。他们善于深文周纳、巧入人罪，他们要想惩治谁，就千方百计地罗织罪名，谁也休想逃脱。

　　当然，王温舒对有罪、获罪者，也并非一视同仁，而是区别对待。史称"温舒多谄，善事有势者"。对于有权有势的人家，虽然奸邪之事堆积如山，他也不去触碰，任其逍遥法外。无权无势的，就是高贵的皇亲国戚，他也一定要欺侮凌辱。

　　对于抓获的罪人，王温舒他们必定穷究其罪，无不惨遭严刑拷打，打得皮开肉绽，到头来"大抵尽靡烂狱中"，极少能够走出监狱的。人们以为，他的得力部下都像戴着帽子的猛虎一样，凶狠残暴。

　　王温舒往往对下户中的豪猾之人采取暴虐的方法，使其身死、家亡、族破，意在警告那些豪强大户，使他们不敢轻举妄动。这样，在他管辖范围内的中等以下的奸猾之人，都隐伏不敢出来；而有权有势的人则都替他宣扬名声，称赞他的治绩。

　　血腥的刑杀，严酷的警告，在短时间里收到了成效，京师似乎安宁了。

三、贪贿谄媚　罪显自杀

　　王温舒是一个以杀立威的酷吏，也是一个贪得无厌的贪官，捞起钱来一如杀人之凶猛。王温舒的酷和贪，是相表里的，酷也正成为他贪的有力武器。

　　王温舒结案时，杀人、灭族之外，还要籍没财产。自然，杀的人越多，籍没的财产就越多。在广平，在河内，在京师，他杀了几万人，被籍没的人家何止数百上千家。对这些籍没入官的财产，他当然不敢全部鲸吞，只能从中染指一部分。但架不住人多数大，一部分也就不算少。

但凡犯了事的罪人，无不希望侥幸脱罪免死，而此时，掌握生杀予夺大权的王温舒就有了十足的"资本"。有些人花钱买命，即使倾家荡产也在所不惜。而那些"有奸如山"的权贵，则因受到王温舒的包庇回护而逍遥法外，他们当然也要拿出大量钱财进行贿赂，作为对王温舒的报答。这方面的具体细节，虽然史料语焉不详，但也透露了一些信息。史载，王温舒任中尉以后，"数岁，其吏多以权贵富"。王温舒的爪牙都因权贵的贿赂而暴富，他本人就可想而知。

几年之后，王温舒被人告发，其中的重要罪状就是"受员骑钱"以及其他"奸利事"。所谓"受员骑钱"，就是接受部下贿赂；而"奸利事"，不外枉法卖狱、贪污受贿之类。王温舒死后，史载其"家累千金"。而先他几年去世的张汤，官至御史大夫，贵为三公，史载其家产不过五百金，而且都是得自平时皇帝的赏赐和自己积余的俸禄，其他什么产业也没有。

王温舒曾参加攻打东越，回朝后，因议事不合皇帝旨意，犯了小法，被判罪免官。这时，武帝正想修建通天台，还没人主持。王温舒请求考核中尉部下逃避兵役的人，查出几万人可去参加劳役。武帝很高兴，任命他为少府，又改任右内史，处理政事同从前一样，奸邪之事稍被禁止。后来他因犯法丢掉官职，不久又被任命为右辅，代理中尉的职务，处理政事仍旧同原来的做法一样。

太初元年（前104），朝廷派兵出征大宛。汉武帝下诏征发豪吏从军，而王温舒却把属吏华成隐藏了起来，最终被告发。接着又有人告发他企图谋反，而他"受员骑钱"及其他"奸利事"也相继被揭露出来。按汉朝法律，其罪当诛灭全族。王温舒知道末日来临，便自杀了。他的两个弟弟和他们的岳丈家，亦各以他罪而全族被诛。难怪时人曾感慨系之地说："真可悲啊，古代有诛三族之刑，而王温舒竟然被诛了五族。"

汉武帝时代的酷吏，从宁成、张汤到了义纵、王温舒，行事越来越残酷。自从王温舒用严酷凶残的手段处理政事受到朝廷青睐后，各级官吏都开始效法他，所谓"郡守、都尉、诸侯二千石欲为治者，其治大抵尽放（仿效）温舒"。这样做的结果是，百姓一不小心就会触犯法律，于是不得不铤而走险。刑法越严苛，人们犯法的越多，盗贼也越来越多，所谓"吏民益轻犯法，盗贼滋起"。这无疑说明，酷吏苛政的作用是极其有限的。

绣衣使者江充

江充（？～前91），西汉酷吏。字次倩，赵国邯郸（今属河北省）人。在西汉众多名臣中，江充只能算一个小角色。然而他在诬陷太子刘据的政治风云中，起到了推波助澜的重要作用，因此恶名留于青史。江充有一定才干，同时又善于用奸，他的所作所为，不过是千方百计投皇上所好、行自己方便，而且凶狠残暴，令人发指。

一、叛赵易名　媚上邀宠

江充本名江齐，他有一个妹妹擅长鼓琴和唱歌跳舞，嫁给了赵国的太子刘丹。江齐因此被赵敬肃王刘彭祖宠幸，成为上客。

时间一长，赵太子刘丹怀疑江齐把自己的一些阴私之事告诉了赵王刘彭祖，就与江齐产生了嫌隙，命令官吏抓捕江齐，没有抓到。接着，刘丹抓捕了江齐的父母兄弟，经过审问，将他们全部处死于市。江齐于是向西逃亡，进入函谷关，改名为江充。他直奔朝廷谒见朝官，状告赵太子刘丹与同胞姐姐及王后通奸乱伦，在宫中淫乱，而且刘丹还勾结郡国的豪强奸猾之徒，劫掠百姓，狼狈为奸，官吏不能管禁。

此事上奏武帝后，武帝大怒，派遣使者下诏郡国征发吏卒包围了赵王的宫殿，将赵太子刘丹收捕，转移到魏郡（治所在今山西芮城县），关押在狱中，命令魏郡的官员和廷尉联合审讯，依法应当处死刘丹。

赵王刘彭祖，是汉武帝同父异母的哥哥。他上书武帝为赵太子刘丹辩罪，说："江充是一个逃亡的小臣，苟且为奸讹之事，阴谋造谣，激怒了圣上，企图通过万乘之尊来公报私仇。即使以后将他烹醢（剁成肉酱），估计他也不后悔。臣愿意从赵国选拔勇敢之士，跟随大军征讨匈奴，极尽死力，以赎刘丹之罪。"武帝没有答应，竟废黜了赵太子。

最初江充被武帝召见于犬台宫（在上林苑，外有走狗观），自己要求愿以平时常穿戴的冠服面见天子。武帝同意了。江充穿着带皱的轻纱制成的禅衣。纱翼禅衣本是汉朝武贲中郎将的服饰，江充又加以改进，使衣裾长垂，交结于身后，狭若燕尾，头戴轻纱制成的冠，上有鸟羽做的帽缨，举步则轻摇。江充又生得身体魁梧，容貌壮伟，在服饰的映衬下，真有"矫若游龙，翩若惊鸿"之感，使多才多艺、富有审美情趣的武帝远远望见便觉得不凡，对左右说："燕赵之地果然多有奇士！"等江充走到面前，武帝问起当世的政事，江充侃侃而谈，见解投合武帝所好，武帝非常欣赏他。

江充于是自己请求，愿意出使匈奴。武帝诏问他的具体打算，江充答道："臣准备根据情况的变化而制定相应的对策，以敌为师，事情不可能预先策划好。"武帝便任命江充为谒者，出使匈奴。

江充回来之后，武帝又任命他为直指绣衣使者，督察三辅地区的盗贼，查禁超越界限的奢侈行为。当时贵戚及近幸之臣很多人都奢侈僭越，江充体察上意，为了媚上邀宠，将僭越之人全部都举报弹劾，奏请没收他们的车马，让他们亲自待命于北军，讨击匈奴。奏章被批准。江充就移送公文与光禄勋中黄门，捉拿应当去禁卫军报到的登记在册的近臣、侍中，又命令门卫，禁止他们随便出入宫殿。于是贵戚子弟们都惶恐不安去面见武帝，叩头哀求，愿意缴纳金钱赎罪。武帝准奏，命令他们各按官秩等级缴纳金钱给禁卫军，总数达数千万。

这样一来，江充就为武帝解决了讨伐匈奴的车马和军费问题。武帝认为江充忠诚刚直，执法不阿，所出的主意很投合自己的心意，自此江充受到宠幸。

二、诬陷太子　诛灭三族

江充对贵戚近臣毫不手软，对于皇室宗族也毫不留情。江充因此受皇帝的宠幸，但他用奸也因此而生。相传有一次，江充外出，遇见武帝的姑姑馆陶长公主行于皇帝专用的驰道。江充斥问，公主说："有太后诏命批准。"江充道："那么只有公主可以走，车骑都不行。"便把车骑全部没收归公。

后来江充跟随武帝前往甘泉宫，过了一段时间正遇见太子刘据派来向武帝请安的使者乘车马行于驰道中，这有违汉禁，江充把他送交官府查办。太子听说了，派人向江充请罪说："不是我爱惜车马，确实是不想让皇上知道这事，让皇上认为我平素不管教下属。希望江君宽赦！"江充不听从，便把此事当面报告了汉武帝。武帝夸奖说："为人臣子，就应该这样。"于是他大受武帝信用，威震京师。

江充随即被提升为水衡都尉，宗族和朋友多有仗恃他的势力的。过了些时候，他因为犯法而免职。恰逢阳陵人朱安世告发丞相公孙贺的儿子太仆公孙敬声从事巫蛊诅咒，牵连到阳石公主和诸邑公主，公孙贺父子都因罪被诛。后来武帝临幸甘泉宫，身患疾病，病势较重。江充见武帝年已老迈，恐怕武帝去世之后，太子继位，自己被太子所诛杀，便借机想除掉太子刘据。于是他无中生有，奏言武帝的疾病是因为有人搞巫蛊，想依赖皇帝的宠信把巫蛊一事的矛头渐渐转向卫皇后和太子刘据。

武帝任命江充为使者，专门治理巫蛊的事。江充带着西域巫师，掘地寻求巫蛊诅咒用的木偶人，逮捕行蛊及夜间祠祭鬼神的人；他让巫师装作能看见鬼，故意把酒洒到某处地上，说是有人在此搞巫蛊然后就逮捕审讯，用烧红的铁钳烙人，强迫人诬服。百姓们以巫蛊互相诬告，官吏就动辄加以大逆不道之罪。自京师、三辅连及郡国，因所谓巫蛊之罪而死的前后有数万人。

当时武帝的年纪已高，疑心颇重，怀疑左右的人都搞巫蛊诅咒他，被怀疑的人不论有无此事，没有人敢替他们讼冤的。江充既已揣摩出武帝的心理状态，便上言宫中有蛊气，武帝命派兵进驻后宫，江充先调查后宫中不受宠幸的诸夫人，按次序轮到失宠的卫皇后，接着便到太子宫中掘蛊，居然发掘出一个桐木雕的偶人。太子吓坏了，无法表白自己，便逮捕江充，亲自处死他，骂道："赵国的奴才，陷害了你的国王父子还不满足吗，竟又祸害起我们父子了！"太子刘据竟因此而败亡。

后来武帝知道是江充诬陷太子，便诛灭了他的三族。

江充以告讦诬陷起，从亡命街徒爬到了九卿，就是因为他遇上了一个以整人为"忠直"的汉武帝。江充打击贵戚，令其缴纳罚金的目的是逢迎主子的意旨，媚上邀宠，最终实现自己的权力欲。他打着忠于皇上的旗号，大兴冤狱，冤杀数万人，搅得举国惶惶，最后竟逼得皇太子兵败身亡，使汉武帝临终竟无壮年的太子可立。他身死族灭的下场，的确是罪有应得。

门客与侠士的代表

门客与侠士,是战国时期两个独特的人群,是彼时有头有脸的群像,留下过可歌可泣的事迹,产生过不小的影响。汉初,这样的人物还存在,武帝朝的伍被和郭解就是其代表。此时的门客落脚于诸侯王国,为诸王出谋划策,换得饭碗;侠士行走于江湖之间,为雇主跑腿卖力,求得生存。他们的生平,往往更为坎坷;他们的事迹,往往更为生动……

淮南国中郎伍被

伍被（？～前122），淮南王刘安的门客，首席谋士。楚国（今湖北一带）人。他是个有见识的人，认为刘安谋反肯定不成；他又是一个缺乏决断的人，因此还是为刘安出了一些计策；最终自首，却也未能躲过杀头的命运。

一、门客冠首　力谏其主

相传，伍被的祖先是春秋战国时代的伍子胥。伍被颇有才华，因此做了淮南国的中郎。当时，淮南王刘安喜好学术谋略，颇能礼贤下士、结交名流，招致的英雄才俊数以百计。在这些人当中，伍被被视为最杰出者。

淮南王刘安是个不安分的人，很早就暗地里准备着谋反作乱。伍被知道了，私下里没少劝谏刘安，刘安却我行我素。后来有一次，刘安在东宫，要召见伍被商量事情，便叫道："将军上来！"伍被说："大王您怎么能说这种亡国之言呢！当年伍子胥劝谏吴王，吴王不听，伍子胥说'我现在看到麋鹿在姑苏台游玩了'，现在臣也将要看到淮南宫中长满荆棘、露水沾衣了。"

汉代的规制，诸侯王执掌的军队，最高的军衔是中尉，只有朝廷才有将军。淮南王称伍被为"将军"，分明大有问题。可是，淮南王刘安也像当年的吴王夫差没有听伍子胥的劝谏一样，不听伍被的劝谏；刘安不仅没听劝谏，而且大发怒气，抓了伍被的父母，关了三个月。

淮南王刘安关了伍被父母之后，重新召来他说："将军答应寡人吗？"伍被说："不！不过，臣要为大王出谋划策。臣听说耳朵好的人在无声中听到什么，眼睛好的人在无形中看到什么。因此，圣人有一万次行动，一万次都有万全之策。周文王一次行动就取得了万世之功，位列二王之一，这正是所谓顺应天意而行动呀。"

刘安问："现在的朝廷，是治，还是乱？"伍被说："现在天下大治。"刘安听了，很不高兴，说："你为什么说天下大治呢？"伍被说："我细心地观察朝廷，君臣父子夫妇长幼的秩序都井井有条，皇上的举措遵循古来的正道，风俗纲纪也没有什么过失。商人们在全国做买卖，道路没有不通的，商品流通也很顺畅。四面八方的小国家不是归顺，就是朝贡，连匈奴也受到了很大打击，这种情形，虽然不及上古太平之时，也算得上是大治了。"刘安听了大怒，伍被连说："死罪！死罪！"

刘安又说："华山以东地方出现变乱，朝廷肯定是让大将军卫青率兵前来镇压。你认为大将军是个怎么样的人？"伍被答道："我有一个熟人叫黄义，他曾经跟随大将军卫青攻击匈奴。他说大将军对待士大夫彬彬有礼，对士兵有恩情，大家都愿意给他效力，他本人骑马驰骋如飞。这样的人才智、力量超过常人许多，又多次率兵打仗，很不容易对付呀。从长安来的使者，也说大将军号令严明，碰到劲敌，身先士卒；一定要等到士兵休息了，自己才休息；打井得到了水，士兵喝了，他才喝；军队疲劳的时候，让士兵先渡河，士兵过去了自己才渡河。皇太后所赐的金钱，他都赏赐给了将士。就是古代的名将，也不过如此啊！"刘安说："我的太子智慧谋略当今世上独一无二，也不是平常之人，他认为朝廷的公卿列侯都不过是洗过澡戴了帽子的猴子罢了。"伍被说："只有先刺杀了大将军，才可以发动事变。"

淮南王又问伍被说："你认为吴国起兵不对吗？"伍被说："不对。吴王刘濞被赐号为刘氏皇族祭祀时的尊长，地位很高，又被赐予几杖，可以不去朝请，礼遇不浅。而且他的王国拥有四个郡，方圆数千里，又有铜矿可以铸钱，煮海水可以产盐，伐江陵一带的树木可以造船。在这种国富民多的情况下，吴王却到处结交诸侯，挑起七国之乱，结果被打败，身首异处，宗祠里的香火从此灭绝。像吴国这样兵多地广却不能成功，为什么呢？正是因为不识时势、不从民意呀。"

淮南王刘安还是听不进伍被的话，他认为吴王的失败在于战略上未能据守险要，自己只要避免他的失策，就不会有问题，然而，伍被还是认为此举是祸不是福。

二、亦谏亦谋　事发被诛

元狩元年（前122），就在淮南王刘安暗中筹划谋反之时，他的孙子刘建却因为祖父不善待自己庶出的父亲刘不害，向朝廷上书告发其阴谋。刘安害怕阴谋败露，对伍被说："事已至此，我打算起事了。"他认为天下百姓因为汉武帝连年征伐匈奴，受了不少苦，诸侯王也多有行为不检点之处，担心朝廷问罪，因此只要自己起兵，肯定有响应的；即使无人响应，只要战略对头，也有胜算。

伍被却不这样看，他认为即使战略对头，而且一切顺利，也不过能守一段时间，终究没什么好结果。刘安不以为然，他说："别人认为十有八九能成事，为什么只有你说不成呢？"伍被说："大王您身边的那些人，大部分是以前朝廷的犯人，此外没什么可以用的人。"刘安还是不服，他说："当年陈胜、吴广没有立锥之地，只有百十来人，却一呼百应，很快就聚集了一百二十多万人。现在我的封国不小，精兵不下二十万，你为什么说有祸无福呢？"

伍被见淮南王刘安执迷不悟，便给他做了一番详细的比较分析。他说，秦朝无道，做了许多祸害天下百姓的事情，诸如焚书坑儒、严刑峻法、修筑长城、劳民伤财，老百姓男的种地吃不饱，女的织布没衣穿，所以十家之中倒有五家要造反。等到秦始皇派人到东海寻找仙药，南侵百越，十家之中有六七家想造反。再到修筑阿房宫，税率达到十分之五，加上征兵戍边，想造反的十家之中已有八家。这时候高祖趁势而起，成就了帝业。现在的情况却大为不同，当今皇上有权威，有仁惠，天下人就像影子随光一样响应他，而且大将军卫青的才能比秦朝的章邯等人强多了。用陈胜、吴广的事情来比现在，大错特错。最后，伍被劝谏淮南王，希望他就此罢手，不要丢了已经很尊贵的王位，走上绝路。

伍被入情入理地分析一番，以至于痛哭流涕，可淮南王刘安就是听不进去，决心放手一搏。伍被见劝不住主子，便出了一条计策：想要成事，必须先打破当今天下诸侯王没有异心、老百姓没有怨言的局面。因此，要一面假造丞相、御史的文书，让各郡国的豪强以及判了刑罚的人，赦免他们的罪刑，家产在五十万以上的，都举家迁移到朝廷新设立的朔方郡，并且安排士兵加以催促，把搬迁期限定得苛刻一些。另一方面，伪造司空、都司空的文书，逮捕诸侯王的太子和宠臣下狱。这样，老百姓怨恨，诸侯王恐惧，再让能说会道的人到处煽风点火，或许可以激起民变，侥幸成事。

说起来，伍被的计策也算是高招：只有使现今的天下成为秦那样的天下，或许才可以侥幸成事。但刚愎自用的淮南王刘安虽然认为这计策不错，但却一意孤行，认为自己不必如此耍弄欺诈，执意直接发兵起事。

过了不久，朝廷察觉了淮南王刘安阴谋造反的事情。此时，伍被到有关官吏那里自首，详细揭发了淮南王谋反的种种情况。汉武帝想到伍被虽然曾为淮南王出谋划策，但是也没少劝谏，更是说了朝廷的不少好话，不想杀他。廷尉张汤不同意，说："伍被是为淮南王谋划造反的首脑，他的罪行不可赦免。"就这样，伍被被处死了。

大侠剧孟

剧孟（生卒不详），西汉侠士。洛阳（今河南洛阳东）人。在汉景帝时，剧孟以"任侠"闻名，在河南地区势力很大。洛阳人靠经商为生，而剧孟因为行侠显名于诸侯。吴楚七国叛乱时，条侯周亚夫当太尉，乘坐着驿站的车子，将到洛阳时得到剧孟，高兴地说："吴楚七国发动叛乱而不求剧孟相助，我知道他们是无所作为的。"剧孟喜欢博弈，他所做的多半是少年人的游戏。但是剧孟的母亲死了，从远方来送丧的，大概有上千辆车子。等到剧孟死时，家中连十金的钱财也没有。

大侠郭解

郭解（生卒不详），西汉侠士。字翁伯，河内轵县（今河南济源）人。他以行侠闻名，常藏匿亡命，任意杀人，并私铸货币，后被汉武帝徙往关中茂陵（今陕西兴平东南）地区，郭解仍与当地豪强结交。后因门客杀人，郭解被指为叛逆，族诛。

一、行侠仗义　为人尊重

郭解是西汉时善于给人相面的许负的外孙。郭解的父亲因为行侠，在汉文帝时被杀。郭解虽然个子矮小，但精明强悍，从不喝酒。他年轻的时候残忍狠毒，心中愤慨不快时便杀人，被他杀害的人很多。他不惜牺牲生命去替朋友报仇，藏匿亡命之徒去犯法抢劫，闲暇时就私铸钱币、掘坟盗墓。他的不法活动数不胜数，但却能遇到上天保佑，运气很好，在形势窘迫危急时常常能够逃脱，或者遇到大赦。

等到郭解年纪大了，行为就有所收敛。他时常检点自己，并以德报怨，多多地施舍别人，却很少要求别人回报，而且以行侠仗义为乐事。他救了别人的性命，却不自夸功劳。但其内心依旧残忍狠毒，为小事突然怨怒行凶的习性依然如故。当时的少年仰慕他的行为，也常常替他报仇，却不让他知道。

郭解姐姐的儿子依仗郭解的势力，同别人喝酒，让人家干杯。人家的酒量小，不能再喝了，他却强行灌酒。那人一怒之下，拔刀把郭解姐姐的儿子刺死后就逃跑了。郭解姐姐气愤地说道："以我弟弟翁伯的义气，人家杀了我的儿子，凶手却逃走了捉不到。"于是她把儿子的尸体丢弃在大路旁，不埋葬，想以此羞辱郭解。郭解派人暗中探知凶手的行踪去处。凶手感到很害怕，只得无奈地自动回来把真实情况告诉了郭解。郭解说："你杀了他本来应该，是我的外甥不讲道理。"于是放走了那个凶手，把罪责归于姐姐的儿子，并收尸埋葬了他。人们听到这消息，都称赞郭解为人仗义，更加依附于他。

郭解每次外出或归来，人们都躲避他，只有一个人傲慢地坐在地上看着他。郭解派人问了他的姓名。门客中有人要替郭解杀掉那个人，郭解不同意，并说："居住在乡里之中，竟至于不被人尊敬，这是我自己道德修养得还不够，他有什么罪过呢？"于是就暗中嘱托县尉说："这个人是我特别关照的，轮到他服役时，请加以免除。"以后每到服役时，有好多次，县中官吏都没有去找这位对郭解不礼貌的人。他感到奇怪，问其中的原因，原来是郭解替他说了情，使人免除了他的差役。于是，他就袒露身体，去找郭解负荆请罪。少年们听到这消息，越发仰慕郭解的行为。

洛阳有一对仇家，城中有数以十计的贤人豪侠从中调解，双方始终不听劝解。门客们就来拜见郭解，说明这种情况。郭解晚上就去会见结仇的人家，为之调解，仇家出于对郭解的尊重，勉强地听从了劝告，准备和好。郭解就对仇家说："我听说洛阳城有许多人为你们调解，你们却都不肯接受。如今你们幸而听从了我的劝告，我怎能够从别的县跑来侵夺人家城中贤豪们的调解权呢？"于是郭解连夜离去，不让人知道，临走叮嘱那对仇家说："暂时不要听我的调解，等我离开后，再让洛阳豪杰从中调解，你们就听他们的。"

郭解平素保持着恭敬待人的态度，从不冒昧乘车走进县衙门。他到外郡去替人办事，事能办成的，一定把它办成；办不成的，也要尽量使有关方面都满意，然后才肯接受人家的酒饭。因此大家都特别尊重他，争着为他效力。本地少年及附近县城的贤人豪杰，半夜上门拜访郭解的常常有十多辆车子，请求将逃亡的郭解家的门客接回自家供养。

二、迁往茂陵　因罪族诛

汉武帝元朔二年（前132），为打击豪强势力，朝廷要将各郡国的豪富人家迁往茂陵居住。郭解虽然是豪侠，但他家贫，不符合资财三百万的迁转标准。由于郭解名气太大，结交人士众多，迁移名单中仍然有郭解的名字，但官吏害怕，怕朝廷怪罪，不敢不让郭解迁移。

当时大将军卫青替郭解向武帝说情："郭解家贫，不符合迁移的标准。"但是武帝说："一个普通百姓的权势竟能使将军替他说话，这就可见他家不穷。"郭解于是被迁徙到茂陵。人们为郭解送行共出钱一千余万。轵县人杨季主的儿子当县吏，是他提名迁徙郭解的。所以郭解哥哥的儿子便砍掉杨县吏的头，从此杨家与郭家就结了仇。

郭解迁移到关中，关中的贤士豪侠无论从前是否认识，如今听到他的声名，都争相与他结为好朋友。郭解虽迁往茂陵，但他依旧不改豪侠本色。他后来又杀死了杨季主。杨季主的家人上书武帝告发郭解，有人又把告发者在宫门下给杀了。武帝听到这消息，就命令官吏捕捉郭解。郭解逃亡，把他母亲和家属安置在夏阳（陕西韩城南），自己逃到临晋（今陕西大荔东朝邑归县东南）。

临晋的籍少公平素不认识郭解，郭解冒昧会见他，请求他帮助出关。籍少公把郭解送出关后，郭解辗转逃到太原，他所到之处，常常把自己的情况告诉留他食宿的人家。因此官吏追逐郭解，循踪迹追到籍少公家里。籍少公不肯泄露郭解的行踪，被逼无奈自杀，追查线索的口供断绝了。过了很久，官府才捕捉到郭解，并彻底深究他的犯法罪行，发现一些人被郭解所杀的事，都发生在赦令公布之前。

一次，轵县有个儒生陪同前来查办郭解案件的使者闲坐，他听到在座的郭解门客称赞郭解，就反驳说："郭解专门作奸犯科，怎能说他是贤士呢？"郭解门客听到这话，勃然大怒，就杀了这个儒生，并割下他的舌头。官吏以此责问郭解，令他交出凶手，而郭解确实不知道杀人的是哪位门客。杀人者始终没查出来，无人举报，大家不知道是谁。官吏向武帝报告，说郭解无罪。御史大夫公孙弘议论道："郭解以平民身份行侠，玩弄权诈之术，因为区区小事就杀人，郭解本人虽然不知道，但这个罪过比他自己杀人还要严重。依法量刑，应该判处郭解大逆不道的罪。"于是汉武帝就诛杀了郭解的家族。

郭解死后，行侠的人特别多，但都傲慢无礼，没有几个值得称道的。

敌国酋首与汉朝叛臣

西汉王朝的征战对象，对外主要是雄踞北方的匈奴，对内则是各地叛乱的诸侯藩属。在整个汉匈战争中，斗智斗勇的除了武帝君臣，就是匈奴单于和他的谋臣战将。至于举兵叛乱的诸侯王，已在相关各类；而藩属，则以南越国国相吕嘉作个代表。此外的叛臣，则有反复无常的匈奴人赵信，汉奸鼻祖的宦官中行说，而这中行说实在算得上突出、有趣……

军臣单于

军臣单于（生卒不详），匈奴在北方强盛起来以后的第三代单于，虽然他在位时匈奴势力十分强大，他也曾发动过对汉朝的战争，但大部分时间与汉朝相对和平，没有大的战事，但他已经深切地感受到了汉朝新皇帝和汉军新将领的不同，匈、汉攻守易势也就从此开始。

一、匈奴强大　冒顿寖骄

匈奴自古就是我国北方的部族，至秦朝时逐渐强盛起来。秦朝时，他们的首领叫头曼，曾经为秦朝名将蒙恬所败。秦末战乱给了头曼喘息的机会，匈奴人便又回到黄河以南的"河南"地区，从此立下根基。

匈奴最高首领叫单于，全称是"撑犁孤涂单于"，"撑犁"是"天"的意思，"孤涂"是子的意思，"单于"是"广大"的意思。单于的正妻叫阏氏。

匈奴的官爵，在单于之下设左右贤王、左右谷蠡、左右大将、左右大都尉、左右大当户、左右都侯。匈奴风俗以左为尚，一般地，太子常常担任左贤王。从左右贤王以下到大当户，所辖从一万骑到数千骑不等。各左王驻扎东方，在上谷（治所在今河北怀来东南）以东，东接秽貉（种族名）、朝鲜；各右王驻扎西方，在上郡（治所在今榆林东南）以西，西接氐、羌；单于王庭则居中，对着汉朝的代郡（治所在今河北蔚县西南）和云中（治所在今内蒙古托克托东北）。

头曼单于本来已经立了太子，太子叫冒顿。后来，头曼单于宠上了新的阏氏，生了小儿子，便想废掉冒顿，于是把冒顿送到月氏国去当人质。冒顿做了人质，头曼马上就来攻打月氏。月氏人要杀冒顿，冒顿偷了匹骏马跑了回来。头曼单于认为冒顿此举勇敢豪壮，就让他带兵一万骑。冒顿知道自己的处境，于是便暗作准备。

冒顿做了一支箭头可以发出声音的箭叫"鸣镝"，以此训练他的骑兵。他命令骑士说："鸣嘀所射就是目标，不射就斩首。"冒顿先在打猎时训练，不射的都杀了。接着又用自己的骏马训练，左右的人没人敢射，冒顿又立刻杀了他们。之后又用自己的爱妻训练，左右十分害怕，不敢射，又杀了。后来打猎时，冒顿用鸣镝射单于的骏马，左右也都射去。冒顿知道自己训练成功了，于是在跟随父亲打猎的时候用鸣镝射头曼单于……就这样，头曼单于被自己的亲生儿子杀了。冒顿还杀了后母、弟弟和其他不听号令的大臣，自立为单于。

在冒顿单于的领导下，匈奴迅速强大了起来。汉朝初定天下的时候，汉高祖刘邦曾与冒顿在平城有过一次大的交锋，刘邦在白登被围了七天。多亏贿赂单于阏氏，阏氏说了好话，双方才约定和亲，罢兵休战。后来，汉朝送了刘姓宗室人家的女儿去给单于作阏氏，并按时奉送丝绸酒食，汉高祖刘邦一朝才算比较平安地度过了。

到了汉文帝继位、吕后当政的时候，冒顿却越来越骄横无理了。一次，他派使者给吕后送了一封信，信中口气蛮横，一派污言秽语。信中冒顿说自己孤身一人，吕后也是孤身一人，两个人都不开心，他"愿以所有，易其所无"。吕后见了这信大怒，要杀了使者，攻打匈奴，但季布等人认为没有取胜把握，不能打；匈奴等本来习性粗野，听他们的好话不值得高兴，坏话也不值得发怒。吕后认为季布说得对，便修书一封，信中说自己"年老气衰，发齿堕落，行步失度"，侍候不了单于，因此送上两辆驷马御车和汉朝美女数名。冒顿接到信后，也没有再为非作歹，倒是献马给汉朝，双方以和亲化解了这场口舌纠纷。

冒顿单于死后，他的儿子稽粥继位，号为"老上单于"。汉朝文帝派使者送翁主给单于做阏氏，双边政策仍以和亲为主流。只是这次翁主北赴朔漠，随行的一位叫中行说的宦官，后来却给匈奴单于出了不少对付汉朝的主意，给汉朝带来了不少的祸害。

二、军臣继位　亦战亦和

老上单于去世后，他的儿子继位，便是军臣单于。军臣单于继位之初，与汉朝仍然实行和亲之策。可是过了一年，军臣单于便不安分起来。他断绝了和亲，发兵六万骑，入侵汉朝的上郡、云中，杀了很多人，抢走了许多东西。

针对这种情况，汉朝派出三位将军，分别驻扎在北地、句河和飞狐口，边境沿线也都严防坚守，以备匈奴入侵。同时，又安排三位将军在长安西边的细柳、渭河北岸的棘门、灞上，以防备匈奴，报警的烽火可以直达甘泉宫和长安。几个月后，汉军到了边境，匈奴离开了汉朝的边塞，汉军也就停止了行动。

又过了一年，汉文帝驾崩，汉景帝继位。此时，汉朝的诸侯王赵王暗地里派使者到匈奴。吴楚两国造反后，想和赵王合谋，勾结匈奴对抗朝廷。军臣单于见到如此机会，哪肯放过。只是汉军围赵国、灭吴楚，没有了内应，匈奴也就作罢了。自此以后，汉景帝与匈奴恢复和亲，打通边境贸易，派了翁主远嫁军臣单于，还给了他不少东西。一直到汉景帝去世，匈奴经常进入汉朝边境骚扰，但始终没有大的入侵。

汉武帝继位以后，仍然执行父亲的和亲政策。他派使者与军臣单于明确了和亲的约定，在边境贸易上给予更为优厚的条件，给单于等人的东西也更多。因此，匈奴从军臣单于以至普通官吏，对汉朝都比较友好，汉匈边境活跃而平静。

三、鏖兵马邑　汉匈开战

汉匈因为和亲与边贸，表面上显得颇为平静，但双方都在等待交战机会。尤其是汉朝这一边，颇有作为的汉武帝一直在准备着发起对匈奴的打击；军臣单于也意识到汉朝的新皇帝似乎有些不同，心里也多了几分戒备。

当时，汉匈边境有一座马邑城，是边贸重镇，颇为富庶。军臣单于眼馋这块肥肉，总想捞到自己手里。偏巧这时有一个叫聂壹的人，经常走私货物到匈奴那里交易。接触到军臣单于后，他答应出卖马邑城给单于，以吸引匈奴军队。军臣单于利欲熏心，相信了聂壹，于是亲率十万大军前往马邑。

其实，这聂壹本来是汉朝的大行令王恢物色的间谍，马邑城不过是汉军引诱匈奴的一块诱饵。军臣单于出发之时，在离马邑百十来里的地方，汉朝已经伏兵三十万，准备等待匈奴军队到来予以伏击。军臣单于率兵越过边塞到了汉朝境内，见牛羊牲畜满山遍野，却没有看管、牧放的人，便起了疑心。他派出小股骑兵攻打汉朝的哨亭。

这时，正好雁门郡的边境巡察官尉史来到，见了敌人，便奋力保卫哨亭，怎奈寡不敌众，成了俘虏。军臣单于见了尉史，想杀掉了事，谁想这尉史怕死，连忙跪下求饶，把汉朝的计划告诉了单于。军臣单于听了，大吃一惊说："我本来就有些怀疑嘛，果然如此！"于是急忙率军撤退。

汉军本来是想引诱匈奴人到马邑歼灭，单于撤兵，汉军自然一无所得。按计划，将屯将军王恢率部埋伏在代郡，袭击匈奴的粮草辎重，离匈奴军队最近，他眼看军臣单于率军撤退，却害怕匈奴兵多，不敢出击，失去了战机。汉武帝认为此次战役本来是由王恢谋划的，而他却畏敌不进，一怒之下杀了他。

马邑一事，多亏汉朝的尉史提供消息，才使匈奴躲过了一劫。军臣单于很感激尉史的行为，说："我得到尉史，真是天意啊！"于是封尉史为天王。

此后，匈奴和汉朝断绝了和亲，经常出兵抢掠汉朝边境村镇。汉朝也因国力渐强，军队训练有成，又有卫青为将，调整战略，开始主动出击，攻打匈奴。就这样，军臣单于在征战中度过了他的晚年。

伊稚斜单于

伊稚斜单于（生卒不详），匈奴历史上比较有名的单于，也是和汉武帝"斗法"时间最长的单于。在对汉关系中，他是最为好斗的一个，也是失败最为惨重的一个。

一、篡位自立　大肆攻汉

伊稚斜本来是军臣单于的弟弟，职位并不高，是左谷蠡王，单于的位置也轮不到他。只是这伊稚斜天生凶悍，又野心勃勃，军臣单于在世时尚不敢太过出格，军臣单于死后，他便自立为王，攻打军臣单于的太子於单。於单被打败，逃到汉朝境内，投降了汉朝。汉廷封於单为陟安侯，於单却病倒了，过了几个月就去世了。

伊稚斜巩固政权之后，第二年夏天便开始了对汉朝的军事行动。他派出数万名骑兵进入代郡，杀了太守，掠走了一千多人。这年秋天，又入侵雁门，杀死、掠走共一千余人。第二年，伊稚斜对汉朝边郡的侵袭规模更大,他分别派出三万骑兵,入侵代郡、定襄(治所在今内蒙古和林格尔西北)、上郡,杀死、掠走了好几千人。驻扎在西部的右贤王怨恨汉朝夺取了河南,筑起了朔方城,数十次侵犯边境,而且还深入汉军驻守的河朔(治所在今内蒙古杭锦旗北),侵扰汉朝新筑的朔方城,杀死、掠走的汉朝人更多,不仅有普通民众,还有官吏。

匈奴的侵掠激怒了汉朝,尤其是右贤王的所作所为,更是令汉朝不能容忍。就在右贤王侵扰朔方城的第二年春天,汉武帝派大将卫青统率六位将军共十余万人,从朔方的高阙出击匈奴。由于路途遥远,匈奴右贤王认为汉军不可能很快就到,照样饮酒、吃肉,以至酩酊大醉。谁想汉军出塞以后长途奔袭二百里,在夜里把右贤王及其所部紧紧围了起来。战斗打响,右贤王惊得酒都醒了,也不敢恋战,脱身逃走,他的精锐骑兵也脱离战斗逃走了。这一仗,汉军共俘获右贤王的部队一万五千多人,其中包括十几个中低级将领。

然而,匈奴的侵扰还是不断而来,就在西部右贤王大败之后不久,伊稚斜决定报复汉朝,派东部匈奴一万多人入侵代郡,杀死了守将,抢掠了一千多人。

二、遭受重创　退居漠北

面对匈奴的侵扰,汉朝决定进行大的军事行动,狠狠打击伊稚斜。第二年春天,汉武帝派遣大将军卫青带领六位将军共十余万人,从定襄出塞数万里攻击匈奴,杀死、俘虏匈奴共一万九千多人。不过,这次战役,汉军的损失也不小,折了两个将军、三千多骑兵。此次战役失利的两个汉将,一个是右将军赵建,他的兵全丢了,只跑回来自己一个;另一个是前将军赵信,他兵败投降了匈奴。

赵信原本就是匈奴人，投降后，很得伊稚斜单于的尊崇。伊稚斜任命赵信为位置仅次于单于的自次王，还把自己的姐姐许配给赵信做妻子。伊稚斜所以如此重用赵信，是看上了他对汉王、汉军的熟悉，希望他为自己对付汉朝出谋划策。果然不久，赵信就提出了一个建议：移兵到漠北，远离汉朝边塞，然后派小股骑兵引诱汉军，使其奔波疲劳，然后袭击汉军。伊稚斜单于认为这是个不错的主意，便依计而行。

伊稚斜依从赵信之计，保存了自己的实力，也多有收获，却没有与汉朝大军遭遇。汉朝边境地区屡遭骚扰，却又始终未能寻机与匈奴主力交战，而漠北又鞭长莫及，攻守颇有些不得要领。

针对匈奴的战略，汉武帝也改变了战略。他起用新人霍去病，任命其为仅次于大将军的骠骑将军。第二年，霍去病率一万多精锐骑兵从陇西出塞，越过焉耆山一千多里，杀死、俘获匈奴八千多人，还得到了休屠王的祭天金人。夏天，霍去病又率数万骑兵从陇西出塞，深入两千余里，过居延，攻祁连山，杀死、俘虏匈奴三万多人，还俘虏了匈奴王单于阏氏、王母、王子十多个，给西部匈奴以重创。

伊稚斜单于听到西边的消息，十分震怒，打算召来那里的浑邪王和休屠王，把他们杀了。二王知道前去王庭凶多吉少，便谋划投降汉朝。他们派出使者联系汉朝廷，汉朝则派骠骑将军前往迎接。正在路上之时，休屠王有些犹疑，打算罢手，浑邪王乘机杀了他，率领所部及休屠王所部投降了汉朝，共有四万多人，号称十万。

浑邪王和休屠王的投降令伊稚斜恼怒不已，因为这使匈奴的西部王国损失殆尽。不过，他的王庭远在漠北，东部王国兵力仍在，而且经常出击汉朝边境。就在霍去病攻打西部的那一年，东部匈奴入侵代郡、雁门，杀死、抢掠了数百人。汉朝飞将军李广攻击匈奴左贤王,结果大败,官也丢了。第二年,匈奴又攻打右北平、定襄等地,杀死、抢掠了一千多人。

伊稚斜听从赵信的计谋,远居漠北,确实给汉朝造成了不少困难。但是,为了彻底打击匈奴,汉武帝决定出其不意,远袭匈奴。汉军用谷物喂马,使其结实、矫健,并广征粮、马。一切准备停当后,汉军十万骑兵向北进发,并有十四万马匹跟随,供给粮草等。汉武帝让大将卫青率军五万从定襄出击,骠骑将军霍去病率军五万从代郡出击,约定在漠北打击匈奴。

伊稚斜听到汉军的消息后,把辎重等迁移到远处,留下精兵等待汉军。卫青所率汉军与伊稚斜所部大战了整整一天,到傍晚的时候,刮起了大风,卫青命汉军从两翼包围伊稚斜。伊稚斜估计敌不过汉军,便率领数百精骑突破汉军的包围,向西北逃去。汉军连夜追击,却未能追上。这一仗,匈奴被杀、被俘一万九千多人,伤亡惨重。

三、失位复位　安然离世

汉朝两将军的漠北之战,使匈奴元气大伤。混战之中以及战后,还颇有些有趣的事情。

伊稚斜突围逃跑时,只带了数百名士兵,也没有告诉其他将领。他的逃跑引起了匈奴将士的混乱,大家也都纷纷溃逃。当时的情形十分混乱,伊稚斜又久久不与匈奴的大队人马会合,匈奴军中的最高爵位者右谷蠡王以为单于已经死了,于是自立为单于。等到伊稚斜和匈奴大队人马会合,又经过一番斗智斗勇,右谷蠡王才将单于之位让给伊稚斜,恢复了他原来的身份。

漠北一战,汉军共杀死、俘虏匈奴人八九万,自己也有一万多人牺牲,马也死了十多万匹,匈奴逃走了,汉军马少,却不能很快离开。这时,伊稚斜听从赵信的计策,派使者去向汉朝说好话，请求和亲。汉武帝让大臣们讨论这事，有的建议和亲，有的说要让其俯首称臣。丞相长史任敞说："匈奴刚刚打了大败仗，处境困难，应该让他们做汉朝的臣属之国，来边境朝请。"汉武帝派任敞出使匈奴，伊稚斜单于听了任敞的要求，大怒，把他扣留了下来。此前，汉朝那里也有投降的匈奴使节，于是，伊稚斜单于就扣留下了与在汉匈奴使节数目相当的汉使。不久，汉军得到了马匹，回到了边境。

此后，伊稚斜单于带领匈奴人迁移到了远离汉朝的地方，大漠以南再无匈奴王庭。

数年之后，伊稚斜单于去世。伊稚斜共在位十三年。其后，他的儿子乌维和平继承单于之位，十年以后，他的孙子詹师庐继承单于之位，之后，他的两个儿子和一个孙子也都登上过单于之位……

浑邪王和休屠王

浑邪王（生卒不详）和休屠王（？～前121），匈奴的藩王，居住在匈奴西部地区。

元狩二年（前121），浑邪王和休屠王连遭汉军打击，被斩杀和俘虏好几万人。匈奴单于伊稚斜非常恼火，想把他们召回处死。他们听到消息后，十分害怕，密谋投降汉朝，派使者到汉朝边境联络。当时，大行令李息正在黄河岸边筑城，立即向汉武帝刘彻奏报。

汉武帝唯恐其中有诈，派骠骑将军霍去病率领大军前去受降。

然而，休屠王忽然变了卦，再三推辞，就是不肯动身。浑邪王一不做、二不休，杀死休屠王，吞并了他的部属，前往汉朝边境请降。

霍去病渡过黄河后，与浑邪王的队伍遥遥相望。浑邪王的部将见到汉军后，许多人不愿意投降，纷纷逃走。霍去病当机立断，纵马飞奔到浑邪王的大营，亲自跟浑邪王谈判，下令斩杀企图逃跑的八千多人。随后，他让浑邪王单独乘传车谒见汉武帝，自己带着收编的匈奴军队四万多人渡过黄河。

浑邪王到长安后，汉武帝封他为漯阴侯，食邑万户，封他手下的呼毒尼等四个小王为列侯。不久，汉武帝将归降的浑邪王部属分别迁徙到陇西、北地、上郡、朔方、云中五个郡，都在黄河以南。朝廷允许他们保留自己的风俗习惯，设立五个属国。从此以后，陇西、北地、河西一带，便没有匈奴的踪影了。

南越国相吕嘉

吕嘉（？～前110年），南越国丞相。苍梧郡人（今粤西一带）。在南越王赵佗建国后，他被礼聘为丞相，辅佐三代国君，恪尽职守。后在新国王和王太后准备入京朝见汉武帝时，出于自己和家族利益，他反对归汉，进而发动叛乱，杀害国王、太后和汉使。朝廷出兵平叛，他被部属擒获。

一、南越建国　吕嘉辅佐

南越（亦称"南粤"）是秦末汉初两广一带建立的一个方国。秦末大乱时，南海郡郡尉赵佗自立为南越王，据有南海、桂林、象郡之地，这就是南越国。国都番禹（在今广东广州），全盛时疆域包括今天的广东、广西大部，福建部分，以及海南等地区。

赵佗建立南越国时，所率部队是由秦始皇派往岭南的，将士均为北方人。要想政权稳定，当地土著首领的支持非常重要。当时，吕嘉是苍梧西瓯土著首领，赵佗亲自前往拜访，授予要职，封地置产，从而获得了吕嘉及其族人的支持。

汉朝建立后，高帝十一年（前196），汉高祖刘邦派遣大夫陆贾出使南越，劝赵佗归汉。在陆贾劝说下，赵佗接受了高祖赐给的南越王印绶，南越国成为汉朝的一个藩属国。

公元前195年，汉高祖刘邦去世，吕后掌控朝政，开始与赵佗交恶。吕后发布禁令，禁止向南越国出售铁器和其他物品。赵佗考虑到吕后可能会通过长沙国来吞并南越国，于是宣布脱离汉朝，自称"南越武帝"，并出兵攻打长沙国。吕后随即派遣大将隆虑侯周灶前去攻打赵佗，但由于中原士兵不适应南越一带潮湿炎热的气候，纷纷病倒，连南岭都没有越过。此时，南越国以军力为砝码，并通过财物结纳方式，使闽越、西瓯和骆越纷纷归属，领地范围扩张至顶峰。赵佗也开始以皇帝的身份发号施令，与汉朝对立起来。

公元前179年，汉文帝刘恒即位，派人重修赵佗先人的墓地，设置守墓人，每年按时祭祀，还给赵佗的堂兄弟赏赐了官职和财物。接着，文帝在丞相陈平推荐下，任命陆贾为太中大夫，再次出使南越，说服赵佗归汉。陆贾到南越后，向赵佗晓以利害，赵佗决定归复汉朝，去帝号，仍称"南越王"。一直到景帝时代，赵佗都向汉朝称臣，每年在春秋两季派人到长安朝见皇帝，像诸侯王一样接受朝廷命令。但在南越国内，赵佗仍然使用皇帝的名号。

武帝建元三年（前137），赵佗去世。由于他去世时达百余岁高龄，儿子都已死去，王位交由孙子赵胡（又名赵眜）继承。赵胡即位两年后，闽越王郢借机向南越国发动攻击，攻打其边境城镇。赵胡上书武帝说明情况，请求朝廷处理。汉武帝称赞赵胡忠于臣属之职，并派遣王恢、韩安国两将军前去，和平解决了闽越问题。

闽越的事情解决之后，赵胡向朝廷表达了谢意，并表示待处理完国内的事情，就去京城朝见武帝。随后，他派太子赵婴齐到汉廷担任宿卫。南越国大臣用先王赵佗的遗训，劝谏赵胡不要去京城，以免被朝廷找借口扣留。这样，赵胡在位的十二年中，一直以生病为借口未入朝觐见。

元狩元年（前122），赵胡病重，其子赵婴齐向汉武帝请求归国。同年，赵胡去世，赵婴齐继位。赵婴齐未去长安之前，曾经在南越娶当地女人为妻，生长子赵建德；到长安后，又娶邯郸樛家的女儿做妻子，生子赵兴。赵婴齐继承南越王位后，向武帝请求立樛氏为王后，赵兴为太子，武帝批准了请求。

赵婴齐是个暴君，喜欢恣意杀人。汉武帝屡次派使者到南越国，婉转劝其入京朝拜。赵婴齐惧怕进京后，朝廷会比照内地诸侯，执行汉朝法令处置他，因此以有病为借口，一直不去长安，只派遣儿子赵次公到长安担任宿卫。

元鼎二年（前115），赵婴齐病逝，太子赵兴继位，樛氏为王太后。到此时，从南越武王赵佗，经文王赵胡、明王婴齐，吕嘉一直是南越国丞相，权倾朝野，无人能及。

二、不愿归汉　密谋叛乱

元鼎四年（前113），汉武帝派安国少季出使南越，告谕新任南越王赵兴和樛太后，让他们比照内地诸侯进京朝拜天子；同时命谏大夫终军、勇士魏臣等，辅助安国少季出使，卫尉路博德则率兵驻守在桂阳，以接应使者。

樛太后是中原人，倾心汉朝，说动新国王赵兴，遂通过使者上书给汉武帝，请求比照内地诸侯，按时入京朝见，并撤除与汉朝交界的边境要塞。武帝答应了南越国的请求，赐给南越国丞相、内史、中尉、大傅等官印，其余官职由南越国自置。这样，就意味着汉廷直接对南越国高级官员进行了任免。此外，朝廷还废除了南越国的黥刑、劓刑等酷刑，比照内地诸侯国运用汉朝的法律。同时，把朝廷使者留下来，镇抚南越。赵兴和樛太后接到谕旨，随即开始着手准备进京朝见。

此时，南越国的实权掌握在丞相吕嘉手中，而且其家族势力极大。他历来全力效忠南越小朝廷，为巩固与王族的关系，他自己的子侄多娶赵家的女儿，自己家族的女子也多嫁入王族。这种政治联姻，大大巩固了吕嘉及其家人在南越国政权中的地位。吕家子侄在朝中为臣者达七十余人，且每个人都占据重要职位。对此，《史记》记载说："其相吕嘉年长矣，相三王，宗族官仕为长吏者七十余人，男尽尚王女，女尽嫁王子兄弟宗室，及苍梧秦王有连。其居国中甚重，越人信之，多为耳目者，得众心愈于王。"

虽说历来忠于南越小朝廷，但吕嘉却不愿意归汉。事情很显然：国王归汉，还是国王；但接受中央政府管理后，南越国丞相、中尉等高级官员，就要由中央政府委派，这样，吕嘉和他的宗族、亲戚便可能失势。

吕嘉多次反对内属汉朝，但赵兴一直未予理会，吕嘉便产生了背叛的念头，屡次托病不去会见汉朝使者。赵兴和樛太后害怕吕嘉首先发难，就安排了一个酒宴，宴请汉朝使者和吕嘉，想借汉使之力来杀死吕嘉等人。在宴席中，太后当面指出吕嘉不愿归汉，想以此激怒汉使出手杀死吕嘉。可此时身为将军的吕嘉之弟正率兵守在宫外，汉使犹豫难决，最终没敢动手。

此时，吕嘉见形势不妙，随即起身出宫。樛太后大怒，用矛撞击吕嘉，但被赵兴阻止。吕嘉回去后，把弟弟的兵士分出一部分，安排到自己住处加强防卫，托病不再去见赵兴和汉使，并暗中同大臣密谋，准备发动叛乱。

三、发动叛乱　兵败被俘

汉武帝得到南越国危机四伏的消息，责怪安国少季等使者的胆怯无能；同时又认为赵兴和樛太后已经归附汉朝，唯独吕嘉作乱，不值得兴师动众。于是，元鼎五年（前112），武帝派遣韩千秋和樛太后的弟弟樛乐率兵二千，前往南越。韩千秋和樛乐进入南越后，吕嘉等人随即发动叛乱。吕嘉首先制造舆论，称赵兴太年轻，樛太后是中原人，又与汉朝使者有奸情，一心想归属汉朝，没有顾及南越国的社稷，只顾及汉朝皇帝的恩宠。随后，吕嘉乘机和其弟领兵攻入王宫，杀害了赵兴、樛太后和朝廷使者。

杀死赵兴之后，吕嘉立赵婴齐和南越女子所生长子赵建德为新的南越王，并派人告知苍梧秦王赵光及南越国属下各郡县官员。这时，韩千秋的军队进入南越境内，攻下几个边境城镇。随后，南越人佯装不抵抗，并供给饮食，让韩千秋的军队顺利前进。走到离番禺十四里的地方，南越突发奇兵进攻韩千秋军，并全部消灭。吕嘉又让人把汉朝使者的符节用木匣装好，并附上一封假意谢罪的信，置于汉越边境上，同时派兵在南越边境各要塞严加防守。

汉武帝得知后，非常震怒，一方面抚恤死难者的亲属，一方面下达出兵南越的诏书。元鼎五年秋，武帝调遣罪人和江淮以南的水兵共十万人，兵分五路进攻南越。第一路任命路博德为伏波将军，率兵从长沙国桂阳（今湖南境内），直下湟水；第二路任命主爵都尉杨仆为楼船将军，走豫章郡（今江西境内），直下横浦；第三路和第四路任命两个归降汉朝的南越人为戈船将军和下厉将军，率兵走出零陵（今湖南境内），然后一路直下滴水（今广西漓江），一路直抵苍梧（今广西境内）；第五路以驰义侯利用巴蜀的罪人，调动夜郎国的军队，直下牂舸江。

元鼎六年（前111）冬天，楼船将军杨仆率精兵攻破番禺城北的石门，挫败南越国的先头部队，随后与路博德所率军队一同进军，一直攻到番禺城下。杨仆占据城东南有利地形后，趁天黑率兵攻进番禺城，并放火烧城。而路博德则在城西北安营扎寨，派使者招降南越人。南越人久闻伏波将军威德之名，于是纷纷投奔路博德的旗下。

黎明时分，城中的南越守军大部分已向路博德投降。吕嘉和赵建德见形势不妙，在天亮之前率领几百名部下出逃，乘船沿海往西而去。路博德在询问降人之后，得知吕嘉和赵建德的去向，便派兵追捕。最后，赵建德被路博德的校尉司马苏弘擒获，吕嘉被原南越国郎官孙都擒获。

吕嘉和赵建德被擒之后，南越国属下各郡县，包括苍梧秦王赵光、桂林郡监居翁、揭阳县令等，皆不战而降。朝廷五路大军还有三路未到，南越已经平定。之后，在原来的南越国属地设置九个郡，直接归属朝廷。

前将军赵信

赵信（生卒不详），西汉将军。匈奴人，曾做过匈奴的小王，又做过汉朝的翕侯，最后又坐上了匈奴的第二把交椅。对汉朝，他出过力；对匈奴，他献过计。最后，他身死漠北，魂归故里。

据《汉书》记载，西汉初期就有一家姓赵的匈奴人，世世代代居住在甘肃塞外的匈奴领地。这一姓匈奴人中有个叫赵安稽的，是当地的匈奴王。汉武帝的时候，赵安稽投降了汉朝，被封为昌武侯。后来因为协助汉军打击匈奴，屡立战功，又被封为坚侯。

赵信就是赵安稽的同族匈奴人。他曾经担任过匈奴的小王，有"胡小王"之称。投降汉朝后，他被封为翕侯，并被赐予将军之号，任前将军。在汉朝诸将军中，赵信的级别虽不说很高，但因为他了解匈奴的情况，倒也颇能得到汉朝廷和大将军卫青的倚重，北征匈奴时他是诸将之一。

汉武帝元朔六年（前123）春天，大将军卫青奉命从定襄出塞征伐匈奴，赵信与右将军苏建各率一军出击匈奴。谁想，赵、苏二军正巧遇上了匈奴单于的主力，寡不敌众，右将军苏建全军覆灭、只身逃归，前将军赵信却投降了匈奴。

赵信降归匈奴之后，伊稚斜单于倒也不计前嫌，封他为"自次王"，也就是地位仅次于单于的匈奴王，还把姐姐许配他做妻子。伊稚斜之所以如此，是希望利用赵信对汉朝、汉军的了解，为自己对付汉朝出谋划策。

高官美女当前，赵信颇有些诚惶诚恐，倒也没有推却。对于伊稚斜的重视、重用，他回报以知己知彼的计谋。根据当时的情况，赵信认为匈奴应该远远地迁徙到漠北去，避开汉军的锋芒，诱使汉军深入大漠腹地，然后以匈奴轻骑袭击远来疲惫的汉军，而不到汉朝边塞去作战。伊稚斜听从了赵信的计策，匈奴以逸待劳，一时间倒也叫汉军束手无策。

然而，颇有作为的汉武帝不甘就此放手，又和文武大臣们谋划出了一条深入漠北的作战计划。在汉朝大将军卫青、骠骑将军霍去病的十万铁骑攻击之下，匈奴大败，伊稚斜单于仓皇逃跑，差点儿连单于的位置也丢了。而汉军卫青部则直达漠北，而且到达了窴颜山赵信修筑的赵信城；霍去病一部则到达匈奴发源地狼居胥山，而且北临瀚海。

漠北一役，匈奴元气大伤，一时间难以扭转形势，于是赵信提议和亲。伊稚斜单于继位以来从来不曾想过和亲，这一次却听从了赵信的建议，派出使者，让使者说好话，与汉朝达成和亲之约。但此时的汉朝已非昔日可比，主张让匈奴臣服的意见占了上风。伊稚斜单于当然不甘心臣服于汉家天子，扣留了汉使。只是霍去病不久就病逝了，汉军也便没有再北击匈奴。

伊稚斜单于死后，他的儿子乌维继位单于，赵信仍为辅佐大臣。其后，汉朝廷消灭了两越，势力更加强大，汉匈之间虽有纠葛，但乌维单于始终不肯侵扰汉朝边境。

赵信辅佐乌维单于三年，去世。

中行说

中行说（生卒不详），西汉宦官。他本来是一个小小的宦官，但因为和亲而远赴匈奴，投降了单于，为其出谋划策，对付汉朝，成为中国历史上的第一位汉奸。

一、无奈出塞　发誓祸汉

汉朝立国之初，与匈奴的战争几乎无胜可言，于是从汉高祖刘邦起，汉匈就开始有和亲之举。所谓"和亲"，也就是双方缔结"亲戚"关系，以维持和平。这里的亲戚关系，一是汉帝与匈奴单于结为兄弟，一是汉以宗室王侯的女儿嫁给匈奴单于。

匈奴单于的皇后称为"阏氏"。起初汉朝嫁入匈奴做阏氏的大多是诸侯王的女儿，这些贵族小姐称为"翁主"。后来更高一个层级的是皇帝的女儿，即公主。

无论是翁主还是公主，当然都是地位显赫的人物，在汉时自然少不了男奴女婢，年少时还少不了奶妈、老师。远嫁匈奴，也必须有人陪着，这一来是实际的需要，二也是皇家的排场。有汉一代，这陪同翁主、公主远嫁匈奴的奴婢、臣下不少，但大都默默无闻，可偏巧有一个却在史书中被浓浓地写了一笔，这个人就是中行说。

中行说本来是汉文帝时候的宦官。他复姓中行，名说，是当时的燕（今天的河北北部一带）人。不同于一般宦官的是，中行说颇有学识，智谋过人，因此在有翁主北嫁匈奴时，汉文帝选他给翁主做傅（老师），陪着一起去朔漠之国。

那时，虽然汉朝对匈奴屡战屡败，但匈奴的文明富庶程度远远不及汉朝，加之生活习性、礼仪风俗的差别，很少有人愿意远赴大漠，中行说自然也不愿意前往。中行说请求朝廷免其使命，但朝廷并未答允，仍然强行让他出使。皇命如山，中行说不得不行，但却因此对汉朝恨之入骨。他说："给汉朝带来灾难的，一定是我！"（"必我也，为汉患者！"）

二、出谋强匈　舌辩辱汉

随翁主到达匈奴后，中行说很快就倒向了当时的匈奴单于老上单于，并很快得到了老上单于的信任和倚重。有了良好的机会，中行说很快就开始了对汉朝的报复。由于对汉、匈两个民族都有深入了解，中行说给匈奴单于谋划的计策总是能有的放矢、一针见血，高出单于身边的草莽英雄许多。如果单从治国、治军的方略来讲，他的计谋可以说是相当高明的。

老上单于虽然生长在朔漠草原，衣皮毛、食腥膻，但却十分喜欢汉朝的丝绸和食品。中行说不赞同这种做法，他劝谏单于说："匈奴的人口不及汉朝的一个郡，武力却比汉朝强，就在于衣服饮食和汉朝的不同，造就了自己的特性。现在单于您改变匈奴的衣食习俗而喜欢汉人的衣食习俗,如此下去,匈奴所用的事物有十分之二不到变成了汉人的,匈奴就全都入汉朝了。所以,得到汉朝的丝绸,就让人穿了骑马去草棘之中,把衣裳都撕破磨碎,表明它们不如匈奴的皮衣毛服坚固耐用;得到汉朝的食物,就统统扔掉,表明它们不如匈奴的奶酪方便美味。这样,才能保持匈奴人的特性,保证对汉朝的优势。"老上单于认为中行说说到了点子上,也就照着做了。

中行说要单于保持匈奴人的特性,可谓抓住了根本。与此同时,他也在礼节等其他方面,建议匈奴压过汉朝一头。当时,汉朝给匈奴单于的国书,用长一尺的竹简,上边写"皇帝敬问匈奴大单于无恙"的问候语。中行说建议匈奴单于给汉朝的国书用一尺二寸长的竹简,其他印记、封签也都大一号,问候语也写得居高临下:"天地所生日月所置匈奴大单于敬问汉皇帝无恙",以此表示匈奴单于高过汉朝皇帝一头。

中行说为了匈奴的利益,可谓不遗余力。他整天都在教匈奴单于如何算计汉朝,如何从汉朝那里巧取豪夺。实际行动的同时,他在口头上也是竭力贬低汉朝、抬高匈奴,并且屡次给汉朝的使者以难堪。

一次,汉使者到匈奴单于大帐,双方又辩论了起来。汉使说匈奴的风俗不看重老人,中行说说:"汉人有出外守边疆或出征打仗的,他们的亲人不也是用好衣服、好饭等给他们送行吗?"汉使回答说:"是啊。"中行说说:"匈奴人知道老弱之人不能行军打仗,所以把好吃好喝都给了年轻力壮的人,这样,老的让出美食却得到了保护,少的独占了美食却保卫了老人,老少各得其所,怎么能说匈奴不看重老人呢?"

汉使又说:"匈奴人父子一起睡在一个帐篷里,父亲死了,儿子就把母亲之外父亲的其他妻子当做自己的妻子;兄长死了,弟弟则把兄长所有的妻子都当做自己的妻子。匈奴人也缺少冠带、宫廷的礼节。"中行说反驳说:"匈奴人逐水草而生,随时都需转移迁徙,约束少了,才方便。父子、君臣之礼简单,关系才牢固。至于父亲兄长死了,娶他们的妻子做自己的妻子,可以保持种姓的正宗和纯洁。汉朝虽然不这样,但亲属之间关系越来越疏远,以至于自相残杀。还有,礼节多了,自然要引出意见来;宫室宏伟整齐了,必然劳民伤财。何况人们耕田种桑自力更生,筑城守郭防备外患,这样的人民必然急了打不了仗,松了不肯干活。你们这些住土房子的人也不想想,那个帽子还有什么用呢?"

从此以后,汉使再来说什么,中行说就说:"汉使不要多说了,想想怎么把汉朝送给匈奴的丝绸粮酒弄得多一些、好一些就够了,还唠叨个什么呀!但凡送来的东西够数够好也就罢了,不然的话,等到秋熟膘肥时期,骑马去践踏、掠夺你们的庄稼、牛羊!"

三、历事二主　老死朔漠

老上单于在世时,虽然汉匈多有侵掠,但汉朝总是处于劣势,因此和亲一直是主要政策。后来,老上单于逝世,他的儿子军臣单于继位,中行说又辅佐了新单于。后来汉文帝也去世了,汉景帝继位。汉景帝期间,汉匈政策仍然是和亲。景帝一朝,匈奴虽然经常骚扰,但也没有大的入侵。军臣单于之后,原应太子於单继位单于,但军臣单于的弟弟左蠡王伊稚斜却打败了太子於单,自立为单于。

此时,中行说却从史书上消失了。相传,他后来病死在了匈奴。

从辅佐匈奴单于的情形看,中行说颇有些见识和智谋,但此人背叛自己的民族,而且极尽贬辱、毁灭之能事,却又不能不说是大奸大恶之人。

图书在版编目（CIP）数据

汉武帝和他的文臣武将皇亲国戚 / 李晓丽编著 . —上海：上海科学技术文献出版社，2017
　（焦点人物丛书 / 乔继堂主编）
　ISBN 978-7-5439-7246-9

Ⅰ.①汉… Ⅱ.①李… Ⅲ.①汉武帝（前 156—前 87）-人物研究 Ⅳ.①K827＝341

中国版本图书馆 CIP 数据核字（2016）第 299527 号

责任编辑：张　树　李　莺
封面设计：戴东明

汉武帝和他的文臣武将皇亲国戚
李晓丽　编著
出版发行：上海科学技术文献出版社
地　　址：上海市长乐路 746 号
邮政编码：200040
经　　销：全国新华书店
印　　刷：三河市华东印刷有限公司
开　　本：850×1168　1/32
印　　张：15
字　　数：363 千字
版　　次：2017 年 1 月第 1 版　2017 年 1 月第 1 次印刷
书　　号：ISBN 978-7-5439-7246-9
定　　价：65.00 元

http://www.sstlp.com